AF884560

Jahrbuch für Sozialökonomie und Gesellschaftstheorie

Verteilungsprobleme in Industriegesellschaften

Jahrbuch für Sozialökonomie
und Gesellschaftstheorie

Verteilungsprobleme in Industriegesellschaften

Veröffentlichung der Hochschule für
Wirtschaft und Politik Hamburg

Westdeutscher Verlag

CIP-Kurztitelaufnahme der Deutschen Bibliothek

Verteilungsprobleme in Industriegesellschaften:
Veröff. d. Hochsch. für Wirtschaft u. Politik
Hamburg. – Opladen: Westdeutscher Verlag, 1982. –
(Jahrbuch für Sozialökonomie und Gesellschaftstheorie)
ISBN 978-3-531-11604-4 ISBN 978-3-322-88624-8 (eBook)
DOI 10.1007/978-3-322-88624-8

NE: Hochschule für Wirtschaft und Politik (Hamburg)

© 1982 Westdeutscher Verlag GmbH, Opladen

Umschlaggestaltung: Horst Dieter Bürkle, Darmstadt
Druck und Verarbeitung: Lengericher Handelsdruckerei, Lengerich
Alle Rechte vorbehalten. Auch die fotomechanische Vervielfältigung des Werkes (Fotokopie, Mikrokopie) oder von Teilen daraus bedarf der vorherigen Zustimmung des Verlages.

Vorwort des Herausgebers

Die Hochschule für Wirtschaft und Politik hat als Institution des Zweiten Bildungsweges den gesetzlichen Auftrag, als Lehr- und Forschungsstätte das wirtschaftliche und politische Leben zu fördern und dabei ihre besonderen didaktischen Erfahrungen in der Erwachsenenbildung nutzbar zu machen. Ergebnisse der Lehre und Forschung sollen daher in einem Periodikum einer interessierten Öffentlichkeit vorgestellt werden.

Aufgrund ihres Zieles und ihrer historischen Entwicklung fühlt sich die HWP den besonderen Bedürfnissen der arbeitenden Menschen verpflichtet. Das hat Einfluß auf die Forschungsgegenstände, in denen überwiegend anwendungsorientierte aktuelle gesellschafts- und wirtschaftspolitische Fragen mit interdisziplinärem Ansatz in wissenschaftlicher Weise analysiert werden. Es ist sinnvoll, diese Forschungsergebnisse in einem jährlich erscheinenden Periodikum einer breiten Öffentlichkeit zugänglich zu machen, wobei jedem Band ein Schwerpunktthema von besonderer gesellschafts- und wirtschaftspolitischer Bedeutung zugrunde liegt. Neben Mitgliedern der HWP sollen auch Wissenschaftler anderer Hochschulen und Autoren aus Verbänden Beiträge veröffentlichen können. Im vorliegenden Jahrbuch sind dies *Hans-Jürgen Krupp*, der Präsident des Deutschen Instituts für Wirtschaftsforschung (DIW) in Berlin, und *Klaus Moritz* von der Universität Hamburg.

Die wieder verstärkt in den Mittelpunkt wirtschaftlicher Auseinandersetzungen rückende Verteilungsfrage ist Gegenstand des diesjährigen von der Hochschule für Wirtschaft und Politik herausgegebenen Jahrbuchs für Sozialökonomie und Gesellschaftstheorie. Besondere Beachtung verdient die vorliegende Ausgabe deshalb, weil nicht nur die ökonomischen Grundlagen des Verteilungsproblems abgehandelt werden, sondern gleichermaßen auch ihre sozialphilosophischen, rechtlichen und soziologischen Aspekte. Damit verbindet sich die Erwartung, daß diese Veröffentlichung zu einer sachgerechten und vertieften Diskussion beiträgt.

Das erste Kapitel des Jahrbuchs ist Fragen der Verteilung von Markteinkommen gewidmet. Der Beitrag von *Dörhage* und *Mattfeldt* beschäftigt sich mit Versuchen der Nutzung von Verteilungskampfhypothesen zur Inflationserklärung und damit, implizit, zur Inflationstherapie. *Janssen* untersucht den Einfluß des sektoralen Strukturwandels auf die langfristige Entwicklung der volkswirtschaftlichen Lohnquote. *Saß* überprüft, ob die empirisch festgestellten Entlohnungs-Unterschiede zwischen Groß- und Kleinbetrieben mit Hilfe bekannter Theorien erklärt werden können. *Voswinckel* zeigt die langfristige Entwicklung der personellen und funktionalen Einkommensverteilung in der Bundesrepublik seit 1950.

Das zweite Kapitel des Jahrbuchs behandelt die Verteilung von Transfereinkommen und öffentlichen Gütern. *Krupp* weist anhand einer Modellrechnung die Überlegenheit eines Systems der voll eigenständigen Alterssicherung von Mann und Frau gegenüber dem z.Zt. von allen Parteien bevorzugten Teilhabermodell nach. Der Beitrag von *Ziegler* beschäftigt sich mit den Auswirkungen des langfristig zu erwartenden Bevölkerungsstrukturwandels auf den Generationenvertrag in der gesetzlichen Rentenversicherung. *Schumacher* untersucht den sozialen Ausgleich in der Renten- und Krankenversicherung und weist nach, daß dieser keineswegs so ausgeprägt ist, wie es der soziale Charakter einer Sozialversicherung erfordert. *Moritz* analysiert die Wirkung von Gerichtskosten auf Ablauf und Ergebnis von Kündigungsschutzprozessen.

Im dritten Kapitel des Jahrbuchs wird die Verteilung von Lebenslagen aus sozialpsychologischer, rechtlicher und soziologischer Sicht betrachtet. Der Beitrag von *Beekhuis, Friebel* und *Toth* behandelt die gesellschaftliche Verteilung von Qualifikations- und Berufschancen Jugendlicher. *Hund* untersucht das unterschiedliche Glücksverständnis der sozialen Hauptklassen der bürgerlichen Gesellschaft. *Laatz* analysiert die Verteilung von Ausbildungsplätzen, singulären Arbeitsplätzen und Arbeitsplätzen in Aufstiegsketten. *Wetzel* setzt sich mit den theoretischen Grundlagen und den praktisch-politischen Konsequenzen individualistischer Gesellschaftskonzepte auseinander. Aufgrund von Mißbräuchen prüft *Mayer* die Möglichkeiten einer Ausdehnung des staatlichen Arbeitsvermittlungsmonopols auch auf den Bereich der Leiharbeit. Der Beitrag von *Volkmann* setzt sich mit der Wohnungslage in beiden deutschen Staaten auseinander.

Inhalt

1. Kapitel: Verteilung von Markteinkommen

W. Dörhage/H. Mattfeldt
Verteilungskampfhypothesen der Inflation – Eine kritische Einschätzung . . 12

J. Janssen
Zum Einfluß des Strukturwandels auf die Lohnquotenentwicklung von 1960 bis 1978 30

P. Saß
Warum können Arbeiter in Großunternehmen mehr verdienen oder wie die Lohnstruktur sozialökonomisch betrachtet werden kann 45

G. Voswinckel
Die Entwicklung der Einkommens- und Güterverteilung in der Bundesrepublik Deutschland von 1950 bis 1980 64

2. Kapitel: Verteilung von Transfereinkommen und öffentlichen Gütern

H.-J. Krupp
Konsequenzen alternativer Vorschläge zur Rentenreform 82

B. Ziegler
Zu den Auswirkungen der langfristigen Bevölkerungsentwicklung auf den Generationenvertrag in der Rentenversicherung 106

H. Schumacher
Der soziale Ausgleich in der Sozialversicherung. Anspruch und Wirklichkeit . 121

K. Moritz
Inanspruchnahme von Arbeitsgerichten – zur Verteilung öffentlicher Güter . 137

3. Kapitel: Verteilung von Lebenslagen

W. Beekhuis/H. Friebel/S. Toth
Lebenslagen Jugendlicher: zwischen Familie, Schule, Berufswahl und Weiterbildungsmotivation 152

W. D. Hund
Die ungleiche Verteilung des Glücks. Zur Entstehung der Klassenanalyse . . . 171

W. Laatz
Die Verteilung von Arbeitsplätzen 186

M. Wetzel
Kritik des ökonomisch bestimmten Individualismus 203

U. Mayer
Betriebliche Verteilung von Arbeitsplätzen – die personalpolitische Bedeutung und Problematik von Flexibilisierungsstrategien am Beispiel der Leiharbeit 218

R. Volkmann
Zur Wohnungslage in beiden deutschen Staaten 231

Autorenverzeichnis

Beekhuis, Werner, Sozialwirt, geb. 1950, Wissenschaftlicher Mitarbeiter an der Forschungsstelle der Hochschule für Wirtschaft und Politik, Veröffentlichungen zu Fragen der Erwachsenenbildung und außerschulischen Jugendbildung.

Dörhage, Walter, geb. 1951, Wissenschaftlicher Angestellter an der Hochschule für Wirtschaft und Politik, Fachbereich Volkswirtschaftslehre. Arbeitsgebiete: Studienreform und Weiterbildung in den Sozialwissenschaften, Ökonomie der Inflation, Automation und Rationalisierung.

Friebel, Harry, Dr. phil., geb. 1943, Wissenschaftlicher Angestellter an der Hochschule für Wirtschaft und Politik, Fachbereich Soziologie. Veröffentlichungen zu Fragen der Erwachsenenbildung, außerschulischen Jugendbildung, Sozialpsychologie und Sozialisationstheorie.

Hund, Wulf D., Dr. phil. M. A., geb. 1946, Dozent für Soziologie an der Hochschule für Wirtschaft und Politik. Veröffentlichungen zur Kommunikationssoziologie, Wissenschaftstheorie und -soziologie, Kultursoziologie, Politische Soziologie und zur Geschichte der Arbeiterbewegung.

Janssen, Jürgen, Dipl. Volkswirt, geb. 1942, Wissenschaftlicher Angestellter an der Hochschule für Wirtschaft und Politik, Fachbereich Volkswirtschaftslehre. Arbeitsgebiete: Verteilungstheorie und -politik sowie Regionalanalyse.

Krupp, Hans-Jürgen, Prof. Dr. rer. pol., geb. 1933, Präsident des Deutschen Instituts für Wirtschaftsforschung (DIW) Berlin. Veröffentlichungen u. a. zur Sozialpolitik und Einkommensverteilung.

Laatz, Wilfried, Dr. rer. pol., geb. 1945, Referent an der Forschungsstelle der Hochschule für Wirtschaft und Politik, Veröffentlichungen zu Berufsproblemen, Arbeitsmarktproblemen, Juristenausbildung, Technische Intelligenz und Medizinsoziologie.

Mattfeldt, Harald, Prof. Dr. rer. pol., geb. 1943, Dozent für Volkswirtschaftslehre an der Hochschule für Wirtschaft und Politik. Veröffentlichungen über Allgemeine Wirtschaftspolitik, Geldtheorie, Konjunkturtheorie und -politik, Neue Politische Ökonomie.

Mayer, Udo, Dr. jur., geb. 1944, Wissenschaftlicher Angestellter an der Hochschule für Wirtschaft und Politik, Fachbereich Recht. Veröffentlichungen zu Fragen der Mitbestimmung, des Arbeitskampfes, Kündigungsschutzes, Rationalisierungsproblematik und zum internationalen Arbeitsrecht.

Moritz, Klaus, Prof. Dr. jur., geb. 1944, Fachbereich Einstufige Juristenausbildung an der Universität Hamburg. Veröffentlichungen zum Wirtschaftsrecht, NS-Recht und Arbeitsrecht.

Saß, Peter, Dr. rer. pol., geb. 1936, Dozent für Volkswirtschaftslehre an der Hochschule für Wirtschaft und Politik. Veröffentlichungen auf dem Gebiet der Einkommensverteilung, Beschäftigungspolitik und Profitraten-Analyse.

Schumacher, Harald, Dr. rer. pol., geb. 1940, Dozent für Volkswirtschaftslehre an der Hochschule für Wirtschaft und Politik. Veröffentlichungen zu Konzentrationsproblemen, zur Wettbewerbstheorie, zum Wettbewerbs- und Verbraucherrecht.

Toth, Stephan, Sozialwirt, geb. 1947, Wissenschaftlicher Mitarbeiter an der Forschungsstelle der Hochschule für Wirtschaft und Politik. Veröffentlichungen zu Fragen der Erwachsenenbildung und außerschulischen Jugendbildung.

Volkmann, Rainer, Dr. rer. pol., geb. 1947, Wissenschaftlicher Angestellter an der Hochschule für Wirtschaft und Politik, Fachbereich Volkswirtschaftslehre. Arbeitsgebiete: Konjunktur- und Markttheorie.

Voswinckel, Goswin, Dr. rer. pol., geb. 1943, Wissenschaftlicher Angestellter an der Hochschule für Wirtschaft und Politik, Fachbereich Betriebswirtschaftslehre. Veröffentlichungen zu Fragen der Unternehmenskooperation und Entscheidungstheorie.

Wetzel, Manfred, Dr. phil. habil., geb. 1937, Dozent für Soziologie an der Hochschule für Wirtschaft und Politik und Privatdozent für Philosophie an der FU Berlin. Veröffentlichungen: größere Schriften und verschiedene Aufsätze zur Erkenntnis- und Wissenschaftstheorie, zur Dialektik und zur allgemeinen Gesellschaftstheorie.

Ziegler, Bernd, Dr. rer. pol., geb. 1946, Wissenschaftlicher Angestellter an der Hochschule für Wirtschaft und Politik, Fachbereich Volkswirtschaftslehre. Veröffentlichungen aus den Bereichen Markt und Wettbewerb sowie Sozialpolitik.

1. Kapitel: Verteilung von Markteinkommen

Walter Dörbage und *Harald Mattfeldt*

Verteilungskampfhypothesen der Inflation – Eine kritische Einschätzung

I. Ausgangspunkt

Das Verhältnis von Inflation und Einkommensverteilung wurde in der Vergangenheit von der Wirtschaftstheorie überwiegend unter dem Aspekt untersucht, wie die Inflation die Einkommensverteilung beeinflußt. In letzter Zeit mehren sich die Veröffentlichungen, die sich mit der Fragestellung befassen, inwiefern die Entwicklung der Einkommensverteilung ursächlich für den Inflationsprozeß sein könnte. Diesen Ansätzen ist gemeinsam, daß sie rein ökonomische Erklärungen der Inflation ablehnen oder sie allerbestens als Komplement einer Inflationstheorie begreifen, die nichtökonomische Faktoren in den Vordergrund rückt. Deshalb wird sie auch als gesellschaftliche oder „Soziotheorie" der Inflation bezeichnet.[1] Grundlage dieser Theorie ist die Deutung der Inflation als Ergebnis sozialer Auseinandersetzungen, die auf gleiche Interessenlagen verschiedener gesellschaftlicher Gruppierungen zurückgehen.[2] Diese Interessenlagen lassen sich kennzeichnen durch ihre Zielsetzung, einen möglichst hohen Anteil am Sozialprodukt zu erhalten bzw. zumindest eine Umverteilung des realen Gesamtprodukts zu erreichen. Die Inflation ist dann also interpretierbar als Folge des Verteilungskampfes. Insofern ist es berechtigt, von Verteilungskampfhypothesen zu sprechen.

Auf dem hier zur Verfügung stehenden Raum kann keine ausführliche Darstellung der verschiedenen Verteilungskampfhypothesen erfolgen. Da diese Theorien jedoch mit einem hohen Anspruch auftreten – sie wollen ein „tieferes Verständnis der Inflation vermitteln" und behaupten, daß ihr Ansatz die Grundlage dafür bilde und somit die „eigentliche" Inflationstheorie[3] erst am Anfang stehe – und auch schon Eingang in Lehrbücher gefunden haben,[4] ist es u. E. notwendig, diese Ansätze kritisch daraufhin zu untersuchen, welche theoretischen, wirtschaftspolitischen und ideologischen Leistungen sie erbringen. Damit verbunden ist die Frage, vor welchem Hintergrund in der Nationalökonomie, aber auch vor welchem realgesellschaftlichem Hintergrund diese Inflationstheorie entstanden ist.

II. Das Grundmodell

1. Die verteilungskampforientierten Ansätze der Inflationstheorie lassen sich zu zwei Gruppen zusammenfassen. Einteilungskriterium ist dabei die Ursache des Verteilungskampfes. Die Autoren der einen Gruppe sehen die Ursache des Verteilungs-

kampfes in dem Anspruchsverhalten von Individuen bzw. von Gruppen von Wirtschaftssubjekten. Das Anspruchsverhalten und seine Veränderung wird zurückgeführt auf die soziokulturellen Bedingungen, Normen und Werte, die sich vor allem mit soziologischen, individual- und sozialpsychologischen Kategorien erfassen lassen. Die andere Gruppe von Ansätzen (politische Theorien der Inflation) sieht den Verteilungskonflikt in der kapitalistischen Wirtschaftsordnung und dem politischen System der parlamentarischen Demokratie angelegt. Sie beschäftigt sich vorwiegend mit der politischen Willens- und Entscheidungsbildung, mit den Handlungen und Konzepten von Regierung, Parlament, Parteien und Interessenorganisationen, deren Zusammenspiel Inflation zum Ergebnis hat. Andere politische Systeme, die bei gleicher marktwirtschaftlicher Wirtschaftsordnung ebenfalls inflationäre Prozesse aufweisen, werden nicht untersucht.

Wenn eben gesagt wurde, daß als Einteilungskriterium die Ursache des Verteilungskonfliktes genommen wurde, so ist dies insofern nicht ganz korrekt, als die zweite Gruppe letztendlich ebenfalls das Anspruchsverhalten als Ursache für den Inflationsprozeß, zumindest implizit, annimmt. In den politologischen Ansätzen wird dies jedoch nicht weiter reflektiert, sondern es tritt die politische Mechanik der Verteilungsauseinandersetzung selbst in den Vordergrund.

2. Unter der Bezeichnung Verteilungskampfhypothesen der Inflation werden hier also Erklärungsansätze zusammengefaßt, die Entstehung und Verlauf von gesamtwirtschaftlichen Preissteigerungsprozessen als Folge des Verhaltens von Individuen, z. B. von Politikern, in der Regel aber von sozialen Gruppen begreifen, die sich wiederum durch gemeinsame Interessenlagen definieren. Diese Interessen richten sich auf die Anteile am realen Sozialprodukt. Macht ist dabei ein Faktor, um Interessen durchzusetzen, indem entgegenstehende Interessen damit überwunden werden.[5] Diese Macht wird von Organisationen ausgeübt, zu denen sich Wirtschaftssubjekte mit gleichgerichteten Interessen zusammenschließen, wie etwa in Gewerkschaften und in Unternehmerverbänden.

Die Macht erwächst aus der Möglichkeit und Fähigkeit bzw. der Vorspiegelung dieser Fähigkeit (Bluff), Sanktionen zu verhängen, sei es auf dem „Wählermarkt“, sei es durch die Möglichkeit der Erhöhung „Sozialer Kosten“, durch Streiks und Aussperrung, durch die Mobilisierung der öffentlichen Meinung oder auch die Mobilisierung der Systemrationalität durch „unabhängige“ Gremien von Wissenschaftlern, die gutachterlich tätig werden. Die Dynamik des Verteilungs- und damit des Inflationsprozesses ergibt sich bei diesen Ansätzen daraus, daß sich die Machtpotentiale der verschiedenen Gruppen in ihrer Relation zueinander verändern, und zwar in Abhängigkeit von politischen, sozialpsychologischen und auch ökonomischen Faktoren. Der Inflationsprozeß selbst wird also durch den sozialen Konflikt, die Auseinandersetzung der Gruppierungen um die Einkommensverteilung, erklärt. Die Höhe der Inflationsrate ebenso die Geschwindigkeit und Dauer des Inflationsprozesses werden bestimmt durch die Heftigkeit der Auseinandersetzung.

Der Versuch der sozialen Gruppen, ihre Einkommensziele gegenüber anderen Gruppen durchzusetzen oder zu behaupten, führt zu realen Gesamtansprüchen an das Sozialprodukt, die die gesamte Produktion übersteigen. Die Einkommensziele können also insgesamt real nicht erfüllt werden, sondern nur nominal, d. h. indem sich das Gesamtprodukt durch Preissteigerungen den Ansprüchen nominal anpaßt. Bei Abwesenheit von Geldillusion wird sich der Inflationsprozeß solange fortsetzen, bis eine Gruppierung ihre Anforderungen an das Gesamtprodukt herunterschraubt, sei es durch Einsicht oder aber durch sanfte oder weniger sanfte Überredung, oder indem alle Gruppierungen ihre Ansprüche reduzieren, so daß die Summe der Ansprüche mit dem realen Produkt übereinstimmt.

3. Der Prozeß einer schleichenden Inflation auf der Grundlage des Verteilungskampfansatzes könnte folgendermaßen aussehen:

In Zeiten hoher Wachstumsraten des realen Sozialproduktes können die Ansprüche an das Gesamtprodukt hinreichend befriedigt werden. Der soziale Konflikt tritt kaum in Erscheinung. Er wird also dadurch zurückgedrängt, daß die Realeinkommen aller relevanten Gruppen absolut und rasch steigen. Starkes absolutes Wachstum wirkt hier als eine Art gesellschaftlicher Befriedigungsmechanismus. Die relative Einkommensposition, also etwa die Lohn- und Profitquote im Zweigruppenmodell, tritt als globaler Indikator für den Erfüllungsgrad der eigenen Interessen hinter die Wachstumsrate des Realeinkommens, also das Realeinkommensniveau, zurück. Vermindern sich aber die Wachstumsraten des realen Sozialprodukts stark im Vergleich zu vorangegangenen Perioden oder gehen die Wachstumsraten sogar gegen null oder werden negativ, so sind Realeinkommenssteigerungen einer Gruppe nur zu Lasten der anderen Gruppe möglich. Eine Verbesserung des Realeinkommens bei Nullwachstum z. B. ist gleichbedeuted mit einer Erhöhung des Anteils am realen Sozialprodukt der entsprechenden Gruppe.[6] Bei niedrigem Wachstum gewinnt der Anteil am Sozialprodukt als Indikator für die Erreichung der jeweiligen Interessenposition also wieder an Bedeutung.[7]

Durch hohe Einkommenssteigerung in der Vergangenheit können sich bestimmte Erwartungen und ein entsprechendes Anspruchsniveau herausgebildet haben, die das Verhalten der Gruppierungen in der Zukunft bestimmen. Es ist dann zu erwarten, daß bei sinkenden Wachstumsraten der soziale Konflikt wieder stärker nach außen in Erscheinung tritt und die Intensität der Auseinandersetzung zwischen den Gruppen zunimmt, da sich eine Verbesserung der eigenen Gruppenposition nur „auf Kosten" der anderen Gruppen erreichen läßt. Die aber werden einem solchen Bestreben stärkeren Widerstand entgegensetzen als unter Bedingungen realen Wachstums, die eine Verbesserung für alle ermöglichen. Diese verschärften Verteilungskämpfe treiben das Preisniveau in die Höhe. Der Inflationsimpuls kann ausgelöst werden, wenn eine Gruppe durch entsprechende Einkommensansprüche die bis zu diesem Zeitpunkt bestehenden Verteilungsrelationen, das bestehende „Verteilungsgleichgewicht", stört. Ist diese Gruppe in der Lage, ihre Einkommensansprüche zu realisieren oder teilweise zu realisieren, so reagieren andere Gruppen mit kompensatorischen Einkommensforderungen, um ihre relative Einkommensposition zu verteidigen. Gelingt es auch diesen Gruppen, ihre Einkommensvorstellungen in Form von gestiegenen Löhnen oder Gewinnen durchzusetzen, kommt es in den betroffenen Sektoren zu Preissteigerungen, die sich über die binnenwirtschaftliche Verflechtung schließlich gesamtwirtschaftlich ausbreiten können.

Bei der Schilderung dieses Ablaufs fällt sofort die Argumentationslücke auf, die darin besteht, daß nicht gesagt wird, wie nun genau die Verteilungskampfimpulse in Preissteigerungsraten umgesetzt werden können. Diese Transmissionsproblematik wird uns im weiteren noch beschäftigen, da sie in der Tat eine wesentliche Lücke in den gesamtgesellschaftlichen nichtökonomischen Inflationstheorien bildet. Weiterhin dürfte schon hier deutlich werden, daß ein solcher inflationstheoretischer Ansatz sehr gut geeignet ist, die „Schuldigen" an der Inflationsentwicklung auszumachen. Es sind nach der Logik des Ansatzes diejenigen, die zuerst Einkommensforderungen geltend machen. Nun ist es in aller Regel so, daß Einkommensforderungen (Anspruchsverhalten in diesem Sinne) nur bei Arbeitnehmern bzw. ihren Organisationen, den Gewerkschaften, öffentlich erkennbar sind, da es sich, in der volkswirtschaftlichen Terminologie, dabei um Kontrakteinkommen handelt, die als Ansprüche nach außen vor Beginn einer Wirtschaftsperiode in Erscheinung treten. Die Residualeinkommen, sprich die Gewinne, liegen ja nicht vorher (erkennbar) fest und werden damit als Ansprüche an das Sozialprodukt nicht öffentlich wahrgenommen, sondern fallen als mehr oder minder Zufallsergebnisse am Ende einer Wirtschaftsperiode an. Verteilungskampfhypothesen in ihrer Ausprägung als Anspruchsverhaltenstheorie der Inflation weisen von daher leicht einen antigewerkschaftlichen bias auf, und in der Tat wird das Anspruchsverhalten der Arbeitnehmer und ihrer Gewerkschaften in der Literatur weitaus ausführlicher diskutiert als das Anspruchsverhalten von Unternehmern und ihren Verbänden. Auch der Sachverständigenrat zur Begutachtung der gesamtwirtschaftlichen Entwicklung, ein Vertreter der Verteilungskampfhypothese in seiner Ausprägung als Anspruchsverhaltensansatz, verfährt so.[8] Es wird damit nicht vertreten, daß die Anhänger der Anspruchsverhaltenstheorie per se und bewußt antigewerkschaftlich argumentieren, sondern nur die immanente Schuldlogik als mögliche politische Konsequenz dieses Ansatzes angesprochen: Wer den bestehenden contrat social über die erreichten Verteilungsrelationen bricht, ist der Auslöser inflationärer Prozesse und damit der Schuldige.

Wir werden darauf zurückkommen und uns im folgenden etwas genauer mit dem Anspruchsverhaltensansatz und dem politischen Ansatz der Verteilungskampftheorie als gesamtgesellschaftlichen Inflationstheorien befassen. Dabei gilt es darauf zu achten, welche Strukturmerkmale des gesellschaftlichen Systems genau als Ursache der Inflation von diesen Ansätzen identifiziert werden, wie diese Ursachen in den ökonomischen Bereich übertragen werden und welche Faktoren den Zeitpunkt, die Höhe und den Verlauf der Inflation bestimmen. Außerdem muß festgestellt werden, welche wirtschaftspolitischen und gesellschaftspolitischen Folgerungen aus der Ursachenanalyse gezogen oder wenn dies explizit nicht geschieht, welche politischen Folgerungen durch die Ursachenanalyse sich anbieten und nahegelegt werden.

III. Anspruchsverhalten und politische Hypothesen

1. Die Versuche, Anspruchsverhalten von Personen und sozialen Gruppen zur Inflationserklärung heranzuziehen, stützen sich auf Aussagen aus dem Betrachtungsbe-

reich der Psychologie, insbesondere der Sozialpsychologie, und der Soziologie.[9] In der einfachsten Version wird die Artikulation von Einkommensforderungen auf die Unzufriedenheit von Gruppen über ihren absoluten oder relativen Einkommens- und Vermögensanteil zurückgeführt.[10] Gestützt auf empirische Untersuchungen sieht z.B. Strümpel die Ursache in individueller und kollektiver Deprivation, d.h. einen Bewußtwerden relativer Unterbezahlung und zu geringer sozialer Wertschätzung.[11] Müller deutet die verteilungspolitischen Aktivitäten der Gruppen explizit mit einem individualpsychologisch bedingten Anspruchsverhalten. Höhe und Anspruchsniveau werden vom eigenen Leistungsniveau in der Vergangenheit und durch Vergleich mit anderen bestimmt. Außerdem sei allgemein eine nachlassende Leistungsorientierung festzustellen, die aber offenbar einhergehe mit vermehrten Forderungen an den Staat. Die Folge ist ein wachsendes Anspruchsniveau. Die Hintergründe dieser Erscheinungen aufzuklären, hält Müller für die Aufgabe einer umfassenden soziologischen Analyse, die er selbst allerdings nicht leistet. Als relevant nennt er ein gestiegenes Selbstvertrauen und einen grundsätzlichen subjektiven Einstellungswandel der Wirtschaftssubjekte.[12] Die Gründe hierfür werden ebenfalls nicht untersucht. Analysen in dieser Richtung unternehmen z. B. Goldthorpe und Hettlage-Trappe, die der Auffassung sind, daß die Inflation tief im Sozialgefüge verwurzelt ist.[13] Ihrer Interpretation zufolge bringt der umfassende soziotechnische Strukturwandel die Auflösung traditioneller Gruppenstrukturen und den Verlust von Gruppenstatus und -standards mit sich. Dies bewirkt bei den Individuen Orientierungslosigkeit und Statusunsicherheit. Verstärkt wird dies durch zunehmende Komplexität und damit Undurchschaubarkeit der großen gesellschaftlichen Organisationen. Der überschaubare Freiraum für den einzelnen schrumpft auf den Konsumbereich zusammen, wo allein noch eine subjektive Kompensation der als bedrohlich empfundenen gesellschaftlichen Superstrukturen möglich ist. Normenkollision und Rollenkonflikte als Begleiterscheinungen dieser Entwicklung erzeugen gesellschaftliche Desintegrationsprozesse und eine Anonymisierung der Verantwortlichkeiten. Kommerzialisiertes Denken ebenso wie der Abbau sozialer Rangordnungen machen soziale Ungleichheiten als Ergebnisse marktökonomischer Prozesse sichtbar und bauen traditionelle Hemmnisse gegen die Begründung von Einkommensforderungen, gedacht ist wiederum im wesentlichen an Lohnforderungen, ab. Es kommt zu einer realistischeren Einschätzung der Konfliktlagen und der in ihr relevanten Machtpositionen durch die Arbeitnehmer und ihre Gewerkschaften. Flankiert werden diese Tendenzen durch die verstärkten Bemühungen um Demokratisierung und Durchsetzung von bürgerlichen Rechten auch im produzierenden Sektor. Goldthorpe sieht unter anderem darin Indizien für die Herausbildung einer bewußten Arbeiterklasse, die sich, unter den soziokulturellen Bedingungen eines urbanen Arbeitermilieus aufgewachsen, bereits von nur individuellen marktwirtschaftlichen Wertorientierungen abgelöst und stattdessen Bindungen an die Institutionen und Errungenschaften der Arbeiterbewegung entwickelt hat.

Diese von Goldthorpe und Hettlage-Trappe erörterten Prozesse des Normen- und Statuswandels stellen im Bezugsrahmen einer Soziotheorie die Inflationsfaktoren dar, die das Anspruchsniveau erhöhen. Müller überträgt das genannte sozial verursachte, aber individualpsychologisch ausgeprägte Anspruchsverhalten auf die sozioökonomischen Gruppen und folgert für wachsende Wirtschaften ständig steigende Anspruchsniveaus, die ein permanentes Ungleichgewicht zwischen den realisierten Einkommen und diesen Anspruchsniveaus hervorrufen.[14] Das stetig steigende und den Wirtschaftsprozeß dominierende Anspruchsdenken äußert sich sowohl in den Bereichen der Einkommenserzielung wie der Einkommensverwendung. Im Prozeß der Einkommensentstehung erheben die Gruppen, verglichen mit den vorhandenen Möglichkeiten, exzessive Einkommensforderungen und setzen sie auch mit Machtmitteln durch. Auf der Verwendungsseite finden die Ansprüche auch ihren Ausdruck in der Finanzierung der Ausgaben über Kredite, eine Form der Geltendmachung hoher nominaler Einkommensansprüche, die ebenfalls inflationierend wirken kann.

Die Durchsetzungschancen der Einkommensansprüche der einzelnen Gruppen auf Verwendungsseite und Einkommensentstehungsseite werden unterschiedlich beurteilt. Wenn auch unter den gegebenen institutionellen Bedingungen prinzipiell alle Gruppen Möglichkeiten zur Realisierung erhöhter Ansprüche besitzen, schätzt z. B. Müller[15] die Chancen von Arbeitnehmern und Gewerkschaften, Lohnerhöhungen durchsetzen, höher ein als die Aussichten der Unternehmer zu Preiserhöhungen. Aus dieser Konstellation von institutionellen Bedingungen, d. h. den Möglichkeiten der Bildung von „mächtigen" Verbänden, und dem anspruchsorientierten Verhalten dieser Verbände resultieren also permanente Verteilungsungleichgewichte, in deren Gefolge es zu dauernden schleichenden Preissteigerungen kommt. Die Preise steigen dabei umso mehr, je höher die Ansprüche sind und je mehr Macht zu ihrer Realisierung von einzelnen Gruppen eingesetzt werden kann.[16] Die politischen Prozesse werden in den Anspruchsverhaltensansätzen nicht näher untersucht, obwohl sie in die Argumentationsketten häufig einfließen. Insofern läßt sich die zweite Ausprägung der Soziotheorien, die politische Theorie der Inflation, als Komplement des Anspruchsverhaltensansatzes heranziehen. Ihre grundlegendeArgumentationsstruktur soll im folgenden dargestellt werden.[17]

2. Die politisch orientierten Verteilungskampfhypothesen halten das Strukturmuster der repräsentativen parlamentarischen Demokratie in der hochindustrialisierten und organisierten Gesellschaft verantwortlich für die dauerhaften Inflationsprozesse. Eine entscheidende Bedeutung haben dabei die in einer parlamentarischen Demokratie westlichen Musters existierenden Interessenorganisationen, deren gestiegener Einfluß im Zusammenhang mit den ausgeweiteten wirtschaftlichen und sozialpolitischen Funktionen des Staates steht. Gelingt eine Beeinflussung staatlicher Institutionen von seiten der Partialinteressen vertretenden Verbände, so läßt sich über diese staatlichen Funktionen das Verteilungsergebnis der von diesen Verbänden repräsentierten sozialen Gruppen verbessern. Bei dieser Struktur versagt also die traditionelle Regulation der Interessen über das ökonomische, das Marktsystem.[18] Angesichts der gestiegenen Machtkonzentration der Verbände und ihrer Einflußmöglichkeiten auf den Staat ist es gar nicht mehr möglich, die Marktprozesse für die Inflation „verantwortlich zu machen". Die Verteilungsauseinandersetzungen verlagern sich von der ökonomischen in die politische Sphäre. Das Verhalten der Verbände, der Parteien und die Organisation der staatlichen Institutionen im Zu-

sammenspiel ist die Ursache inflationärer Prozesse. So untersucht Zohlnhöfer, inwieweit die Wirkungszusammenhänge des politischen Systems bei der Transformation individueller Interessen in gesellschaftlich verbindliche Entscheidungen monetäre Ansprüche zum Tragen bringen oder sogar bedingen, die über das reale Sozialprodukt hinausgehen und so inflationär wirken.

In Anlehnung an die Vorgehensweise der ökonomischen Theorie der Politik wird von einem Wählerstimmen maximierenden Verhalten der Parteien ausgegangen. Die Parteien konkurrieren mit attraktiven politischen Programmen und Versprechen um die Wähler, allerdings findet die Meinungsbildung des Wählers unter unvollständiger und systematisch verzerrter Information statt. So werden die Nutzen und Kosten öffentlicher Güter gegenüber den privat produzierten Gütern unterschätzt, jeder tritt für eine Senkung seiner Steuerlast oder eine Erhöhung der ihn begünstigenden Staatsleistungen ein. Im Bemühen, sich die Wählergunst möglichst vieler zu erhalten, entscheiden sich die Politiker für Programme, die möglichst viele spürbar begünstigen und gleichzeitig möglichst wenige, wenn möglich unmerklich, belasten. In der Tendenz werden dann Ausgaben zusätzlich beschlossen, ohne entsprechende steuerpolitische Finanzierungsentscheidungen zu fällen. Budgetlücken werden kreditär finanziert, zumal die gesetzlich verankerte Aufgabe der antizyklischen Haushaltspolitik die traditionellen Schranken gegen Haushaltsdefizite abgebaut hat. An sich notwendige Stabilisierungspolitiken werden der Zentralbank überlassen, um das Risiko der Einbuße an Wählergunst zu minimieren. Das bedeutet aber auch, wegen der geringeren Stabilisierungseffektivität der Geldpolitik, eine Einbuße an gesamtstabilisierender Wirkung des staatlichen Handelns. Das politische Handeln wirkt also nicht nur nicht antiinflationär, sondern gibt zusätzliche Inflationsimpulse.

Diese Betrachtung rückt vor allem die regierenden Parteien und die Regierung in den Mittelpunkt. Aber auch über die oppositionellen Parteien, die Konkurrenten auf dem Wählermarkt, werden Aussagen getroffen. Da diese Parteien nicht an einem Erfolg von Stabilisierungsbemühungen der Regierung interessiert sind, weil dies ihre Erfolgschancen bei Wahlen schmälert, werden sie alles tun, um die Stabilisierungspolitik der Regierung zu vereiteln. Der Parteienwettbewerb ist damit ein zusätzlicher Faktor der Inflation.

Die durch den politischen Wettbewerb hervorgerufenen inflationären Tendenzen werden verschärft, wenn es sich progressive Parteien oder Mehrpartenregierungen handelt. Einerseits besitzen progressive Parteien in der Regel eine redistributive Orientierung, andererseits erhöht sich bei Mehrparteienregierungen das zu bedienende Potential von Wählergruppen. Der Zwang zum Erhalt der Glaubwürdigkeit bringt die progressiven Parteien dazu, Ausgabenprogramme aufzulegen, die nicht mehr durch Steuern, sondern durch Staatsverschuldung finanziert werden, was wiederum inflationär wirken kann.

Diese Auswirkungen werden begünstigt durch das Verhalten der Verbände und Interessenorganisationen. Die Verbandsspitzen stehen unter dem Druck, Erfolge bei der Verbesserung der Einkommenssituation ihrer Mitglieder nachzuweisen, um ihre eigenen Positionen zu legitimieren. Sie erheben deswegen maximale Einkommensforderungen und zeigen erhebliche Militanz beim Versuch der Realisierung ihrer Interessen. Im Ergebnis bedeuten dann die Unterschiede in der Organisationsmöglichkeit von Interessen nicht nur eine Einseitigkeit in der Artikulation von bestimmten Gruppeninteressen durch das Verbändesystem, sondern auch eine Einseitigkeit in der Berücksichtigung der Interessen durch die Regierung, weil im Parteien- wie Verbändesystem die Voraussetzungen, Möglichkeiten und Chancen der Interessenorganisation und – durchsetzung identisch sind: leicht organisierbare Interessen von Subgruppen mit hohem Informationsstand und Einkommen werden tendenziell bevorzugt. Nicht geäußerte oder nicht öffentlichkeitswirksam geäußerte Interessen sowie nichtorganisierbare oder nichtorganisierte Interessen werden nicht berücksichtigt. Insofern potenziert das System der Interessenorganisation in Verbänden die Einseitigkeit der gesellschaftlichen Willensbildung im Parteiensystem und verstärkt die Tendenz zur Begünstigung partikulärer Interessen und damit die Tendenz zur Inflation .

Am Beispiel der Gewerkschaften als Partner bei Tarifverhandlungen versucht Zohlnhöfer zu belegen, daß die organisierten Interessenvertretungen unter ständigem Zwang stehen, ihre Legitimation durch regelmäßig spürbare Einkommensverbesserungen für ihre Mitglieder nachzuweisen. Wegen der Höhe der Lohnquote und ihrer Bedeutung für die gesamtwirtschaftliche Nachfrage sieht Zohlnhöfer hier den Keim der Lohninflation. Die Gefahr für den Geldwert ist dabei umso größer, je höher die Gewerkschaften das Gleichheitsprinzip einschätzen und je höher die Leistungskonkurrenz unter ihnen selbst ist. Die Bereitschaft einer Regierung, inflationäre Entwicklungen auf diesem Sektor zu dulden, ist umso größer, je höher der von radikalen Gewerkschaften vertretene Anteil der Beschäftigten ist.

Insgesamt resultiert also aus den Wirkungszusammenhängen des gesellschaftlichen Entscheidungs- und Willensbildungsprozesses in parlamentarischen Demokratien mit den durch Verbände repräsentierten Interessen eine Tendenz zur dauerhaften schleichenden Inflation mit Selbstverstärkungspotentialen, da dieses System dauernd neue Verteilungskonflikte schafft bzw. alte verschärft. Alle Bemühungen um die Stabilisierung des Geldwertes können damit nur begrenzte Erfolge haben, wenn sich in der Struktur dieses Systems nichts verändert.[19] Auf die gesellschaftspolitischen Folgerungen dieses Ansatzes werden wir aber später noch genauer eingehen.

3. Zusammenfassend läßt sich feststellen, daß sowohl der Anspruchsverhaltensansatz wie auch die politische Theorie jeweils Teilbereiche einer Soziotheorie der Inflation ansprechen. Beziehen wir die beiden Ansätze aufeinander, so ergibt sich ein kompaktes Modell einer permanenten schleichenden Inflation in parlamentarischen Demokratien, in der die Organisierung der Einkommensansprüche sozialer Gruppen in Verbänden erfolgt. Das individuell oder sozial geprägte Verhalten der Gesellschaftsmitglieder und die Übertragung dieses Verhaltens in das politische System sind damit die eigentliche Ursache der Inflation.

IV. Kritische Einschätzung der Verteilungskampfhypothesen

1. Die Kritik wirtschaftstheoretischer Konzepte und daraus abgeleiteter wirtschaftspolitischer Rezepte kann nicht allein als immanente Kritik im Sinne einer genauen Analyse der einfließenden Voraussetzungen und der Aufdeckung von Widersprüchlichkeiten erfolgen bzw., für die Handlungsebene, in der Darstellung der Schwierigkeiten bei der Durchführung einer auf einen bestimmten theoretischen Ansatz gegründeten Wirtschaftspolitik. Darüberhinaus sind die Ansätze daraufhin zu untersuchen, ob sie neben theoretischen und wirtschaftspolitisch-praxeologischen Elementen auch ideologisch-apologetische, d. h. wesentlich auch Interessenspositionen und Rechtfertigungselemente enthalten. Diese lassen sich vor allen Dingen auch dadurch aufdecken, daß der Entstehungszusammenhang der Ansätze und ihr Anwendungsbezug untersucht werden. Dies soll kurz für die BRD skizziert werden.

Die in den 60er und 70er Jahren in der BRD zunehmenden Inflationsraten gingen einher mit, im Vergleich zu den 50er Jahren, abnehmenden Wachstumsraten des realen Sozialprodukts. Die Lohnpolitik ging in diesem Zeitraum in ihre aktivere Phase über, nachdem in den 50er Jahren die Arbeitszeitverkürzung stärker im Vordergrund der Gewerkschaftspolitik stand. Die Politik der Gewerkschaften bewirkte, auch unter Einbeziehung von Streiks, daß bis Anfang der 70er Jahre eine Erhöhung der Lohnquote erreicht wurde. Dies korrelierte mit der inflationären Entwicklung. So ist es nicht verwunderlich, daß der Sachverständigenrat immer wieder auf diesen Zusammenhang hinwies und mit seinem Konzept der kostenniveauneutralen Lohnpolitik im Grunde einen Verteilungsansatz für die Inflation lieferte, den er bis heute in seiner Mehrheitsfraktion zu einer allgemeineren Anspruchstheorie der Inflation ausgebaut hat.

Neben der empirischen Plausibilität des Zusammenhangs zwischen Inflation und Verteilungsentwicklung ist eine weitere notwendige Voraussetzung für die Akzeptanz dieser Ansätze, daß die sozialen Gruppen bzw. ihre Verbände, die um die Verteilungsquoten kämpfen, hinreichend identifizierbar sind. Außerdem müssen sie durch ihre Zahl oder sonstige Einflußkomponenten in unserem System über gesellschaftliche Macht verfügen, um am Verteilungskampf wirkungsvoll teilnehmen zu können. Beides ist etwa für dieGewerkschaften gegeben.

Als weiteres Moment für das Aufkommen und die Verbreitung der Verteilungskampfhypothesen der Inflation ist die Hilflosigkeit der herrschenden Wirtschaftstheorie bei der Erklärung der Inflation der 60er und der 70er Jahre sowie die Machtlosigkeit der wirtschaftspolitischen Institutionen bei ihren Versuchen der Bekämpfung der Inflation und der zunehmenden konjunkturellen und überkonjunkturellen Arbeitslosigkeit. Von daher ist es nicht verwunderlich, daß Wirtschaftstheoretiker und Wirtschaftspolitiker nach Konzepten und Rezepten fahndeten und noch fahnden, die versprechen, beide Probleme zu erklären und damit Zugänge für ihre Bekämpfung zu finden. Dabei werden „naturgemäß“ solche Ansätze Aufnahme finden, die die Notwendigkeit des Scheiterns bisheriger Wirtschaftspolitik ableiten, sie aber nicht in der bestehenden Wirtschaftsordnung suchen und diese damit kritisieren, sondern im Gegenteil „nachweisen“, daß „artfremde Elemente“ in diesem Wirtschaftssystem zu den Schwierigkeiten geführt haben. Die Rückführung der Inflation, in Weiterverfolgung des Anbieteransatzes, auf die diesem Wirtschaftssystem innewohnende Konzentrationsdynamik hätte neben der Forderung nach mehr Wettbewerbspolitik oder einer Verschärfung der Kartellgesetzgebung letztendlich auch eine systemkritische Komponente, vor allem nach Jahrzehnten einer im Prinzip wirkungslosen Kartellgesetzpolitik. Zumindest gedanklich ist der Weg von der Systemkritik zu einem Nachdenken über eine Veränderung von Systemstrukturen, das das Problem von Inflation und Arbeitslosigkeit als Ergebnis privatwirtschaftlicher Prozesse grundsätzlicher angeht, nicht weit. Diese Möglichkeit ist dann nicht gegeben, wenn von vornherein die „eigentlichen" Ursachen von Inflation oder auch von Arbeitslosigkeit nicht im privatwirtschaftlich organisierten Wirtschaftsbereich gesucht werden, sondern im angeborenen oder sozial-nichtökonomisch geprägten Verhalten der Gesellschaftsmitglieder oder auch im politischen System mit seinen Spielregeln, die ebenfalls nach herrschender Meinung grundsätzlich nichts mit dem ökonomischen Subsystem zu tun haben, auf dessen Rücken die politischen Konkurrenzkämpfe und Verteilungskämpfe nur ausgetragen werden. Wir meinen, daß für die Entstehung und Verbreitung der Verteilungskampfhypothesen ein ähnlicher Zusammenhang gilt wie beim neuen Monetarismus, dessen Vertreter im übrigen Elemente der Verteilungskampfhypothesen verwenden.[20]

2. Nicht allein aus dem Entstehungszusammenhang heraus, sondern auch in der Argumentation und der Behandlung des Verteilungskampfes in seinen verschiedenen theoretischen Ausprägungen bzw. ihren typischen Argumentationslücken läßt sich die Verwertbarkeit für Marktideologien erkennen. Am für den Verteilungskampf zentralen Aspekt der Gruppenauseinandersetzungen wird deutlich, daß die Abgrenzung der beteiligten Gruppen entweder sehr amorph ist oder sich reduziert auf eine Untergliederung nach Einkommensarten (Kontrakt-Residual-Transfereinkommen)[21] und auf die Arbeitnehmer-Unternehmer-Dichotomie. Dies mag mit darauf zurückzuführen sein, daß die Verteilungskampfansätze die frühe Phase konzeptioneller Überlegungen noch nicht überwunden haben, obwohl das oben skizzierte Grundmodell bereits von Aujac[22] entwickelt worden ist. Es hat aber bisher noch keine wesentliche Differenzierung und Spezifizierung erfahren. So wird der Arbeitnehmer-Unternehmer-Gegensatz und sein Hintergrund selbst nicht genauer analysiert, sondern als gegeben vorausgesetzt und vor dem Hintergrund von Tarifauseinandersetzungen im wesentlichen als Verteilungskampf und sonst nichts plausibilisiert.[23] Der ungenaue Begriff der Macht im Verteilungskampf wird allerdings in neueren Untersuchungen unter den Aspekten des Organisationsgrades und der Streikaktivitäten der Arbeitnehmer operationalisiert.[24] Auch hier fällt sofort auf, daß wiederum im wesentlichen die Gewerkschaften Objekt solcher Analysen sind. Die „Eigentumsmacht" der Unternehmer wird ausgeklammert.

Wegen der quantitativen und qualitativen Bedeutung des Staates für alle gesellschaftlichen Prozesse ist die theoretische Behandlung des Staates in den soziotheoretischen Inflationserklärungen angesichts der vorliegenden Staatstheorien in der politischen Theorie sehr oberflächlich. Der staatlichen Politik, obwohl durch Beschäftigungspolitik, Sozialpolitik und Budgetdefizite für die Inflation mitverantwortlich gehalten, wird von den politischen Theorien der Inflation in Bezug auf die Konfliktaustragung zwischen den Gruppen eine eher passive Rolle zugewiesen. Die politischen Ansätze der Inflationserklärung interpretieren staatliches Handeln in der Regel sehr simpel als direkt ableitbar aus den Interessen der Politiker und ihrer Parteien. Objektivierbare Systemaspekte staatlicher Aktivität bleiben weiterhin ausgespart. Den komplexen Einflußfaktoren staatlicher Entscheidungen, von der Gesetzgebung und ihren Interessenhintergründen über die Verwaltungs- und Organisationsstruktur bis zur Eigendynamik bürokratischer Prozesse wird diese Herangehensweise, jedenfalls in den vorliegenden Ansätzen, kaum gerecht, obwohl auch für diesen Bereich von Politologie und Soziologie zahlreiche Theorieangebote vorliegen und auf ihre Relevanz für die Ansätze untersucht werden könnten. Diese stärker auf das politische System und seine Behandlung in den Verteilungskampfhypothesen bezogenen Kritikpunkte müssen ergänzt werden durch eine Kritik am Anspruchsverhaltensansatz. Das Anspruchsverhalten als letzter Erklärungsgrund des Verteilungskampfes wird teilweise individuell subjektiv, teilweise sozialpsychologisch erklärt. Der Individualpsychologische Ansatz führt natürlich nicht zu einer Soziotheorie der Inflation, zumindest in dem Augenblick, wo die individuelle Komponente als „angeboren", zumindest als nicht weiter erklärbar hingestellt wird. Damit ist die Inflation letztendlich Folge von Menschsein und entzieht sich damit einer gesellschaftlichen Interpretation. Die Bekämpfung der Inflation kann dann nur gelingen durch eine grundlegende Änderung des Menschen oder aber, und das sei hier auch angesprochen, indem die inflationsbefördernde Anspruchsnatur des Menschen durch Zwang zurückgedrängt wird. Der sozialpsychologische Ansatz ist erkenntnisträchtiger, eröffnet er doch Zugang zu einer sozialen Erklärung der Inflation unter Einbeziehung auch ökonomischer Verhältnisse, wie wir am Beispiel von Goldthorpe kurz andeuten konnten. Hier bietet sich auch die Möglichkeit, das missing link zum ökonomischen Bereich zu finden, das in den meisten Ansätzen fehlt.

Als wesentliche Erklärungslücke in den betrachteten Ansätzen ist nämlich festzustellen, daß der Wirkungszusammenhang zwischen dem Agieren der Gruppen, Verbände und Parteien und dem Auftreten eines gesamtwirtschaftlichen Inflationsprozesses im einzelnen nicht erläutert wird. Das betrifft z. B. den primären Inflationsimpuls, der sich ja wohl in mikroökonomischen Vorgängen, d. h. einzelwirtschaftlichen Preiserhöhungen niederschlagen muß. Die ihm zugrunde liegenden Mechanismen im politischen und Anspruchsverhaltenssystem werden zwar dargestellt, der Transmissionsmechanismus in den Marktbereich wird jedoch nicht genauer umrissen.[25] Expansive staatliche Wirtschaftspolitik und hohe Lohnforderungen allein reichen als Erklärung für das Preissetzungsverhalten der Unternehmen nicht aus, zumal wenn beabsichtigt ist, den Verlauf des Inflationsprozesses und die Höhe der Inflationsrate mit zu erklären.[26] Außerdem wäre zu fragen, ob das Anspruchsverhalten und die Entscheidungen von Regierung und Parteien nicht selbst im wesentlichen ökonomisch determiniert sind, so daß Ausgangs- und Endpunkt des Inflationsprozesses lediglich ein Mittelstück bilden, das allerdings für eine gesamtwirtschaftliche Theorie der Inflation notwendig ist. Die Verkürzung der gesamtgesellschaftlichen Inflationserklärung um das erste Stück führt dann zu den schon mehrfach genannten

Einseitigkeiten und ist leicht als Ablenkungsmanöver vom eigentlichen ökonomischen Inflationsherd identifizierbar.

3. Es läßt sich festhalten, daß die Hochkonjunktur der Verteilungskampfhypothesen in dem Augenblick beginnt, als die schleichende Inflation sich als dauerhafte Erscheinung der Entwicklung in kapitalistischen Ländern mit parlamentarischen Demokratien und organisierten Arbeitnehmervertretungen herausstellte, sich dies auch in das Bewußtsein der Mitglieder dieser Gesellschaften festsetzte und die bisher herrschenden Inflationstheorien und darauf aufgebaute Antiinflationspolitiken sich als erfolglos entpuppten. Der realwirtschaftliche Hintergrund wird außerdem, neben der inflationären Entwicklung, durch permanente und zunehmende Arbeitslosigkeit gebildet. Auch letzteres wird überwiegend nicht mehr keynesianisch abgeleitet und entsprechend wirtschaftspolitisch bekämpft, sondern als eine weitere Folge des Verteilungskampfes interpretiert.[27] Somit ist hier ein generelles Erklärungsmuster für die Verletzung und Nichterreichung wesentlicher wirtschaftspolitischer Zielsetzungen gefunden. Die Verwendbarkeit dieses Ansatzes für die Verletzung von Wachstums- und außenwirtschaftlichen Zielen wird ebenfalls schon verschiedentlich erprobt.[28]

Gesamtgesellschaftliche Theorien des Verteilungskampfes, wie sie hier genannt werden, ermöglichen es also, die Inflation und andere Phänomene als Folge von Konstruktionsmerkmalen der von ihnen heimgesuchten Gesellschaften zu kennzeichnen. „Inflation ist ganz generell die Folge eines Fehlers im System."[29] Die Vernachlässigung, ja Abwertung und explizite Ausklammerung des ökonomischen Sektors als Erklärungsbestandteil dieser ökonomischen Erscheinungen ermöglicht es, daß dieser Systemfehler in der Regel wirtschaftsverfassungsmäßig folgenlos bleibt. Die Fehler werden dem politischen System bzw. den Anspruchsverhalten der Gesellschaftsmitglieder angelastet. Dabei stehen wiederum nicht alle Gesellschaftsmitglieder gleichermaßen am Pranger, sondern insbesondere diejenigen, die laufend und erkennbar Ansprüche geltend machen, Umverteilungsforderungen aufstellen und sie mit Hilfe progressiver Parteien, sozialstaatlichen Argumenten und mit Machtmitteln durchzusetzen versuchen. Die festgestellte Transmissionslücke ist vor dem Hintergrund dieser Interpretation nicht Folge eines noch in den Kinderschuhen steckenden theoretischen Konzeptes, sondern systematischer Natur. Eine Weiterverfolgung der politischen Inflationstheorie in den ökonomischen Bereich hinein müßte sich konsequenterweise eines Anbieteransatzes bedienen, der dann die Überwälzungsmöglichkeiten durchgesetzter Verteilungsforderungen auf die Preise einbeziehen und sich damit der Frage nach den Ursachen der Marktmacht im Unternehmenssektor stellen müßte. Gleiches gilt für die oberflächliche Behandlung des Staates und seiner Institutionen. Eine fundierte Staatsanalyse müßte die historische Entwicklung verschiedener Staatsfunktionen einbeziehen. Dabei würde klar werden, daß Beschäftigungspolitik, Sozialpolitik etc. nicht taktische Erfindungen von Politikern und Parteien zur Stimmenmaximierung sind, sondern nur im Zusammenhang mit der Entwicklung kapitalistischer Systeme verstanden werden können. Eine so erklärte Mitwirkung des Staates am Verteilungskampf würde aufklärerische Potenzen entfalten, weil die ökonomischen Systemfehler klar gekennzeichnet werden können.

4. Bevor wir auf die wirtschafts- und gesellschaftspolitischen Schlußfolgerungen der Verteilungskampfhypothesen eingehen wollen, soll ein kurzer Blick auf die systemtheoretische Interpretation der Inflation geworfen werden, die die Verteilungskampfhypothese voraussetzt. Von hier läßt sich auch ein Zugang zu verschiedenen politischen Konsequenzen finden.

Ausgangspunkt für eine systemtheoretische oder funktionalistische Betrachtung der Inflation ist die These von der Stabilität von Systemen und ihren Bewältigungskapazitäten für Konflikte. Dahrendorf folgend, besteht die Bewältigung sozialer Konflikte nicht in deren endgültiger Lösung, sondern in Versuchen, diese Konflikte in kontrollierbare Bahnen zu lenken.[30] Den Verteilungskampf vorausgesetzt, versuchen die beiden interagierenden Subsysteme Wirtschaft und Politik den Verteilungskonflikt in der Weise zu bewältigen, daß dieser für die Stabilität des Gesamtsystems und für das wirtschaftliche Teilsystem bedrohlichere Konflikt übertragen wird auf das politische Teilsystem, daß zur Bewältigung dieses Konfliktes die höhere Komplexität aufweist. Der soziale Konflikt zwischen Arbeit und Kapital und deren Verbänden wird auf zahlreichere Elemente und Wirkungsbereiche verteilt, als dies im wirtschaftlichen Subsystem möglich ist. Im politischen Bereich ist klarzumachen, daß es kurzfristig zahlreiche Gewinner und Verlierer der Inflation gibt, die nicht unbedingt jeweils identisch sind mit den Mitgliedern eines Verbandes, sondern die sich in allen gesellschaftlichen Gruppierungen finden. Die Heftigkeit der Auseinandersetzungen wird also dadurch entschärft, daß sich „Unterkonflikte" bilden, die Teile der Macht- und Aggressionspotentiale binden und von dem ursprünglichen Hauptkampfplatz ablenken. Die Konfliktstreuung wird also erhöht, damit der Einzelkonflikt entschärft. Die Inflation ist in diesem Sinne nicht nur das Ergebnis der Verteilungsauseinandersetzungen, sondern ein Instrument zur Entschärfung des Konfliktes, es ist Instrument und Ergebnis zugleich.[31] Sie erfüllt die Ansprüche an das Gesamtprodukt, allerdings nur nominal, und bewirkt durch die Herstellung allgemeiner Betroffenheit eine Konfliktstreuung. Dies alles wird erst notwendig, wenn der Mechanismus des wirtschaftlichen Teilsystems zur Bewältigung der Verteilungsauseinandersetzungen, nämlich ein starkes Wachstum des Gesamtprodukts zur Erhöhung des Realeinkommensniveaus aller Beteiligten, versagt. In diesem Sinne kann die Inflation die in der Literatur angesprochene Funktion des sozialen Beschwichtigers („Social mollifier")[32] übernehmen, die systemtheoretisch auch als suboptimale oder second-best-Lösung interpretierbar ist:[33] Die Instabilität des Zahlungsmittel- und Rechensystems ist besser zu verkraften als die Gefahr der Instabilität und damit der Veränderung des Gesamtsystems als Folge verschärfter Verteilungskämpfe.

Die „Social-mollifier"-Funktion wird u. E. durch die Inflation bestenfalls kurzfristig erfüllt. Hält die Inflation jedoch über längere Zeit hin an und wird begleitet durch Wachstumsschwäche, so kann die Inflation durch Antizipation der Preissteigerungen und darauf aufbauenden Forderungen selbst Ursache von Verteilungskämpfen sein. Langfristig kann die Inflation so soziale Konflikte verschärfen. Die Lösung der Konflikte wird langfristig immer auf das politische System übertragen und die Politiker werden versuchen, direkt auf den Einkommensentstehungsprozeß einzuwirken.

V. *Wirtschafts- und gesellschaftspolitische Konsequenzen der Verteilungskamptheorie*

Die Ausführungen der Vertreter der Verteilungskampftheorie über eine diesem Ansatz entsprechende Antiinflationspolitik sind teilweise sehr kurz und, im Vergleich zur tatsächliche betriebenen Politik, theoretisch und praxeologisch wenig informativ.[34] Die Aussage, daß aus der Verteilungskampftheorie, zumindest in ihrem jetzigen Stand, keine wirtschaftspolitischen Handlungsempfehlungen abgeleitet werden können[35], ist in dieser Allgemeinheit nicht nachvollziebar. Vorausgesetzt, daß die Preisniveaustabilität ein anerkanntes und auch angestrebtes wirtschaftspolitisches Ziel ist, muß auf der Grundlage der Verteilungskampftheorie eine Antiinflationspolitik darin bestehen, den Ausbruch von Verteilungskämpfen zu verhindern. Ist dies nicht möglich, so muß sie zumindest darauf gerichtet sein, die Intensität dieser Auseinandersetzungen so zu mildern, daß die Inflationsraten nicht allzu hoch ausfallen.

Eine Möglichkeit bestünde in einer erfolgreichen Wachstumspolitik, weil bei nachhaltigem Wachstum des realen Gesamtprodukts die Ansprüche der Gruppen real, nicht nur nominal, befriedigt werden können und so die Verteilungskämpfe ausbleiben. Hier ergibt sich jedoch eine doppelte Schwierigkeit: Voraussetzung für stärkeres Wachstum ist eine höhere Investitionsquote. Bei gewinnabhängiger und staatsausgabenabhängiger Investitionsfunktion kann dies heißen, daß sich die Einkommensverteilung zugunsten der Investoren, d. h. Unternehmen und Staat, verändern muß. Dies könnte wiederum anhaltende Verteilungskonflikte auslösen, statt sie zu verhindern, solange jedenfalls, bis die Gewerkschaften bereit sind, eine zumindest kurzfristige Verringerung der Lohnquote hinzunehmen oder ihnen zumindest mehr Mitbestimmung dafür angeboten wird. Um sie dazu zu bewegen, müßten bei bestehender Tarifautonomie korporatistische Formen der Auseinandersetzung gefunden werden, deren Mechanismus vor drohenden Verteilungskämpfen inganggesetzt wird, also bevor die Verteilungskämpfe mit die Inflation treibenden Machtinstrumenten ausgetragen werden. Am besten im Sinne der Systemstabilität wäre dabei überhaupt der Verzicht auf die tatsächliche Austragung der Kämpfe und ihre Substitution durch eine gremiale Auseinandersetzung, die diese Konfliktaustragung reduziert auf ihre verbale Simulation. Die zweite Schwierigkeit besteht in der schon kritisierten „ökonomischen Lücke" des Verteilungskampfansatzes.

Es ist ja bekannt, daß selbst bei hohem realen Wachstum Inflationsprozesse auftreten. Dies läßt sich sowohl mit Hilfe der Nachfragetheorie als aber auch mit der Theorie der Anbieterinflation oder der Geldmengenvariante erklären. Der Zusammenhang der beiden Theoriebereiche, Soziotheorie der Inflation und „reine" ökonomische Inflationserklärungen, ist aber noch nicht geklärt. Hier liegt eine Forschungsaufgabe einer politökonomischen Inflationstheorie.

Die wirtschafts- und gesellschaftspolitsche Konsequenz des Verteilungskampfansatzes als Paradigma der Analyse von Krisenentwicklungen unter den gegebenen Rahmenbedingungen besteht in der Einbeziehung der sozialen Gruppierungen, ihrer Ansprüche und Verhaltensweisen in staatliche Krisenbekämpfungsstrategien. Die sozialen Gruppen werden sich an dieser Politik nur beteiligen, wenn sie davon ausgehen, daß sie durch das Eingehen auf entsprechende Konzepte mehr gewinnen oder weniger verlieren als durch heftig geführten Verteilungskampf oder indem ihnen klar gemacht wird, daß ihre speziellen Verteilungsziele zurückgestellt werden müssen zugunsten anderer, höherrangiger Ziele. Diese könnten durch die Austragung der Verteilungskämpfe verletzt oder nicht erreichbar sein. Am Ende eines solchen Verteilungskampfes hätte keiner gewonnen, sondern hätten alle (das Gemeinwohl) Schaden genommen. Das Handlungsergebnis dieses Ansatzes ist also die Installierung einkommenspolitischer Instrumente, wobei unter Einkommenspolitik die Gesamtheit der wirtschaftspolitischen und politischen Maßnahmen verstanden wird, die die Entstehung von Einkommen beeinflußt.[36]

Wenn die Inflation aus der Systemstruktur kapitalistischer Industriegesellschaften mit parlamentarischer Demokratie und ihren immanenten Konflikten erklärt wird, die zu den Verteilungskämpfen führen, die Systemstruktur auf der anderen Seite erhalten bleiben soll (Stabilitätstheorem), so gibt es keine endgültige Lösung dieser Konflikte in dem System. Es kann dann nur eine Bewegungsform für sie gesucht werden, die den Ausbruch von Verteilungskämpfen und damit von Inflation vermeidet. Bei dem gegebenen Stand des politischen und wirtschaftlichen Systems muß diese zu korporatistischen Lösungen führen, also Formen der Zusammenarbeit zwischen staatlichen Institutionen und den Verbänden. Ohne auf die ausführliche Diskussion des Korporatismusbegriffs und auf die Korporatismusforschung eingehen zu können,[37] sei hier festgehalten, daß korporatistische Modelle des Zusammenspiels von Staat, Kapitalverbänden und Gewerkschaften die notwendige praxeologische Perspektive des Verteilungskampfansatzes darstellen. Die Entstehungsgeschichte der Konzertierten Aktion in der Bundesrepublik ist hierfür ein Beispiel. Der Verlauf der Konzertierten Aktion ist aber auch ein Beispiel für die Asymmetrie solcher Konfliktaustragungs- oder -vermeidungsmechanismen und für ihre Labilität. Nachdem den Gewerkschaften klar geworden war, daß die Konzertierte Aktion allein der Lohnregulierung galt, die von den Gewerkschaften mit der Konzertierten Aktion verbundenen Mitbestimmungshoffnungen aber nicht erfüllt würden, verließen sie die Konzertierte Aktion. Der aus der Systemstruktur resultierende antigewerkschaftliche bias der Verteilungskampftheorie fand in dem daraus abgeleiteten wirtschaftspolitischen Konzept seine Entsprechung. Insofern wären paritätisch zusammengesetzte Wirtschafts- und Sozialräte als korporatistische Modelle der Krisenbekämpfung eher geeignet. Sie werden in der Regel jedoch von den Verteilungskampftheoretikern bisher nicht gefordert.

Nun sind korporatistische Lösungen der Austragung von Verteilungskonflikten nicht auch schon Lösungen des Inflationsproblems unter den gegebenen Bedingungen. Vielmehr können auch sie zu einer Verschärfung des Konflikts beitragen. Fühlen sich z. B. verschiedene soziale Gruppen, die, da sie als nicht sehr konfliktfähig erscheinen, in den korporatistischen Gremien nicht selbst beteiligt sind, in ihren Interessen nicht oder nicht ausreichend vertreten und/oder verschärfen sich die innerorganisatorischen Konflikte durch die Beteiligung und Einbindung der Spitzen der Verbände („Bonzentheorie"), so kann dies zu einer Destabilisierung des Verbändesystems und damit des Gesamtsystems führen. Gleiches gilt für den staatlichen Bereich. Dringen die Verteilungskonflikte über die Einbeziehung der Verbände in den Staatsapparat und die dahinterstehenden politischen Verbände ein, etwa auch noch asymmetrisch und erkennbar, so ist die Funktionsweise korporatistischer Konfliktregulierung ebenfalls betroffen. Versagt das korporatistische Instrumentarium unter den gegebenen Bedingungen (Verbändeautonomie, Koalitionsfreiheit, parlamentarische Demokratie usw.), so liegen marktradikale oder staatsradikale Lösungen, wobei das eine das andere nicht ausschließt, in der Logik des Ansatzes.

VI. Zusammenfassung

Der Verteilungskampfansatz der Inflation ist fruchtbar, als er zur Konstruktion einer politischen Ökonomie der Inflation führt, die es ermöglicht, ökonomisch-einzelwirtschaftliches Handeln, Verbände- und staatliches Handeln im Rahmen der Analyse gesamtgesellschaftlicher Strukturen aufeinander zu beziehen und nicht den Versuch macht, wie etwa die Neue Politische Ökonomie, nur formale Bezüge herzustellen. Betont die Verteilungskampftheorie jedoch, daß die eigentliche Ursache der Inflation allein im politischen Handeln bzw. im Anspruchsverhalten zu suchen ist, so führt dies gerade zu einer Trennung von Ökonomie und Politik, die das Ziel der Konstruktion einer gesamtgesellschaftlichen Theorie der Inflation konterkariert, da sie es ermöglicht, die Ökonomie letztendlich als irrelevant für die Inflationserklärung hinzustellen. Dies wiederum eröffnet den ideologischen Gebrauch des Ansatzes im Sinne einer einseitigen Schuldtheorie und führt damit auch zu entsprechend einseitigen Ausrichtungen der Wirtschafts- und Gesellschaftspolitik zur Beseitigung der Inflation.

Anmerkungen

1 Vgl. Pfister (1981 b)
2 Vgl. Engler (1974), S. 21
3 Vgl. Pfister (1981 b) S. 113
4 Vgl. Klaus (1974), Steinmann (1979) sowie Pohl (1981) und Issing (1981)
5 Würgler (1973) S. 699
6 genauer: Im Durchschnitt der Mitglieder der betreffenden Gruppe
7 Es ist dabei von untergeordneter Bedeutung, ob diese Quoten direkt als Zielvariable in die Gruppenstrategie eingehen. Dazu müssen die gerade bestehenden Quoten bekannt sein. Für die theoretischen Betrachtungen ist wichtig, ob sich die von den Gruppen angestrebten Ziele zu dieser Variablen verdichten lassen.
8 Vgl. Jahresgutachten des Sachverständigenrates 1964/65, Zf. 144a, ferner JG 1965/66, Zf. 185 ff., JG 1972/73, Zf. 412 u. 447 ff.
9 Für die soziologisch-sozialpsychologische Sichtweite wird als Beispiel Müller (1976 und 1978) herangezogen, ähnlich argumentieren u. a. Zawadzki (1965), Koblitz (1971) und (1978), Trappe und Hettlage (1976), Hettlage (1976), Goldthorpe (1978) und Panic (1978), Ketterer/Vollmer (1980), Rosenberg und Weisskopf (1981).
10 Z. B. Koblitz (1971) S. 50 und Zawadzki (1965) S. 26
11 Vgl. Strümpel (1975) S. 192 f.
12 Vgl. Müller (1976) S. 72
13 Vgl. Goldthorpe (1978), Trappe/Hettlage (1976) und Hettlage (1976)
14 Vgl. Müller (1976) S. 70 ff.
15 Vgl. Müller (1976) S. 119

16 Vgl. Müller (1981) S. 91

17 Zohlnhöfers Ansatz im Bezugsrahmen der Neuen Politischen Ökonomie repräsentiert hier die politisch orientierten Verteilungskampfansätze, ähnlich: Jackson und Turner (1972), Würgler (1973), Gordon (1975), Rowthorn (1977), Streissler (1978), Crouch (1978), Anderson (1978) und Zis (1980).

18 Vgl. dazu Anderson (1978) S. 261 und Crouch (1978) S. 237

19 Henkel und Lehners halten eine langfristig-kontinuierliche Antiinflationspolitik in der Matrix einer Konkurrenz-Demokratie politisch für unmöglich, sehen Inflation aber in erster Linie als Produkt der oligopolistischen und quasi-monopolistischen Wirtschaftsstruktur; die Interessenstruktur kapitalistischer Demokratie und der gesellschaftliche Verteilungskampf verursachen danach die Inflation nicht, aber verstärken sie, vgl. Hankel/Lehners (1976) S. 213 f. und 219 f.

20 Hier tragen sie auf der theoretischen wie auf der politischen Ebene dazu bei, Alibis für das Scheitern monetaristischer Wirtschaftspolitik zu liefern. Die Begehung dieses Exkulpationsweges können wir z. B. in Großbritanien schon beobachten.

21 Die Implikation dieser Abgrenzung wurde schon erwähnt.

22 Vgl. Aujac (1954) und Holzmann (1950).

23 Die Auseinandersetzungen zwischen Arbeitgebern und Gewerkschaften um Mitbestimmung und Demokratisierung im Betrieb lassen sich nicht so einfach mit dem Verteilungskampfetikett versehen, weshalb sie in den Theorien fehlen. Die Arbeitnehmer-Unternehmer-Dichotomie wird simplifizierend allein als Lohnauseinandersetzung interpretiert.

24 Vgl. Laidler/Parkin (1975) S. 761, Koblitz (1978) S. 51 ff., Steinmann (1979) S. 155 ff. und Rosenberg/Weisskopf (1981) S. 46, die für die USA im Zeitraum 1954 – 1979 die Zuwachsrate des verfügbaren realen Pro-Kopf-Einkommens und der realen „income claims per worker" vergleichen, und in den höheren Zuwachsraten „income claims per worker" ein empirisches Indiz für eine konflikttheoretische Interpretation sehen. Vgl. auch die Kritik von Fautz (1978) S. 174 ff. und die Replik von Teschner (1978) dazu.

25 Vgl. dazu Pfister (1981) S. 173

26 Koblitz (1971) S. 41 und Steinmann (1979) S. 138 f. verweisen auf die Marktstruktur bzw. den Konzentrationsgrad als Bestimmungsgrad für die anbieterbestimmte Preisbildung.

27 Vgl. z. B. Müller/Bock/Stahlecker (1980) S. 29 ff. und 40 ff.

28 Vgl. Rahmann (1977) und Klanberg (1981) S. 398, der überzogene Ansprüche zur Erklärung struktureller Anpassungsprobleme heranzieht.

29 Vgl. Pfister (1981 b) S. 116

30 Vgl. Dahrendorf (1969) S. 1008

31 Vgl. Hirsch (1978) S. 282

32 Vgl. Bronfenbrenner (1955) S. 35

33 Vgl. Hirsch (1978) S. 281

34 Vgl. etwa die knapp eineinhalb Seiten bei Müller (1976) S. 148 f.

35 Vgl. Pfister (1981 a) S. 52 und (1981 b) S. 245

36 Vgl. Ehrenberg (1968) S. 333 f.

37 Vgl. dazu etwa den Sammelband von v. Aleman (1981) und den Aufsatz von Lecher (1981).

Literaturverzeichnis

Von Aleman, U. (Hrsg.), Neokorporatismus, Frankfurt a. M. 1981

Anderson, M., in: Power and Inflation, Hirsch/Goldthorpe (1978) S. 240 – 262.

Aujac, H., Inflation as the Monetary Consequence of the Behaviour of Social Groups, in: International Economic Papers, Vol. 4, 1954, S. 109 – 123.

Bronfenbrenner, M., Some Neglected Implications of Secular Inflation, in: Kurihara, K. (Ed.), Post-Keynesian Economics, London 1955, S. 31 – 55.

Celio, N., (Hrsg.), Inflationsbekämpfung unter veränderten wirtschaftlichen und sozialen Bedingungen, Bern und Stuttgart 1976.

Crouch,C., Inflation and the Political Organization in: Hirsch/Goldthorpe (1978) S. 217 – 239.

Dahrendorf, Ralf, Sozialer Konflikt, in: Wörterbuch der Soziologie, 2. A. Stuttgart 1969, S. 1006 – 1009.

Ehrenberg, H., Gewerkschaftliche Einkommenspolitik in der Sozialen Marktwirtschaft, in: Beiträge zur Wirtschafts- und Gesellschaftsgestaltung. Festschrift für Bruno Gleitze, Hrsg. von F. Lenz u. a., Berlin 1968, S. 333 ff.

Engler, N., Das Inflationsproblem aus konfliktorientierter Sicht, in: Konjunkturpolitik, H. 1, 1974, S. 20 – 41.
Issing, O., Einführung in die Geldtheorie, 4. A., Heidelberg 1981
Fautz, W., Verteilungskampfhypothesen der Inflation, Eine kritische Übersicht, in: Schweizerische Zeitschrift für Volkswirtschaft und Statistik, H. 2, 1978, S. 163 – 183.
Goldthorpe, J. H., The Current Inflation: Towards a Sociological Account, in: Hirsch/Goldthorpe (1978), S. 186 – 214.
Gordon, R. J., The Demand for and the Supply of Inflation, in: The Journal of Law and Economics, Vol. 18, 1975, S. 807 – 835.
Hankel, W. und Lehners, F., Die gescheiterte Stabilitätspolitik und ihre politischen Bedingungen, in: Hamburger Jahrbuch für Wirtschafts- und Gesellschaftpolitik, 21. Jg., 1976, S. 207–220.
Hettlage, R., Inflation und soziale Desintegration, in: Wirtschaftsdienst, 1976/XII, S. 640 – 648.
Hirsch, F., (1978), The Ideological Underlay of Inflation, in: Hirsch/Goldthorpe (Ed.) (1978) S. 263 – 284.
Hirsch, F. und Goldthorpe, J. H., (Eds.), The Political Economy of Inflation, London 1978.
Holzman, F. D., Income Determination in Open Inflation, in: Review of Economics and Statistics, Vol. 32, 1950, S. 150 – 158.
Jackson, D., Turner, H. A., Wilkinson, F., Do Trade Unions cause Inflation?, Cambridge 1972.
Ketterer, K. und Vollmer, R., Sozioökonomische Aspekte der Geldwertentwicklung, in: Wirtschaftsdienst, 1980/VIII, S. 407 – 412.
Klanberg, F., Transferökonomie im Umbruch, in: Wirtschaftdienst 1981/VIII, S. 397 – 401.
Klaus, J., Inflationstheorie, Darmstadt 1974.
Koblitz, H. G., Einkommensverteilung und Inflation, Berlin und New York 1971.
Koblitz, H. G., Inflation, Preis unserer Demokratie?, Freiburg und Würzburg 1978.
Lecher, W., Korporatismus und Gewerkschaftspolitik im europäischen Vergleich, in: WSI Mitteilungen 9/1981, S. 550 – 558.
Müller, U.,/Bock, H./Stahlecker, P., Stagflation, Königstein 1980.
Panić, M., The Origin of Increasing Inflationary Tendencies in Contemporary Society in: Hirsch/Goldthorpe (1978), S. 137 – 160.
Pfister, J., Probleme einer politischen Theorie der Inflation, in: Wirtschaftsdienst, 1981/I, S. 47 – 52 (a).
Pfister, J., Grundzüge einer Soziotheorie der Inflation, Berlin 1981 (b).
Pohl, R., (1981), Theorie der Inflation, München 1981.
Rahmann, B., Zu den Beziehungen zwischen Inflation, Arbeitslosenquote und Einkommensverteilung in der Bundesrepublik Deutschland 1960 – 1976, in: Kredit und Kapital, H. 3, 1977, S. 362 – 390.
Rosenberg, S. und Weisskopf, T. E., A Conflict Theory Approach to Inflation in the Postwar U. S. Economy, in: American Economic Review, Papers and Proceedings, May 1981, S. 42 – 47.
Rowthorn, E., Conflict, Inflation and Money, in: Cambridge Journal of Economics, Vol. 1, 1975, S. 215 – 239.
Steinmann, G., Inflationstheorie, Paderborn 1979.
Streissler, E., Die schleichende Inflation als Phänomen der politischen Ökonomie, Zürich 1973.
Strümpel, B., Stagflation und Verteilungskonflikt, in: Wirtschaftdienst 1975/IV, S. 189 – 194.
Teschner, M., Zur Diskussion von Verteilungskampfhypothesen der Inflation, in: Konjunkturpolitik, 24. Jg., 1978, S. 189 – 191
Trappe, P. und Hettlage, R., Ansätze zu einer soziologischen Theorie der Inflation, in: Celio (1976), S. 67 – 83.
Würgler, H., Inflation als Machtproblem, in: Macht und ökonomisches Gesetz, hrsg. von Schneider, H. K. und Watrin, C., Schriften des Vereins für Sozialpolotik, N. F., Band 74I, Berlin 1973, S. 697 – 720.
Zawadzki, K. K. F., The Economics of the Inflationary Process, London 1965.
Zis, G., Towards a Politico-Economic Analysis of Inflation, in: Kredit und Kapital, 1980, S. 215 – 238.
Zohlnhöfer, W., Eine politische Theorie der schleichenden Inflation, in: Stabilisierungspolitik in der Marktwirtschaft, hrsg. von Schneider, H. K., Wittmann, W., Würgler, H., Schriften des Vereins für Sozialpolitik, N. F., Band 85I, Berlin 1975, S. 533–553.

Jürgen Janssen

Zum Einfluß des Strukturwandels auf die Lohnquotenentwicklung von 1960 bis 1978*

1. *Einführung*

In verteilungspolitischen Auseinandersetzungen in Wissenschaft und Politik spielen die vom Sachverständigenrat zur Begutachtung der gesamtwirtschaftlichen Entwicklung popularisierten rechnerischen bzw. strukturbereinigten Lohnquoten eine bedeutende Rolle als Indikatoren gesamtwirtschaftlicher Entwicklungstendenzen der Einkommensverteilung.

Die Entwicklung der Lohnquote bei konstant gehaltener Arbeitnehmerquote[1] (Anteil der Arbeitnehmer an den Erwerbstätigen), auch beschäftigtenstrukturbereinigte Lohnquote genannt, bzw. die Entwicklung der Lohnquote bei konstant gehaltener gesamtwirtschaftlicher Einkommensrelation[2] (Einkommen aus unselbständiger Arbeit je Arbeitnehmer im Verhältnis zum Volkseinkommen je Erwerbstätigen)[3], auch einkommensstrukturbereinigte Lohnquote genannt, sollen den Einfluß der sich im volkswirtschaftlichen Strukturwandel vollziehenden Veränderungen der Arbeitnehmerquote bzw. der Einkommensrelation auf die Lohnquote isolieren und somit in ihrer quantitativen Höhe sichtbar machen.

Die Lohnquote wird also als Ergebnis des Zusammenwirkens von zwei Komponenten gedacht, der Einkommensrelation als Indikator der funktionellen Einkommensverteilung[4] und der Arbeitnehmerquote. Der Einfluß einer Komponente wird quantifiziert, indem jeweils die andere Komponente den Wert eines Basisjahres erhält.

In der folgenden empirisch-statistischen Analyse soll nicht auf die grundsätzliche Problematik von strukturbereinigten Lohnquoten als Verteilungsindikatoren eingegangen werden[5], sondern es soll die Bedeutung des sektoralen Strukturwandels für die gesamtwirtschaftliche Lohnquotenentwicklung durch eine Disaggregation der inländischen Wirtschaft in mehrere Wirtschaftsbereiche in einer komplexeren Weise herausgearbeitet werden.[6] Eine derartige an Sektorstrukturen anknüpfende Lohnquotenanalyse vermittelt über die volkswirtschaftliche Lohnquotenbewegung Einsichten, die bei den üblichen Aggregatbetrachtungen der Lohnquote verborgen bleiben.

* Meinen Kollegen P. Saß und B. Ziegler danke ich für die Diskussion einer ersten Fassung des Manuskripts. Das Manuskript wurde Mitte 1981 abgeschlossen.

So könnte z. B. sichtbar werden, daß die im allgemeinen als bedeutendste Lohnquotendeterminante beurteilte Lohnpolitik in dieser Rolle u. U. überschätzt wird. Man vergegenwärtige sich, daß eine besonders erfolgreiche Lohnpolitik einer Gewerkschaft in einem Wirtschaftssektor zwar die Lohnquote dieses Sektors erhöhen kann, dieses jedoch nicht zwangsläufig zur volkswirtschaftlichen Lohnquotenerhöhung führen muß. Die Lohnquotenerhöhung eines Sektors kann nämlich u. U. eine Schrumpfung des Wertschöpfungsanteils dieses Sektors erzeugen, da die in der Regel mit der Lohnquotenerhöhung einhergehenden Rentabilitätseinbußen der Unternehmen eine Verlagerung der Produktion zu Sektoren mit kleinerer Lohnquote bewirken können. Die Schrumpfung des Wertschöpfungsanteils von Sektoren mit hoher Lohnquote und Expansion von Sektoren mit kleiner Lohnquote wirkt – wie noch im einzelnen näher zu begründen ist – negativ auf die volkswirtschaftliche Lohnquotenentwicklung und insofern kompensatorisch zur lohnquotensteigernden Wirkung sektorspezifischer Lohnquotenerhöhungen. Man kann allerdings erwarten, daß ein derartiger Prozeß nur langsam und zeitverzögert eintritt, so daß zunächst die lohnquotensteigernde Wirkung sich durchsetzt. Ob der Wandel der Produktionsstruktur in der skizzierten Weise kompensatorisch auf die gesamtwirtschaftliche Lohnquotenentwicklung wirkt, soll im folgenden empirisch geprüft werden. Dieses geschieht in der Weise, daß für eine längerfristige Entwicklung getestet wird, ob ein negativer Zusammenhang zwischen Lohnquoten- und Wertschöpfungsanteilsentwicklungen von Wirtschaftsbereichen besteht.

Aus der an Sektorstrukturen anknüpfenden Lohnquotenanalyse wird auch deutlich, daß die Staatstätigkeit einen unmittelbaren Einfluß auf die volkswirtschaftliche Lohnquote ausübt, so daß der Staatsanteil am Volkseinkommen aufgrund seiner zunehmenden Höhe als Lohnquotendeterminante eine hervorragende Bedeutung erlangt. In der quantitativen Analyse soll auch dieser Aspekt näher beleuchtet werden. Der zunehmende Staatsanteil und damit die zunehmende Bedeutung der staatlichen wirtschaftlichen Aktivitäten für die Lohnquotenbewegung birgt auch eine Problematik für die übliche Unterscheidung der Einkommensverteilung in Primär- und Sekundärverteilung, die in der Brutto- und Nettolohnquote abgebildet werden können. Da der Staatsanteil hauptsächlich durch Steuern und Abgaben finanziert wird, beeinflußt eine Veränderung des Staatsanteils natürlich die Sekundärverteilung. Da aber auch die Primärverteilung durch Veränderungen des Staatsanteils beeinflußt wird, können Primär- und Sekundärverteilung des Volkseinkommens nicht voneinander unabhängig betrachtet werden.

In der folgenden quantitativen Analyse wird – ausgehend von Definitionsgleichungen – methodisch wie bei der Lohnquotenzerlegung durch den Sachverständigenrat verfahren: Die Lohnquote wird als ein Resultat des Zusammenwirkens mehrerer Komponenten gedacht. Der Lohnquoteneffekt einer Komponente wird quantifiziert, indem der interessierenden Komponente die tatsächlichen Werte und allen anderen Komponenten Werte einer Basisperiode zugewiesen werden.

Kritisch muß jedoch zu diesem Analyseansatz angemerkt werden, daß er von der Unabhängigkeit der Entwicklung der einzelnen Komponenten ausgeht, eine Bedingung, die – wie dargelegt wird – nicht in jedem Fall erfüllt ist. Unter Beachtung dieser Einschränkung der Verwertbarkeit der Ergebnisse ist eine vorsichtige Interpretation angebracht.

Um die Unterschiede zur herkömmlichen Lohnquotenzerlegung herauszustellen, wird diese kurz (zusammen mit den Ergebnissen für das gleiche Datenmaterial)[7] dargestellt. Dabei wird auch auf Modifikationen der Darstellung hingewiesen.

Zur Erleichterung der Darlegungen werden zunächst die wichtigsten verwendeten Symbole erläutert:

Y	=	Inländische Nettowertschöpfung
L	=	Inländisches Einkommen aus unselbständiger Arbeit
E	=	Inländische Erwerbstätige
A	=	Inländische abhängig Erwerbstätige (Arbeitnehmer)
LQ	=	L/Y = Lohnquote
l	=	L/A = Durchschnittliches Einkommen aus unselbständiger Arbeit je Arbeitnehmer
y	=	Y/E = Durchschnittliche Nettowertschöpfung (Einkommen) je Erwerbstätigen
er	=	l/y = Einkommensrelation (relative Einkommensposition)
a	=	A/E = Arbeitnehmerquote
i	=	Index für Wirtschaftsbereich (Sektor)
w^i	=	Y^i/Y = Nettowertschöpfungsanteil des Sektors i an der Gesamtwertschöpfung
m^i	=	y^i/y = relatives Einkommensniveau eines Sektors
e^i	=	E^i/E = Erwerbstätigenanteil des Sektors i an Gesamterwerbstätigen
t, o	=	Index für die Berichts- bzw. Basisperiode
Δ	=	Symbol zur Kennzeichnung der Veränderung einer Größe gegenüber der Basisperiode

Zur Kennzeichnung der Art der Strukturbereinigung der gesamtwirtschaftlichen Lohnquote wird das Lohnquotensymbol jeweils mit dem Symbol für die konstant gesetzte(n) Komponente(n) indiziert.

2. *Einkommens- und Beschäftigtenstruktureffekt*

Gemäß des Zerlegungsansatzes des Sachverständigenrates (hier Verfahren I genannt) wird die Lohnquote eines Berichtsjahres LQ_t als Produkt aus der Einkommensrelation er_t und der Arbeitnehmerquote a_t aufgefaßt[8]. Die strukturbereinigten Lohnquoten ergeben sich durch Konstantsetzung jeweils einer Komponente des Produkts[9].

Die in Prozentpunkten gemessene Veränderung der beschäftigtenstrukturbereinigten Lohnquote gegenüber der Basisperiode wird als Einkommensstruktureffekt (ESE) und die Veränderung der einkommensstrukturbereinigten Lohnquote gegenüber der Basisperiode als Beschäftigtenstruktureffekt (BSE) bezeichnet. Allerdings ist eine vollkommene additive Zerlegung der Lohnquotenveränderung in die beiden Effekte nicht möglich; es verbleibt ein gemeinsamer, sogenannter joint effect (JE). Die Lohnquotenveränderung (TE) wird also wie folgt zerlegt:

$$\text{(1a)} \quad TE = ESE + BSE + JE$$

$$\text{(1b)} \quad \Delta LQ = \Delta LQ^a + \Delta LQ^{er} + \Delta LQ - (\Delta LQ^a + \Delta LQ^{er})$$

$$\text{(1c)} \quad = \Delta er\, a_o + \Delta a\, er_o + \Delta er\, \Delta a$$

Aus (1c) wird deutlich, daß ein Lohnquoteneffekt jeweils die mit dem Basisperiodenwert der anderen Lohnquotenkomponente gewichtete, in Prozentpunkten gemessene Veränderung einer Komponente beinhaltet.

Geht man von der Zerlegung der Lohnquotenveränderung in Prozent anstelle von Prozentpunkten aus, so erhält man nach Division von (1) durch die Basislohnquote unter Verwendung von M zur Kennzeichnung der in Meßzifferform gemessenen Effekte

(2a) $\text{MTE} = \text{MESE} + \text{MBSE} + \text{MJE}$

(2b) $\dfrac{\Delta\,\text{LQ}}{\text{LQ}_o} = \dfrac{\Delta\,\text{er}}{\text{er}_o} + \dfrac{\Delta\,\text{a}}{\text{a}_o} + \dfrac{\Delta\,\text{er}}{\text{er}_o}\,\dfrac{\Delta\,\text{a}}{\text{a}_o}$

In dieser nicht üblichen Version der additiven Lohnquotenzerlegung sind die Lohnquoteneffekte ungewichtete relative Veränderungen der Lohnquotenkomponenten und die Lohnquotenveränderung wird in die Summe der beiden Lohnquoteneffekte und des Produktes beider Effekte zerlegt.

Alternativ zur additiven ist eine multiplikative Lohnquotenzerlegung zur Vermeidung des joint effects möglich.

Die in Meßzifferform gemessene Lohnquote des Berichtsjahres $\text{MLQ}_t = \text{LQ}_t/\text{LQ}_o$ ist ein Produkt aus den in Meßzifferform gemessenen strukturbereinigten Lohnquoten bzw. den relativen Veränderungen von Einkommensrelation und Arbeitnehmerquote:

Tabelle 1: Additive Zerlegung der Lohnquotenveränderung für die Bundesrepublik Deutschland im Zeitraum 1960–78 (Verfahren I)

Jahr 1	TE 2	ESE 3	BSE 4	JE 5	MTE 6	MESE 7	MBSE 8	MJE 9
60	0.0	0.0	0.0	0.0	0.0	0.0	0.0	0.0
61	2.2	1.6	0.6	0.0	3.8	2.7	1.0	0.0
62	3.5	2.2	1.3	0.0	6.0	3.8	2.1	0.1
63	4.5	2.6	1.8	0.1	7.6	4.4	3.1	0.1
64	4.1	1.7	2.4	0.1	7.1	2.8	4.1	0.1
65	4.8	1.8	2.9	0.1	8.2	3.1	4.9	0.2
66	5.7	2.5	3.1	0.1	9.8	4.2	5.3	0.2
67	5.4	2.3	3.1	0.1	9.2	3.8	5.2	0.2
68	4.0	0.6	3.4	0.0	6.8	0.9	5.8	0.1
69	5.2	1.0	4.1	0.1	8.9	1.7	7.0	0.1
70	6.8	1.9	4.8	0.2	11.6	3.2	8.2	0.3
71	8.1	2.7	5.2	0.2	13.8	4.6	8.8	0.4
72	8.5	2.8	5.4	0.3	14.5	4.8	9.2	0.4
73	9.7	3.7	5.7	0.4	16.4	6.2	9.6	0.6
74	11.0	4.8	5.7	0.5	18.6	8.2	9.6	0.8
75	10.7	4.6	5.6	0.4	18.1	7.8	9.6	0.7
76	9.8	3.5	5.9	0.4	16.7	6.0	10.1	0.6
77	9.8	3.2	6.2	0 3	16.6	5.4	10.6	0.6
78	9.4	2.6	6.5	0.3	16.0	4.3	11.1	0.5

Quelle: s. Anhang, Tab. 1*, eigene Berechnungen

$$(3a) \quad MLQ_t = MLQ_t^a \; MLQ_t^{er}$$

$$(3b) \quad = \frac{er_t}{er_o} \; \frac{a_t}{a_o}$$

In Tabelle 1 werden in den Spalten 2 bis 5 die Ergebnisse der Zerlegung gemäß (1) und in den Spalten 6 bis 9 die gemäß (2) aufgeführt. Als wesentlichstes Resultat kann man festhalten, daß der Beschäftigtenstruktureffekt (BSE) mit Ausnahme der ersten Jahre wesentlich größer ist als der Einkommensstruktureffekt (ESE) und der joint effect (JE) relativ gering ist.

Auffällig ist die sehr eng kovariierende zyklische Entwicklung von Lohnquote und Einkommensstruktureffekt. Eine empirische Untersuchung der Stärke und der Art des Zusammenhangs zwischen Lohnquotenentwicklung und Konjunkturzyklus – ein allgemein bekanntes Phänomen[10] – soll hier jedoch weder auf gesamtwirtschaftlicher noch auf der Ebene von Wirtschaftsbereichen erfolgen.

Das Zerlegungsergebnis gemäß (3) ergibt sich durch Addition von 100 zu den Spalten 6–8 der Tabelle 1.

3. *Lohnquotenbeiträge einzelner Wirtschaftssektoren*

Zur Quantifizierung der Wirkung des strukturellen Wandels auf die gesamtwirtschaftliche Lohnquote wird diese als gewichtetes arithmetisches Mittel der Lohnquoten LQ^i einzelner Wirtschaftsbereiche mit den Wertschöpfungsanteilen w^i an der Gesamtwertschöpfung als Gewichten aufgefaßt:[11]

$$(4) \quad LQ_t = \sum LQ_t^i \; w_t^i$$

Dabei bezieht sich die Analyse auf die zehn zusammengefaßten Wirtschaftsbereiche Land- und Forstwirtschaft, Fischerei (1), Energie- und Wasserversorgung, Bergbau (2), Verarbeitendes Gewerbe (3), Baugewerbe (4), Handel (5), Verkehr, Nachrichtenübermittlung (6), Kreditinstitute, Versicherungsunternehmen (7), Nichtfinanzielle Dienstleistungsunternehmen, Wohnungsvermietung (8), Staat (9), Private Haushalte und private Organisationen ohne Erwerbscharakter (10) und auf den Zeitraum 1960 bis 1978.

Für die Analyse werden Daten für die Nettowertschöpfung, Erwerbstätigen und Arbeitnehmer der Wirtschaftssektoren benötigt. Diese werden der Volkswirtschaftlichen Gesamtrechnung entnommen[12].

In Tabelle 1* des Anhangs werden die Lohnquoten für die gesamte Volkswirtschaft und die Wirtschaftssektoren 1–8 und in Tabelle 2* die Wertschöpfungsanteile der zehn Sektoren angeführt. Erwartungsgemäß sind sowohl die Lohnquoten und ihre Veränderungen als auch die Wertschöpfungsanteile und ihre Veränderungen im betrachteten Zeitraum sehr unterschiedlich. Weiterhin ist zu erkennen, daß die zyklischen Bewegungen der Wirtschaftsbereichslohnquoten nur teilweise parallel verlaufen.

Tabelle 2: **Beiträge von zehn zusammengefaßten Wirtschaftsbereichen zur gesamtwirtschaftlichen Lohnquotenveränderung im Zeitraum 1960–78 für die Bundesrepublik Deutschland**

Jahr	TE	S1	S2	S3	S4	S5	S6	S7	S8	S9	S10
1	2	3	4	5	6	7	8	9	10	11	12
60	0.0	0.0	0.0	0.0	0.0	0.0	0.0	0.0	0.0	0.0	0.0
61	2.2	–0.1	0.0	1.2	0.4	0.0	0.1	0.1	0.2	0.4	–0.1
62	3.5	–0.1	–0.1	1.9	0.7	0.3	0.0	0.1	0.4	0.5	–0.2
63	4.5	–0.1	–0.2	1.6	0.9	0.6	0.1	0.2	0.6	1.0	–0.1
64	4.1	–0.2	–0.5	1.3	1.4	0.7	0.1	0.2	0.6	0.9	–0.2
65	4.8	–0.2	–0.5	1.8	1.2	0.7	0.1	0.2	0.6	1.2	–0.3
66	5.7	–0.3	–0.6	1.7	1.2	1.0	0.2	0.4	0.6	1.7	–0.2
67	5.4	–0.3	–0.7	0.8	0.7	1.0	0.3	0.6	0.8	2.3	–0.1
68	4.0	–0.4	–0.9	0.8	0.5	0.9	0.0	0.5	0.7	2.0	–0.2
69	5.2	–0.4	–0.9	1.9	0.4	0.9	0.0	0.6	0.7	2.3	–0.2
70	6.8	–0.5	–0.9	2.9	0.8	0.9	0.1	0.7	0.7	2.5	–0.2
71	8.1	–0.5	–0.9	2.6	0.9	1.0	0.3	0.8	0.7	3.3	–0.2
72	8.5	–0.5	–0.9	2.3	1.0	1.1	0.4	0.9	0.7	3.7	–0.1
73	9.7	–0.5	–1.0	2.8	0.9	1.2	0.5	1.0	0.7	4.2	–0.1
74	11.0	–0.5	–0.9	3.1	0.4	1.0	0.6	1.2	0.9	5.1	0.0
75	10.7	–0.5	–0.8	2.3	–0.1	1.1	0.6	1.3	1.0	5.6	0.1
76	9.8	–0.5	–0.8	2.2	–0.3	1.2	0.3	1.3	1.2	5.2	0.1
77	9.8	–0.5	–0.9	2.3	–0.4	1.3	0.2	1.2	1.4	5.2	0.1
78	9.4	–0.5	–1.0	2.0	–0.5	1.4	0.1	1.2	1.5	5.1	0.1

Quelle: s. Anhang, Tab. 1*, eigene Berechnungen

Zur Darstellung der Bedeutung einzelner Wirtschaftsbereiche für die gesamtwirtschaftliche Lohnquotenentwicklung werden die Veränderungen der gewichteten Lohnquoten der Wirtschaftssektoren S1 bis S10 ($LQ_t^i w_t^i - LQ_o^i w_o^i$) in Tabelle 2 aufgeführt. Die Summe der Veränderungen über alle zehn Sektoren ergibt die volkswirtschaftliche Lohnquotenveränderung (TE) gegenüber der Basisperiode 1960. Nur auf die wesentlichsten Resultate soll im folgenden kommentierend eingegangen werden.

Die Entwicklungen der Wirtschaftssektoren 1, 2 und 10 wirkten mit wenigen Ausnahmen lohnquotensenkend. Allerdings war der in den sechziger Jahren trendartige Einfluß in den nachfolgenden Jahren zum Erliegen gekommen. Quantitativ am bedeutsamsten waren die Lohnquotenbeiträge der Sektoren 3 und 9. Bis zum Jahr 1974 nahm der Lohnquotenbeitrag des Sektors 3 (Verarbeitendes Gewerbe) in zyklischen Schwankungen trendförmig zu und nahm dann ab. Der Beitrag des Sektors 9 (Staat) zur volkswirtschaftlichen Lohnquotenentwicklung entspricht im Gegensatz zu allen anderen Wirtschaftsbereichen (mit Ausnahme des Sektors 10) der Wertschöpfungsveränderung, da die Lohnquote in diesem Wirtschaftssektor eins beträgt. Der Lohnquotenbeitrag des Staats nahm bis 1975 kontinuierlich zu und schwächte sich dann wieder ab. Ab Beginn der siebziger Jahre wurde der Lohnquotenbeitrag des Staats quantitativ am bedeutsamsten.

Der abnehmende Lohnquotenbeitrag des Verarbeitenden Gewerbes (3) ab 1975 und des Baugewerbes (4) ab 1974 wurde durch den zunehmenden Lohnquotenbeitrag des Staats nicht voll kompensiert, so daß es schon im Jahre 1975 zu einem gesamtwirtschaftlichen Lohnquotenabfall kam. Durch den ab 1976 abnehmenden Lohnquotenbeitrag des Staats wurde dieser noch verstärkt.

Da die Beiträge der Wirtschaftssektoren für die gesamtwirtschaftliche Lohnquotenentwicklung sowohl durch die Lohnquotenveränderungen als auch die Wertschöpfungsanteilsveränderungen der Sektoren bedingt sind, soll im folgenden die Bedeutung dieser Komponenten für die gesamtwirtschaftliche Lohnquotenentwicklung herausgearbeitet werden.

4. Lohnquoten- und Wertschöpfungsstruktureffekt

Um einen ersten Überblick über die Beziehungen zwischen den Lohnquoten- und Wertschöpfungsanteilsentwicklungen der zehn Wirtschaftsbereiche im Beobachtungszeitraum zu gewinnen, wurden für die Meßzifferreihen lineare Trendverläufe mit Hilfe der Methode der kleinsten Quadrate bestimmt. Nach Bildung von Klassen für die durchschnittlichen jährlichen Veränderungsraten der Trendverläufe ergibt sich das in Tabelle 3 zusammengefaßte Bild, wobei berücksichtigt werden muß, daß die Lohnquotenveränderungsraten der Wirtschaftssektoren 9 und 10 definitionsgemäß gleich Null sind.

Es ergibt sich, daß im Beobachtungszeitraum der Zusammenhang zwischen Lohnquoten- und Wertschöpfungsanteilstrendentwicklung negativ ist. Der Rangkorrelationskoeffizient nach Spearman (Querschnittskorrelation) beträgt −0.64 und ist mit

Tabelle 3: Durchschnittliche jährliche Veränderung der Meßziffern von Wertschöpfungsanteilen und Lohnquoten für zehn Wirtschaftsbereiche der Bundesrepublik Deutschland im Zeitraum 1960–78

Ø Wertschöpfungsanteilsveränderung	Ø Lohnquotenveränderung < −0.9	−0.9 −u. −0.3	−0.3 −u. 0.3	0.3 −u. 0.9	0.9 −u. 1.5	> 1.5
< 2.1						1
−2.1 −u. −1.5				2		
−1.5 −u. −0.9				4		5
−0.9 −u. −0.3					3	
−0.3 −u. 0.3			6,10			
0.3 −u. 0.9						
0.9 −u. 1.5						
1.5 −u. 2.1						
> 2.1	8		7,9			

Quelle: Eigene Berechnungen

einer Irrtumswahrscheinlichkeit von 5 v. H. signifikant negativ. Die oben angeführte Hypothese über den Wandel der Produktionsstruktur wird also empirisch bestätigt.

Ein erster Ansatz zur Zerlegung der Lohnquotenveränderung ergibt sich dadurch, daß jeweils die Lohnquoten bzw. Wertschöpfungsanteile der Wirtschaftsbereiche für die Berichtsjahre Werte der Basisperiode erhalten.[13]

Bezeichnet man in Analogie zum Zerlegungsverfahren des Sachverständigenrats die Veränderung der gesamtwirtschaftlichen Lohnquote, die den Veränderungen der Lohnquoten der einzelnen Wirtschaftsbereiche zugerechnet wird, als Lohnquoteneffekt (LQE) und die gesamtwirtschaftliche Lohnquotenveränderung, die den Veränderungen der Wertschöpfungsanteile der einzelnen Wirtschaftsbereiche zugerechnet wird, als Wertschöpfungsstruktureffekt (WSE), so ergibt sich

(5a) $$TE = LQE + WSE + JE$$

(5b) $$\Delta LQ = \Delta LQ^{w} + \Delta LQ^{LQ} + \Delta LQ - (\Delta LQ^{w} + \Delta LQ^{LQ})$$

(5c) $$= \sum \Delta LQ^{i} w^{i}_{o} + \sum \Delta w^{i} LQ^{i}_{o} + \sum \Delta LQ^{i}\, \Delta w^{i}$$

Der Lohnquoteneffekt kann in dieser Verfahren II genannten Zerlegungsweise als gewichtetes arithmetisches Mittel der in Prozentpunkten gemessenen Veränderungen der Einzelwirtschaftsbereichslohnquoten mit den Wertschöpfungsanteilen als Gewichten aufgefaßt werden. Eine analoge Interpretation für den Wertschöpfungsstruktureffekt ist nicht möglich. Der Wertschöpfungsstruktureffekt, der auf die Sektoren Staat (9) und Private Haushalte, private Organisationen ohne Erwerbscharakter (10) zurückzuführen ist, entspricht der Wertschöpfungsveränderung dieser Sektoren gegenüber der Basisperiode, da diese Sektoren – wie schon erwähnt – eine Lohnquote von hundert Prozent haben.

Auch bei dieser Form der Lohnquotenzerlegung ist eine multiplikative Variante zur Vermeidung des joint effects möglich. Allerdings tauscht man die Vermeidung des joint effects mit einem Lohnquotenindexproblem ein, da nur ein Laspeyres- und ein Paasche-Index jeweils zur Lohnquotenmeßziffer multiplikativ verknüpft werden können.[14] Da die Ergebnisse der multiplikativen und additiven Zerlegungsmethode tendenziell übereinstimmen, wird sowohl auf die Darlegung der Indexformeln als auch der Ergebnisse verzichtet.

In Tabelle 4 ist das Ergebnis der Lohnquotenzerlegung gemäß (5) niedergelegt. Die gesamte Lohnquotenveränderung (TE) der Spalte (2) wird in den Lohnquoteneffekt (LQE) der Spalte 3, Wertschöpfungsstruktureffekt (WSE) der Spalte 4 und joint effect (JE) der Spalte 7 zerlegt. Sowohl Lohnquoten- als auch Wertschöpfungsstruktureffekt sind positiv. Der Lohnquoteneffekt ist größenmäßig am bedeutsamsten.

Im Ausmaß des Anstiegs der Wertschöpfungsanteile von Staat und Privaten Haushalten einschließlich der privaten Organisationen ohne Erwerbscharakter erhöht sich – im Unterschied zu den anderen Sektoren – der Wertschöpfungsstruktureffekt. In Spalte 5 der Tabelle 4 gibt WSE* die Höhe dieses Anstiegs an. Es zeigt sich, daß die durch den Strukturwandel sich verändernden Wertschöpfungsanteile der Sektoren 1 bis 8 per Saldo einen negativen Effekt auf die gesamtwirtschaftliche

Tabelle 4: Additive Zerlegung der Lohnquotenveränderung für die Bundesrepublik Deutschland im Zeitraum 1960–78 (Verfahren II)

Jahr 1	TE 2	LQE 3	WSE 4	WSE* 5	DWSE 6	JE 7	MTE 8	MLQE 9	MSWE 10	MWSE* 11	MDWSE 12	MJE 13
60	0.0	0.0	0.0	0.0	0.0	0.0	0.0	0.0	0.0	0.0	0.0	0.0
61	2.2	1.8	0.4	0.4	0.0	0.0	3.8	3.1	0.7	0.7	0.0	0.0
62	3.5	3.4	0.2	0.3	−0.1	−0.1	6.0	5.7	0.4	0.6	−0.2	−0.1
63	4.5	4.2	0.3	0.8	−0.5	−0.1	7.6	7.2	0.5	1.4	−0.9	−0.1
64	4.1	3.6	0.5	0.7	−0.2	0.0	7.1	6.2	0.8	1.1	−0.3	0.0
65	4.8	4.2	0.7	1.0	−0.3	0.0	8.2	7.1	1.2	1.7	−0.5	−0.1
66	5.7	5.1	0.7	1.5	−0.8	−0.1	9.8	8.8	1.2	2.5	−1.3	−0.2
67	5.4	4.9	0.7	2.2	−1.5	−0.2	9.2	8.4	1.2	3.7	−2.5	−0.3
68	4.0	3.4	0.7	1.8	−1.1	−0.1	6.8	5.7	1.2	3.1	−1.9	−0.1
69	5.2	4.5	1.0	2.1	−1.1	−0.3	8.9	7.7	1.7	3.5	−1.8	−0.5
70	6.8	5.8	1.3	2.2	−0.9	−0.3	11.6	9.9	2.2	3.8	−1.5	−0.5
71	8.1	7.2	1.6	3.2	−1.6	−0.6	13.8	12.2	2.7	5.4	−2.7	−1.0
72	8.5	7.7	1.6	3.5	−1.9	−0.8	14.5	13.1	2.7	6.0	−3.3	−1.3
73	9.7	8.7	1.9	4.1	−2.2	−0.9	16.4	14.8	3.2	6.9	−3.8	−1.6
74	11.0	9.8	2.5	5.1	−2.5	−1.4	18.6	16.6	4.3	8.7	−4.3	−2.3
75	10.7	10.1	2.2	5.7	−3.6	−1.6	18.1	17.2	3.7	9.7	−6.1	−2.7
76	9.8	9.3	1.9	5.3	−3.3	−1.4	16.7	15.9	3.3	9.0	−5.7	−2.4
77	9.8	9.4	1.9	5.3	−3.4	−1.5	16.6	16.0	3.3	9.0	−5.7	−2.6
78	9.4	8.9	2.0	5.2	−3.2	−1.5	16.0	15.1	3.4	9.8	−5.4	−2.5

Quelle: s. Anhang, Tab. 1*, eigene Berechnungen

Lohnquote hatten. Dieser wird in seiner Höhe in Spalte 6 als Differenz von Spalte 4 und 5 ausgewiesen. Hauptsächlich die abnehmenden Wertschöpfungsanteile des Verarbeitenden Gewerbes, Baugewerbes, Handels und der Energie- und Wasserversorgung sind Quellen dieses Einflusses. Die relativ hohe Zunahme des Wertschöpfungsanteils des Staats kompensiert jedoch diesen Einfluß.

Erwartungsgemäß verlaufen Lohnquoteneffekt und Lohnquotenveränderung im zyklischen Verlauf der Entwicklung in enger Parallelität, während hingegen der Wertschöpfungsstruktureffekt bis zum Jahr 1974 relativ kontinuierlich ansteigt und dann abnimmt. Das Absinken des Wertschöpfungsstruktureffekts ab 1975 – verursacht insbesondere durch die Entwicklung der Wertschöpfung im Verarbeitenden Gewerbe und Baugewerbe – hat zur Folge, daß trotz zunehmenden Lohnquoteneffekts von 1974 auf 1975 die gesamtwirtschaftliche Lohnquote schon ab 1975 abnimmt.

In Spalten 8 bis 13 der Tabelle 4 wird das Ausmaß der einzelnen Effekte in Relation zur Lohnquote der Basisperiode angegeben.

5. *Erweiterung um den Einkommensniveau- und Erwerbstätigenstruktureffekt*

Die Lohnquotenzerlegung gemäß (5) kann in zweifacher Weise erweitert werden. Erstens kann die Zerlegung der sektoralen Lohnquotenveränderung gemäß (1) berücksichtigt werden und zweitens kann in Erweiterung des Ansatzes von Solow[15] bzw. Schmidt, Schwarz, Thiebach[16] auch die Veränderung der Wertschöpfungsanteile der Sektoren in Komponenten zerlegt werden (Verfahren III).

Der Wertschöpfungsanteil w^i eines Sektors kann als Produkt aus relativem Einkommensniveau rn_i (durchschnittliche Nettowertschöpfung je Erwerbstätigen im Sektor i in Relation zur durchschnittlichen gesamtwirtschaftlichen Nettowertschöpfung je Erwerbstätigen) und dem Erwerbstätigenanteil des Sektors i an den gesamten inländischen Erwerbstätigen e^i aufgefaßt werden:

$$(6) \quad w^i_t = rn^i_t \, e^i_t$$

Die Entwicklungen der relativen Einkommensniveaus der Sektoren, auch als relative nominelle Arbeitsproduktivitätsentwicklungen deutbar, sind von den Preisentwicklungen und den realen Arbeitsproduktivitätsentwicklungen, die wiederum u. a. durch technologischen Wandel und Entwicklung der Kapitalintensitäten bestimmt sind, abhängig. Wegen mangelnder statistischer Basis können diese hinter den Entwicklungen der relativen Einkommensniveaus stehenden Faktoren nicht berücksichtigt werden.

Bei Anwendung der Zerlegungsmethode ergibt sich für die Veränderung des Wertschöpfungsanteils eines Sektors:

$$(7) \quad \Delta w^i = \Delta rn^i_t \, e^i_o + \Delta e^i rn^i_o + \Delta e^i \, \Delta rn^i$$

Unter Berücksichtigung von (1) und (7) und Einführung von zu (1) gleichen, aber inhaltlich bedeutungsverschiedenen Bezeichnungen für die beiden Lohnquoteneffekte und Bezeichnung von ENE für die den Veränderungen der relativen Einkommensniveaus und ETE für die den Veränderungen der Erwerbstätigenstrukturen zugerechneten Veränderungen der gesamtwirtschaftlichen Lohnquoten ergibt sich:

$$(8a) \quad TE = ESE + BSE + ENE + ETE + JE$$

$$(8b) \quad \Delta LQ = \Delta LQ^{a,w} + \Delta LQ^{er,w} + \Delta LQ^{e,LQ} + \Delta LQ^{m,LQ} + JE$$

$$(8c) \quad = \sum \Delta er^i a^i_o w^i_o + \sum \Delta a^i er^i_o w^i_o + \sum \Delta rn^i e^i_o LQ^i_o + \sum \Delta e^i rn^i_o LQ^i_o + JE$$

Bevor das Zerlegungsergebnis gemäß (8) dargelegt wird, erscheint es angebracht, auf Zusammenhänge zwischen den einzelnen Komponenten der gewichteten Lohnquoten hinzuweisen. Für die Meßzifferreihen der vier Komponenten der gewichteten Lohnquoten jedes einzelnen Wirtschaftsbereichs wurden mit Hilfe der Methode der kleinsten Quadrate lineare Trendverläufe als Grundlage für Korrelationsrechnungen bestimmt.

Tabelle 5: Rangkorrelationskoeffizienten nach Spearman zwischen Trendentwicklungen von Lohn- bzw. Wertschöpfungskomponenten zusammengefaßter Wirtschaftsbereiche im Zeitraum 1960–78 für die Bundesrepublik Deutschland**

	er 1	a 2	rn 3	e 4
er	1			
a	0.36	1		
rn	–0.98*	–0.24	1	
e	–0.60*	0.16	0.62*	1

* signifikant positiv bzw. negativ (Irrtumswahrscheinlichkeit 5 v. H.)
** ohne Staat und Private Haushalte, private Organisationen ohne Erwerbscharakter

Quelle: Eigene Berechnungen

In Tabelle 5 sind die Rangkorrelationskoeffizienten nach Spearman (Querschnittskorrelationen) zur Messung des Zusammenhangs zwischen den Trendanstiegen der einzelnen Komponenten aufgeführt.

Erstaunlich hoch ist die negative Korrelation zwischen den Veränderungen der Einkommensrelationen und den Veränderungen der relativen Einkommensnivaus. Geht man davon aus, daß die Lohnentwicklungen in den Wirtschaftsbereichen stärker an der volkswirtschaftlichen Lohnentwicklung orientiert sind als an sektorspezifischen nominellen Produktvitätsentwicklungen, so wird das Resultat plausibel. Die negative Korrelation zwischen den Entwicklungen der Einkommensrelationen und den der Erwerbstätigenanteile ebenso wie die positive Korrelation zwischen den Entwicklungen der relativen Einkommensniveaus und den der Erwerbstätigenanteile kann als Ausdruck der Mobilität des Produktionsfaktors Arbeit im Strukturwandel der Wirtschaft auch in Abhängigkeit von Veränderungen der Einkommensstrukturen interpretiert werden.

In Tabelle 6 ist das Ergebnis der Lohnquotenzerlegung gemäß (8) aufgeführt. Die Lohnquotenveränderung (TE) der Spalte 2 wird in den Einkommensstruktureffekt (ESE) der Spalte 3 (der im Unterschied zum Zerlegungsverfahren I nur die Auswirkungen der Veränderungen der Einkommensrelationen der Sektoren 1 bis 8 beinhaltet), den Beschäftigtenstruktureffekt (BSE) der Spalte 4 (der im Unterschied zum Zerlegungsverfahren I nur den Einfluß der Veränderungen der sektoralen Arbeitnehmerquoten berücksichtigt), den Einkommensniveaueffekt (ENE) der Spalte 5 (der eine Komponente des Wertschöpfungsstruktureffekts gemäß Zerlegungsverfahren II ist) und den Erwerbstätigenstruktureffekt (ETE) der Spalte 6 (der ebenfalls eine Komponente des Wertschöpfungsstruktureffekts gemäß Zerlegungsverfahren II darstellt) zerlegt. In Spalte 7 wird der joint effect (JE) als Differenz der Gesamtveränderung der Lohnquote und Summe der Einzeleffekte angegeben. In Spalten 8 bis 13 sind die Ergebnisse jeweils in Relation zur gesamtwirtschaftlichen Lohnquote des Basisjahres aufgeführt.

Tabelle 6: **Additive Zerlegung der Lohnquotenveränderung für die Bundesrepublik Deutschland im Zeitraum 1960–78 (Verfahren III)**

Jahr	TE	ESE	BSE	ENE	ETE	JE	MTE	MESE	MBSE	MENE	METE	MJE
1	2	3	4	5	6	7	8	9	10	11	12	13
60	0.0	0.0	0.0	0.0	0.0	0.0	0.0	0.0	0.0	0.0	0.0	0.0
61	2.2	1.7	0.2	−0.2	0.6	0.0	3.8	2.8	0.3	−0.3	1.0	0.0
62	3.5	2.9	0.4	−0.8	1.1	−0.1	6.0	5.0	0.7	−1.4	1.8	−0.1
63	4.5	3.6	0.6	−1.1	1.4	−0.1	7.6	6.1	1.0	−1.9	2.4	−0.1
64	4.1	2.7	0.8	−1.3	1.9	0.0	7.1	4.7	1.4	−2.2	3.2	0.0
65	4.8	3.2	1.0	−1.5	2.3	−0.1	8.2	5.4	1.6	−2.6	4.0	−0.1
66	5.7	4.0	1.0	−1.7	2.5	−0.1	9.8	6.8	1.8	−3.0	4.3	−0.2
67	5.4	4.0	0.9	−2.0	2.8	−0.2	9.2	6.7	1.5	−3.4	4.7	−0.4
68	4.0	2.3	1.0	−1.9	3.0	−0.4	6.8	3.9	1.7	−3.3	5.1	−0.6
69	5.2	3.2	1.3	−2.2	3.4	−0.4	8.9	5.4	2.1	−3.8	5.8	−0.7
70	6.8	4.2	1.5	−2.4	4.0	−0.4	11.6	7.1	2.6	−4.1	6.8	−0.7
71	8.1	5.4	1.6	−2.8	4.5	−0.5	13.8	9.2	2.7	−4.7	7.6	−0.9
72	8.5	5.9	1.6	−3.1	4.9	−0.7	14.5	10.1	2.6	−5.3	8.3	−1.3
73	9.7	6.9	1.6	−3.1	5.2	−0.8	16.4	11.7	2.7	−5.3	8.9	−1.4
74	11.0	8.0	1.5	−3.1	5.6	−1.0	18.6	13.6	2.5	−5.3	9.5	−1.7
75	10.7	8.3	1.5	−3.7	5.8	−1.2	18.1	14.2	2.5	−6.4	9.9	−2.1
76	9.8	7.4	1.6	−3.7	6.0	−1.4	16.7	12.6	2.8	−6.3	10.1	−2.4
77	9.8	7.3	1.8	−3.9	6.0	−1.5	16.6	12.4	3.0	−6.6	10.3	−2.5
78	9.4	6.6	2.0	−3.8	6.1	−1.5	16.0	11.2	3.3	−6.4	10.5	−2.6

Quelle: s. Anhang, Tab. 1*, eigene Berechnungen

Erwartungsgemäß ist der Beschäftigtenstruktureffekt gemäß (8) im Vergleich zu (1) klein, da der Anstieg der volkswirtschaftlichen Arbeitnehmerquote sich nicht hauptsächlich durch den Wechsel der sozialen Struktur der Erwerbstätigen innerhalb eines Wirtschaftsbereichs (dieses trifft jedoch wohl insbesondere für die Wirtschaftsbereiche Handel und Nichtfinanzielle Dienstleistungsunternehmen zu), sondern durch die Abnahme des Erwerbstätigenanteils von Wirtschaftssektoren mit kleiner (insbesondere Landwirtschaft) und Zunahme des Erwerbstätigenanteils mit hoher Arbeitnehmerquote (insbesondere Staat) vollzieht. Diese durch den Wandel der Erwerbstätigenstruktur (als eine Komponente des Wandels der Wertschöpfungsstruktur) bedingte Veränderung der gesamtwirtschaftlichen Arbeitnehmerquote geht mit einer Verringerung des Wertschöpfungsgewichts eines Sektors mit kleinerer Lohnquote (Landwirtschaft) und Erhöhung des Wertschöpfungsgewichts eines Sektors mit hoher Lohnquote (Staat) einher. Dieses ist ein Grund, weshalb sich der Wandel der Wertschöpfungsstruktur (bzw. Erwerbstätigenstruktur) im Beschäftigtenstruktureffekt des Zerlegungsverfahrens I niederschlägt und dieser somit wesentlich höher ist als beim Zerlegungsverfahren III.

Der joint effect ist vergleichsweise groß. Dominierende Effekte sind der Einkommensstruktur- und der Erwerbstätigenstruktureffekt, die beide positiv sind. Insbesondere haben sich die Einkommensrelationen im Handel, in der Landwirtschaft, im Verarbeitenden Gewerbe und Baugewerbe erhöht, was sich auch in den steigenden Lohnquoten widerspiegelt. Lediglich im Sektor Nichtfinanzielle Dienstleistungsunternehmen ist die Einkommensrelation gesunken, und zwar kräftig. Wegen des relativ kleinen Gewichts hat dieses nur relativ geringen Einfluß für den Einkommensstruktureffekt. Der Erwerbstätigenstruktureffekt wird insbesondere von der starken Zunahme des Erwerbstätigenanteils des Staats getragen. Aber auch die Sektoren Kreditinstitute, Versicherungsunternehmen und Nichtfinanzielle Dienstleistungsunternehmen haben ihren Erwerbstätigenanteil relativ stark erhöht. Die Abnahme des Erwerbstätigenanteils der Landwirtschaft, Fischerei, der Energie- und Wasserversorgung und des Baugewerbes stehen dem gegenüber.

In allen Wirtschaftssektoren mit Ausnahme von 8 und 10 hat das relative Einkommensniveau abgenommen bzw. ist konstant geblieben. Per Saldo ergibt sich ein negativer Einkommensniveaueffekt. Bei Interpretationen sollte jedoch stets gegenwärtig sein, daß dieser ein Spiegelbild des Einkommensstruktureffekts darstellt.

Anhang

Tabelle 1:* Gesamtwirtschaftliche und Wirtschaftsbereichslohnquoten der Bundesrepublik Deutschland im Zeitraum 1960–78

Jahr 1	LQ 2	LQ1 3	LQ2 4	LQ3 5	LQ4 6	LQ5 7	LQ6 8	LQ7 9	LQ8 10
60	58.8	17.4	57.3	65.5	62.9	42.0	74.6	57.8	27.0
61	61.0	18.2	62.7	67.5	64.7	42.9	79.5	60.8	27.8
62	62.3	17.4	64.7	70.5	65.1	43.0	81.2	59.8	29.7
63	63.3	16.9	63.7	71.5	66.6	46.4	80.2	60.0	30.5
64	63.0	17.8	58.9	70.2	67.8	47.5	79.4	58.8	29.9
65	63.6	18.0	62.9	71.0	68.4	48.6	78.3	58.5	29.0
66	64.5	18.2	62.9	72.8	69.6	50.8	78.3	58.9	28.1
67	64.2	18.1	60.8	72.0	69.9	51.1	80.0	62.5	27.3
68	62.8	15.5	55.5	69.3	70.5	53.4	74.3	63.5	26.5
69	64.0	16.5	61.7	71.0	70.6	55.5	75.4	59.2	25.7
70	65.7	18.4	61.8	73.1	69.1	55.7	80.6	63.6	26.0
71	66.9	18.7	65.8	75.2	67.5	57.1	85.3	64.5	25.3
72	67.3	18.0	64.4	77.5	67.8	58.9	79.8	62.7	24.6
73	68.5	17.8	62.3	78.7	71.2	62.1	79.7	62.9	24.4
74	69.8	22.4	63.8	78.8	73.5	65.2	81.3	61.0	25.0
75	69.5	21.0	64.0	80.8	73.1	62.6	82.3	60.5	24.3
76	68.7	21.9	62.8	79.3	72.0	62.9	78.6	60.1	25.1
77	68.6	23.9	68.2	79.0	70.5	62.7	76.9	59.1	25.8
78	68.2	25.4	64.7	78.2	67.0	64.6	75.3	58.0	26.5

Erläuterungen:
1 = Land- und Forstwirtschaft, Fischerei; 2 = Energie- und Wasserversorgung, Bergbau; 3 = Verarbeitendes Gewerbe; 4 = Baugewerbe; 5 = Handel; 6 = Verkehr, Nachrichtenübermittlung; 7 = Kreditinstitute, Versicherungsunternehmen; 8 = Nichtfinanzielle Dienstleistungsunternehmen, Wohnungsvermietung; 9 = Staat; 10 = Private Haushalte und private Organisationen ohne Erwerbscharakter (Forts. s. S. 43)

Tabelle 2:* **Wertschöpfungsanteile zusammengefaßter Wirtschaftsbereiche für die Bundesrepublik Deutschland im Zeitraum 1960–78**

Jahr	w1	w2	w3	w4	w5	w6	w7	w8	w9	w10
1	2	3	4	5	6	7	8	9	10	11
60	6.3	4.9	38.9	8.1	12.2	6.1	2.6	10.5	8.5	1.7
61	5.6	4.4	39.5	8.5	12.0	5.9	2.6	10.8	8.9	1.7
62	5.7	4.2	38.9	9.0	12.5	5.7	2.7	10.8	9.0	1.6
63	5.7	4.1	37.9	9.0	12.3	5.9	2.8	11.2	9.5	1.6
64	5.1	4.0	38.2	9.6	12.2	5.8	2.9	11.4	9.4	1.5
65	4.8	3.7	38.4	9.2	12.0	5.9	3.0	11.8	9.7	1.5
66	4.7	3.6	37.4	9.1	12.0	6.1	3.2	12.3	10.2	1.5
67	4.3	3.6	36.5	8.4	12.0	6.1	3.3	13.4	10.8	1.6
68	4.5	3.5	38.0	8.0	11.2	6.2	3.2	13.4	10.5	1.5
69	4.0	3.1	38.6	7.8	10.9	6.1	3.5	13.7	10.8	1.5
70	3.5	3.2	38.8	8.5	10.8	5.7	3.4	13.5	11.0	1.5
71	3.4	3.0	37.3	9.0	10.7	5.7	3.6	14.0	11.8	1.6
72	3.3	3.0	35.8	9.1	10.6	6.2	3.9	14.4	12.1	1.6
73	3.2	3.0	36.0	8.5	10.1	6.3	4.0	14.7	12.7	1.6
74	2.6	3.1	36.2	7.5	9.4	6.4	4.5	15.0	13.6	1.7
75	2.8	3.2	34.5	6.8	9.9	6.3	4.7	15.9	14.1	1.8
76	2.8	3.2	34.9	6.7	10.0	6.2	4.6	16.0	13.7	1.8
77	2.6	2.8	35.2	6.6	10.2	6.2	4.7	16.3	13.7	1.8
78	2.4	2.9	35.2	6.9	10.0	6.2	4.7	16.2	13.7	1.8

Quelle: s. Tabelle 1*

Fortsetzung von S. 42
Zur Berechnung der gesamtwirtschaftlichen Lohnquote und Wertschöpfungsanteile der Wirtschaftsbereiche an der Gesamtwertschöpfung wird von der „unbereinigten" Wertschöpfung aller Wirtschaftsbereiche, die gleich der Summe der Wertschöpfung aller Wirtschaftsbereiche ist, ausgegangen.
Sie unterscheidet sich von der „bereinigten" Nettowertschöpfung (Nettoinlandsprodukt zu Faktorkosten) durch die unterstellten Entgelte für Bankleistungen.

Quelle: Statistisches Bundesamt, Ergebnisse der Volkswirtschaftlichen Gesamtrechnungen 1960 –1976 nach Wirtschaftsbereichen und Gütergruppen (Fachserie 18, Reihe 3), Wiesbaden 1979. Statistisches Bundesamt, Volkswirtschaftliche Gesamtrechnungen, Konten und Standardtabellen (Fachserie 18, Reihe 1), Wiesbaden 1980. Eigene Berechnungen

Anmerkungen

1 Vergl. z. B. Jahresgutachten des Sachverständigenrats 1979/80, Tabelle 14, S. 78.
2 Vergl. z. B. Jahresgutachten des Sachverständigenrats 1971/72, Tabelle 9, S. 36.
3 Von Stobbe als relative Einkommensposition bezeichnet. Vergl. Stobbe, A., Untersuchungen zur makroökonomischen Theorie der Einkommensverteilung, Tübingen 1962, S. 63.
4 Vergl. Walter, H., Über einige Zusammenhänge zwischen Einkommensverteilung und globaler Beschäftigungsstruktur, in: Zeitschrift für die gesamte Staatswissenschaft, Bd. 125 (1969), S. 254.

5 Vergl. dazu Rothschild, L.W., Zur Arithmetik und Interpretation von Lohnquoten, in: Hamburger Jahrbuch für Wirtschafts- und Gesellschaftspolitik, Jahr 13 (1968), S. 143–157; Skiba, R., Die Problematik der Lohnquote, in: WSI-Mitteilungen, Jg. 22 (1969), S. 301–306; Löbbe, K., Die Einkommensverteilung in den Zielprojektionen des BMWF, des DGB und des BDGW, in: Mitteilungen des Rheinisch-Westfälischen Instituts für Wirtschaftsforschung, Jg. 23 (1972), S. 249–292; Adam, H., Statistische Probleme bei Einkommensvergleichen zwischen Selbständigen und abhängig Beschäftigten, in: WSI-Mitteilungen, Jg. 28 (1975), S. 342–347.

6 Das Rheinisch-Westfälische Institut für Wirtschaftsforschung (RWI) hat für 57 Wirtschaftssektoren die Entwicklung der Gewinnquotenkomponenten Lohnsatz, Produktivität, Wertschöpfungspreise und Beschäftigtenstruktur untersucht. Die Bedeutung dieser Einzelkomponenten für die gesamtwirtschaftliche Gewinnquote wird jedoch nicht analysiert.
Vergl. RWI, Analyse der strukturellen Entwicklung der deutschen Wirtschaft, Zwischenbericht zum Gutachten im Auftrag des Bundesministers für Wirtschaft, Essen 1979, S. 114 ff.

7 Zum Datenmaterial siehe Anhang, Tabelle 1*.

8 $LQ_t = L_t/Y_t = l_t A_t / y_t E_t = er_t a_t$
Vergl. Jeck, A., Wachstum und Verteilung des Volkseinkommens, Tübingen 1970, S. 12.

9 Die beschäftigtenstrukturbereinigte Lohnquote ist also definitionsgemäß $LQ_t^a = er_t\, a_o$ und die einkommensstrukturbereinigte Lohnquote $LQ_t^{er} = er_o\, a_t$.

10 Vergl. z. B. Götz, R. unter Mitarbeit von Bartnick, J. und Kühlmann, H., Die Entwicklung der Einkommensverteilung in den Wachstumszyklen der BRD, 1950–71, in: Wachstumszyklen und Einkommensverteilung, Hrg.: Gahlen, B., Tübingen 1974.

11 Vergl. Solow, R., A skeptical note on the constancy of relative shares, in: American Economic Review, Vol. 48 (1958), S. 618–631.

12 Siehe Anhang, Tabelle 1*

13 In Schmidt, K.-D., Schwarz, U., Thiebach, G., Das Problem der Lohnquote. Gutachten erstattet im Auftrage des Bundesministers der Wirtschaft, Tübingen 1966, zitiert in Jeck. A., a.a.O., S. 29 ff. ist u. a. eine derartige Lohnquotenzerlegung für die Bundesrepublik Deutschland und den Zeitraum 1950–63 vorgenommen worden. Vergl. auch Solow, R., a.a.O., S. 618 ff.

14 Zur multiplikativen Verknüpfung siehe Jeck, A., a.a.O., S. 66 ff.

15 Solow, R., a.a.O., S. 618 ff.

16 Schmidt, K.-D., Schwarz, U., Thiebach, G., a.a.O.

Peter Saß

Warum können Arbeiter in Großunternehmen mehr verdienen oder wie die Lohnstruktur sozialökonomisch betrachtet werden kann

0. Lohnhöhe und Unternehmensgröße in der westdeutschen Industrie

Jeder Arbeiter und Angestellte weiß aus Erfahrung, daß mit einem Wechsel des Unternehmens bzw. des Arbeitsplatzes eine Änderung des Arbeitsgelts verbunden sein kann. Je nach Charakter der Arbeitsaufgabe, nach Intensität der Arbeit, nach örtlicher Lage und Branchenzugehörigkeit des Unternehmens kann das Arbeitsentgelt hoch oder gering sein; Lohn- und Gehaltsunterschiede können aber auch in Kombination mit ganz anderen Faktoren auftreten: so mag beispielsweise ein Unternehmen dieselbe Leistung eines männlichen Arbeiters höher als die einer Arbeiterin entlohnen oder einem älteren Angestellten – bei gleicher Leistung – ein höheres Gehalt als einem jüngeren Angestellten zahlen. In den Wirtschafts- und Sozialwissenschaften hat sich für die Bezeichnung der Lohnabstufungen zwischen den Arbeitsverhältnissen der Ausdruck Lohnstruktur durchgesetzt.

Im folgenden geht es nicht darum, ein vollständiges Bild von den vielfältigen Möglichkeiten der Lohnabstufungen innerhalb einer kapitalistischen Volkswirtschaft zu entwerfen. Vielmehr soll mit der Beziehung zwischen Lohnhöhe und Unternehmensgröße ein besonderer Aspekt der Lohnstruktur in den Mittelpunkt der Betrachtung gerückt werden, der bisher in der Publizistik der Arbeitsmarktverbände und in der wissenschaftlichen Diskussion[1] nur wenig Beachtung gefunden hat. Belegt ist dieser Zusammenhang für die westdeutsche Industrie durch die in mehrjährigen Abständen (zuerst 1951, dann 1962, 1966, 1972 und 1978) durchgeführten Lohnstrukturerhebungen des Statistischen Bundesamtes: danach steigt der Stundenlohn bzw. der Jahresverdienst der Arbeiter monoton mit zunehmender Unternehmens- bzw. Betriebsgröße. In Tabelle 1, 2a und 2b wird diese besondere Art des Lohngefälles in differenzierter Form dargestellt.

Die Abhängigkeit des Stundenlohns von der Betriebsgröße läßt sich 1962 auch *innerhalb* der meisten westdeutschen Industriezweige nachweisen.[2] Daneben kann in den meisten Untersuchungsjahren (1962, 1966) festgestellt werden, daß das Lohngefälle zwischen den Unternehmens- bzw. Betriebs-Größenklassen nur die im Zeitlohn beschäftigten Arbeiter sowie die weiblichen Leistungslöhner betrifft; die Stundenlöhne der männlichen Akkordarbeiter sind in den kleineren Unternehmen am höchsten, lassen allerdings bei steigender Unternehmensgröße keine regelmäßige Abnahme erkennen. Rechnerisch eindeutig ist wiederum die in jeder Größenklasse zu beobachtende Verdienstspanne zwischen Akkord– und Zeitlohnempfängern: die

Tabelle 1: Brutto-Verdienste der männlichen und weiblichen Arbeiter im Verarbeitenden Gewerbe der Bundesrepublik Deutschland nach Unternehmensgrößenklassen

Unternehmen mit ... bis ... Beschäftigten bzw. Arbeitnehmern	Bruttojahresverdienst (DM)				Brutto-Wochenverd. (DM)	
	1978		1972		1966	
	männl.	weibl.	männl.	weibl.*	männl.	weibl.
10– 19	28.232	18.331	18.392	10.628	217	133
20– 49	29.082	18.082	18.878	11.091	222	136
50– 99	29.708	18.883	19.097	11.464	223	138
100–499	29.976	20.041	19.103	12.195	225	145
500–999	30.581	21.508	19.099	12.710	224	150
1000 u.m.	32.231	22.931	19.821	13.449	226	157
Zusammen	30.959	20.974	19.410	12.599	225	147

Quelle: Statistisches Bundesamt, Fachserie M – Reihe 17 I (Arb.-Verdienste 1966 bzw. 1972) bzw. Fachserie 16 – Geh.- und Lohnstrukturerhebung 1978

* produzierendes Gewerbe

Tabelle 2a: Brutto-Stundenverdienste der Arbeiter im Produzierenden Gewerbe der Bundesrepublik Deutschland nach Unternehmensgrößenklassen und Lohnformen 1966

Unternehmen mit ... bis ... Beschäftigten	Männl. Br. Std. Verd. (DM)			Weibl. Br. Std. Verd. (DM)		
	insgesamt*	Zeitlohn	Leistgs.-Lohn	insgesamt*	Zeitlohn	Leistgs.-Lohn
10– 19	4,83	4,67	6,23	3,17	3,11	3,62
20– 49	4,89	4,67	6,14	3,23	3,14	3,66
50– 99	4,90	4,69	5,97	3,31	3,18	3,69
100–499	4,90	4,72	5,53	3,46	3,26	3,85
500–999	4,93	4,78	5,32	3,58	3,34	3,87
1000 u.m.	5,07	4,92	5,38	3,66	3,48	3,87
Zusammen	4,97	4,78	5,48	3,51	3,32	3,85

Quelle: Statist. Bundesamt, Fachserie M – Reihe 17 I (Arbeiterverdienste) Geh.- u. Lohnstrukturerhebung 1966

* Durchschnittlicher Verdienst der Zeitlöhner, der Leistungslöhner sowie der Arbeiter, die im Erhebungszeitpunkt neben ihrem Zeitlohn auch noch Leistungslohn bezogen.

Tabelle 2b: **Brutto-Stundenverdienste der Arbeiter im Produzierenden Gewerbe der Bundesrepublik Deutschland nach Betriebsgrößenklassen und Lohnformen 1962**

Betriebe mit ... bis ... Beschäftigten	Brutto-Stundenverdienst in DM					
	insgesamt	Zeitlohn	Leistgs.-Lohn	insgesamt	Zeitlohn	Leistgs.-Lohn
	– Männer –			– Frauen –		
unter 100	3,56	3,36	4,34	2,31	2,21	2,57
100–499	3,56	3,39	3,93	2,47	2,29	2,72
500–999	3,59	3,45	3,82	2,57	2,37	2,74
1000 u.m.	3,79	3,54	4,05	2,65	2,44	2,80
Zusammen	3,65	3,43	4,03	2,50	2,31	2,74

Quelle: Statistisches Bundesamt, Fachserie M, Reihe 17 I (Arbeiterverdienste), Geh.- und Lohnstrukturerhebung 1962

Stundenverdienste der Leistungsempfänger liegen durchweg über den Stundenverdiensten der Zeitlöhner. Demzufolge müssen die *durchschnittlichen* Stundenlöhne in einem Unternehmen mit einem hohen Leistungslöhneranteil (an der Gesamtzahl der Arbeiter) relativ hoch sein, während in Unternehmen mit geringem Leistungslöhneranteil der durchschnittliche Stundenlohn entsprechend niedrig sein wird.

Zerlegen wir nun in jeder Größenklasse die Gesamtheit der Arbeiter in den Anteil der Leistungs- und den Anteil der Zeitlöhner, so ist wiederum ein eindeutiger Zusammenhang zu erkennen: je größer die Zahl der Beschäftigten in einem Unternehmen, desto größer der Anteil der Leistungslöhner (vgl. Tabelle 3). Die Lohnformstruktur der Arbeiter liefert somit einen zweiten Bestimmungsgrad dafür, daß die durchschnittlichen Stundenlöhne in großen Unternehmen höher als in kleineren Unternehmen sind.

Bisher haben wir uns auf die Erfassung und Beschreibung des Lohngefälles[3] zwischen den Größenklassen konzentriert und dazu ausschließlich Begriffe der Statistik bemüht. Die Lohnungleichheit zwischen größeren und kleineren Unternehmen ist indes aus wirtschafts- und gesellschaftspolitischer Sicht ein Umstand, den wir nicht nur einfach registrieren können, sondern der zugleich unser Interpretations- und Erklärungsvermögen herausfordert. Dieser Erklärungszwang gilt für sämtliche sozialen Beziehungen, die mit einer Ungleichheit in der Entlohnung verbunden sind, d.h. es ist eine allgemeine und systematische Erklärung der Lohnstruktur erforderlich. Angesichts der in den Sozialwissenschaften bestehenden Arbeitsteilung ist diese Aufgabe bisher vorrangig von der volkswirtschaftlichen Theorie wahrgenommen worden. Wir werden daher im nächsten Abschnitt nach generellen Erklärungsmustern fragen, die von der volkswirtschaftlichen Theorie zur Untersuchung langfristig existierender Lohnungleichheiten erarbeitet worden sind. Zur Behandlung unseres konkreten Pro-

Tabelle 3: Zusammensetzung der Arbeiter im Produzierenden Gewerbe der Bundesrepublik Deutschland nach Lohnformen 1966

Unternehmen mit ... bis ... Beschäftigte	Anteile der männl. Zeitlöhner an den männl. Arbeitern insgesamt in v. H.	Anteile der männl. Leistg.Löhner* an den männl. Arbeitern insgesamt in v. H.	Anteile der weibl. Zeitlöhner an den weibl. Arbeitern insgesamt in v. H.	Anteile der weibl. Leistg.Löhner* an den weibl. Arbeitern insgesamt in v. H.
10– 19	86,3	13,7	84,9	15,1
20– 49	81,5	18,5	79,0	21,0
50– 99	79,3	20,7	70,4	29,6
100–499	75,2	24,8	62,9	37,1
500–999	71,4	28,6	54,0	46,0
1000 u.m.	65,5	34,5	51,9	48,1
Zusammen	72,7	27,3	60,1	39,9

Quelle: eigene Berechnungen nach Statist. Bundesamt, Fachserie M, Reihe 17 I (Arbeiterverdienste), Geh.- und Lohnstrukturerhebung 1966

* einschl. der Mischlohnempfänger

blems – des Lohngefälles zwischen den Größenklassen des Produzierenden bzw. Verarbeitenden Gewerbes – werden wir im Anschluß an diese allgemeinen theoretischen Erörterungen zurückkehren, indem wir die allgemeinen Deutungsmuster mit unseren besonderen Beobachtungsergebnissen konfrontieren.

1. Ökonomistische Deutungsmuster der Lohnstruktur

Von der volkswirtschaftlichen Theorie wird der Lohn als Preis für den Produktionsfaktor Arbeit analog zur Güterpreisbildung auf das tauschwirtschaftliche Kalkül der Arbeitsmarktparteien zurückgeführt. Diese ausschließliche Konzentration auf das Erwerbsstreben der dem Konkurrenzdruck unterworfenen Individuen führt zu einer Vernachlässigung aller sozialen Beziehungen und Institutionen wie beispielsweise Staat und Recht oder Erziehung und Moral, die selbst nicht kommerziell organisiert sind, aber gleichwohl das ökonomische Handeln beeinflussen. Diese Einseitigkeit der herrschenden herkömmlichen Betrachtungsweise kommt in der Literatur durch Formulierungen wie ‚vorwiegend ökonomisch' oder ‚rein ökonomisch' zum Ausdruck; wir wollen in diesem Beitrag für denselben Sachverhalt den Terminus ‚ökonomistisch' benutzen, um die Unterordnung des wirtschaftswissenschaftlichen Denkens unter die Perspektive des tauschwirtschaftlichen Handlungsrahmens dieser Gesellschaft angemessen zu betonen.

Es ist an dieser Stelle nicht möglich, die Entwicklung und die besonderen Merkmale der verschiedensten Ansätze der Lohntheorie ausführlich darzustellen. Wir wollen für unseren Untersuchungszweck lediglich die Grundzüge der neoklassischen Lohntheorie, d.h. das Grenzproduktivitätskonzept, und als kritische Alternative dazu die auf Marx zurückgehende Reproduktionskostentheorie des Lohnes rekapitulieren. Wichtiger ist allerdings die anschließend auf dieser Basis zu untersuchende Frage nach den Bestimmungsgründen der Lohnstruktur.[4]

Als erstes Konzept wollen wir die Grenzproduktivitätstheorie des Lohnes vorstellen. Dieser Ansatz unterstellt an den Güter– und Faktormärkten vollständige Konkurrenz sowie an der Maximierung ihres Geldeinkommens orientierte Wirtschaftssubjekte. Die produktionstechnischen Gegebenheiten gestatten den Unternehmen, die gewinnmaximale Gütermenge mit unterschiedlichen Faktor-Einsatz-Verhältnissen herzustellen. Die Unternehmen werden den Einsatz eines Produktionsfaktors so weit ausdehnen, bis der Erlös aus dem zusätzlichen Einsatz dieses Faktors (monetäres Grenzprodukt = Produkt aus Grenzproduktivität und Güterpreis) dieselbe Höhe wie der Faktorpreis hat. Bei Übereinstimmung von Faktorpreis und monetärem Grenzprodukt auf sämtlichen Faktormärkten ist eine (von mehreren) Bedingung(en) für das Gleichgewicht der gesamten Volkswirtschaft verwirklicht. Das gilt auch dann, wenn der Faktor Arbeit nach Qualifikationsstufen auf verschiedene Teilarbeitsmärkte verteilt ist.

Hat z. B. der Arbeiter I eine höhere Qualifikation als der Arbeiter II, so wird sich dieser Qualifikations-Vorsprung auch in einer höheren Grenzproduktivität niederschlagen. Ein Unternehmen, das den Arbeiter I beschäftigt, wird dementsprechend auch einen höheren Stundenlohn zahlen. Haben Arbeiter der Kategorie II keine Chance, die höhere Qualifikation der Arbeiter I zu erwerben, d. h. bleibt die Aufteilung des Arbeitskräfteangebots auf verschiedene Arbeitsmärkte unverändert, so bleiben auch die Lohnunterschiede zwischen verschiedenen Arbeitsarten konstant. Es wäre nun allerdings verfehlt, empirisch konstatierbare Lohnsatzunterschiede im Lichte der neoklassischen Theorie ausschließlich auf Unterschiede in der Qualifikation der Arbeitskräfte zurückführen zu wollen. Erfahrungsgemäß kommt es auf den meisten Gütermärkten im Zeitablauf zu Veränderungen der Nachfrage und der Produktionstechnik, die ihrerseits Auswirkungen auf den Einsatz der Arbeitskräfte haben. Märkten mit nachlassender Arbeitskräfte-Nachfrage stehen somit Arbeitsmärkte mit expandierendem Bedarf gegenüber. Die Wanderung der Arbeitskräfte zwischen den Arbeitsmärkten kann die Reaktion auf ein zeitlich befristetes Lohngefälle sein, das mit dem Abbau des Arbeitskräfte-Überschusses (-Defizits) auf den schrumpfenden (expandierenden) Märkten verschwindet. Während also im Zusammenhang mit Veränderungen der gesamtwirtschaftlichen Arbeitsnachfrage-Struktur ein vorübergehendes (nichtqualifikationsgerechtes) Lohngefälle auch unter Konkurrenz-Voraussetzungen existieren kann, wäre ein dauerhaftes Lohngefälle, dem keine Qualifikations-Unterschiede entsprechen, nur aus anderen Mobilitätsbarrieren zwischen den Arbeitsmärkten zu erklären. In einem solchen Fall müßte die neoklassische Theorie eine Einschränkung des Konkurrenz-Mechanismus zugestehen.

Im Unterschied zur neoklassischen Theorie, die die Höhe des Lohnsatzes mehr über die Gesetzmäßigkeiten der Arbeitskräfte-Nachfrage zu bestimmen sucht, orientiert sich Marx in seiner Lohnanalyse im Anschluß an die klassische Lohnfondstheorie an den Bedingungen für die Entstehung des Arbeitskräfte-Angebots. Er betrachtet die Arbeitskraft als Ware und versucht den Wert dieser Ware analog zum Wert der

Konsumgüter und Produktionsmittel abzuleiten. Damit ein Mensch seine Arbeitsfähigkeit entwickeln und erneuern kann, muß er über eine Mindestmenge verschiedener Konsumgüter verfügen. Dieser Mindestkonsum ist für Marx nicht nur biologisch bedingt, sondern auch von historischen und moralischen Einflüssen abhängig, d. h. der Mindestkonsum des Arbeiters wird zugleich durch die allgemeinen Lebensgewohnheiten der bürgerlichen Gesellschaft auf ihrer jeweiligen Entwicklungsstufe geprägt. Sind die Mindestmengen der verschiedenen vom Arbeiter benötigten Konsumgüter einmal gegeben, so kann durch einfache Multiplikation der Gütermengen mit dem Wert der jeweiligen Güter (d. h. der gesellschaftlich notwendigen Arbeitszeit dieser Güter) der Wert des Mindestkonsums errechnet werden. Diese Größe nennt Marx den Wert der Arbeitskraft. Wird der Wert in Zeiteinheiten dargestellt, so ist der Wert der Arbeitskraft mit dem Teil des Arbeitstages identisch, an dem der Arbeiter die von ihm selbst benötigten Konsumgüter produziert (notwendige Arbeit). In der übrigen Zeit der vom Kapitalbesitzer festgelegten Gesamtarbeitsdauer erzeugt der Arbeiter die Güter, die das Mehrprodukt bilden (Mehrarbeit).

In Verfolgung seines allgemeinen Untersuchungsziels, die widersprüchlichen Entwicklungstendenzen der kapitalistischen Wirtschaft aufzuspüren und ihre Konsequenzen für die Lebenskraft der bürgerlichen Gesellschaft theoretisch aufzuzeigen, arbeitet Marx überwiegend mit der Annahme, daß der Arbeiter vom Kapitalbesitzer in der Höhe des Wertes der Arbeitskraft entlohnt wird; d. h. Preis und Wert der Arbeitskraft stimmen überein. Unterschiede in der Lohnhöhe (der Lohn ist die Erscheinung des Preises der Arbeitskraft) können auf dieser allgemeinen Untersuchungsebene aus 2 Gründen auftreten: (a) bei ungleicher Intensität der Arbeit, (b) bei ungleicher Qualifikation der Arbeitskraft. Ein Arbeiter I, der schneller als sein Kollege II arbeiten muß oder aber in stärkerem Maße gesundheitlichen Belastungen ausgesetzt ist, hat nach einem Arbeitstag von gleicher Länge einen höheren Kräfteerneuerungsbedarf, den er nur mit einer größeren Gütermenge decken kann. Es entspricht daher der Logik des Äquivalenzprinzips, daß der Arbeiter I einen höheren Lohn als der Arbeiter II bekommt. Nach derselben Logik würde der Arbeiter I im Fall (b) auch dann einen höheren Lohn erhalten, wenn er eine Tätigkeit (als Juwelier beispielsweise) erst nach einer längeren bzw. überdurchschnittlich aufwendigen Ausbildung antreten kann. Der höhere Wert der qualifizierten Arbeitskraft läßt sich nach Marx[5] aus der zu ihrer Produktion erforderlichen längeren Arbeitszeit berechnen. Während leicht einsehbar ist, daß der Kapitalbesitzer für die Beschäftigung eines qua Ausbildung qualifizierten Arbeiters einen überdurchschnittlichen Lohn zu zahlen hat, kann der Anspruch des Arbeiters auf diesen Lohn nur begründet werden, wenn er selbst bzw. seine Angehörigen den Ausbildungsaufwand allein getragen haben; von dieser Annahme geht jedenfalls Engels ausdrücklich aus[6], während der britische Ökonom Rowthorn in seiner Erläuterung der Marxschen Lohntheorie auch die vom Staat aufgewandten Ausbildungsleistungen als quasi unentgeltlich erworbenen Wertzuwachs des qualifizierten Arbeiters behandelt.[7]

Diese knappe Skizze der beiden Lohnstrukturkonzepte kann uns für unseren empirischen Untersuchungszweck genügen. Es geht dabei vorwiegend um die Prüfung der Erklärungsfähigkeit dieser beiden Ansätze in der Konfrontation mit ausgewählten Beobachtungen und nicht um eine kritische Behandlung allgemeiner volkswirtschaftlich-theoretischer Zusammenhänge.

2. Der Lohnvorsprung der Großunternehmen aus neoklassischer Sicht

Will der neoklassische Theoretiker die Frage nach den Ursachen für die Lohnunterschiede zwischen den industriellen Größenklassen beantworten, so steht er zunächst vor der Alternative, diese Unterschiede entweder als vorübergehende Erscheinungen im Zusammenhang mit Arbeitskraftwanderungen gelten zu lassen (Hypothese 1) oder aber als Ergebnis langfristig stabiler Mobilitätsbarrieren zu interpretieren, die ihrerseits durch Besonderheiten in der Qualität und im Angebotsverhalten der Arbeitskräfte (z. B. unaufhebbare Begabungsunterschiede) zu erklären wären (Hypothese 2). Gegen die Hypotheses 1 spricht nicht nur der Eindruck, der sich aus den in der Nachkriegszeit wiederholt durchgeführten Lohnstrukturerhebungen ergibt; entscheidend ist daneben die Beschränkung des Lohnvorsprungs auf die weiblichen Arbeiter und die männlichen Zeitlöhner. Die männlichen Leistungslohnempfänger verdienen in den kleineren Unternehmen meist mehr als in den größeren Unternehmen (die Lohnhöhe dieser Arbeiter fällt mit steigender Unternehmensgröße monoton bis zu den mittelgroßen Unternehmen mit 500–999 Beschäftigten), sie müßten demnach bei stärkerer Orientierung an der Lohnhöhe tendenziell ihre Beschäftigung im Bereich der Großunternehmen aufgeben und zu den kleineren Unternehmen abwandern. Diese differenzierte Wanderungs-Hypothese kann zwar mit den laufenden Beschäftigungsstatistiken nicht überprüft werden; sie ist jedoch vor allem kaum mit dem überdurchschnittlich hohen Leistungslöhner-Anteil der großen Unternehmen vereinbar (vgl. Tabelle 3). Der Zusammenhang zwischen Leistungslöhner-Anteil und Unternehmensgröße deutet vielmehr darauf hin, daß die Unternehmen sich nicht nur im Produktionsumfang, sondern auch hinsichtlich der Struktur der Arbeitsplätze unterscheiden. Die Frage der strukturellen Differenzen zwischen größeren und kleineren Unternehmen spielt in segmentationstheoretisch orientierten Arbeitsmarktuntersuchungen eine wichtige Rolle, auf die wir in diesem Abschnitt noch genauer eingehen werden.

Zuvor wollen wir uns aber noch mit der für die Neoklassik zentralen Abhängigkeit des Lohnes von der Grenzproduktivität der Arbeit auseinandersetzen. Bei Annahme eines langfristigen Gleichgewichts am Arbeitsmarkt müßte ein hoher Durchschnittlohn in den größeren Industrieunternehmen den Rückschluß auf eine höhere monetäre Grenzproduktivität der Arbeiter in diesen Unternehmen zulassen; da der durchschnittliche Lohn mit sinkender Unternehmensgröße monoton fällt, müßte dem – aus derselben theoretischen Perspektive – eine monoton sinkende Grenzproduktivität entsprechen. Das Grenzproduktivitätsgefälle zwischen den Größenklassen könnte sich aber nur auf den Durchschnitt der Arbeiter bzw. Beschäftigten beziehen; unsere statistischen Informationen über die Lohnunterschiede zwischen Zeit- und Leistungslohnempfängern würde uns indessen zu einer differenzierten Hypothese über das denkbare Grenzproduktivitätsgefälle zwingen: während das Grenzprodukt der männlichen Zeitlöhner und der weiblichen Arbeiter mit wachsender Unternehmensgröße steigen müßte, wäre für das Grenzprodukt der männlichen Leistungslöhner das Umgekehrte zu schlußfolgern (Ausnahme: das Grenzprodukt der großen Unternehmen mit mehr als 1000 Beschäftigten wäre etwas höher als das Grenzprodukt der Nachbargrößenklasse).

Daneben müßte in jeder Größenklasse für das Grenzprodukt der Leistungslohnarbeiter ein höheres Niveau unterstellt werden als für das Grenzprodukt der Zeitlöhner. Diese mit der Hypothese 2 verbundenen kuriosen Schlußfolgerungen verlangen von der Grenzproduktivitätstheorie zusätzlich eine Erklärung für die Immobilität der Arbeitskräfte zwischen kleineren und größeren Unternehmen. Denn die langfristige Existenz der Lohnvorteile der größeren Unternehmen läßt nur den Schluß zu, daß nicht jedem Arbeitskraft-Anbieter der Zutritt zu den besser entlohnten Arbeitsplätzen möglich ist. Diese Zutrittbarrieren können kaum etwas mit angeborenen bzw. erworbenen Eignungsunterschieden zu tun haben. Wäre dem so, dann müßte der Anteil der in die höchsten tariflichen Lohngruppen eingestuften Arbeiter mit der Unternehmensgröße wachsen. Laut Tabelle 4a bzw. 4b nimmt der Anteil dieser (auf Basis von Ausbildungsabschlüssen und anderer formalisierter Kriterien) am besten eingestuften Arbeiter mit steigender Unternehmensgröße ab.

Die in den Tabellen 4a und 4b dargestellten Daten zeigen nicht nur die zwischen den Größenklassen bestehenden Strukturunterschiede der Produktionsbelegschaften

Tabelle 4a: Die Tariflohngruppen-Einstufung der männlichen Arbeiter im Verarbeitenden Gewerbe der Bundesrepublik Deutschland nach Unternehmensgrößenklassen 1978 und 1966

Unternehmen mit ... bis ... Beschäftigten bzw. Arbeitnehmern	Anteile (in v. H.) der					
	L.Gr.I*	L.Gr.II*	L.Gr.III*	L.Gr.I	L.Gr.II	L.Gr.III
	an den männlichen Arbeitern insgesamt					
	1978			1966		
10– 19	70,4	21,0	8,6	71,2	18,9	9,9
20– 49	65,0	26,0	9,0	62,9	24,8	12,3
50– 99	64,4	25,8	9,8	59,7	27,7	12,6
100–499	59,8	29,1	11,1	54,6	33,6	11,8
500–999	58,0	31,3	10,7	50,9	37,6	11,5
1000 u.m.	57,0	34,8	8,2	49,5	41,6	8,9
Zusammen	59,3	31,3	9,4	53,6	36,0	10,4

Quelle: Berechnungen des Verf. nach Statist. Bundesamt (Hrg.), Fachserie M, R. 17 I (Arb.-Verdienste 1966) bzw. Fachserie 16 – Geh.- und Lohnstrukturerhebung 1978.

* L.Gr.I (Leistungsgruppe I) = Zusammenfassung der Arbeiter mit besten Fachkenntnissen und schwierigsten Aufgaben in den höchsten Tariflohngruppen
L.Gr.II (Leistungsgruppe II) = Zusammenfassung der Arbeiter mit speziellen Aufgaben ohne allgemeine Berufsbefähigung in den mittleren Tariflohngruppen
L.Gr.III (Leistungsgruppe III) = Zusammenfassung von Arbeitern für einfache Aufgaben in den unteren Tariflohngruppen

Tabelle 4b: Die Tariflohngruppen-Einstufung der weiblichen Arbeiter im Verarbeitenden Gewerbe der Bundesrepublik Deutschland nach Unternehmensgrößenklassen 1978 und 1966

Unternehmen mit ... bis ... Beschäftigten bzw. Arbeitnehmern	Anteile (in v. H.) der					
	L.Gr.I*	L.Gr.II*	L.Gr.III*	L.Gr.I	L.Gr.II	L.Gr.III
	an den weiblichen Arbeitern insgesamt					
	1978			1966		
10– 19	22,5	41,8	35,7	18,9	49,5	31,6
20– 49	12,8	50,2	37,0	11,9	51,2	36,9
50– 99	6,8	47,0	46,2	10,7	52,9	36,4
100–499	6,2	43,6	50,2	7,4	52,4	40,2
500–999	3,8	42,1	54,1	5,7	50,6	43,7
1000 u.m.	5,4	42,0	52,6	3,3	43,6	53,1
Zusammen	6,6	43,6	49,8	6,6	48,7	44,7

Quelle: s. Tabelle 4a

* s. Tabelle 4a

(der Verwaltungsbereich dürfte ausschließlich den Angestellten vorbehalten sein), sondern stellen den Betrachter zugleich vor die Frage, welcher Zusammenhang zwischen Unternehmengrößen einerseits und Arbeitsanforderungen bzw. Arbeitsorganisation andererseits bestehen mag. Die Antwort auf diese Frage bildet zugleich einen Beitrag zur Untersuchung der Struktur des Arbeitsmarktes. Die hiermit verbundenen Probleme wurden in jüngerer Zeit vor allem von Vertretern der Segmentationstheorie[8] aufgegriffen. Für die Fragestellung dieses Aufsatzes müssen dabei in erster Linie die Arbeiten von D. Ahner[9] und B. Keller[10] aus dem Institut für angewandte Wirtschaftsforschung, Tübingen, beachtet werden.

Im Rahmen der Segmentationstheorie wird die Spaltung des Arbeitsmarktes nicht nur auf der Arbeitsangebotsseite, sondern auch auf der Arbeitsnachfrageseite (Arbeitsmarktdispositionen der Unternehmen) untersucht. Die Beachtung der Nachfrage-Segmentierung bedeutet in zugespitzter Formulierung: auch bei identischen Eignungsmerkmalen haben Arbeiter bei der Bewerbung um eine Stelle nicht alle dieselbe Chance, da die Unternehmen nur bestimmte Bewerbungen ernsthaft prüfen[11]. Bedeutung erlangt vor allem die Unterscheidung zwischen externen und internen Arbeitsmärkten. Auf internen Arbeitsmärkten sind nur Bewerber zugelassen, die dem Unternehmen bereits als Arbeiter (bzw. Angestellte) angehören.

Ahner und Keller vertreten nun die These, daß eine Politik interner Arbeitsmärkte hauptsächlich von Großunternehmen verfolgt wird. Sie können sich zur Beweisführung u. a. auf statistische Erhebungen über die Dauer der Unternehmenszugehörigkeit (Keller benutzt durchweg den Terminus „*Betriebs*zugehörigkeitsdauer" (BZD), obwohl in seiner Arbeit andererseits von *Unternehmens*größe gesprochen wird) stützen. Die Ergebnisse dieser vom Statistischen Bundesamt durchgeführten

Untersuchungen zeigen eindeutig, daß die durchschnittliche Dauer der Unternehmenszugehörigkeit (UZD) in jeder Arbeitergruppe mit steigender Unternehmensgröße zunimmt (vgl. Tabelle 5). Dieser Umstand wird als Beleg für die stärkere Integrationskraft der größeren Unternehmen gewertet.

Tabelle 5: Durchschnittliche Betriebszugehörigkeit (BZD) der männlichen und weiblichen Arbeiter im Produzierenden Gewerbe nach Tariflohngruppen-Zugehörigkeit und Größenklassen

Betriebe* mit . . . bis . . . Beschäftigten	BZD in Jahren					
	L.Gr.I	L.Gr.II	L.Gr.III	L.Gr.I	L.Gr.II	L.Gr.III
	– Männer –			– Frauen –		
200	8,3	6,5	4,4	6,6	5,9	5,2
200–1000	9,8	7,4	5,6	7,7	6,6	5,8
mehr als 1000	12,2	9,4	8,0	8,9	7,5	6,3

Quelle: Keller, Interne Arbeitsmärkte und Arbeitsmarktstruktur, Tübingen 1981, S. 177 (Tab. C.1.2).

Zur Erläuterung der Begriffe „L.Gr.I" bis „L.Gr.III" vgl. Tab. 4a.

* Nach telefonischer Auskunft von Keller sind die Nummern der Betr.Größenklassen (I und III) in der zitierten Veröffentlichung vertauscht worden; unsere Tab. 5 ist entsprechend korrigiert und steht in Übereinstimmung mit der verbalen Interpretation des Keller-Textes.

Als Ursache für die längere Verweildauer der Arbeiter in größeren Unternehmen wird von Ahner und Keller ein symmetrisches Interesse von Unternehmern und Arbeitern genannt. Die größeren Unternehmen benötigen für den Arbeitsprozeß weniger beruflich-allgemein als betriebsspezifisch ausgebildete Arbeitskräfte. Das Ergebnis der betriebsspezifischen Ausbildung (‚learning on the job') wäre ein Qualifikationszuwachs, der von den Arbeitern aber nur unternehmensintern nutzbar gemacht werden kann. Der Ausbildungsaufwand der größeren Unternehmen (der u. a. in einem Überschuß des Lohnes über das Grenzprodukt der Arbeit während der betriebsspezifischen Ausbildungszeit bestehen kann) rentiere sich nur dann, wenn eine langfristige Bindung der Arbeitskräfte an das Unternehmen gelingt. Diese wiederum soll durch eine betriebliche Lohnzulage gesichert werden.[12]

Soweit in aller Kürze der für unser Problem relevante Inhalt der beiden Studien von Ahner und Keller. Die Segmentationstheorie bildet zwar keine Alternative zum Grenzproduktivitätsansatz, erweitert die Lohnstruktur- und Arbeitsmarktstruktur-Forschung jedoch um wichtige Einsichten, aus denen weiterführende empirische Fragestellungen entwickelt werden können. Gesichert sind gegenwärtig vor allem folgende arbeitsmarktrelevanten Eigenschaftsunterschiede zwischen größeren und kleineren Unternehmen:

– große Unternehmen stellen relativ weniger Arbeiter ein, die über eine fundierte allgemeine berufliche Ausbildung verfügen (‚Facharbeiter') als kleinere Unternehmen (abzulesen am Anteil der Leistg. Gr. I in der Tabelle 4a und 4b)

– größere Unternehmen benötigen in höherem Maß zur Leistungsentlohnung bereite Arbeiter als kleinere Unternehmen; vermutlich weil die Produktionstechnik der größeren Unternehmen eine stärkere Kontrolle des Arbeitsverhaltens „ durch die Leistung“ erfordert bzw. zuläßt
– die Arbeitsverhältnisse in größeren Unternehmen dauern im Durchschnitt länger als in kleineren Unternehmen.

Nicht beantwortet werden kann im Moment die Frage, ob jeder Arbeiter, der im Großunternehmen beschäftigt ist und im Vergleich zu kleineren Unternehmen hoch entlohnt wird, in seinem Unternehmen tatsächlich einen beruflichen Aufstieg absolvieren konnte, wie es der These vom internen Arbeitsmarkt entspricht.[13] Denkbar ist auch die Erklärung, daß größere Unternehmen in einem stärkeren Umfang auf eine Stammbelegschaft angewiesen sind, die mit den jeweiligen produktionstechnischen Umständen vertraut ist und deren Mitglieder untereinander gut zu kooperieren verstehen. Die informelle Kooperation unter den Arbeitern der Stammbelegschaft mag durch einen zu starken Mitgliederwechsel beeinträchtigt werden. Um einer für den Betriebablauf ungünstigen Mobilität vorzubeugen, zahlen die größeren Unternehmen – gemäß diesem Erklärungssatz – den Arbeitern der Stammbelegschaft eine übertarifliche Lohnzulage. Gesichert ist diese These insofern, als nach einer Analyse von Herzog[14] die Inhaber der attraktivsten Arbeitsplätze (mit den günstigsten Tariflohn-Einstufungen und den höchsten Lohnzahlungen) in den von ihm untersuchten Betrieben von Arbeitern besetzt sind, die in relativ kurzer Entfernung zum Werk wohnen bzw. in Werk-Nähe geboren wurden; eine Differenzierung nach Größenklassen lassen die Ergebnisse von Herzog allerdings nicht zu.

Vor einem pauschalen Verständnis des Zusammenhangs von Lohnhöhe und UZD muß ohnehin gewarnt werden. Männliche Arbeiter, die 1966 einem Unternehmen länger als 15 Jahre angehört haben, verdienten – gleichgültig welche Größe ihr Unternehmen hatte und in welcher Tarifgruppe sie eingestuft waren – fast durchweg weniger (in DM/Std.) als ihre Kollegen. die bei gleicher Tarifgruppenzugehörigkeit in derselben Größenklasse zwischen 3 und 15 Jahren beschäftigt waren; für Arbeiterinnen trifft diese Beobachtung nur teilweise zu (vgl. Tabelle 6a und 6b). Der Lohnvorsprung der männlichen Arbeiter mit drei- bis fünfzehnjähriger Beschäftigung vor den Kollegen mit kürzerer Tätigkeit gilt in der höchsten Tarifgruppe („Facharbeiter“) nur für Unternehmen mit mehr als 100 Beschäftigten.

Charakteristisch für die Lohn- und Personalpolitik der Großunternehmen (mit mehr als 1000 Beschäftigten) scheint die Bezahlung der männlichen Arbeiter in der oberen Tarifgruppe („Facharbeiter“) mit kurzer Beschäftigungsdauer (weniger als 3 Jahre) und in der unteren Tarifgruppe („ungelernte Arbeiter“) mit überdurchschnittlicher langer Unternehmenszugehörigkeit (mehr als 15 Jahre) zu sein. Der Anteil dieser beiden Gruppen an der Gesamtzahl der in den Großunternehmen tätigen Arbeiter ist geringer als im gesamtindustriellen Durchschnitt; dies kann als geringes Interesse der Großunternehmen an dieser Personen-Gruppe interpretiert werden. Bekräftigt wird dieser Eindruck durch die unterdurchschnittliche Stundenlohnhöhe: die „Facharbeiter“, die einem Großunternehmen 1966 weniger als 3 Jahre angehörten, schnitten nur im Vergleich zu den „Facharbeitern“ der kleinsten Unternehmen

(10–19 Beschäftigte) mit einem Stundenlohn von DM 5,13 besser ab; etwas ähnliches gilt für die in einem langfristigen Arbeitsverhältnis stehenden „Ungelernten", die mit DM 4,25 pro Stunde 1966 weniger als vergleichbare Arbeiter in mittleren Unternehmen (ab 100 Beschäftigte) verdienten.

Beide Tatbestände belegen die These vom Segmentationscharakter der von den Großunternehmen betriebenen Arbeitsmarktpolitik: Fachkräfte werden dann mit Spitzenlöhnen an das Unternehmen gebunden, wenn sie sich in einer einige Jahre umfassenden Einarbeitungszeit bewährt haben, Arbeiter mit geringwertiger Ausbildung (Jedermanns-Qualifikation) werden auch trotz langjähriger Unternehmenstreue nicht materiell prämiert, sondern im Gegenteil unterdurchschnittlich entlohnt. Die Lohnhöhe der „Ungelernten" mit überdurchschnittlich langer UZD kann problemlos von ökonomistischen Erklärungsmustern der Lohnstruktur-Theorie bewältigt werden: diese Arbeiter-Gruppe hat sich vergleichsweise lange in einem Bereich aufgehalten, in dem sie nicht dringend benötigt wird und damit versäumt, ihren Lohn durch Wechsel an andere Arbeitsplätze aufzubessern. Sie wird insofern als Opfer ihrer Immobilität betrachtet. Schwieriger ist dagegen die Existenz von internen Arbeitsmärkten durch ökonomistische Lohnstruktur-Theorien zu verarbeiten. Offenkundig verzichten die größeren Unternehmen kurzfristig auf finanzielle Vorteile, wenn sie einen Teil ihrer Arbeitsplätze ausschließlich mit Insidern besetzen und das externe Arbeitskraft-Angebot mit seiner lohnkonkurrenzverstärkenden Wirkung ignorieren. Der Abbau von Konkurrenz fördert nach Biehler u. a. den Informations-Austausch unter den aufstiegsorientierten und besser bezahlten Arbeitskräften[15] sowie ihre Loyalität gegenüber dem Unternehmen; sie erleichtert somit auch die Kooperation im Bereich der Stammbelegschaften. So verweist die empirische Arbeitsmarkt- und Lohnstrukturforschung auf besondere Funktionsmerkmale der größeren Unternehmen, die von den Vertretern der ökonomistischen Denkrichtung erst verarbeitet werden müßten, sofern diese den Allgemeingültigkeitsanspruch ihrer Position aufrechterhalten wollen.

3. Haben die Arbeiter in Großunternehmen höhere Reproduktionskosten?

Die Erklärung der Lohnunterschiede zwischen den industriellen Größenklassen bildet für die an Marx orientierten Gesellschaftswissenschaften eine besondere Herausforderung. Bestehen doch gerade nach diesem gesellschaftstheoretischen Ansatz Zusammenhänge zwischen den materiellen Lebensmöglichkeiten der Arbeiter, ihrer Bewußtwerdung als sozialer Klasse und den Entwicklungsperspektiven der kapitalistischen Gesellschaft. Wie wir bereits an früherer Stelle dieses Beitrages gesehen haben, kann Marx Unterschiede in der Lohnhöhe auf Basis des Reproduktionskonzepts für die Arbeitskraft entweder auf Unterschiede in der Intensität der Arbeit oder auf Unterschiede in der Ausbildung der Arbeitskraft zurückführen. Prüfen wir zuerst die Möglichkeit, ob eine Abhängigkeit der Arbeitsintensität von der Unternehmensgröße besteht.

Tabelle 6a: Brutto-Stundenverdienste der männlichen Arbeiter im Produzierenden Gewerbe der Bundesrepublik Deutschland nach Dauer der Unternehmenszugehörigkeit (UZD), tariflicher Lohngruppen-Einstufung und Unternehmensgrößenklassen 1966

Unternehmen mit ... bis ... Beschäftigten	Bruttostundenverdienst in DM									
	Leistungsgruppe I			Leistungsgruppe II			Leistungsgruppe III			alle Leistungsgruppen
	Dauer der Unternehmenszugehörigkeit in Jahren									
	unter 3	3–15	15 u. m.	unter 3	3–15	15 u.m.	unter 3	3–15	15 u.m.	
10– 19	5,04	5,00	4,91	4,52	4,50	4,31	4,19	4,26	4,13	4,83
20– 49	5,18	5,15	5,01	4,61	4,62	4,46	4,25	4,33	4,32	4,92
50– 99	5,20	5,18	5,11	4,52	4,63	4,54	4,21	4,29	4,31	4,91
100–499	5,17	5,24	5,17	4,52	4,66	4,62	4,23	4,32	4,28	4,90
500–999	5,15	5,25	5,22	4,50	4,74	4,69	4,31	4,43	4,35	4,92
1000 u.m.	5,13	5,36	5,34	4,72	4,93	4,83	4,38	4,45	4,25	5,07
Insgesamt	5,15	5,25	5,24	4,60	4,80	4,75	4,27	4,37	4,27	4,97

Quelle: Statistisches Bundesamt (Hrsg.), Fachserie M, Reihe 17 I (Arbeiterverdienste) Geh.- und Lohnstrukturerhebungen 1966

Tabelle 6b: Brutto-Stundenverdienste der weiblichen Arbeiter im Produzierenden Gewerbe der Bundesrepublik Deutschland nach Dauer der Unternehmenszugehörigkeit (UZD), tariflicher Lohngruppen-Einstufung und Unternehmensgrößenklassen 1966

Unternehmen mit . . . bis . . . Beschäftigten	Bruttostundenverdienst in DM									
	Leistungsgruppe I			Leistungsgruppe II			Leistungsgruppe III			alle Leistungsgruppen
	Dauer der Unternehmenszugehörigkeit in Jahren									
	unter 3	3–15	15 u. m.	unter 3	3–15	15 u.m.	unter 3	3–15	15 u.m.	
10– 19	3,64	3,65	3,49	3,13	3,22	3,34	2,94	3,00	(3,06)	3,20
20– 49	3,62	3,60	3,79	3,19	3,30	3,35	2,95	3,09	3,25	3,22
50– 99	3,59	3,72	3,93	3,26	3,41	3,53	3,04	3,21	3,25	3,31
100–499	3,71	3,94	3,99	3,39	3,57	3,63	3,21	3,38	3,46	3,46
500–999	3,90	4,04	3,98	3,59	3,71	3,67	3,33	3,49	3,46	3,58
1000 u.m.	4,07	4,20	4,22	3,68	3,79	3,76	3,48	3,60	3,63	3,66
Insgesamt	3,74	3,90	4,00	3,47	3,62	3,66	3,31	3,46	3,53	3,51

Quelle: vgl. Tabelle 6a

Empirische Hinweise auf systematische Unterschiede in der Arbeitsintenistät zwischen den Größenklassen gibt es kaum. Allenfalls kann ein Unterschied der Arbeitsintensität zwischen Leistungs- und Zeitlöhnern erblickt werden.

Bei sehr vielen Arbeiten, die im Leistungslohn verrichtet werden, besteht für den Arbeiter die Möglichkeit und der Anreiz, über den Einfluß auf das Arbeitstempo sein Einkommen zu steigern. Ob damit ein schnellerer Verschleiß der Arbeitskraft verbunden ist, läßt sich im Augenblick empirisch nicht untersuchen. Daher kann hier nur die entsprechende Vermutung geäußert werden, daß Unternehmen mit einem höheren Anteil an Leistungslohn-Arbeiten im Durchschnitt auch intensivere Arbeit von den Beschäftigten verlangen. Der Anteil der Arbeiter, die einen Leistungslohn (bzw. Prämienlohn) beziehen, steigt bekanntlich monoton mit der Unternehmensgröße (vgl. Tabelle 3). Insofern könnte generell die Ansicht vertreten werden, daß die Intensität der Arbeit mit der Größe der Unternehmen zunimmt. Eine alleinige Erklärung für den parallel zur Unternehmensgröße zu verzeichnenden Anstieg der Durchschnittslöhne kann darin aber nicht gesehen werden, da der Leistungslöhner-Anteil in allen Größenklassen geringer als 50 % ist.

Wenn die These des (Arbeits-) Intensitätsgefälles überhaupt einen Erklärungswert für unser Problem hat, so muß dazu einschränkend angemerkt werden, daß diese These die größenspezifische Lohnstruktur in der Industrie allein nicht hinreichend erklären könnte. Wir wissen bereits zuverlässig, daß die Lohnunterschiede zwischen den Größenklassen in der Gruppe der Zeitlöhner auftreten (vgl. Tab. 2a/b). Für diese Gruppe wäre jetzt die Frage aufzuwerfen, ob der Arbeitsprozeß in größeren Unternehmen an Ausbildung und Qualifikation der Arbeitskraft höhere Anforderungen als in kleineren Unternehmen stellt. Ein Blick auf die Tab. 4a und 4b läßt uns zunächst erkennen, daß der Anteil der höheren Tarifgruppen mit zunehmender Unternehmensgröße fällt. Falls die Unternehmensleitung (und Betriebsräte) die Arbeiter in allen Unternehmen nach denselben Grundsätzen den Lohngruppen des jeweiligen Branchen-Tarifs zuordnen, kann mit den Tarifgruppen-Quoten kein Qualifikationsvorsprung der Arbeiter in den größeren Unternehmen begründet werden. Die Lohn-Vorteile der in den größeren Unternehmen beschäftigten Arbeiter sind in den meisten Tarifgruppen zu beobachten; bei Einhaltung der Branchen-Tarifverträge durch die Unternehmen muß der Unterschied in der Höhe der Effektivverdienste auf unterschiedlich hohe (außertarifliche) Zulagen zurückgeführt werden.

In den Untersuchungen der Segmentationstheoretiker wurde die These vom Aufbau einer unternehmensspezifischen Qualifikation vertreten, die von den Unternehmen nur bei einer – u. a. durch Lohnzulagen geförderten – langfristigen Beschäftigungsdauer verwertet werden kann. Der Aufwand für diese unternehmensspezifische Ausbildung wird jedoch vom Unternehmen getragen und kann daher nicht als Bestandteil der im Lohn zu vergütenden Reproduktionskosten der Arbeit gelten. Es bleibt die Frage, ob sich die Reproduktionskosten der Arbeit vielleicht dadurch verändern, daß die tägliche Erneuerung der Arbeitskraft bei unternehmensinternen Qualifikations- und Aufstiegsprozessen besonderen Bedingungen unterliegt. Genau genommen bedeutet diese Frage, ob mit der Zugehörigkeit zur Stammbelegschaft bei den davon betroffenen Arbeitern eine Erweiterung der (nach Marx historisch und sozial zu bestimmenden) Bedürfnisse verbunden ist. Zur Beantwortung dieser Frage wäre dann etwa so zu argumentieren, daß ein Arbeiter, der in einem größeren Unternehmen spezifische Aufgaben wahrnimmt, sein Beschäftigungsverhältnis nur dadurch stabilisieren kann, daß ihm innerhalb der bürgerlichen Gesellschaft ein höheres Bedarfdeckungsniveau eingeräumt wird. Dieser letzte Satz ist bewußt im Konjunktiv formuliert worden, da der angesprochene Sachverhalt gegenwärtig nur spekulativ behandelt werden kann. Zu einer Antwort in dieser Richtung sind die an Marx orientierten Gesellschaftswissenschaften aber gezwungen, wenn sie die alternative Auffassung vermeiden wollen, daß die Löhne der Arbeiter in den größeren Unternehmen über dem Reproduktionskostenniveau (bzw. die Löhne in den kleineren Unternehmen unter dem Reproduktionkostenniveau) liegen.

Die Bewährung der Reproduktionskosten-Konzepts in der Erklärung der Lohnstruktur steht mithin noch aus. Dauerhafte Abweichungen der Löhne (bzw. des Preises der Arbeitskraft) von den Reproduktionskosten können die Vertreter der Marxschen Theorie nicht einräumen, ohne die Relevanz des Wertkonzepts für die Preisbildung am Arbeitsmarkt zu gefährden; Verstöße gegen das Wertgesetz können sich nach dieser Auffassung am Arbeitsmarkt langfristig nicht durchsetzen, da entweder über eine Beeinträchtigung des Arbeitskräfteangebots oder über eine Reduktion der akkumulationsabhängigen Arbeitsnachfrage eine entsprechende Korrektur der Löhne unvermeidlich ist.[16] Die von uns in diesem Beitrag aufgezeigte Möglichkeit unterschiedlicher Bedarfsstandards der Arbeiter und ihr Einbau in eine dem Reproduktionskonzept adäquate Theorie der Lohnstruktur stößt vermutlich deshalb auf Widerstand, da darin eine Gefahr für das geschlossene Handeln der Lohnabhängigen in Tarifauseinandersetzungen erblickt wird. Die Verdrängung dieser Problematik in der Aneignung der Marxschen Theorie und die daraus resultierende Blockade von Erkenntnisprozessen lassen sich allerdings weder politisch noch wissenschaftlich verantworten.

4. Abschließende Fragen: Haben Großunternehmen durch ihre Lohnpolitik Wettbewerbsnachteile?

Am Schluß dieses Beitrages wollen wir die Frage stellen, wieweit die Einsicht, die wir uns im Zusammenhang mit der Arbeitsmarkt- und Lohnpolitik der größeren Unternehmen erarbeitet haben, mit anderen empirisch gesicherten Kenntnissen über größenbedingte Konkurrenzkampf-Vorteile und -Nachteile vereinbar ist. Eine Chance, die ein Unternehmen mit wachsender Beschäftigtenzahl bzw. wachsendem Kapitalumfang nutzen kann, ist die Diversifikation des Angebots. Mit der Aufteilung der Produktions- und Absatz-Kapazitäten auf eine Mehrzahl von Produkten erwirbt das Unternehmen eine erweiterte Immunität gegen Nachfragerückgänge auf einzelnen Märkten; außerdem kann es mit unterschiedlichen Gewinnzuschlägen seine Position gegenüber kleineren Konkurrenten elastischer ausbauen und sichern. Der (am Umsatz gemessene) höhere Lagerbestand[17] gestattet den größeren Unternehmen eine schnellere Belieferung der Kundschaft als den kleineren Unternehmen, die dadurch eher auf Märkte für Einzelfertigungsprodukte abgedrängt werden. In weiteren Untersuchungen wäre zu prüfen, ob die Chancen der größeren Unternehmen im Absatzbereich nur mit Arbeitern realisiert werden können, die mit dem Produktions-Programm ihres Unternehmens besonders vertraut sind und daher langfristig in das Unternehmen (u. a. über höhere Löhne) integriert werden müssen.

Über weitere Vorteile verfügen die größeren Unternehmen beim Zugang zum Kapitalmarkt. Im Vergleich zu kleineren Unternehmen sind ihre Sachanlagen in hohem Maß durch langfristige Mittel gedeckt; durch die bessere Ausstattung mit liquiden Mitteln fällt es den größeren Unternehmen leichter, den eventuellen Ausfall von Kunden-Forderungen zu verkraften. Gleichzeitig sind die größeren Unternehmen aufgrund ihrer günstigen Finanzmittelversorgung in der Lage, bei entsprechenden Profitaussichten ihren Kapitalbestand durch Neuinvestitionen schneller als kleinere Unternehmen auszudehnen.[18] Es muß im Moment dabei offenbleiben, ob die Inbetriebnahme der neuen Kapazitäten – häufig verbunden mit technischen Neuerungen – durch den Rückgriff auf einen vergleichsweisen großen Bestand an langfristig dem Unternehmen verbundenen Arbeitern unterstützt wird.

Schließlich wird auch die Frage gestellt werden müssen, ob das überdurchschnittliche hohe Lohnniveau die Profitrate der größeren Unternehmen beieinträchtigt. Dieses Problem erfordert verschiedene Überlegungen: einmal muß untersucht werden, ob dem Lohngefälle zwischen den Unternehmengrößenklassen ein Produktivitätsgefälle entspricht, zum anderen wären eventuelle Kapitalproduktivitäts-Unterschiede zwischen den Größenklassen zu berücksichtigen. Ein monotoner Anstieg der Arbeitsproduktivität (Nettoproduktionswert je Beschäftigten) mit der Zunahme der Unternehmengröße kann nur für eine Minderheit der Industriezweige bestätigt werden;[19] die Großunternehmen (mit mehr als 1000 Besch.) verfügen jedoch im gesamtindustriellen Durchschnitt über einen schmalen Arbeitsproduktivitätsvorsprung vor den übrigen Industrieunternehmen.[20] Somit ist es zweifelhaft, ob die Nachteile der größeren Unternehmen aus den höheren Lohnsätzen durch ihre leichten Produktivitätsvorteile kompensiert werden können. Diese Unsicherheit kann allerdings durch die Zerlegung der Bruttowertschöpfung in das Einkommen aus unselbständiger Arbeit und das Besitzeinkommen (einschließlich Abschreibungen) beseitigt werden: in Tabelle 7 können wir eindeutig erkennen, daß der Anteil der Arbeitnehmereinkommen an der Bruttowertschöpfung bei wachsendem Unternehmensumfang zunimmt. Hieraus können wir schließen, daß der bei zunehmender Unternehmensgröße feststellbare Anstieg der Lohnsätze tatsächlich nicht durch eine parallele Erhöhung der Produktivität ausgeglichen werden kann.

Ob diese für die größeren Unternehmen ungünstige Aufteilung der Wertschöpfung zu einem Rentabilitäts-Rückstand gegenüber den kleineren Unternehmen führt, hängt von der Höhe der Kapitalproduktivität ab; diese Größe ist wiederum durch 2 Komponenten bestimmt, nämlich sowohl durch das Verhältnis der Wertschöpfung zum Vorratsvermögen als auch durch das Verhältnis der Wertschöpfung zum Anlagevermögen. Die erste Relation – das Verhältnis der Wertschöpfung zum Vorratsvermögen (zirkulierendes Kapital) – fällt monoton mit der Zunahme der Unternehmens-

Tabelle 7: Anteile der Arbeitnehmereinkommen an der Bruttowertschöpfung im Verarbeitenden Gewerbe der Bundesrepublik Deutschland nach Unternehmensgrößenklassen 1975 und 1978

Unternehmen mit ... bis ... Beschäftigten	Bruttoeinkommen aus unselbständiger Arbeit in v. H. der Bruttowertschöpfung zu Faktorkosten	
	1975	1978
20– 49	65,3	72,5
50– 99	69,0	75,4
100–199	71,9	76,8
200–499	75,7	78,4
500–999	78,3	77,4
1000 u.m.	78,0	78,2
Insgesamt	75,9	77,5

Quelle: Eigene Berechnungen des Verfassers nach: Statistisches Bundesamt, Fachserie 4, Reihe 4.3.1 (Kostenstruktur der Unternehmen), 1975 und 1978

größe. Die zweite Relation – das Verhältnis der Wertschöpfung zum Anlagevermögen (fixes Kapital) – kann gegenwärtig empirisch nicht gemessen werden; es gibt jedoch keine plausiblen Gründe für die Annahme, daß diese Relation mit steigender Unternehmensgröße monoton wächst. Demnach liegt die Schlußfolgerung nahe, daß die Produktivität des gesamten Kapitals mit dem Anstieg der Unternehmensgröße tendenziell sinkt. Somit würde sich für die größeren Unternehmen das Resultat einstellen, daß ein unterdurchschnittlicher Profitanteil der Wertschöpfung einer unterdurchschnittlichen Kapitalproduktivität gegenübersteht, d. h. der Quotient aus Profit und Kapitalbestand – die Rentabilität des Kapitals – bzw. die Profitrate – wäre geringer als im gesamtindustriellen Durchschnitt.[21]

Die Annahme einer unterdurchschnittlichen Profitrate der größeren Unternehmen ist jedoch gut als Ergebnis eines leichteren Eindringen des Kapitals in diesen Anlagebereich erklärbar. Insofern sind die größeren Unternehmen gezwungen, in ihren preis- und investitionspolitischen Entscheidungen von geringeren Profitraten-Ansprüchen auszugehen. Die für ihre Kostensituation durch besondere Umstände begründbare, jedoch relativ aufwendige Arbeitsmarkt- und Lohnstrukturpolitik ist somit durchaus mit einer entsprechenden Struktur des Kapitalmarktes kompatibel.

Anmerkungen

1 Auf die Erklärungsbedürftigkeit des Phänomens macht bereits Lampert aufmerksam. Vgl. Lampert, H., Die Lohnstruktur der Industrie – Ein Beitrag zu einer Theorie der Lohnstruktur. Berlin 1963.

2 Statistisches Bundesamt (Hrsg.), Fachserie M-Reihe 17 I (Arbeiterverdienste), 1962, S. 138 ff.

3 Ein ähnlicher Zusammenhang wird von Masters in seinem Aufsatz „An Interindustry Analysis of Wages and Plant Size" (in: The Review of Economics and Statistics, Vol.LI, 1969,

S. 344 ff.) untersucht. Ihm geht es um den Einfluß der Firmengrößenstruktur (gemessen durch den Anteil der großen Firmen mit mehr als 1000 Besch. an den insgesamt in einer Branche beschäftigten Personen) auf das *interindustrielle* Lohngefüge. Dieser Einfluß ist für die US-Industrie aufgrund der von Masters durchgeführten Korrelationsrechnung statistisch in hohem Maß gegeben.

4 Einen Überblick über die Entwicklung der Lohntheorie gibt Rothschildt, K., in seiner „Lohntheorie". Berlin/Frankfurt a. M. 1963.

5 Marx, K., Das Kapital, Bd.I, Frankfurt/M. 1968 (Lizenzausgabe). S. 59 und S. 211 ff. Vgl. daneben Hilferding, R., „Böhm-Bawerks Marx-Kritik", abgedruckt in: Meixner, H.,/Turban, M. (Hrsg), Die Marx-Kritik der Österreichischen Schule der Nationalökonomie-Etappen bürgerlicher Marx-Kritik, Bd.I, Gießen/Lollar 1974, S. 144 ff.

6 Engels, F., Herrn Eugen Dührings Umwälzung der Wissenschaft, Berlin 1948, S. 246.

7 Rowthorn, B., „Skilled Labour in the Marxist System", in: Rowthorn (Hrsg), Capitalism, Conflict & Inflation, London 1980, S. 231 ff.

8 Vgl. Sengenberger, W. (Hrsg.), Der gespaltene Arbeitsmarkt-Probleme der Arbeitsmarktsegmentation. Frankfurt/M./New York 1978.

9 Ahner, D., Arbeitsmarkt und Lohnstruktur, Tübingen 1978.

10 Keller, B., Interne Arbeitsmärkte und Arbeitsmarktstruktur, Tübingen 1981.

11 A. a. O., S. 3.

12 Vgl. Ahner, a. a. O., S. 87 ff., und Keller, a. a. O., S. 29 ff.

13 Einige empirische Belege für den Umfang des unternehmensinternen Aufstiegs von Arbeitern legen Biehler, H./Brandes, W./Büttler, F./Gerlach, K. in ihrem Beitrag „Interne und externe Arbeitsmärkte – Theorie und Empirie zur Kritik eines neoklassischen Paradigmas" (in: Beiträge zur Arbeitsmarkt- und Berufsforschung Nr. 33 – Arbeitsmarktsegmentation – Theorie und Therapie im Lichte der empirischen Befunde, hrsg. von Brinkmann, C., u. a., Nürnberg 1979, S. 120 ff.) vor

14 Herzog, D., Determinanten der industriellen Lohnstruktur – Eine empirische Analyse der Arbeiterlöhne in Industriebetrieben, Diss. Karlsruhe 1966, S. 189 ff. und S. 198 ff.

15 Vgl. Biehler, u. a., a. a. O., S. 111 f.

16 Die These von der Existenz einer korrumpierbaren ‚Arbeiteraristokratie' läßt sich somit theoretisch-systematisch nicht entwickeln.

17 Vgl. Saß., P., Das Großkapital und der Monopolprofit – Industrielle Unternehmensgröße und Profitrate in der BRD, Hamburg 1978, S. 80 ff.

18 A. a. O., S. 121 ff.

19 A. a. O., S. 93 f.

20 Vgl. Krengel, R., „Produktivitätsvorsprung der Großunternehmungen? Eine Analyse für die Jahre 1954 und 1967", in: DJW-Wochenbericht 1973, S. 85 ff.

21 Saß, a. a. O., S. 140.

Goswin Voswinckel

Die Entwicklung der Einkommens- und Güterverteilung in der Bundesrepublik Deutschland von 1950 bis 1980

I. Problemstellung und Gang der Untersuchung

Die Frage nach der Einkommensverteilung in einer Volkswirtschaft stand bei den Klassikern der Volkswirtschaftslehre (Adam Smith, David Ricardo, Karl Marx u. a.) im Mittelpunkt des Interesses.[1] In den zurückliegenden Jahrzehnten geriet diese Fragestellung ins Abseits, u. a., weil drängendere Probleme aus den Bereichen Beschäftigung, Konjunktur und Wachstum zu lösen waren.[2] Nach 30 Jahren sozialer Marktwirtschaft lebt nun die Frage nach dem Verteilungsergebnis des im Rahmen der sozialen Marktwirtschaft gezügelten Spiels der Marktkräfte wieder stark auf. Entsprechend soll in dieser Arbeit trotz der für solche Fragestellungen noch unbefriedigenden Datensituation versucht werden, das Resultat der Verteilungsvorgänge in vier verschiedenen, aber konjunkturell ähnlichen Stichjahren festzuhalten, um auf diese Weise lange Entwicklungslinien aufzeigen zu können.

Im ersten Teil wird die personelle Einkommensverteilung in der Gesamtwirtschaft und die finale Verteilung der privaten und öffentlichen Güter im Verwendungssektor der Volkswirtschaft dargestellt.[3] Verteilungsträger sind sozio-ökonomische Gruppen von Einkommensbeziehern. Nach der Stellung im Berufsleben und der überwiegenden Quelle des Lebensunterhalts der Einkommensbezieher werden drei Gruppen zusammengefaßt: (1) Arbeitnehmer, (2) Selbständige und mithelfende Familienangehörige und (3) Rentner und Pensionäre. Eine weitere Differenzierung der Gruppe der Arbeitnehmer nach Arbeitern, Angestellten und Beamten unterbleibt in den nachstehenden Tabellen aus Platzgründen ebenso wie eine Aufgliederung der Gruppen nach Schichten gemäß Einkommenshöhe. Hierzu werden lediglich ergänzende Ausführungen gemacht. Breit angelegte tabellarische und graphische Übersichten können einer DIW-Studie für die Jahre 1950 bis 1975 entnommen werden, in der allerdings nur die privat verfügbaren Nettogeldeinkommen (ohne die unverteilten Gewinne der Unternehmen) berücksichtigt werden.[4]

Aufbauend auf den Daten der ermittelten gesamtwirtschaftlichen Einkommensverteilung wird im zweiten Teil die funktionale Einkommensverteilung in einem durchschnittlichen Großunternehmen untersucht. Verteilungsträger sind die Kapitalgeber, die Arbeitnehmer und der Staat.

II. Die Entwicklung der personellen Einkommens- und Güterverteilung

1. Vorbemerkung

Die empirische Analyse baut im wesentlichen auf dem Datenmaterial der volkswirtschaftlichen Gesamtrechnung der amtlichen Statistik auf.[5] Ziel des Abschnitts ist die finale Zurechnung des in einer Periode erwirtschafteten Volkseinkommens im Verwendungssektor auf die oben genannten drei Gruppen von Einkommensbeziehern. Das Volkseinkommen wird zunächst funktional in die Einkommen aus unselbständiger Arbeit und aus Unternehmertätigkeit und Vermögen aufgeteilt. Durch Abzug der direkten Steuern und Sozialabgaben nach Saldierung mit den staatlichen Transferleistungen wird das Nettogeldeinkommen der Gruppen ermittelt. Abzüglich der indirekten Abgaben auf Konsumausgaben und private Nettoinvestitionen ergibt sich daraus das Nettogütereinkommen der Gruppen in Abhängigkeit von deren Einkommensverwendung.

Auf der Verwendungsseite wird zunächst die Verteilung der privat verfügbaren Güter als Summe aus Konsum und Nettoinvestition der Gruppen aufgezeigt. Anschließend wird die gesamte staatliche Güterverteilung den drei sozio-ökonomischen Gruppen zugerechnet. Auf diese Weise wird das gesamte Volkseinkommen verwendungsorientiert auf die obigen drei Gruppen verteilt. Die Vorgehensweise entspricht der vollständigen Zurechnung der Kostenarten auf die Kostenträger im betrieblichen Rechnungswesen.

2. Der empirische Befund

In der folgenden Tabelle 1 ist die Verteilung des Volkseinkommens auf die Einkommensbezieher (Erwerbspersonen und Rentner) in den Jahren 1950,1960,1970 und 1980 dargestellt.[6] [7] Die primäre Verteilung des Volkseinkommens in Spalte (3) erfolgt zunächst funktional unter der Annahme, daß die Arbeitnehmer das gesamte Einkommen aus unselbständiger Arbeit und die Selbständigen das gesamte Einkommen aus Unternehmertätigkeit und Vermögen beziehen. Das Einkommen aus unselbständiger Arbeit umfaßt die Bruttolöhne und -gehälter, die gesetzlichen und freiwilligen Sozialleistungen der Arbeitgeber und als fiktive Größe unterstellte Sozialabgaben für die Beamten und Betriebspensionäre.[8] Das Einkommen aus Unternehmertätigkeit und Vermögen wird als Summe der Restgrößen des Volkseinkommens je Wirtschaftssektor (z. B. Baugewerbe) errechnet. Es enthält einerseits alle tatsächlich entstandenen Einkommen aus Land-, Forstwirtschaft und Fischerei, Gewerbebetrieb, selbständiger Arbeit, Vermietung und Verpachtung und Kapitalvermögen; andererseits enthält es fiktive Einkommen in Form von unterstellten Marktmieteinnahmen aller von den Eigentümern oder deren Angehörigen bewohnten Häusern und Eigentumswohnungen.[9] [10]

In Spalte (4) wird das Resultat der Umverteilung des Staates und der Sozialversicherung aufgeführt; es handelt sich stets um den Saldo aus empfangenen und gegebenen Transferzahlungen. Die staatlichen Transferzahlungen kommen allen drei Gruppen zugute. Der den Rentnern zufließende Teil wurde für die Jahre 1950, 1960 und 1970 einer DIW-Studie[4] entnommen und für 1980 darauf aufbauend geschätzt. Die Anteile der beiden anderen Gruppen wurden anhand der Statistiken über die Umverteilungstätigkeit des Staates im Rahmen der volkswirtschaftlichen Gesamtrechnung geschätzt.[11] Zu den Transferzahlungen der Selbständigen an den Staat rechnen die direkten Steuern der Unternehmen mit eigener Rechtspersönlichkeit (Körperschaftsteuer, Vermögensteuer, Lastenausgleichsabgaben u. a.), die direkten Steuern der Selbständigen (veranlagte Einkommensteuer, Vermögensteuer, Lastenausgleichsabgabe und Teile der privaten Kraftfahrzeugsteuer) und die Vermögensübertragungen (Erbschaft- und Schenkungsteuer u. a.). Das Einkommen des Staates aus Unternehmertätigkeit und Vermögen nach Abzug der vom Staat geleisteten Zinsen auf öffentliche Schulden wird zu den Nettoabgaben der Selbständigen hinzugezählt, da es in dem funktionalen Einkommen aus Unternehmertätigkeit und Vermögen, das in Spalte (3) zunächst voll den Selbständigen zugerechnet wurde, enthalten ist. Zu den Transferzahlungen der Arbeitnehmer an den Staat gehören die Sozialbeiträge, die sonstigen laufenden Übertragungen der Unternehmen (vor allem Beamtenpensionen an vertriebene Beamte als Überschuß der gezahlten Beamtenpensionen über die fiktiv angenommenen Sozialbeiträge der tätigen Beamten)[12], der größte Teil der sonstigen laufenden Übertragungen der Haushalte (vor allem Verwaltungsgebühren), die Lohnsteuer und der größte Teil der privaten Kraftfahrzeugsteuer. Der Transfersaldo aus indirekten Steuern und Subventionen im Unternehmenssektor wird in der Spalte (8) gesondert berücksichtigt.

Die Transferleistungen des Staates an die Arbeitnehmer bestehen aus den Sozialleistungen (ohne die den Rentnern zugerechneten Sozialeinkommen) und dem größten Teil der sonstigen laufenden Übertragungen (Zuschüsse an Organisationen ohne Erwerbscharakter) und Vermögensübertragungen (Sparprämien, Lastenausgleich u. a.). Die Transferleistungen des Staates an die Selbständigen bestehen im wesentlichen aus Vermögensübertragungen (Investitionsprämien) an die Unternehmen und dem verbleibenden Teil der Transferleistungen an die privaten Haushalte. Nach Saldierung der Transferzahlungen je Gruppe ergeben sich die direkten staatlichen Nettoabgaben.

Bisher wurde die Einkommensverteilung unter funktionalen Gesichtspunkten betrachtet. Anschließend ist zu berücksichtigen, daß ein Einkommensbezieher Nebeneinkünfte aus funktional anderen Einkommensquellen beziehen kann. Die Querverteilung zwischen den funktionalen Einkommensströmen wird in der Spalte (5) dargestellt. Dort werden die anteiligen Einkommen der Arbeitnehmer und Rentner vor allem aus Vermietung und Verpachtung und Kapitalvermögen zu Lasten der Selbständigen umgebucht. Das anteilige Einkommen der beiden Gruppen aus Unternehmertätigkeit und Vermögen wurde mit Hilfe der Statistik über die Wirtschaftsrechnung ausgewählter privater Haushalte geschätzt.[13] Erwartungsgemäß nimmt der Querverteilungsstrom absolut und relativ zum Einkommen aus Unternehmertätigkeit und Vermögen zu. Die Umbuchung erfolgt zu Bruttowerten, weil die Beträge je Einkommensbezieher relativ gering sind und steuerlich überwiegend nicht erfaßt werden.[14]

Anmerkungen zu Tabelle 1:

1 1950 Bundesgebiet ohne Saarland und Berlin.

2 Erwerbstätige und erwerbslose Arbeitnehmer (AN), in Klammern nur erwerbstätige AN. Die Differenz zeigt die im ganzen Jahr überwiegend von Arbeitslosengeld bzw. -hilfe lebenden AN. Deren Zahl lag 1960 und 1970 unter 50.000 und wurde daher vernachlässigt.

3 Vgl. S. 65 f.

4 Spalte 3 + 4 + 5; bei den Rentnern nur Spalte 4 + 5.

5 Vgl. S. 67 ff.

6 Spalte 6 minus Spalte 8. Vgl. auch S. 70.

7 Spalte 11 minus Spalte 9. Vgl. auch S. 70 f.

8 Spalte 12 plus Spalte 13. Die Nettoinvestitionen der Unternehmen und Privaten sind die um Abschreibungen gekürzten Bruttoinvestitionen minus den auf privaten Investitionen lastenden indirekten Abgaben. Der Nettokonsum der Privaten ist der um indirekte Abgaben gekürzte Konsum. Vgl. S. 70 f.

9 Vgl. S. 71.

10 Spalte 11 plus Spalte 14. Die Spaltensumme entspricht wieder dem Volkseinkommen (Spalte 3).

11 Spalte 9 dividiert durch Spalte 2. Bei den Arbeitnehmern wird nur die in Klammern vermerkte Zahl der Erwerbstätigen berücksichtigt.

12 Spalte 15 dividiert durch Spalte 2 (vgl. Fußnote 11).

13 Spalte 3 + 5 minus Sp. 9, dividiert durch Spalte (3 + 5). Das anteilige Volkseinkommen der Selbständigen ist um das Einkommen des Staates zu kürzen (1950: 1,6 Mrd. DM; 1960 und 1970 je 2 Mrd. DM und 1980: –14,4 Mrd. DM). Zur Errechnung der durchschnittlichen Abgabequote ist das Rentnereinkommen lt. Spalte (6) zum Volkseinkommen der Privaten zu addieren.

14 Sp. 3 + 5 minus Spalte 9 minus Spalte 14, dividiert durch Spalte (3 + 5). Vgl. Fußnote (13).

15 Anteil der Arbeitnehmer am Volkseinkommen entsprechend der Aufteilung in Spalte 3.

Quellen: Statistische Jahrbücher der Jahre 1952, 1962, 1964, 1972 und 1981; Monatsberichte der Deutschen Bundesbank; Gerhard Göseke und Klaus-Dietrich Bedau: Verteilung und Schichtung der Einkommen der privaten Haushalte in der Bundesrepublik Deutschland 1950 bis 1975, DIW-Beiträge zur Strukturforschung, Heft 31 (1974); und eigene Berechnungen.

Nach Berücksichtigung der direkten staatlichen Umverteilung und der privaten Querverteilung ergibt sich in der Spalte (6) das jeweilige Nettogeldeinkommen der Gruppen. Im Gegensatz zu den auf die Konsumkraft ausgerichteten Verteilungsuntersuchungen enthält das hier ausgewiesene Nettoeinkommen nicht nur das im privaten Haushalt verfügbare Nettoeinkommen, sondern auch das im Unternehmenssektor thesaurierte Nettoeinkommen, die Ersparnis der Unternehmen mit eigener Rechtspersönlichkeit und die nicht entnommenen Gewinne der Unternehmen ohne eigene Rechtspersönlichkeit.[15] Diese Einkommensbestandteile zählen damit automatisch zur Ersparnis der Gruppen, so daß insbesondere die Ersparnis der Selbständigen (Nettogeldeinkommen minus privater Konsum) weit höher liegt als in Verbrauchsuntersuchungen.[16]

Zur Ermittlung der indirekten Abgabenlast der Gruppen ist der private Konsum je Gruppe zu schätzen. Dazu wurden die Sparquoten der Arbeitnehmer und Rentner aus der Statistik über die Wirtschaftsrechnung der privaten Haushalte[13] übernommen und die Ersparnis der Selbständigen als Restgröße aus der Gesamtersparnis (Summe Spalte (6) – Summe Spalte (7)) abgeleitet. Der gesamte private Konsum

Tabelle 1: **Die Entwicklung der personellen Einkommensverteilung (Spalte 3 bis 9) und Güterverteilung (Spalte 11 bis 15) von 1950 bis 1980 in jeweiligen Preisen**

Erwerbspersonen und Rentner (Jahr)	Zahl der Personen je Gruppe[2]	Volkseinkommen	Direkte staatl. Umverteilung[3]	Querverteilung	Nettogeldeinkommen[4]	Privater Konsum	Indirekte Abgaben[5]	Nettogütereinkommen[6]	Finanzierungssaldo[7]
(1)	(2)	(3)	(4)	(5)	(6)	(7)	(8)	(9)	(10)
	Mio.	Mrd. DM							
1950[1]									
Arbeitnehmer[2]	15,2 (14,4)	45	− 5,7	+ 0,8	40,1	39,1	7,5	32,6	+ 1,1
Selbständige[2]	6,4	31,9	− 7,7	− 0,8	23,4	16,5	3,1	20,3	+ 1,5
Rentner[2]	5,5	–	+ 7,8	–	7,8	7,8	1,4	6,4	+ 0,1
Summe	27,1 (26,3)	76,9	− 5,6	0	71,3	63,4	12,0	59,3	+ 2,7
							5,6		+ 14,9
							17,6		17,6
1960									
Arbeitnehmer	20,4	144,9	− 27,1	+ 2,0	119,8	114,2	24,2	95,4	+ 5,7
Selbständige	6,1	95,2	− 20,5	− 2,2	72,5	30,6	6,6	65,9	+ 3,2
Rentner	7,3	–	+ 27,4	+ 0,2	27,6	27,0	5,5	22,1	+ 1,4
Summe	33,8	240,1	− 20,2	0	219,9	171,8	36,5	183,4	+ 10,3
							20,2		46,4
							56,7		56,7
1970									
Arbeitnehmer	21,5	361,3	− 101,1	+ 14,0	274,2	246,2	47,6	226,6	− 0,1
Selbständige	4,6	171,8	− 30,7	− 17,7	123,4	54,4	10,7	112,7	+ 1,1
Rentner	9,5	–	+ 66,9	+ 3,7	70,6	67,0	11,9	58,7	+ 2,5
Summe	35,6	533,1	− 64,9	0	468,2	367,6	70,2	398,0	+ 3,5
							64,9		131,6
							135,1		135,1
1980									
Arbeitnehmer	24,0 (23,6)	830,0	− 320,6	+ 34,7	544,1	467,1	89,5	454,6	− 25,0
Selbständige	3,2	325,4	− 38,6	− 50,8	236,0	145,4	27,5	208,5	− 4,4
Rentner	11,7	–	+ 208,0	+ 16,1	224,1	207,0	36,0	188,1	− 9,8
Summe	38,9 (38,5)	1155,4	− 151,2	0	1004,2	819,5	153,0	851,2	− 39,2
							151,2		343,4
							304,2		304,2

Nettoverfügung ü. priv. Güter[8]	Netto-investitionen	Nettokonsum	Verfügung über öffentl. Güter[9]	Gesamte Güterverfügung[10]	Nettogütereinkommen pro Kopf[11]	Gesamte Güterverfügung pro Kopf[12]	Privatgüter-Abgabenquote[13]	Gesamtgüter-Abgabenquote[14]	Nachrichtlich: Lohnquote[15]
(11)	(12)	(13)	(14)	(15)	(16)	(17)	(18)	(19)	(20)
					1000 DM		%		%
33,7	1,7	32,0	8,6	42,3	2,3	2,9	28,8	10,0	58,5
21,8	8,3	13,5	3,2	25,0	3,2	3,9	31,2	20,3	–
6,5	0,1	6,4	3,1	9,6	1,2	1,7	17,9	– 21,8	–
62,0	10,1	51,9	14,9	76,9	2,3	2,9	28,5	10,7	–
101,1	9,9	91,2	29,1	130,2	4,7	6,4	35,0	15,2	60,3
69,1	44,7	24,4	6,9	76,0	10,8	12,5	27,6	20,0	–
23,5	2,0	21,5	10,4	33,9	3,0	4,6	19,9	– 17,8	–
193,7	56,6	137,1	46,4	240,1	5,4	7,1	30,8	14,2	–
226,5	24,1	202,4	81,2	307,7	10,5	14,3	39,6	18,0	67,8
113,8	69,1	44,7	14,6	128,4	24,5	27,9	25,9	16,3	–
61,2	6,1	55,1	35,8	97,0	6,2	10,2	16,9	– 33,9	–
401,5	99,3	302,2	131,6	533,1	11,2	15,0	34,1	12,3	·
429,6	43,5	386,1	217,2	646,8	19,3	27,4	47,4	22,3	71,8
204,1	84,0	120,1	20,3	224,4	65,2	70,1	27,9	20,8	–
178,3	7,2	171,1	105,9	284,2	16,1	24,3	16,1	– 31,2	–
812,0	134,7	677,3	343,4	1155,4	22,1	30,0	38,3	13,4	–

wurde der volkswirtschaftlichen Gesamtrechnung entnommen. Der über die Ersparnis indirekt ermittelte private Konsum je Gruppe ist ebenso wie die private Bruttoinvestition mit indirekten Abgaben belastet, so daß sich das vorläufig ermittelte Nettogeldeinkommen der Gruppen, abhängig von der Einkommensverwendung, nochmals verringert zum Nettogütereinkommen (Spalte 9). Das Nettogütereinkommen ist also der Teil des Volkseinkommens, der den privaten Gruppen und den in ihrem Eigentum befindlichen Unternehmen nach der staatlichen Umverteilung verbleibt.

Die relative Belastung des Konsums der drei Gruppen mit indirekten Steuern kann entgegen üblichen Vorstellungen trotz abweichender Warenkörbe in etwa gleich hoch angenommen werden.[17] Entsprechend wurden die auf den privaten Konsum entfallenden Steuern gemäß der Konsumhöhe verteilt. Die ebenfalls mit indirekten Steuern belasteten privaten Bruttoinvestitionen in Wohngebäude wurden mit Hilfe der Statistik über die Bautätigkeit nach Bauherren geschätzt.[18] Die prozentuale steuerliche Belastung dieser Investitionen wurde mit 10 v. H. angenommen.[19] In der Tabelle 1, Spalte (8), sind die indirekten Abgaben auf Konsum und Bruttoinvestition zusammengefaßt. Die Differenz zwischen der in der volkswirtschaftlichen Gesamtrechnung ausgewiesenen Größe „Indirekte Steuern minus Subventionen" und der Gesamtsumme in Spalte (8) ist die vom Staat selbst zu tragende indirekte Abgabenlast. Im Rahmen der Bereitstellung öffentlicher Güter zahlt der Staat beim Ankauf von privaten Vorleistungen die enthaltenen indirekten Steuern an sich selbst. Sie betragen 1 Mrd. DM (1950), 2,8 Mrd. DM (1960), 7,3 Mrd. DM (1970) und 13,2 Mrd. DM (1980).[20]

In den Spalten (3) bis (9) wurde dargelegt, wie das in einer Periode als verteilungsfähiges Einkommen zugewachsene Nettosozialprodukt zu Faktorkosten (Volkseinkommen) auf den Staat und die privaten Einkommensbezieher (und die in ihrem Eigentum befindlichen Unternehmen) verteilt wird, d. h., welche Ansprüche die Gruppen auf das Gesamteinkommen erworben haben. Nachfolgend ist von der Verwendungsseite des Sozialprodukts her darzustellen, welche Gruppen in welchem Umfang private und öffentliche Güter genutzt haben. In der Spalte (10) wird als Bindeglied zwischen Einkommens- (Spalte 9) und Nutzungsniveau (Spalte 11) im Bereich der über den Markt angebotenen privaten Güter (Marktgüter)[21] der jeweilige Finanzierungssaldo ausgewiesen. Er zeigt an, in welcher Höhe eine Gruppe mehr (negativ) oder weniger (positiv) als ihr Nettogütereinkommen an Gütern verwendet hat. Der Gesamt-Finanzierungssaldo eines Jahres weist aus, ob der Staat den privaten Gruppen über das Kreditsystem Güter „gegeben" (positiv) oder„entzogen" (negativ) hat.

Der Zusammenhang sei anhand der Zahlen des Jahres 1950 verdeutlicht. Von dem Volkseinkommen in Höhe von 76,9 Mrd. DM hat der Staat 1,6 Mrd DM Einkommen aus Unternehmertätigkeit und Vermögen sowie direkte Nettoabgaben von den Gruppen in Höhe von 4 Mrd. DM, insgesamt also 5,6 Mrd. DM direkt erhalten. Zuzüglich 12 Mrd. DM indirekte Abgaben hat der Staat also ein disponibles Einkommen von 17,6 Mrd. DM erreicht.[22] Von diesem Einkommen hat er 14,9 Mrd. DM selbst verwendet, um öffentliche Güter zu produzieren. Es verbleiben ihm 2,7 Mrd.

DM Ansprüche auf private Güter, die über das Bankensystem den privaten Gruppen zur Verwendung kreditiert werden.

Die gesamte Nettoverfügung der Gruppen über private Güter in Spalte (11) ist die Summe aus Nettoinvestitionen und Nettokonsum zu Faktorkosten. Die Nettoinvestition zu Faktorkosten sind die Bruttoinvestitionen der Unternehmen und Privatinvestoren abzüglich Abschreibungen und anteilige indirekte Steuern (auf Wohnbauten).[23] Der Nettokonsum ist der um die enthaltenen indirekten Steuern gekürzte Private Konsum. Die Nettoinvestitionen der Selbständigen umfassen die nicht von Arbeitnehmern und Rentnern getätigten Ausrüstungs- und Bauinvestitionen, alle Lagerinvestitionen und den Außenbeitrag als Differenz zwischen Exporten und Importen. Bei einem Exportüberschuß hat der Unternehmenssektor per Saldo private Güter gegen eine Nutzungsgebühr ins Ausland investiert und umgekehrt.

Die um die enthaltenen indirekten Steuern und um Abschreibungen gekürzten Bruttoinvestitionen des Staates und der um die enthaltenen indirekten Steuern gekürzte Staatsverbrauch bilden zusammen die vom Staat produzierten öffentlichen Güter zu Faktorkosten in Spalte (14). Im Unterschied zu den privaten Gütern sind die öffentlichen Güter zu Herstellkosten bewertet, weil sie unentgeltlich zur Nutzung angeboten werden, Marktpreise also fehlen.[24] Auf diese Weise können sie zu den privaten Gütern addiert werden, um die gesamte Güterverfügung je Gruppe (Spalte 15) zu erhalten.[25]

Die Schätzung der Verteilung öffentlicher Güter auf die drei Gruppen ist mangels statistischer Unterlagen besonders schwer.[26] Für Teile der öffentlichen Güter werden durchaus überzeugende Verteilungsschlüssel genannt, die teils von den Herstellkosten, teils von Nutzenerwägungen ausgehen.[27] Eine Verteilung aller öffentlichen Güter nach dem Nutzenkonzept für das Jahr 1970 führt zu Verteilungsrelationen wie in Spalte (15).[28] In Anbetracht der Kompliziertheit des Verfahrens und mangels ausreichender Daten für die übrigen Stichjahre wird deshalb an dem hier gewählten einfachen Verteilungsschlüssel festgehalten. Eine Verteilungsuntersuchung, die mit Hinweis auf die Erfassungsschwierigkeiten die Verteilung der öffentlichen Güter ausklammert, wird immer weniger aussagefähig. 1980 waren bereits mehr als 30 % aller verteilten Güter öffentliche Güter. In der Tabelle 1 werden die produzierten öffenlichen Güter in einem zweistufigen Verfahren nach der Zahl der Einkommensbezieher je Gruppe verteilt. Die Sachleistungen innerhalb des Staatsverbrauchs, die im wesentlichen im System der gesetzlichen Krankenversicherung und der Beihilfe im öffentlichen Dienst anfallen.[29], werden nur auf die Arbeitnehmer und Rentner verteilt. Der restliche Staatsverbrauch und die öffentlichen Nettoinvestitionen werden nach dem obigen Schlüssel auf alle drei Gruppen verteilt.

Die Summe aus öffentlichen und privaten Gütern je zu Faktorkosten in Spalte (15) über alle Gruppen hinweg ergibt wieder das Volkseinkommen. Damit ist die vollständige finale Verteilung des dem Volkseinkommen der Inländer entsprechenden Güterbündels ex-post nachgezeichnet und der Verteilungskreis geschlossen. Anschließend sind die Ergebnisse der Tabelle 1 mit Hilfe der Kennziffern in den weiteren Spalten zu interpretieren.

3. Interpretation der Ergebnisse

Zunächst sei die Entwicklung einiger Rahmendaten betrachtet. Von 1950 bis 1980 haben sich alle Einkommens- und Abgabesummen nominal sehr stark erhöht. Die Zahl der Erwerbstätigen ist nur im ersten Jahrzehnt stärker gestiegen, während die Zahl der Rentner alle 10 Jahre um ca. ein Drittel angewachsen ist. Infolge der Rentendynamik stieg entsprechend das Einkommen dieser Gruppe im Verhältnis zum Arbeitnehmereinkommen von 17 % (1950) auf 25 % (1980) an. Das Nettogütereinkommen je Einkommensbezieher in Spalte (16) hat sich bis 1960 um 141 %, 1960 – 1970 um 106 % und 1970 – 1980 um 97 % jeweils beachtlich erhöht. Inflationiert man die Faktorkostenpreise der Güter auf das Basisjahr 1980[30], so haben sich die realen Gütermengen je Erwerbstätigen bis 1960 um 88 %, 1960 – 1970 um 45 % und 1970 – 1980 um 13 % erhöht. Die für den intertemporalen Gütermengenvergleich notwendige Ausschaltung von Preissteigerungen erhellt damit eine wichtige Ursache des wachsenden Unwillens gegenüber dem Sozialstaat, der das Einkommen der privaten Erwerbstätigen gerade dann besonders stark besteuert (Spalte 18), wenn die materielle Wohlstandsmehrung geringer ausfällt. Darüberhinaus zieht der Staat für die Produktion öffentlicher Güter in wachsendem Ausmaß private Güter über das Kreditsystem an sich (wie der Gesamt-Finanzierungssaldo in Spalte (10) ausweist), was die Kreditaufnahme der Unternehmen und die Wirtschaftsentwicklung beeinträchtigt.[31] Das nominale Volkseinkommen je Erwerbstätigen mag eindrucksvoll wachsen, die privaten Gruppen können jedoch nur das erkennen, was ihnen an realen Gütern zufließt. Hier muß der Staat durch Aufklärung dafür sorgen, daß der Bürger auch die öffentlichen Güter als von ihm verzehrte Güter und damit als Wohlstandsmehrung wahrnimmt.

Nachfolgend ist das Ergebnis der Verteilung zwischen den drei betrachteten Gruppen von Verteilungsträgern zu interpretieren. Dabei ist zu beachten, daß die ausgewiesenen Mittelwerte der drei Gruppen von Einkommensbeziehern eine starke Streuung aufweisen. Die Relation der Pro-Kopf-Einkommen in Spalte (16) weist erhebliche Verschiebungen auf. Das Nettogütereinkommen der Selbständigen hebt sich von Jahr zu Jahr weiter von dem durchschnittlichen Arbeitnehmereinkommen ab. Dies hat mehrere Gründe. Vor allem die zahlreichen weniger verdienenden Selbständigen, insbesondere in der Landwirtschaft, sind zur Gruppe der Arbeitnehmer übergewechselt. Von 1950 bis 1980 ging z. B. die Zahl der Selbständigen und Mithelfenden im Agrarbereich von 4 Mio auf 1,2 Mio zurück.[32] Durch die Abwanderung vor allem der Kleinverdiener wird die früher besonders heterogen zusammengesetzte Gruppe der Selbständigen weniger heterogen mit der Folge eines steigenden Durchschnittseinkommens und einer geringeren Besetzung der unteren Einkommensklassen.[33] Das Nettoeinkommen pro Kopf der Rentner hat sich infolge der am Bruttoeinkommen der Arbeitnehmer orientierten Renten-Dynamisierung in den siebziger Jahren relativ zu den Arbeitnehmern verbessert.

Die gesamte Güterverfügung pro Kopf in Spalte (17) zeigt gegenüber Spalte (16) eine Nivellierung zwischen den Gruppen. Die Rentner verbessern ihre Position gegenüber den Arbeitnehmern, die sich wiederum dem Niveau der Selbständigen annähern. Sofern die hier angenommene Verteilung der öffentlichen Güter die Wirklichkeit zutreffend beschreibt und die Empfänger öffentlicher Güter diese als Nutzenzuwachs empfinden, kann ein positiver Umverteilungseffekt durch die Produktion öffentlicher Güter festgestellt werden. Allerdings stellt sich die Frage, „ob die gleiche Wirkung aus der Sicht des Steuerzahlers nicht billiger über die Steuer- und Sozialausgabenpolitik hätte erreicht werden können."[34]

Die Privatgüter-Abgabenquoten in Spalte (18), die die Belastung des anteiligen Volkseinkommens der privaten Gruppen mit direkten und indirekten Nettoabgaben ausweisen, haben sich sehr unterschiedlich entwickelt. Die Gruppe der Rentner zahlt kaum direkte Abgaben, sondern nur prozentual relativ konstante Verbrauchsteuern, so daß sich infolge ihrer zunehmenden Sparfähigkeit auch ihre Abgabenquote ermäßigt. Die Gruppe der Selbständigen war 1950 relativ am stärksten belastet, ihre Quote sinkt jedoch allmählich ab. Diese erstaunliche Entwicklung beruht auf mehreren Ursachen. Das volkswirtschaftliche Einkommen der Landwirte liegt weit über dem steuerlichen Schätzeinkommen, so daß die direkten Abgaben auf das sehr niedrige Schätzeinkommen gering sind. Das als Restgröße ermittelte Einkommen aus Unternehmertätigkeit und Vermögen enthält sämtliche kleineren Nebeneinkünfte aus selbständiger Arbeit und Kapitalvermögen, die teils durch Freibeträge und Werbungskostenpauschalen, teils durch Nichtangabe steuerfrei bleiben. Es enthält fiktive Marktmietüberschüsse auf sämtliche Eigentümerwohnungen, bei denen steuerlich nur Minimaleinkommen angesetzt werden. Die als abgabenmindernd verbuchten Investitionszuschüsse des Staates an die Unternehmen (nicht zu verwechseln mit den Subventionen, die die Verbrauchsteuerlast senken) vermindern die direkte Abgabenlast erheblich. Die Selbständigen sind nicht mit einer staatlichen Altersversorgungsumlage belastet, vielmehr bleiben sie häufig bis ans Lebensende im Sinne der Statistik erwerbstätig. Trotzdem bleibt die vor allem durch Steuererleichterungen bewirkte relativ geringe Abgabenlast der Selbständigen im Vergleich zu den Arbeitnehmern in einem Sozialstaat erstaunlich.[35]

Die Privatgüter-Abgabenquote der Arbeitnehmer zeigt eine stark ansteigende Tendenz und erreicht 1980 fast 50 %. Diese Entwicklung beruht zum einen auf einem Einkommensteuersystem (Progression der Steuersätze auch bei gleichem Realeinkommen) und der geringeren Ausnutzung von Steuerersparnismöglichkeiten, zum anderen auf dem Prinzip der am Bruttoeinkommen ausgerichteten dynamischen Rentenanpassung.

Die Gesamtgüterabgabenquoten (Spalte 19) zeigen, welchen Anteil des erstmals erhaltenen Bruttoeinkommens eine Gruppe unter Berücksichtigung der verbrauchten privaten und öffentlichen Güter an andere Gruppen entgeltlich (Finanzierungssalden) oder unentgeltlich (Abgaben) abgetreten hat. Wegen der geringen Bedeutung der entgeltlichen Abtretungen über das Kreditsystem wird diese Quote als ‚Abgabenquote' bezeichnet. Diese Quote hängt stark von der Richtigkeit der Verteilung öffentlicher Güter auf die Gruppen ab. Dies unterstellt, konnte die Gruppe der Rentner ihre gesamte Güterversorgung durchweg stark verbessern. Die Arbeitnehmer erhielten einen Großteil ihrer Privatgüter-Abgaben als öffentliche Güter wieder zurück. Nur die Selbständigen waren erstmals stärker belastet als die Arbeitnehmer, weil ihr

Bevölkerungsanteil stark rückläufig war und sie keine Sachleistungen der Sozialversicherung erhalten.

Bisher wurde die materielle Situation nur von Einkommensbeziehern betrachtet. Da jeder Einkommensbezieher einem Privathaushalt angehört, kann sich die materielle Situation einer Familie mit mehreren Einkommensbeziehern verändern. Bisher wurde stillschweigend vorausgesetzt, daß sich diese Effekte zwischen den Gruppen ausgleichen. Anhand einer Kontrollrechnung wurde ergänzend festgestellt, daß sich die relative Position der Selbständigenhaushalte gegenüber den Arbeitnehmerhaushalten insbesondere 1950 und 1960 im Vergleich zur obigen Tabelle 1 noch verbesserte, weil ihnen über weitere Mitglieder relativ erhebliche Arbeitnehmereinkommen zugeflossen sind. Dagegen war dieser Abstand insbesondere 1980 geringer, weil inzwischen die Arbeitnehmer- und Rentnerhaushalte erheblich mehr Vermögenseinkommen bezogen als umgekehrt die Selbständigenhaushalte Arbeitnehmereinkommen. Das Verhältnis zwischen Arbeitnehmer- und Rentnerhaushaltseinkommen blieb gegenüber der Situation in Tabelle 1 unverändert. Da zahlreiche Haushalte mehrere Einkommensbezieher hatten, erhöhte sich jeweils das durchschnittliche Einkommensniveau. Das Ausmaß nimmt aber allmählich ab, weil durch den allgemeinen Wohlstand die Haushalte mit mehreren Verdienern, insbesondere mit erwerbstätigen Kindern, zahlenmäßig zurückgehen und die Ein- und Zwei-Personen-Haushalte zunehmen.

Die in der Spalte (20) nachrichtlich vermerkte Entwicklung der volkswirtschaftlichen Lohnquote (Anteil des Einkommens aus unselbständiger Arbeit am Volkseinkommen) zeigt einen deutlichen Anstieg. Er geht einerseits auf den Rückgang der Zahl der Selbständigen unter den Erwärbstätigen zurück. Andererseits deutet er auch auf eine veränderte Verteilung der betrieblichen Wertschöpfung hin. Im dritten Kapitel soll daher versucht werden, Veränderungen in der betrieblichen Einkommensverteilung aufzuzeigen.

III. Die Entwicklung betrieblicher Verteilungsrelationen

Bisher wurde die Verteilung der volkswirtschaftlichen Wertschöpfung auf Personengruppen betrachtet. Die funktionale Einkommensverteilung zeigt dagegen auf, welche Einkommensteile einer Gesamt- oder Einzelwirtschaft aufgrund von Arbeitseinsatz und welche aufgrund von Kapitaleinsatz verdient worden sind. Die Trennung der funktionalen Bestandteile fällt bei den meisten Selbständigen schwer. Die Nichtaufspaltung führt bei Kleingewerbetreibenden und freiberuflich Tätigen zu erheblichen Fehlern. Daher soll hier die funktionale Einkommensverteilung im Großunternehmen mit wenigen Eigentümern verfolgt werden, in dem das Arbeitseinkommen eines tätigen Allein- oder Mitinhabers vernachlässigt werden kann. Durch diese Voraussetzungen fallen in den betrachteten Unternehmen funktionale und personelle Einkommensverteilungen weitgehend zusammen. Es wird von den Verhältnissen im produzierenden Gewerbe ausgegangen, für das auch eine Aufteilung der betrieblichen Wertschöpfung auf verschiedene Arbeitnehmergruppen anhand detaillierter

Statistiken aus der Metallindustrie geschätzt werden konnte.[36] Die Entwicklung der betrieblichen Lohnquote (Anteil der Personalkosten an der betrieblichen Wertschöpfung) in Großunternehmen wurde mit Hilfe der Statistik über die Erfolgsrechnungen industrieller Aktiengesellschaften ermittelt.[37] Das Jahr 1950 bleibt unberücksichtigt, weil die erforderlichen betrieblichen Daten zu lückenhaft vorliegen.

Neben der primären (Brutto-)Verteilung der Wertschöpfung auf die beiden Verteilungsträger Kapitalgeber und Arbeitnehmer, die in der folgenden Tabelle 2 mit Hilfe der betrieblichen Lohnquote brutto aufgezeigt wird, soll im wesentlichen die Nettoverteilung der Wertschöpfung auf Kapitalgeber, Arbeitnehmer und Staat untersucht werden. Verteilungsträger sind die Kapitalgeber und Arbeitnehmer eines repräsentativen Großunternehmens und der Staat, der das Bruttoeinkommen der beiden Gruppen mit direkten und indirekten Abgaben belegt. Die Privatgüter-Abgabenquote der betrieblichen Arbeitnehmer wurde direkt aus der Tabelle 1 (Spalte 18) entnommen. Dagegen mußten für die spezielle Gruppe der gewerblichen Unternehmer und der Zinsgläubiger, die jeweils den obersten Einkommensklassen angehören sollen, besondere Annahmen getroffen werden. Das Bruttoeinkommen aus Unternehmertätigkeit ist mit einem Einkommen- und Gewerbesteuersatz von 67 % (1960), 68 % (1970) und 71 % (1980) und das Zinseinkommen der Gläubiger mit einem Einkommensteuersatz von jeweils 50 % belastet.[38] Diese Bruttobelastung wird vermindert durch Transferzahlungen des Staates an die Unternehmen (vor allem Investitionsprämien). Unter der Voraussetzung einer gleichmäßigen Entlastung aller Unternehmen wie in Tabelle 1, Spalte (4), ergibt sich eine Nettobelastung durch direkte Abgaben von 52,5 % (1960), 51,3 % (1970) und 46,5 % (1980). Das verbleibende Nettoeinkommen werde zu 50 % zum Kauf privater Konsumgüter und Gebäude verwendet und unterliege in dieser Höhe der durchschnittlichen indirekten Steuerlast laut Tabelle 1.

Tabelle 2: Betriebliche Einkommensverteilung von 1960 bis 1980

		1960	1970	1980
1)	Nettogütereinkommen der Eigentümer und Zinsgläubiger	13,0 %	9,4 %	6,2 %
1a)	(desgleichen Nettogeldeinkommen)	(14,4 %)	(10,3 %)	(6,8 %)
2)	Nettogütereinkommen der Arbeitnehmer	45,8 %	47,2 %	44,8 %
2a)	(davon Arbeitsplatzinhaber in der Fertigung)	(23,6 %)	(22,5 %)	(20,6 %)
3)	Nettogütereinkommen Staat und Sozialversicherung	41,2 %	43,4 %	49,0 %
4)	Wertschöpfung am Arbeitsplatz	100,0 %	100,0 %	100,0 %
nachrichtlich:				
5)	betriebliche Lohnquote brutto	70 %	79 %	87 %

Quellen: Siehe Fußnoten (36) bis (39) und eigene Berechnungen.

Unter diesen Voraussetzungen ergibt sich die in der Tabelle 2 aufgezeigte Entwicklung der Verteilung des erwirtschafteten Bruttoeinkommens in industriellen Großunternehmen auf die Verteilungsträger Kapitalgeber, Arbeitnehmer und Staat. Das betriebliche Bruttoeinkommen (die betriebliche Wertschöpfung) wird auf die Gesamtzahl der Arbeitsplätze in der Fertigung verteilt. Es ergibt sich die Wertschöpfung am Arbeitsplatz, von der nachrichtlich der Arbeitnehmeranteil vor Steuern (die betriebliche Lohnquote brutto) ausgewiesen wird. Von der Lohnquote und der komplementären Gewinnquote werden entsprechend den obigen Annahmen direkte und indirekte Abgaben subtrahiert, um zu den Nettogütereinkommen der Kapitalgeber und Arbeitnehmer zu gelangen. Für die Kapitalgeber wird zusätzlich das Nettoeinkommen vor Abzug von indirekten Abgaben genannt, weil dessen Entwicklung das Investitionsverhalten beeinflußt. Der Nettogüteranteil des in der Produktion tätigen „produktiven Arbeiters" wird angegeben, um zu zeigen, daß der „unproduktive Arbeiter und Angestellte" den „produktiven Arbeiter" im Bereich der Industrie trotz gewaltiger Rationalisierungsinvestitionen im Produktionsbereich nur unwesentlich hat verdrängen können. Das Nettogütereinkommen des Staates und der Sozialversicherung ist die Summe aller Netto-Abgaben der beiden betrieblichen Gruppen, mit denen sie die Transfereinkommen anderer Gruppen und die Produktion öffentlicher Güter finanzieren.

Das relative Nettogeldeinkommen aus Kapitalbesitz ist stark zurückgegangen, obwohl das Pro-Kopf-Einkommen der Eigentümer ähnlich stark gestiegen sein wird wie das der Selbständigen (Tabelle 1, Spalte 16). Die absolute Höhe der Wertschöpfung eines Betriebes hat eine relativ konstante Relation zum Kapitaleinsatz, so daß die Entwicklung der Nettogeldeinkommensquote einen guten Hinweis auf den Entwicklungstrend der Gesamtkapitalrendite gibt. Da das Zinsnettoeinkommen seine relative Position nicht so stark verschlechterte wie das Nettogeldeinkommen der Eigentümer, ging das Unternehmereinkommen in den zwei Jahrzehnten besonders stark zurück. Trotz eines parallelen Rückgangs der Eigenkapitalquote um etwa 25 %[39] bedeutet dies ein erhebliches Absinken der Eigenkapitalrendite der Unternehmen. Diese Aussage wird untermauert von der Entwicklung des realen Aktienkursindex der Industrie, der von 100 % (1960) auf 77 % (1970) und 44 % (1980) absank.[40] Die Entscheidung der Unternehmer, in teure Industrie-Arbeitsplätze im Inland zu investieren, wird nicht von ihrem persönlichen Pro-Kopf-Einkommen, sondern von dem Nettoeinkommen je Kapitaleinheit (Kapitalrendite) im Vergleich zu anderen Verwendungen (private Immobilien, Konsum, Export u. a.) geleitet. Die oben aufgezeigte Entwicklung der betrieblichen Einkommensverteilung in der Industrie könnte eine Erklärung für die inländische Investitionsmüdigkeit der Industrieunternehmen sein.

Das Nettogütereinkommen der Industrie-Arbeitnehmer blieb unter Schwankungen relativ konstant. Dagegen konnte der Staat seinen Einkommenanteil ausbauen und erreichte 1980 die Spitzenposition. In der Tabelle 1 wurde für die Arbeitnehmer eine stark ansteigende Abgabenlast festgestellt, während die Selbständigen relativ wenig belastet blieben. Die dort ermittelte formelle Inzidenz wird nun durch die Ergebnisse der Tabelle 2 infrage gestellt. Da die Tarifpartner im Verteilungskampf

letztlich bessere Nettogütereinkommen anstreben, kann der hier beobachtete Trend auch als Indiz dafür gewertet werden, daß die Arbeitnehmerseite in den Tarifverhandlungen der Industrie in der Lage war, die stark gewachsene formelle Abgabenlast auf ihr Bruttoeinkommen größtenteils auf die Kapitalgeberseite weiterzuwälzen.

IV. Ergebnis

In den vergangenen 30 Jahren ist die personelle Einkommensverteilung je Erwerbstätigen (Tabelle 1) absolut und relativ teils zunehmend ungleicher und teils gleicher geworden. Ein durchschnittlicher Selbständiger konnte seine Einkommensposition gegenüber einem durchschnittlichen Arbeitnehmer ständig ausbauen. Der stärkste Einfluß auf den Einkommensabstand der Selbständigen resultiert wahrscheinlich aus der Abwanderung gering verdienender Selbständiger in die Gruppe der Arbeitnehmer. Ein weiterer wichtiger Grund liegt in der stark gestiegenen Abgabenlast der Arbeitnehmer. Die Einbeziehung der Verteilung öffentlicher Güter reduzierte den Vorsprung der Selbständigen, weil die soziale Sicherung der beiden anderen Gruppen immer weiter ausgebaut wurde. Die Position der Rentner verbesserte sich gegenüber den Arbeitnehmern, so daß hier eine Nivellierung eintrat.

Insgesamt ist die personelle Einkommensverteilung nach 30 Jahren sozialer Marktwirtschaft ungleicher geworden. Ob die ermittelte Ungleichheit in einer freien Marktwirtschaft noch größer geworden wäre, läßt sich schwer beantworten. Als bejahender Hinweis mag dienen, daß die personelle Einkommensverteilung in der Bundesrepublik im internationalen Vergleich weniger ungleich ausfällt.[41]

Die funktionale Einkommensverteilung (Tabelle 2), die zur Verbesserung der Aussagefähigkeit nur in Großunternehmen der Industrie betrachtet wurde, zeigte ein erhebliches Absinken der Einkommensquote der Kapitalgeber, eine fast konstante Quote der Arbeitnehmer und eine steigende Quote der öffentlichen Hand. Das erfolgreiche Bemühen der Gewerkschaften, die relative Position der Arbeitnehmer in der betrieblichen Einkommensverteilung zu halten, bewirkte bei einem wachsenden Staatsanteil und Konkurrenzdruck auf den Absatzmärkten einen scharfen Rückgang der Position der Kapitalgeber.

Anmerkungen

1 Vgl. z. B. Artur Woll: Allgemeine Volkswirtschaftslehre, 6. Auflage, München 1978, S. 328.
2 Vgl. Erich Preiser: Erkenntniswert und Grenzen der Grenzproduktivitätstheorie, Erstdruck 1957, Nachdruck in: Einkommensverteilung, Hrsg. Frank Klanberg und Hans-Jürgen Krupp, Königstein 1981, S. 53.
3 Vgl. zu den verschiedenen Verteilungsarten z. B. Alfred Stobbe: Untersuchungen zur makroökonomischen Theorie der Einkommensverteilung, Erstdruck 1962, Nachdruck in: Einkommensverteilung, a. a. O. S. 33 ff.
4 Siehe Deutsches Institut für Wirtschaftsforschung (DIW), Beiträge zur Strukturforschung, Heft 31 (1974): Gerhard Göseke und Klaus-Dietrich Bedau: Verteilung und Schichtung der Einkommen der privaten Haushalte in der Bundesrepublik Deutschland 1950 bis 1975, Berlin 1974.

5 Zu den Begriffen und Zusammenhängen der Volkswirtschaftlichen Gesamtrechnung vergleiche z. B. Alfred Stobbe: Volkswirtschaftliches Rechnungswesen, 3. Auflage, Berlin u. a. 1972.

6 Die Zahlen der Erwerbspersonen und Rentner wurden für 1950 und 1960 aus der DIW-Studie (siehe Fußnote 4) entnommen, für 1970 und 1980 der amtlichen Erwerbstätigkeitsstatistik.

7 Vgl. Statistisches Bundesamt. Fachserie 1, Reihe 4.1.1: Stand und Entwicklung der Erwerbstätigkeit, S. 87.

8 Vgl. Statistisches Jahrbuch 1981, Hrsg. Statistisches Bundesamt, Stuttgart und Mainz 1981, S. 520; und Alfred Stobbe, a. a. O. (Fußnote 5), S. 172 f. und 315.

9 Vgl. Einkommen aus Wohnungsvermietung 1960 bis 1977, in: Wirtschaft und Statistik, Hrsg. Statistisches Bundesamt, Jg. 1978, S. 314.

10 Tatsächliches und steuerliches Einkommen aus den genannten Einkommensarten sind verschieden, insbesondere weil das Vermögen unterschiedlich bewertet wird.

11 Vgl. Statistische Jahrbücher für die Jahre 1952, 1962, 1964, 1972 und 1981.

12 Vgl. Alfred Stobbe, a. a. O. (Fußnote 5), S. 168.

13 Vgl. Fachserie 15, Reihe 1: Einnahmen und Ausgaben ausgewählter privater Haushalte, Hrsg. Statistisches Bundesamt. Die von der amtlichen Statistik erhobenen Werte sind mit Sicherheit zu niedrig. Vgl. Andreas Hansen: Die Einkommens- und Vermögensverteilung in der Bundesrepublik Deutschland, in: Öffentliche Finanzwirtschaft und Verteilung, Bd. I, Hrsg. Willi Albers, Berlin 1974, S. 23 ff.

14 Vgl. z. B. Willi Albers: Umverteilungswirkungen der Einkommensteuer; in: Öffentliche Finanzwirtschaft und Verteilung, Bd. II, Hrsg. Willi Albers, Berlin 1974, S. 89; und Alfred Stobbe, a. a. O. (Fußnote 5), S. 274.

15 Vgl. z. B. die zitierte DIW-Studie (Fußnote 4); und Hans-Wilhelm Richter und Norbert Hartmann: Nachweis der Verteilung und Verwendung der Einkommen nach Haushaltsgruppen in den Volkswirtschaftlichen Gesamtrechnungen 1962 bis 1975, in: Wirtschaft und Statistik, Jg. 1977, S. 353 ff.

16 Vgl. z. B. Klaus-Dietrich Bedau: Verbrauch und Ersparnis sozialer Gruppen in der Bundesrepublik Deutschland im Jahr 1977, in: DIW-Wochenberichte 1979, S. 117 ff.

17 Siehe Wolfgang Kitterer: Die Belastung der privaten Haushalte mit indirekten Steuern, in: Mitteilungen des Rheinisch Westfälischen Instituts für Wirtschaftsforschung, 29 Jg. (1978), S. 272f.

18 Vgl. Statistisches Bundesamt: Fachserie 5, Reihe 1: Bautätigkeit 1980. Für die früheren Stichjahre liegen keine detaillierten Bauherrenstatistiken vor.

19 Siehe Wolfgang Kitterer, a. a. O., S. 270.

20 Eigene Berechnungen.

21 Vgl. z. B. Manfred Rose: Finanzwissenschaftliche Verteilungslehre, München 1977, S. 90 f.

22 Vgl. Manfred Rose: Makroökonomische Analysen der finanzwirtschaftlichen Güterinzidenz, in: Öffentliche Finanzwirtschaft und Verteilung, Bd. V, Hrsg. Wilhelmine Dreißig, Berlin 1977, S. 22.

23 In der Volkswirtschaftlichen Gesamtrechnung zählen die Bruttoinvestionen der Privatpersonen zu den Bruttoinvestitionen der Unternehmen. Vgl. Manfred Rose, a. a. O. (Fußnote 21), S. 91.

24 Vgl. Horst Claus Recktenwald: Markt und Staat, Göttingen 1980, S. 30 f.

25 Vgl. Klaus-Dirk Henke: Methodische Überlegungen zur Analyse der personellen Inzidenz öffentlicher Realtransfers, unveröffentlichtes Arbeitspapier, Hannover 1979, S. 23 f.; und Horst Claus Recktenwald, a. a. O., S. 291. Dagegen spricht sich aus: Klaus Mackscheidt: Öffentliche Güter und Ausgabeninzidenz, in: Öffentliche Finanzwirtschaft und Verteilung, Bd. IV, Hrsg. Wilhelmine Dreißig, Berlin 1976, S. 64 f.

26 Vgl. Klaus Mackscheidt, a. a. O. (Fußnote 25), S. 82.

27 Vgl. z. B. Klaus-Dirk Henke, a. a. O., S. 11; Martin Pfaff und Wolfgang Asam: Distributive Effects of Real Transfers via Public Infrastructure, in: Income Distribution and Economic Inequality, Hrsg. Zvi Griliches u. a., Frankfurt/M. 1978, S. 72 ff.; und Horst Zimmermann und Klaus-Dirk Henke: Finanzwissenschaft, München 1975, S. 196ff.

28 Vgl. Manfred Rose, a. a. O. (Fußnote 21), S. 105.

29 Vgl. Alfred Stobbe, a. a. O. (Fußnote 5), S. 171.

30 Die Inflationierung erfolgt von der Verwendungsseite her unter Annahme, daß das summenmäßig abweichende Gesamteinkommen der Gruppen in Spalte (9) die gleiche Verwendung findet wie die gesamte Verfügung (Spalte 11). Die Nettoinvestitionen wurden mit dem Preisindex für die Anlageinvestionen und der Nettokonsum mit dem Preisindex für den privaten Verbrauch inflationiert.

31 Vgl. z. B. Jahresgutachten 1979/80 des Sachverständigenrates, Bonn 1979, S. 111 ff.; und Heinz Haller: Die Rolle der Staatsfinanzen für den Inflationsprozeß, in: Währung und Wirtschaft in Deutschland 1876–1975, Hrsg. Deutsche Bundesbank, Frankfurt/M. 1976, S. 117f.

32 Vgl. Bevölkerung und Wirtschaft 1872–1972, Hrsg. Statistisches Bundesamt, Stuttgart und Mainz 1972, S. 143; und Statistisches Jahrbuch 1981, S. 96.

33 Vgl. z. B. Globus-Kartendienst Nr. 2882 v. 14.8.1978; und Gerhard Göseke und Klaus-Dietrich Bedau, a. a. O. (Fußnote 4), S. 70 und 74.

34 Klaus-Dirk Henke, a. a. O., S. 15.

35 Vgl. auch S. 76 f.

36 Zum Anteil der Arbeiter an den Arbeitnehmern im Bereich der Metallindustrie (hilfsweise Investitionsgüterindustrie): Jahresgutachten 1979/80 des Sachverständigenrates zur Begutachtung der gesamtwirtschaftlichen Entwicklung, Bonn 1979, S. 287. Mit Hilfe der Veränderungsrate dieser Quote unter Berücksichtigung unterschiedlicher Verdiensthöhen von Männern, Frauen, Arbeitern und Angestellten im Jahre 1978 wurden die Mengenquoten in Wertquoten transformiert: Vgl. Statistisches Jahrbuch 1979, S. 102 und 450 ff. Anhand einer Untersuchung des Instituts für angewandte Arbeitswissenschaft im Jahre 1979 in einer typischen Metallbranche wurde der Anteil der Gemeinkostenlohnstunden an den gesamten Arbeitsstunden nach Rücksprache mit dem Autor für alle Jahre mit etwa 70 % geschätzt: vgl. A. Hennecke: Leistungsentlohnung in Betrieben der Metallindustrie, in: IfaA, Heft 81 (1979), S. 7.

37 Vgl. Statistische Jahrbücher 1963, S. 216 f.; 1973, S. 212 f.; und 1981, S. 128 f. Die Lohnquoten in Großbetrieben wurden anhand der Industrie-Kostenstrukturstatistik für das Jahr 1976 entsprechend dem Verhältnis zwischen Betrieben mit mehr als 1000 Beschäftigten und dem Industrie-Durchschnitt hochgerechnet. Die Abweichung betrug 1976 drei Prozentpunkte.

38 Vgl. Einkommensteuerstatistik für die Jahre 1961 (Wirtschaft und Statistik 1965, S. 293 ff.), 1971 (Wirtschaft und Statistik 1976, S. 752 ff.) und 1977 (Statistisches Jahrbuch 1981, S. 434); und Realsteuerstatistik für die Jahre 1960 (Stat. Jahrbuch 1962, S. 451), 1970 (Jahrbuch 1972, S. 431) und 1979 (Jahrbuch 1981, S. 444); und Günter Wöhe: Die Steuern des Unternehmens, 2. Aufl., München 1973, S. 151.

39 Vgl. Bevölkerung und Wirtschaft, a. a. O. (Fußnote 32), S. 170 f. und Statistisches Jahrbuch 1981, S. 126 f.

40 Vgl. Bevölkerung und Wirtschaft, a. a. O. (Fußnote 32), S. 214; Statistische Beihefte zu den Monatsberichten der Deutschen Bundesbank, Reihe 2, Wertpapierstatistik, April 1981, S. 17; und Statistisches Jahrbuch 1979, S. 488. Den Real-Index berechnen wir als Quotient aus Aktienkursindex und Lebenshaltungskostenindex. Es sei angemerkt, daß der Indexstand von 1960 sicher 20 % Übertreibung aus der „großen Hausse“ von 1958–1960 enthält.

41 Vgl. z. B. Alfred Stobbe, a. a. O. (Fußnote 5), S. 275.

2. Kapitel:
Verteilung von Transfereinkommen und öffentlichen Gütern

Hans-Jürgen Krupp

Konsequenzen alternativer Vorschläge zur Rentenreform

1. Vorschläge zur Rentenreform 1984

Entsprechend einem Urteil des Bundesverfassungsgerichts soll bis Ende 1984 eine Rentenreform beschlossen werden. Die Bundesregierung hat diese Reform durch eine Sachverständigenkommission vorbereiten lassen. Ziel der Reform sollte primär die Gleichstellung von Mann und Frau in der Rentenversicherung sein. Daneben bestand aber bei allen Beteiligten Einigkeit darüber, daß eine Neuordnung der sozialen Sicherung der Frau zum Ausbau eigener Sicherungsansprüche für Alter und Invalidität erreicht und unter dem Gesichtspunkt der Beitragsäquivalenz soziale Ungerechtigkeiten beseitigt werden sollten. Stellenweise wurde auch die Frage diskutiert, ob im Rahmen dieser Reform schon Vorkehrungen getroffen werden könnten, welche die demographisch verursachten langfristigen Schwierigkeiten des Rentensystems zu erleichtern in der Lage wären.

Die Sachverständigenkommission entschied sich für das Grundmodell der Teilhaberente, schlug aber drei unterschiedliche Varianten desselben vor[1]. Bis zum Tod eines der beiden Ehegatten sollte sich nichts ändern, danach sollte ein bestimmter Prozentsatz der zusammen erworbenen Gesamtversorgung ausgezahlt werden.

Im Anschluß an den Kommissionsbericht entspann sich eine Diskussion über die Frage, inwieweit diese Vorschläge den gesetzten Zielen entsprächen. In dieser Diskussion ging es teilweise um unterschiedliche Grundeinstellungen, teilweise aber auch um Vermutungen über die Konsequenzen der geplanten Reform. Der Sachverständigenkommission war auf der Grundlage der vorhandenen Daten und Vorausrechnungsmodelle nur eine grobe Abschätzung möglich gewesen.

In dieser Situation entschlossen sich Ende 1979 einige Wissenschaftler des von der Deutschen Forschungsgemeinschaft geförderten Sonderforschungsbereichs 3 „Mikroanalytische Grundlagen der Gesellschaftspolitik", zur empirischen Klärung der in diesem Bereich aufgetretenen Probleme beizutragen. Die Voraussetzungen hierfür waren relativ günstig, verfügte der Sonderforschungsbereich doch über drei unterschiedliche Modelle, die zur Beantwortung der hier anstehenden Fragen grundsätzlich geeignet waren. Zielstrebig wurden diese Modelle so ergänzt und ausgebaut, daß die Auswirkungen der gemachten Reformvorschläge nicht nur in finanzieller, sondern auch in verteilungspolitischer Hinsicht beurteilt werden konnten.

Von dem Ausmaß der erforderlichen Arbeiten macht man sich kaum eine Vorstellung. Über einen Zeitraum von etwa eineinhalb Jahren haben zwischen fünfzehn und zwanzig Wissenschaftler den wesentlichen Teil ihrer Forschungskapazität diesem Projekt gewidmet. Das größte der drei Modelle, das Mikrosimulationsmodell (Querschnittsversion), umfaßt heute etwa 100 Programme. Um auch die Verteilungswirkungen der Reformalternativen einigermaßen zuverlässig abschätzen zu können, wurde das Schicksal von 20000 Haushalten über 70 Jahre hinweg berechnet. Für jede in diesen Haushalten lebende Person wurden etwa 260 Variablen benutzt. Da dieses Verfahren sehr aufwendig ist und man hier nicht sehr viel unterschiedliche Scenarien berechnen kann, wurden daneben zwei weniger aufwendige Modellansätze, ein Längsschnitts-Mikromodell und ein Gruppenmodell, benutzt.

Die Ergebnisse der drei Modelle liegen nahe beieinander. Erste Modellrechnungen des Verbands der Deutschen Rentenversicherungsträger, die auf sehr viel besseren Daten, allerdings einem einfacheren Modell, beruhen und bisher auch nur die Finanzierungsseite betreffen, führen zu ähnlichen Ergebnisse. Insofern dürfte ein hoher Grad von Zuverlässigkeit der Ergebnisse erreicht worden sein, wobei man sich freilich darüber im klaren sein muß, daß Modellrechnungen, die bis in das Jahr 2050 hineinreichen, immer auf den Annahmen über die Rahmendaten beruhen. Die Unterschiede zwischen den einzelnen Reformalternativen sind aber zu einem guten Teil hiervon unabhängig. Insofern kann man den hier erarbeiteten Ergebnissen weitgehend vertrauen.

Inzwischen sind die Ergebnisse dieser Studie in einem Band publiziert worden, der sowohl eine ausführliche Operationalisierung der Reformvorschläge, eine Beschreibung des methodischen Vorgehens und die Abschätzung der Konsequenzen verschiedener Reformvorschläge enthält[2]. In diesem Beitrag kann nur auszugsweise auf einige Ergebnisse zurückgegriffen werden.

Dabei sind allerdings nicht nur die Teilhabemodelle untersucht worden. Auch der Gedanke einer eigenständigen Sicherung der Frau wurde wieder aufgenommen. In dem Band ist ein Voll Eigenständiges System der sozialen Sicherung der Frau in verschiedenen Varianten entwickelt und auf seine Brauchbarkeit überprüft worden.

Die vorliegenden Ergebnisse erlauben nun, die Auswirkungen verschiedener Reformvorstellungen unter einer ganzen Anzahl von Gesichtspunkten zu beurteilen. Die Bewertung der Reformalternativen hängt freilich davon ab, welche Dringlichkeit man einzelnen Problemkomplexen zuschreibt. Es ist daher sinnvoll, zunächst darzustellen, welche Probleme nach Meinung des Autors durch eine auf Dauer angelegte Rentenreform gelöst werden sollten. Interpretiert man die Ergebniss für die Teilhabemodelle vor diesem Hintergrund, zeigt sich, daß es nicht möglich ist, alle hier angesprochenen Probleme auf der Basis des Teilhabemodells zu lösen. Damit kommt dem Voll Eigenständigen System besondere Bedeutung zu. Aufbauend auf einer kurzen Darstellung der wesentlichen Elemente dieses Systems kann gezeigt werden, daß es in weit höherem Maße in der Lage ist, auch auf Dauer zu einer langfristig tragbaren Gestaltung unseres sozialen Alterssicherungssystems beizutragen.

2. Zu lösende Probleme einer auf Dauer angelegten Rentenreform

In einer sich wandelnden Gesellschaft muß auch das soziale Sicherungssystem den sich ändernden gesellschaftlichen Rahmenbedingungen und den gewandelten Zielvorstellungen angepaßt werden. Große Reformen des sozialen Sicherungssystems können aber nur sehr selten durchgeführt werden, da bei tiefgreifenden Reformen Besitzstandsschutz zu komplizierten Übergangsregelungen führt. Schon die Bundesregierung hat daher bei ihrem Auftrag an die 84er-Kommission die Aufgabenstellung über das hinaus erweitert, was aufgrund der Verfassungsgerichtsentscheidung notwendig gewesen wäre. Die Rentenreform 1984 ist wahrscheinlich die einzige Chance, die Anpassungen des sozialen Alterssicherungssystems vorzunehmen, die notwendig sind, wenn das System auf Dauer seine Funktion erfüllen soll.

Die wichtigsten gesellschaftlichen Rahmenbedingungen, die bei der Reform berücksichtigt werden müssen, sind:

- die inzwischen akzeptierte Notwendigkeit der Gleichstellung von Mann und Frau
- die gestiegene und weiterhin steigende Erwerbstätigkeit von Frauen
- das Vordringen flexibler Arbeitszeitregelungen
- die rückläufige Geburtenentwicklung
- die sich daraus, wenn auch mit Verzögerung, ergebenden finanziellen Schwierigkeiten des sozialen Alterssicherungssystems
- die finanziellen Grenzen, die sich bei der Ausweitung steuerfinanzierter Sozialleistungen schon heute ergeben.

Die Anpassung des sozialen Alterssicherungssystems an diese geänderten Bedingungen erfordert neue Lösungen in mehreren Problembereichen:

Aufgabe eines sozialen Alterssicherungssystems muß es sein, im Normalfall Versorgungslücken zu vermeiden, d. h. eine Mindestsicherung zu bieten. Derjenige, der zeit seines Lebens dem sozialen Sicherungssystem angehört hat, erwartet, daß er und seine Hinterbliebenen im Alter eine Versorgung erhalten, die mindestens so groß wie die Sozialhilfe ist. Letztlich wird der staatliche Zwang zur Versicherung, der sich ja auch auf die Höhe des Beitrages bezieht, damit begründet, daß das Individuum seinen zukünftigen Einkommensbedarf falsch einschätzt und daß deswegen der Staat sicherstellen müsse, daß sich jeder in ausreichendem Maße sichert. Damit übernimmt der Staat aber auch eine Verantwortung dafür, daß die erreichte Sicherung tatsächlich ausreichend ist. Verschiedene, oben genannte Entwicklungen haben nun dazu geführt, daß dieses nicht der Fall ist und – so wie die Dinge liegen – wohl auch in der 84er Reform nicht erreicht werden wird.

Das Verfehlen einer Mindestsicherung im Normalfall ist aber aus vielerlei Gründen problematisch. Einmal untergräbt es das Vertrauen in das soziale Sicherungssystem. Der Beitragszahler, der einen vom Staat festgelegten Beitrag zeit seines Lebens gezahlt hat, wird es nicht verstehen, wenn er im Alter dann immer noch auf Sozialhilfe angewiesen ist. Umgekehrt werden diejenigen, die ihre Sicherung auf eigenen Beiträgen aufgebaut haben, nicht begeistert sein, wenn nun die Allgemeinheit über die steuerfinanzierte Sozialhilfe für die diejenigen sorgt, die dieses nicht getan haben. Gesamtwirtschaftlich kann die Belastung durch eine Mindestsicherung ohnehin nicht vermieden werden. Man macht sich also nur etwas vor, wenn man meint, im Alterssicherungssystem auf die Gewährleistung einer Mindestsicherung verzichten zu können.

Die Sicherstellung einer derartigen Mindestversorgung bedeutet nun freilich weder die für jeden gleiche Einheitsrente noch eine steuerfinanzierte einheitliche Mindestrente. Dieses würde bedeuten, daß man die Umverteilungsprozesse, die man in der Erwerbstätigkeitsphase nicht durchsetzen konnte, nun im Alter auf dem Rücken der dann wehrlosen Betroffenen durchzusetzen versucht. Ein großer Teil der Alten müßte seinen bisherigen Lebensstandard aufgeben, was sozial kaum vertretbar wäre.

Eine allgemeine steuerfinanzierte Mindestrente würde die Belastungsprobleme der Zukunft nicht vermindern, sondern eher erhöhen. Nach wie vor sind die Bürger eher bereit, einen Beitrag zu ihrer sozialen Sicherheit zu leisten als abstrakt Steuern zu bezahlen. Darüber hinaus wäre damit zu rechnen, daß diejenigen, die in erheblichem Umfang mit Beiträgen belastet sind, kein Verständnis dafür aufbringen, daß andere eine Mindestversorgung ohne eigene Beitragsleistung erhalten. Dieses Problem spielt schon heute bei der Diskussion der Sozialhilfe eine Rolle.

Gerade im Bereich der Arbeiter und Angestellten mit niedrigem und mittlerem Einkommen ist es sinnvoll und human, am bisherigen Lebensstandard anzuknüpfen und nicht an einem abstrakten Mindestversorgungsniveau. Dann muß sich aber die Einkommensdifferenzierung im Erwerbsleben auch in den Alterseinkommen widerspiegeln. Eine Rentendifferenzierung ist allerdings am ehesten zu vertreten, wenn sie beitragsäquivalent erfolgt, d. h. wenn höheren Renten auch höhere Beiträge gegenüberstehen. Wahrscheinlich werden die hohen Belastungen der Zukunft am ehesten akzeptiert werden, wenn derjenige, der höhere Beiträge zahlen soll, auch weiß, daß diesen höhere Renten gegenüberstehen. Dies ist im übrigen eine zusätzliche, wenn auch pragmatische Begründung der Beitragsäquivalenz.

Beitragsäquivalenz bedeutet nun freilich nicht, daß jedes beliebig hohe Einkommen sozial abgesichert werden muß. Schon heute wird das Einkommen, das sozial gesichert wird, durch die Beitragsbemessungsgrenze beschränkt. Freilich werden hier Haushalte, in denen beide Ehepartner arbeiten, ganz anders behandelt als Haushalte, in denen nur einer verdient. Angesichts der zu erwartenden Belastungen des Systems ist zu fragen, ob hohe Einkommen wirklich in dem bisherigen Umfang sozial gesichert werden müssen. Wahrscheinlich ist es sinnvoll, die Grenze zwischen sozialer und individueller Sicherung neu zu bestimmen. Die traditionelle Vorstellung, daß es einen Personenkreis gibt, dem die Verantwortung für seine Sicherung überlassen werden kann, trifft wahrscheinlich in einer Gesellschaft mit gewachsenen Risiken nicht mehr zu. Eine Pflichtversicherung für jeden, wobei selbstverständlich Befreiungsversicherungen angerechnet werden können, sollte die Konsequenz dieser Entwicklung sein. Auf der anderen Seite ist es nicht notwendig, bei gestiegenem Wohlstand jedes beliebig hohe Einkommen sozial abzusichern. Eine Begrenzung des sozial Gesicherten schafft dann zugleich Spielraum für die eigenverantwortete Vorsorge.

Eine auf Dauer angelegte Rentenreform muß auch das Problem der Flexibilisierung der Arbeitszeit berücksichtigen. Schon heute ist der Wunsch zu beobachten, seine Arbeitszeit freier zu gestalten. Der Wunsch nach individueller Reduzierung der Arbeitszeit spielt insbesondere bei Ehepaaren eine wesentliche Rolle. Von der Arbeitsmarktsituation her gibt es wenig Gründe, derartige Entwicklungen zu behindern, man sollte sie vielmehr eher fördern. Für die soziale Sicherung kommt es allerdings darauf an, daß bei der individuellen Entscheidung über das zu erbringende Arbeitsvolumen auch die Kosten der sozialen Sicherung im Alter berücksichtigt werden. Es geht nicht an, daß jemand sein individuelles Arbeitsvolumen nur an seinen gegenwärtigen Bedürfnissen orientiert und seine Sicherung im Alter der Gesellschaft überläßt. Dieses heißt, daß man nicht nur über Mindestrenten, sondern auch über Mindestbeiträge nachdenken muß. Anders ausgedrückt: Es ist notwendig, auch bei niedrigem Einkommen, wobei zunächst offenbleiben mag, worin dieses begründet ist, für eine ausreichende Alterssicherung zu sorgen.

Eine ungenügende Alterssicherung muß aber nicht nur auf zu niedrigem Einkommen, sie kann auch auf zu geringen Versicherungszeiten beruhen. Dies ist insbesondere der Fall bei der Kinder erziehenden Ehefrau, die zum Zwecke der Kindererziehung ihre Erwerbstätigkeit aufgibt oder unterbricht. Hier sind es die Lücken im Versicherungsverlauf, die faktisch die Diskriminierung der Kinder erziehenden, nicht erwerbstätigen Ehefrau im Versicherungssystem bewirken. Gerade vor dem Hintergrund der Geburtenentwicklung ist dieses nicht zu verantworten. Auch wenn es mehr als zweifelhaft ist, ob der Staat mit der Rentenpolitik Bevölkerungspolitik machen sollte, ist es in jedem Falle sinnvoll, wenn er sich gegenüber der Entscheidung, Kinder zu bekommen und zu erziehen, neutral verhält. Davon kann bei den jetzigen Gegebenheiten keine Rede sein. Auch die Probleme der Kinder erziehenden Ehefrau müssen daher bei einer auf Dauer angelegten Rentenreform berücksichtigt werden.

Bei der Lösung der eben genannten Probleme muß freilich die Funktionsfähigkeit des Gesamtsystems im Auge behalten werden. Angesichts der ja inzwischen vielfältig bekannten Probleme der langfristigen Entwicklung der Rentenfinanzen heißt dies insbesondere, daß eine zusätzliche finanzielle Belastung der Rentenversicherung unter keinen Umständen akzeptiert werden kann[3]. Vielmehr ist umgekehrt darauf zu achten, daß so weit wie möglich eine Entlastung des Rentensicherungssystems erfolgt.

Fragt man sich inwieweit die Teilhabemodelle in der Lage sind, die hier genannten Probleme zu lösen, zeigt sich sehr schnell, daß dies nicht der Fall ist. Dieses ist zwar auch bisher schon vermutet worden; es wird durch die Ergebnisse der vorgelegten Simulationsrechnungen bestätigt. Es stellt sich damit die Frage, wie das soziale Alterssicherungssystem umgestaltet werden muß, damit es diesen Anforderungen genügt. Eine Antwort, sicher nicht die einzige, stellt das im folgenden präsentierte Modell einer voll eigenständigen Sicherung dar, dessen Finanzierbarkeit und Realisierbarkeit nachgewiesen werden kann. Es ist ein Beleg dafür, daß es durchaus Systeme gibt, die die gemeinsame Berücksichtigung der eben genannten Kriterien erlaubt.

3. Grundprinzipien einer voll eigenständigen Sicherung

Das im folgenden vorgestellte Modell einer voll eigenständigen Sicherung von Mann und Frau knüpft an die lange Zeit vorherrschende Diskussion an, in der eine eigenständige Sicherung der Frau als sinnvolle Lösung der unterschiedlichen Probleme gesehen wurde. Seine konkrete Ausgestaltung wurde zum ersten Mal im Zwischenbericht der Enquete-Kommission des Deutschen Bundestages „Frau und Gesellschaft" vorgenommen. Danach ist das Modell vielfältig modifiziert worden, seine endgültige Form hat es im Rahmen der Arbeiten an dem Band „Alternativen der Rentenreform '84" erhalten.

Es wird heute als Voll Eigenständiges System bezeichnet, um sich der eher semantischen Frage zu entziehen, inwieweit die Teilhabemodelle eigenständige Elemente enthalten. Wenn heute behauptet wird, auch die Teilhabemodelle seien eine eigenständige Sicherung der Frau, ist dies nur richtig, wenn man eine andere Definition von „eigenständig" wählt, als sie bis zur Arbeit der 84er-Kommission üblich war.

Im Voll Eigenständigen System wird die Hinterbliebenen Versorgung für erwachsene Person beseitigt und durch eigene Ansprüche ersetzt. Da dieses rückwirkend nicht möglich ist, ohne in vorhandene Besitzstände einzugreifen, kann das Sytem nur auf neu zu Versichernde angewendet werden. Dies bedeutet, daß es zu relativ langen Übergangszeiten kommt.

Das Modell hält an zwei konstitutiven Grundprinzipien des deutschen sozialen Alterssicherungssystems fest, nämlich dem Prinzip der Rentendifferenzierung, die sich an der Einkommensdifferenzierung während der Erwerbstätigkeitsphase orientiert, und an dem Prinzip der Beitragsäquivalenz. Während die Beitragsäquivalenz gegenüber dem geltenden Recht, aber auch gegenüber den Vorschlägen zur Teilhaberente, ausgebaut wird, wird die Rentendifferenzierung durch die Einführung einer Mindestsicherung und die sich faktisch ergebende Neubestimmung der Beitragsbemessungsgrenze vermindert.

Der Beseitigung von Versorgungslücken dienen zwei Grundgedanken: Einmal wird für jeden, insbesondere aber für Frauen, ein geschlossener Versicherungsverlauf hergestellt. Während aller Phasen des „aktiven" Lebens entstehen Versorgungsansprüche; dies gilt sowohl für Phasen der Erwerbstätigkeit wie für Phasen der Kindererziehung als auch für Phasen der Nichterwerbstätigkeit des haushaltsführenden Ehegatten. Im Normalfall entsteht so eine ausreichende Zahl von Versicherungsjahren, die unter Zugrundelegung der üblichen Rentenformel eine der Voraussetzungen für die Vermeidung von Versorgungslücken ist.

Zum zweiten wird durch die Einführung einer Mindestsicherung dafür Sorge getragen, daß die in den einzelnen Jahren entstehenden Anwartschaften eine ausreichende Größe haben. Man kann hier von entweder 80 oder 100 % des Durchschnittsentgelts aller Versicherten als Anspruchsgrundlage ausgehen. Diese Anwartschaften beruhen auf Beiträgen; es wird also eine beitragsfundierte Mindestsicherung geschaffen, auch wenn der vorgesehene Beitragsverlauf bei sehr niedrigen Einkommen Umverteilungselemente enthält.

Die Diskriminierung der Kinder erziehenden Frau wird dadurch vermieden, daß für Frauen in allen Phasen ihres Lebenszyklus Anwartschaften entstehen. Zusammen mit der Mindestsicherung ist damit gewährleistet, daß eine Frau im Alter auf jeden Fall eine ausreichende Versorgung hat. Die Begünstigung der Kinder erziehenden Frau liegt darin, daß zum Zeitpunkt der Kindererziehung eine Entlastung bei den Beiträgen erfolgt. In dieser Periode entsteht für die Frau nach wie vor eine Rentenanwartschaft, ohne daß zu diesem Zeitpunkt hierfür Beiträge gezahlt werden müssen. Die Entlastung erfolgt damit genau in der Periode, in der eine angespannte finanzielle Situation für die Familie besteht.

Die Frage, ob diese Entlastung der Familie während der Zeit der Kindererziehung zu Lasten der Solidargemeinschaft oder zu Lasten des Staates erfolgen soll, ist angesichts der Tatsache, daß letztlich die Gesamtbelastung zählt, nur von sekundärer Bedeutung. Man kann einerseits die Auffassung vertreten, die Finanzierung der Aufgabe der Kindererziehung sei eine staatliche Aufgabe. Andererseits hängt ein umlagefinanziertes Sicherungssystem im hohen Maße davon ab, daß die Kindergeneration die Elterngeneration finanziert. Insofern ist die Erziehung von Kindern eine unabdingbare Voraussetzung für das Funktionieren des sozialen Sicherungssystems. Hieraus läßt sich auch eine Finanzierung dieser Aufgabe durch die Solidargemeinschaft begründen. Wichtig ist, daß diese Aufgabe wahrgenommen wird und daß nicht der „Schwarze Peter" so hin- und hergeschoben wird, daß letztlich keine Finanzierung dieser Aufgabe erfolgt. Bei den Finanzierungsrechnungen ist unterstellt worden, daß die Finanzierung der Aufgabe der Kindererziehung durch die Solidargemeinschaft erfolgt.

Die Berechnung der Renten für die gesicherte Einzelperson folgt der bisherigen Rentenformel. Freilich sind die Zahlenwerte der einzelnen Elemente teilweise geändert.

Die Zahl der Versicherungsjahre ändert sich dadurch, daß insbesondere bei Frauen geschlossene Sicherungsverläufe erreicht werden; sie wird damit generell ansteigen und von dieser Seite her zu einem ausreichenden Sicherungsniveau beitragen.

Die gravierendsten Änderungen ergeben sich bei der persönlichen Bemessungsgrundlage. Diese stellt nach wie vor einen Durchschnitt der Entgeltrelation in den einzelnen Versicherungsjahren dar. Soweit es sich dabei um Phasen der Erwerbstätigkeit handelt, ändert sich nichts gegenüber dem jetzigen Zustand; die Entgeltrelation ergibt sich aus der Relation des jeweiligen Erwerbseinkommens zu dem Durchschnittsentgelt aller Versicherten in dem jeweiligen Jahr.

Die Regelung der Mindestsicherung bedeutet jedoch, daß mindestens die Mindestsicherungsentgeltrelation erreicht wird. Dieses hat dann auch Konsequenzen auf der Beitragsseite, auf die später eingegangen werden wird. In den Simulationsrechnungen sind sowohl Rechnungen mit einer Mindestsicherung von 80 % wie auch solche mit einer von 100 % durchgeführt worden. Die Definition einer Mindestentgeltrelation bedeutet dann freilich auch, daß es zu einem Mindestbeitrag kommen muß.

Zu klären ist ferner, welche Entgeltrelation für die nichterwerbstätige Frau, erziehe sie nun Kinder oder nicht, unterstellt werden soll. Hierfür ist in den Simulationen eine fiktive Entgeltrelation von 100 % unterstellt worden. Es ist also angenommen worden, daß die nichterwerbstätige Frau über ein fiktives Einkommen verfügt, das dem Durchschnittsentgelt aller Versicherten entspricht. Hierin liegt ein gewisser ausgleichender Effekt. Bei Haushalten mit Einkommen unterhalb des Durchschnittsentgelts aller Versicherten ergibt sich hierdurch eine Verbesserung des Rentenanspruchs, bei solchen darüber eine Verminderung.

Schließlich kann auch der Steigerungssatz geändert werden. Einmal dient die zu berechnende Rente jetzt in jedem Falle nur der Versorgung einer einzelnen Person und nicht der eines Ehepaares. Insofern ist eine Verminderung möglich, da ja bei einem Ehepaar zwei Renten zusammentreffen. Zum anderen ergeben sich im unteren Versorgungsbereich sowohl eine höhere Anzahl von Versicherungsjahren wie eine höhere persönliche Bemessungsgerundlage. Bei den Simulationen ist für den Fall der relativ hohen Mindestsicherung von 100 % des Durchschnittsentgelts der Steigerungssatz auf 65 % des heutigen Wertes, d. h. im Normalfall auf 0,975, festgelegt worden. Für den Fall des niedrigeren Mindestsicherungsniveaus von 80 % wurde mit einem Steigerungssatz von 75 % des heutigen Satzes, d. h. von 1,125, gerechnet. Gerade an dieser Stelle wird der Zusammenhang zwischen Mindestsicherungsniveau und Steigerungssatz deutlich. Unter Abwägung aller Gesichtspunkte spricht wahrscheinlich mehr dafür, das niedrigere Mindestsicherungsniveau und den höheren Steigerungssatz zu verwenden.

Zu klären ist zusätzlich, ob bei einem derartigen System für allein lebende Personen ein Einzelpersonenzuschlag gezahlt wird. Dies würde die unterschiedliche Bedarfssituation von Ein- und Zweipersonenhaushalten berücksichtigen. Andererseits liegt hierin die Gefahr der Förderung eheähnlicher Verhältnisse. Bei dem niedrigeren Steigerungssatz ist ein Einzelpersonenzuschlag sinnvoll, wenn man nicht bei Alleinlebenden Versorgungslücken erzeugen will. Bei dem höheren Steigerungssatz kann man hierauf eher verzichten. Auch dieses spricht für den höheren Satz.

Auch wenn dieses System formal an die geltende Rentenformel anknüpft, muß man sich darüber im klaren sein, daß es zu erheblichen Veränderungen der Renten führt. Dies betrifft insbesondere das Verhältnis der Renten von Haushalten, in denen einer oder beide Ehepartner erwerbstätig sind. Die Berücksichtigung eines fiktiven Haushaltseinkommens für die nichterwerbstätige Ehefrau führt dazu, daß sich die Situation der Einverdienerhaushalte relativ verbessert. Demgegenüber verschlechtert sich die Situation der Haushalte, in denen beide Ehepartner erwerbstätig sind, weil hier jetzt nicht mehr zwei Renten zusammentreffen, die unter Umständen jeweils allein für die Versorgung eines Ehepaares dienen können, sondern nur zwei Renten, die für die Versorgung einer Person ausreichen. Letztlich liegt dies in der Anerkennung der Haushaltstätigkeit des nichterwerbstätigen Ehepartners als einkommenerbringende Tätigkeit, eine Anerkennung, die im Zivilrecht ohnehin schon vorliegt, nur im Sozialrecht bisher aussteht.

Die Beitragsregelungen können nun leicht aus diesen Rentenregelungen abgeleitet werden. Beiträge sind jetzt von allen versicherten Personen zu bezahlen. Die Mitversicherung nichterwerbstätiger Ehegatten, wie sie in einem System mit abgeleiteten Ansprüchen vorhanden ist, entfällt. Auch für Zeiten der Nichterwerbstätigkeit eines Ehepartners werden Anwartschaften beitragspflichtig aufgebaut. In Zeiten der Kindererziehung entsteht zwar die entsprechende Anwartschaft, auf die Erhebung eines Beitrages für den nichterwerbstätigen Ehepartner wird jedoch verzichtet.

Der Reduktion des Steigerungssatzes entspricht jetzt eine Verminderung des Beitragssatzes. Da ja eine größere Zahl von Personen Beiträge zahlt, ist dieses auch plausibel. Unterstellt man die Verhältnisse des Jahres 1980, kann der individuelle Arbeitnehmerbeitragssatz von 9,25 auf 7,4 % gesenkt werden. Für Haushalte, in denen beide Ehepartner verdienen, ergibt sich damit ein geringerer Gesamtbeitrag, für Haushalte, in denen ein Ehepartner weder erwerbstätig ist noch Kinder erzieht, erhöht sich der Gesamtbeitrag. Bezogen auf das Erwerbseinkommen des erwerbstätigen Ehepartners beträgt die Belastung jedoch höchstens etwas über 12 %, da der Beitrag für den nichterwerbstätigen Ehepartner ja nur auf das Durchschnittsentgelt aller Versicherten bezogen wird.

Bisher ist nur über die Arbeitnehmerbeiträge gesprochen worden. Es spricht vieles dafür, dabei zu bleiben, daß Arbeitgeberbeiträge nur auf das Erwerbseinkommen bezogen werden und für die Versicherung der nichterwerbstätigen Ehepartner nicht anfallen. Hierin liegt dann ein Element des Familienlastenausgleiches, das freilich erheblich geringer ist als im geltenden Recht oder in den Teilhabemodellen. Damit ergibt sich dann aber auch ein gespaltener Beitragssatz, da die Bezugsgröße für die Arbeitnehmerbeiträge, zu der ja auch die unterstellten fiktiven Haushaltseinkommen gehören, größer ist als die Bezugsbasis für die Arbeitgeberbeiträge. Dazu kommt, daß man auch die Mindestsicherung bei der Erhebung der Arbeitgeberbeiträge nicht berücksichtigen darf, da sonst eine zu hohe Belastung gerade niedrig bezahlter Tätigkeiten, aber auch von Teilzeitarbeit entsteht.

In dieser Situation ist es das beste, bei dem bisherigen Prinzip zu bleiben, daß sowohl die Arbeitgeber als auch die Arbeitnehmer jeweils die Hälfte der gesamten Rentenversicherungsbeiträge aufbringen. Der Beitragssatz der Arbeitnehmer- und Arbeitgeberbeiträge ergibt sich dann dadurch, daß man das insgesamt aufzubringende Beitragsvolumen halbiert und den jeweiligen Bemessungsgrundlagen zuordnet. Praktisch bedeutet dies zur Zeit, daß der Beitragssatz für den Arbeitgeberanteil unverändert bleibt, daß dagegen der Arbeitnehmerbeitrag auf 7,4 % gesenkt wird.

Da in diesem System ja für Mann und Frau in der Ehe im Normalfall unterschiedliche Anwartschaften entstehen, entspricht es dem Verständnis einer partnerschaftlichen Ehe, wenn die entstehenden Anwartschaften während der Ehe gesplittet werden. So erwerben Mann und Frau während ihrer Ehe jeweils gleich hohe Anwartschaften.

Von der Mindestsicherungsschwelle bis zur Beitragsbemessungsgrenze ergibt sich damit ein sehr einfacher Tarifverlauf. Bei Erwerbstätigen beträgt die Beitragsverplichtung in diesem Bereich einheitlich 7,4 % des Erwerbseinkommens. Ist einer der Ehepartner nicht erwerbstätig, weil er Kinder erzieht, beträgt der Beitragssatz 7,4 % des Erwerbseinkommens des erwerbstätigen Ehepartners. Ist einer der Ehepartner nicht erwerbstätig und erzieht auch keine Kinder, werden das Erwerbseinkommen und das Durchschnittsentgelt aller Versicherten der Beitragsberechnung zugrunde gelegt und im Prinzip mit 7,4 % belastet. Bezogen auf das Erwerbseinkommen ergibt sich dann eine maximale Belastung von etwas über 12 %. Etwas kompli-

zierter wird der Beitragsverlauf durch die Berücksichtigung der Mindestsicherung. Würde man einen Mindestbeitrag in Höhe von 7,4 % des Mindestsicherungsniveaus, d. h.also von 80 oder 100 % des Durchschnittsentgelts aller Versicherten, der Beitragsermittlung zugrunde legen, ergäben sich – bezogen auf niedrige Erwerbseinkommen – unter Umständen sehr hohe Belastungen des Erwerbseinkommens. Erzielt jemand zum Beispiel nur 50 % des Durchschnittsentgelts, würde sich für ihn bei einer Mindestsicherung von 100 % der zweifache Beitragssatz ergeben. Dieses ist sozial schwer zu vertreten, so daß eine Beitragsentlastung im Bereich der Mindestsicherung geboten ist. Diese kann theoretisch in vielfältiger Form erfolgen. Hier wurde eine Lösung gefunden, die einen erhöhten, aber konstanten Beitragssatz für den Bereich der Einkommen unterhalb der Mindestsicherungsschwelle bedeutet. Zugrunde gelegt wird dabei der Beitragssatz von 9,25 %. Liegt die Mindestsicherungsschwelle bei 100 % des Durchschnittsentgelts, wird bis zu 80 % dieser Größe ein Beitragssatz von 9,25 % erhoben. Im Bereich zwischen 80 und 100 % wird dieser linear auf 7,4 % ermäßigt. Dies bedeutet, daß bis zu 80 % des Durchschnittsentgelts eine Entlastung bei der Beitragszahlung erfolgt. Danach ist der Beitragssatz, bezogen auf den entstehenden Anspruch, einheitlich 7,4 %. Im linken Teil von Schaubild 1 ist dies verdeutlicht. Hier ist der bereinigte Beitragssatz ausgewiesen, d. h. der gezahlte Beitrag ist zu der entstehenden Anwartschaft in Beziehung gesetzt. Die Kurve für den Ledigen gilt im übrigen auch für Haushalte mit zwei Erwerbstätigen.

Auf der rechten Hälfte des Schaubildes ist der effektive Beitragssatz dargestellt. Hier sind die Beiträge auf das Bruttoerwerbseinkommen bezogen. Es zeigt sich, daß bei niedrigen Einkommen ein höherer effektiver Beitragssatz vorhanden ist, der freilich immer noch, bezogen auf die entstehenden Anwartschaften, eine erhebliche Begünstigung darstellt.

In Schaubild 1 ist auch die Auswirkung dieser Grundprinzipien auf die Einverdienerehe nachgewiesen. Da hier zwei Personen begünstigt werden, erfolgt die Begünstigung bis zu einer Einkommensrelation von zweimal 80, d. h. 160 %. Danach gibt sich, bezogen auf die entstehende Anwartschaft, wieder ein linearer Verlauf. Der bereinigte Beitragssatz für die Einverdienerehe zeigt dies deutlich. Auf der rechten Seite ist der aus diesem einfachen Prinzip resultierende effektive Beitragssatz, bezogen auf das Erwerbseinkommen des erwerbstätigen Ehepartners, dargestellt. Bis zu einer Einkommensrelation von 100 % ergibt sich ein einheitlicher Beitragssatz von 9,25 %, dieser steigt dann bis ca. 12 %. Der doppelte Beitragssatz von 14,8 %, geschweige denn der doppelte Beitragssatz des heutigen Satzes, wird also nicht erreicht.

In dieser Gestaltung des Beitrags liegt eine Begünstigung der Familie und von niedrigen Einkommen. Verglichen mit dem geltenden Recht und den Teilhaberegelungen ist die Begünstigung der Familie vermindert, dagegen die Begünstigung niedriger Einkommen ausgebaut. Soziale Gesichtspunkte spielen also an den Stellen, bei denen von der Beitragsäquivalenz abgewichen wird, eine größere Rolle als im geltenden Recht und bei den Teilhabesystemen.

Mit dieser Beitragsregelung, die mit ihrer relativ hohen Belastung der niedrigen Einkommen Neuland betritt, sollen die sozialrechtlichen Voraussetzungen für flexi-

Schaubild 1: Beitragsgestaltung im Voll Eigenständigen System

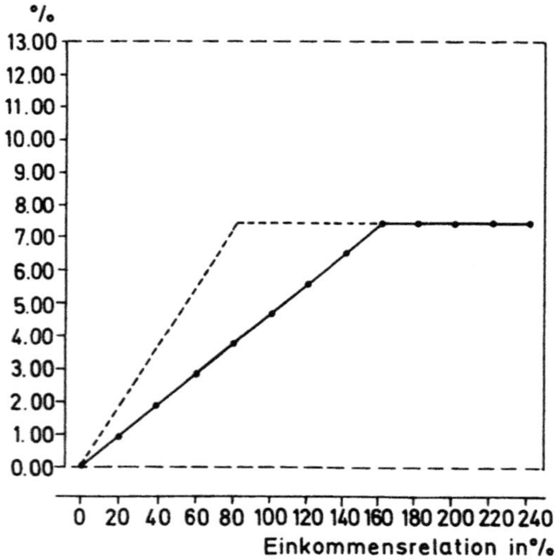

Bereinigter Beitragssatz:
Verhältnis der gezahlten Beiträge zur Anwartschaftsbasis (in Abhängigkeit von der Einkommensrelation)

—•—•—•— Einverdiener-Ehe
- - - - - - Lediger

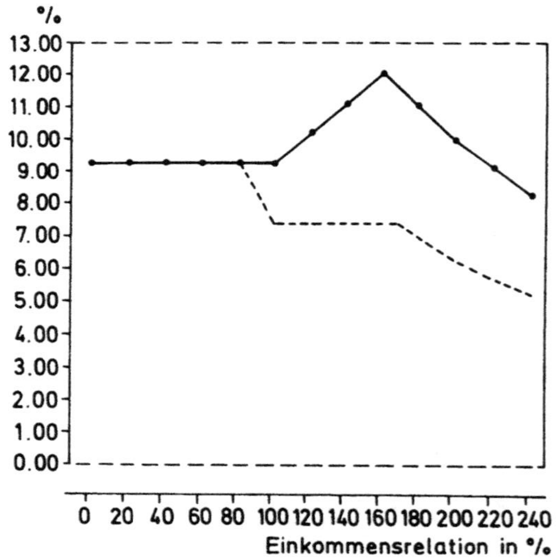

Effektiver Beitragssatz:
Verhältnis der gezahlten Beiträge zum Brutto-Erwerbseinkommen (in Abhängigkeit von der Einkommensrelation)

—•—•—•— Einverdiener-Ehe
- - - - - - Lediger

Quelle: Winfried Hain, Gabriele Rolf und Gert Wagner, Die Umsetzung politischer Vorschläge in operable Rentenreformalternativen, in: H.-J. Krupp, H. P. Galler, H. Grohmann, R. Hauser, G. Wagner (Hrsg.), Alternativen der Rentenreform '84, Campus Verlag, Frankfurt/New York, 1981, S. 121.

ble Arbeitszeitregelungen getroffen werden. In zunehmendem Maße besteht der Wunsch, die Arbeitszeit individuell zu bestimmen. Teilzeitarbeit und job-sharing sind hier nur zwei Stichworte. In all diesen Fällen ist nicht einzusehen, daß die sozialen Kosten der an sich begrüßenswerten flexiblen Arbeitszeitregelungen von der Gesellschaft getragen werden. Wer meint, den Umfang seiner Arbeit nach seinen Bedürfnissen individuell bestimmen zu wollen, sollte dies tun dürfen. Er sollte aber zumindest für eine solche Alterssicherung vorsorgen, die gewährleistet, daß er im Alter nicht der Sozialhilfe zur Last fällt. Dies bedeutet streng genommen die Einführung eines Mindestbeitrages, der gewählte proportionale Eingangstarif stellt noch eine Begünstigung dieser Gruppe dar. Zugleich liegt hierin ein Anreiz für die Gewerkschaften, in ihrer Tarifpolitik dafür Sorge zu tragen, daß das Einkommen eines Vollzeiterwerbstätigen zumindest so groß ist, daß hieraus die Kosten seiner Alterssicherung bestritten werden können.

Der hier vorgeschlagene Beitragsverlauf ist komplizierter als der bisherige proportionale Beitragssatz. Seine Erhebung kann aber in völliger Analogie zur Erhebung der Lohnsteuer erfolgen. Für Ledige und Haushalte, in denen beide Ehepartner erwerbstätig sind, kann der Tarif angewendet werden, der im rechten Teil des Schaubilds mit „Lediger" bezeichnet ist. Für Einverdienerhaushalte wird der Tarif zugrunde gelegt, der im rechten Teil des Schaubilds mit „Einverdienerehe" gekennzeichnet ist. Bei geringfügigem Verdienst eines der beiden Ehepartner kann es sinnvoll sein, die Abzüge nur bei dem anderen Ehepartner nach dem Einverdienertarif vornehmen zu lassen. In diesem Falle kann dem Betroffenen ein Wahlrecht eingeräumt werden. Sollte sich ergeben, daß die Voraussetzungen, unter denen diese Entscheidung getroffen wurde, falsch sind, ist ein Jahresausgleich notwendig. Auch diese Regelung entspricht voll und ganz der Lohnsteuerregelung, wo bei zwei Verdienern auch die Möglichkeit besteht, sich zwischen zwei Lohnsteuerkarten der Klasse IV oder einer Karte der Klasse III und der Karte der Klasse V zu entscheiden. Für die Berechnung des Arbeitgeberbeitrages ist diese Entscheidung ohne Belang, der Arbeitgeberbeitrag wird ohnehin als fester Prozentsatz der Lohnsumme erhoben. Es ist also nicht notwendig, daß der jeweilige Arbeitgeber Einblick in die Einkommenssituation des nicht bei ihm beschäftigten Ehepartners hat. Die Erhebung der Beiträge kann wie bisher bei dem jeweiligen Arbeitgeber unabhängig von der Einkommenssituation des gesamten Haushalts erfolgen.

Bei der Darstellung der Grundlinien des Voll Eigenständigen Systems darf nicht übersehen werden, daß auch in diesem System eine ganze Anzahl von Sonderregelungen erforderlich ist, um unbillige Härten zu vermeiden. Dies trifft zum Beispiel für den Fall einer großen Altersdifferenz von Mann und Frau zu. Hier kann ja die Situation entstehen, daß der Mann nur noch eine Rente bezieht und insofern Beiträge für seine nichterwerbstätige Ehefrau, die selbst noch keinen Rentenanspruch hat, nicht zahlen kann. Da man aber Frauen im vorgerückten Alter nicht mehr zur Erwerbstätigkeit zwingen sollte, ist hier eine Regelung notwendig, die an das Modell der flexiblen Altersgrenze, der Rente wegen vorgerückten Alters und der Rente wegen Kindererziehung anknüpft. Auch für den Fall der Erwerbsunfähigkeit sind Regelungen notwendig, die im Prinzip an die heute gültigen Reglungen anknüpfen können, obwohl diese zunehmend für problematisch gehalten werden. Besonders problematisch ist die Regelung der Erwerbsunfähigkeit nichterwerbstätiger Frauen. Schon die heute vorhandenen Probleme in diesem Bereich zeigen, daß diese Grundproblematik noch einmal überdacht werden muß.

Die hier erforderlichen Regelungen komplizieren das an sich sehr einfach angelegte voll eigenständige Rentenrecht. Dieses ist aber in entwickelten und differenzierten Sozialleistungssystemen kaum vermeidbar, wie das Beispiel der Teilhaberente drastisch zeigt. Hier werden insbesondere bei der ehezeitunabhängigen Variante zahlreiche Sonderregelungen für den Fall von Scheidung und Wiederheirat nötig sein. Verglichen damit bietet das Voll Eigenständige System den Vorteil, daß die Frau zu jedem Zeitpunkt eine Information über die bis dahin angesammelten Anwartschaften erhalten kann. Der Anspruch baut sich systematisch auf und ist zumindest für die zurückliegende Vergangenheit nicht von späteren Ereignissen abhängig.

In einem derartigen System kann dann zumindest für die Rentenversicherung auch der Versorgungsausgleich mit all seinen komplizierten Regelungen entfallen, ein sicher sehr wesentlicher Beitrag zur Erhöhung der Transparenz in der Rentenversicherung.

4. Vor- und Nachteile der verschiedenen Reformmodelle

Vergleicht man die verschiedenen Reformmodelle miteinander, stellt man zunächst fest, daß die Unterschiede zwischen den einzelnen Varianten der Teilhabemodelle nicht so groß sind, wie dies üblicherweise angenommen wird. Es zeigt sich, daß die ehezeitabhängige Variante des Teilhabemodells noch am ehesten den einleitend genannten Kriterien entspricht, auch wenn hier erhebliche Versorgungslücken entstehen. Politisch dürfte diese Variante ohnehin nicht sehr aussichtsreich sein. Letztlich gilt für alle drei Varianten des Teilhabemodells, daß sie weder das Problem der Benachteiligung der Kinder erziehenden Frau noch das der Mindestsicherung lösen und eine Einbeziehung dieser Probleme den finanziellen Rahmen sprengen würde. Analysiert man die Konsequenzen des Voll Eigenständigen Systems unter den einleitend genannten Kriterien, ist es nicht weiter verwunderlich, daß dieses System in nahezu allen Kriterien sehr viel besser abschneidet als das geltende Recht und die verschiedenen Varianten des Teilhabemodells. Schließlich ist das System ganz bewußt so entwickelt worden, daß es diesen Kriterien genügt. Darüberhinaus bestand im Rahmen der durchgeführten Simulationen die Möglichkeit, die Parameter des Systems so zu gestalten, daß es möglichst genau den gestellten Anforderungen entspricht. Sicher könnte man die Ergebnisse für ein Teilhabemodell durch entsprechende Weiterentwicklung auch noch verbessern.

Trotzdem muß man sich darüber im klaren sein, daß auch dieses System nicht nur Vorteile bietet. Es stellt einen gravierenden Eingriff in das Rentenrecht dar und ist im Prinzip kostenneutral, das heißt aber auch, daß den Besserstellungen bestimmter Gruppen Schlechterstellungen anderer Gruppen entsprechen. Auch wenn dieses im Prinzip auf beitragsäquivalente Weise erfolgt, d. h. Rentenminderungen Beitragssenkungen gegenüberstehen, gibt es Gruppen, für die das Volumen des sozial gesicherten Alterseinkommens erheblich vermindert wird. Diese werden trotz der damit verbundenen Beitragsentlastungen eine derartige Reform eher als nachteilig ansehen. Letztlich darf man sich nichts vormachen: Die unzweifelhaft vorhandenen Vorteile in einigen Bereichen sind von Nachteilen in anderen begleitet. Nur eine Reform, die als Einbahnstraße immer nur Verbesserungen kennt, dabei aber letztlich die damit verbundenen Belastungen übersieht, kann ein anderes Ergebnis haben.

Die Finanzierungsproblematik wird in Schaubild 2 an dem zur Finanzierung der Rentenzahlungen notwendigen Beitragssatz veranschaulicht. Am ehesten vergleichbar sind die Arbeitgeberbeitragssätze. Diese liegen für das Voll Eigenständige System zunächst über den Beitragssätzen, die erhoben werden müßten , wenn das geltende

Schaubild 2: Die Entwicklung der notwendigen Beitragssätze in den verschiedenen Rentensystemen

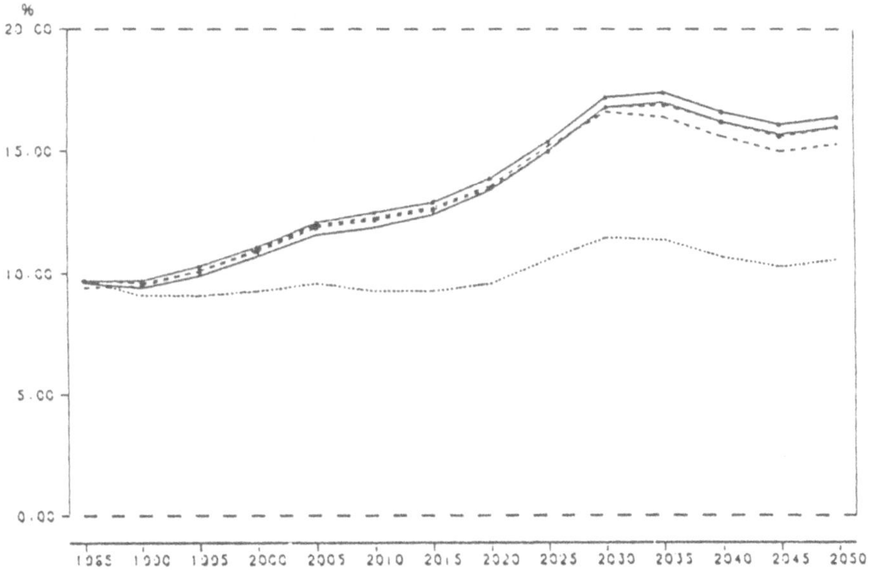

Notwendiger Arbeitnehmer- bzw. Arbeitgeberbeitragssatz für Kommission 3/70/3

Notwendiger Arbeitnehmer- bzw. Arbeitgeberbeitragssatz für Kommission 3/65/3

Notwendiger Arbeitnehmer- bzw. Arbeitgeberbeitragssatz für das Geltende System

Notwendiger bereinigter Arbeitnehmerbeitragssatz für 100/65/3

Notwendiger Arbeitgeberbeitragssatz für Eigenständig 100/65/3

Quelle: H.-J. Krupp, H. P. Galler, H. Grohmann, R. Hause, G. Wagner (Hrsg.), Alternativen der Rentenreform '84. In: Schriftenreihe Band 6 des Sonderforschungsbereichs 3 der Universität Frankfurt und Mannheim „Mikroanalytische Grundlagen der Gesellschaftspolitik", Campus Verlag, Frankfurt/New York 1981, S. 368.

Recht weitergelten würde. Sie liegen etwas unter dem Beitragssatz, der für die Variante 3 der Teilhaberente notwendig wäre. Langfristig verändert sich das Bild freilich. Die für das Voll Eigenständige System notwendigen Beiträge liegen deutlich unter denen des geltenden Rechts und der Teilhabevariante. Dieser unterschiedliche Verlauf ist darin begründet, daß es zunächst nur zu Beitragsentlastungen kommt, was einen etwas höheren Beitragssatz erforderlich macht. Erst mit einer gewissen Verzögerung entspricht dieser Beitragsentlastung auch eine verminderte Rentenzahlung. Diese kommt allerdings gerade dann zum Zuge, wenn dies aus demographischen Gründen besonders notwendig ist. Auch im zeitlichen Ablauf hat das System damit eine sehr vorteilhafte Finanzierungsstruktur.

Dazu kommt ein zweiter Tatbestand, der die Vorteilhaftigkeit des Voll Eigenständigen Systems an dieser Stelle weiter erhöht. Der Arbeitnehmerbeitragssatz, also jener Beitragssatz, den der Arbeitnehmer wahrnimmt und auf den er reagiert, ist bedeutend niedriger als im geltenden Recht und im Teilhabesystem. Es ist eben doch ein gravierender Unterschied, ob der individuelle Arbeitnehmerbeitragssatz 11,5 oder 17,5 % beträgt. Von einem Beitragssatz mit maximal 11,5 %, wie er im Voll Eigenständigen System etwa im Jahre 2035 notwendig ist, gehen sehr viel geringere Beeinträchtigungen der Leistungsanreize aus als von einem Beitragssatz von etwa 17,5 %, wie er in den Teilhabemodellen in diesem Jahr notwendig würde. Bezogen auf die Belastung der gesamten Volkswirtschaft beträgt der Unterschied nur einen Prozentpunkt, wie man im Vergleich der notwendigen Arbeitgeberbeitragssätze feststellen kann. Für die Reaktionen der Wirtschaftsobjekte ist aber der individuelle Belastungssatz sicher weit wichtiger.

Betrachtet man die Finanzierungssituation des Teilhabemodells, zeigt sich, daß für die Realisierung der ehezeitunabhängigen Teilhaberente mit 100 %-Garantie durchgehend ein höherer Beitragssatz als im geltenden Recht notwendig ist. Senkt man den Teilhabesatz auf 65 % oder entscheidet man sich für die ehezeitabhängige Variante, kann man etwa mit derselben Beitragsbelastung, wie sie im geltenden Recht gegeben ist, auskommen. Ein ähnliches Ergebnis haben ja auch die ersten Rechnungen auf der Grundlage der Stichprobe des Verbands deutscher Rentenversicherungsträger (VDR) gehabt. Insofern haben beide Rechnungen ergeben, daß die zusätzliche Belastung geringer ist als zunächst erwartet wurde.

Dessen ungeachtet darf man sich mit dieser Aussage nicht zufrieden geben. Es ist zu berücksichtigen, daß in den Teilhabemodellen weder das Problem der Mindestsicherung noch das der Sicherung der Kinder erziehenden Frau in befriedigender Weise gelöst wird. Würde man hierfür Vorkehrungen treffen, ergäbe sich jedoch eine weit höhere Belastung.

Die hier dargestellten Simulationsrechnungen haben eben nicht nur das Ergebnis gehabt, daß die zusätzliche Belastung der Rentenfinanzen durch die Teilhabemodelle niedriger ist als bisher angenommen, sie haben auch deutlich gemacht, daß ins Gewicht fallende Versorgungslücken bestehen bleiben. Der Überschätzung der zusätzlichen finanziellen Lasten entsprach damit also eine Unterschätzung der Versorgungslücken.

In Tabelle 1 sind globale Sozialhilferisikoquoten ausgewiesen. Hierdurch wird der Anteil derjenigen Rentner an allen Rentnern gemessen, die auf Sozialhilfe angewiesen wären, wenn sie nur über Renteneinkommen verfügten. Man sieht hier, daß langfristig, d. h. wenn der Übergang zwischen den Systemen abgeschlossen ist, die globale Risikoquote bei den Kommissionsvorschlägen zwar gegenüber dem geltenden Recht sinkt, aber nicht in dem notwendigen Ausmaß. Selbst für den „günstigsten Fall" der ehezeitunabhängigen Teilhabe mit 100 %-Garantie vermindert sich die globale Sozialhilferisikoquote für diese Variante nur von 7,37 % (Weitergeltung des geltenden Rechts) auf 6,20 %. Im Voll Eigenständigen System ergibt sich nocheinmal eine Halbierung dieser Größe auf 3,2 %. Dieses ist eine ganz deutliche Verbesserung. Betrachtet man nur die Gruppe der Rentnerinnen, wie dies in Tabelle 2 geschieht, zeigt sich sehr deutlich der Erfolg der im Voll Eigenständigen System enthaltenen Mindestsicherung. Die Sozialhilferisikoquote sinkt für diese Personenkreise, die sozusagen zeit ihres Lebens dem System angehört haben, auf Null. Dieses gilt bei verwitweten Rentnerinnen weder für das geltende Recht noch für die Teilhabevorschläge.

Wenn auch im Voll Eigenständigen System eine gewisse globale Sozialhilferisikoquote erhalten bleibt, geht dieses im wesentlichen auf irreguläre Lebensverläufe zurück. Es sind insbesondere allein lebende Rentnerinnen oder Rentnerehepaare mit Kindern unter 18 Jahren, die eine sehr hohe Sozialrisikoquote aufweisen. Zwar ist diese im Voll Eigenständigen System immer noch niedriger als im geltenden Recht und in den Teilhabemodellen, sie ist aber nach wie vor ins Gewicht fallend. Rentner mit Kindern müssen damit entweder auf die Sozialhilfe verwiesen werden, oder es müßten in allen hier diskutierten Modellen Zusatzregelungen zur Deckung dieser Versorgungslücke getroffen werden. Insgesamt wird aber nur durch das Voll Eigenständige System das Ziel, Versorgungslücken zu beseitigen, weitgehend erreicht.

Dieses wird auch deutlich, wenn man einmal in Schaubild 3 die Verteilung der Renten betrachtet. Bei den Teilhabemodellen ergeben sich nur sehr geringfügige Verschiebungen, tendenziell nach oben. Eine ins Gewicht fallende Änderung ergibt sich nicht, insbesondere nimmt die Häufigkeit kleiner Nettoeinkommen bei Rentnerhaushalten kaum ab. Demgegenüber nimmt die Zahl der Rentner mit höheren Nettoeinkommen zu. Man kann sich schon fragen, ob dies der Sinn der Rentenreform 84 sein kann.

Die Auswirkungen des Voll Eigenständigen Systems zeigen sich gerade in dieser Darstellung sehr deutlich. Sowohl niedrige Renten als auch hohe Renten werden weitgehend beseitigt. Die Renten konzentrieren sich auf einen mittleren Einkommensbereich. Die Verteilungskurve zeigt in sehr plastischer Form den Grundgedanken des Systems. Eine gewisse Rentendifferenzierung soll erhalten bleiben, sehr niedrige Renten und sehr hohe Renten sollen beseitigt oder zumindest vermindert werden. Dies muß keineswegs die Zielvorstellung für die Verteilung der Alterseinkommen sein. Es ist aber eine legitime Zielvorstellung für den Teil der Alterssicherung, der sozial erfolgt. Funktion einer sozialen Alterssicherung muß es sein, eine gewisse Mindestsicherung zu gewährleisten, während die Erreichung sehr hoher Alterseinkommen der individuellen Initiative überlassen werden kann.

In Schaubild 4 ist dieses Grundergebnis noch einmal für die Jahresrenteneinkommen von Witwen bestimmter Gruppen dargestellt. Es zeigt sich, daß der Einfluß der Lebensentgeltrelation des Mannes bei der voll eigenständigen Sicherung sehr viel geringer ist als bei geltendem Recht und Teilhabemodellen. Es zeigt sich aber auch, daß unvorteilhafte Frauenkarrieren das Ergebnis weniger beeinflussen als in den anderen Modellen. Insgesamt wird gerade hier deutlich, daß hohe Alterseinkommen in diesem System nicht mehr sozial gesichert sind. Sehr plastisch zeigt sich in diesem

Tabelle 1: Globale Sozialhilferisikoquoten in alternativen Rentensystemen

	1995	2010	2030	2050
(1) Alle Personen (in Tsd)	60 050	56 623	50 131	42 221
(2) Alle Personen über 65 (in Tsd)	9 022	10 090	10 510	8 406
(3) Alle Personen in RKHH im Geltenden System (in Tsd)[1]	13 450	13 888	14 997	12 266
Rentensysteme	Globale Sozialhilferisikoquote in %			
Geltendes System	9,78	8,42	6,63	7,37
Kommission 1/75/1	10,11	8,64	6,59	6,91
Kommission 1/75/3 (Ehezeitabhängige Teilhabe)	10,07	8,55	6,38	6,49
Zusatz 1/75/1	9,98	8,56	6,46	6,82
Zusatz 1/75/3	9,94	8,47	6,24	6,40
Kommission 2/70/1	9,89	8,19	6,12	6,52
Kommission 2/70/3	9,86	8,13	5,95	6,21
Kommission 3/70/1	9,91	8,21	6,11	6,51
Kommission 3/70/3 (Ehezeitunabhängige Teilhabe)	9,88	8,16	5,94	6,20
Kommission 3/65/1	9,94	8,27	6,20	6,55
Kommission 3/65/3	9,92	8,21	6,02	6,23
Eigenständig 100/65/1	9,69	7,54	4,29	3,25
Eigenständig 100/65/3 (Voll Eigenständiges System)	9,68	7,47	4,19	3,22

1 Die Zahl der Personen in den Modellstichproben entspricht diesen Angaben, reduziert um den Faktor 1000. (RKHH = Renter-Kernhaushalt)

Quelle: Auszug aus Tabelle III.D.3-2. Richard Hauser, Elanie Heldmann und Klaus Kortmann, Die Absicherung eines Mindestversorgungsniveaus durch alternative Rentensysteme. In: Hans-Jürgen Krupp, Heinz P. Galler, Heinz Grohmann, Richard Hauser, Gert Wagner (Hrsg.). Alternativen der Rentenreform '84, Campus Verlag Frankfurt/New York 1981, S. 523.

Tabelle 2: **Sozialhilferisikoquote und Sozialhilferisikograd bei alleinstehenden Rentnerinnen ab 30 und unter 60 Jahren ohne Kinder unter 18 Jahren im RKHH**

	1978	1995	2010	2030	2050	1978	1995	2010	2030	2050
	a) Verwitwete Rentnerinnen					b) Ledige Rentnerinnen				
Anteil aller Personen in RKHH der betrachteten Gruppe an allen Personen in RKHH im Geltenden System (in %)	2,3	3,1	3,2	2,2	3,1	0,2	0,3	0,3	0,1	0,2
Alle Personen in RKHH der betrachteten Gruppe im Geltenden System (in Tsd)[1]	298	415	469	331	382	29	36	45	19	25
	Sozialhilferisikoquote in %					Sozialhilferisikograd in %[2]				
	a) Verwitwete Rentnerinnen									
Geltendes System	7,0	3,6	3,8	2,1	5,5	27,3	15,0	12,8	/	12,6
Kommission 1/75/1		3,3	2,1	1,7	3,8		16,6	15,6	/	15,8
Kommission 1/75/3		3,3	2,1	1,7	3,8		16,6	15,4	/	15,8
Zusatz 1/75/1		2,8	2,1	1,7	3,3		17,5	14,9	/	16,5
Zusatz 1/75/3		2,8	2,1	1,7	3,3		17,5	14,7	/	16,5
Kommission 2/70/1		3,3	2,1	1,7	3,8		16,6	15,6	/	15,8
Kommission 2/70/3		3,3	2,1	1,7	3,8		16,6	15,4	/	15,8
Kommission 3/70/1		3,3	2,1	1,7	3,8		16,6	15,6	/	15,8
Kommission 3/70/3		3,3	2,1	1,7	3,8		16,6	15,4	/	15,8
Kommission 3/65/1		3,3	2,1	1,7	3,8		16,6	15,6	/	15,8
Kommission 3/65/3		3,3	2,1	1,7	3,8		16,6	15,4	/	15,8
Eigen 100/65/1		3,3	2,0	0,0	0,0		16,6	/	0,0	0,0
Eigen 100/65/3		3,3	2,0	0,0	0,0		16,6	/	0,0	0,0
	b) Ledige Rentnerinnen									
Geltendes System	6,9	5,6	6,7	0,0	0,0	/	/	/	0,0	0,0
Kommission 1/75/1		5,6	6,7	0,0	0,0		/	/	0,0	0,0
Kommission 1/75/3		5,6	4,4	0,0	0,0		/	/	0,0	0,0
Zusatz 1/75/1		5,6	6,7	0,0	0,0		/	/	0,0	0,0
Zusatz 1/75/3		5,6	4,4	0,0	0,0		/	/	0,0	0,0
Kommission 2/70/1		5,6	6,7	0,0	0,0		/	/	0,0	0,0
Kommission 2/70/3		5,6	4,4	0,0	0,0		/	/	0,0	0,0
Kommission 3/70/1		5,6	6,7	0,0	0,0		/	/	0,0	0,0
Kommission 3/70/3		5,6	4,4	0,0	0,0		/	/	0,0	0,0
Kommission 3/65/1		5,6	6,7	0,0	0,0		/	/	0,0	0,0
Kommission 3/65/3		5,6	4,4	0,0	0,0		/	/	0,0	0,0
Eigen 100/65/1		2,9	2,2	0,0	0,0		/	/	0,0	0,0
Eigen 100/65/3		2,9	2,2	0,0	0,0		/	/	0,0	0,0

1 Die Zahl der Personen in den Modellstichproben entspricht diesen Angaben, reduziert um den Faktor 1000

2 /: Kein Nachweis aufgrund zu geringer Zellenbesetzung (unter 10 RKHH)

Quelle: Richard Hauser, Elanie Heldmann und Klaus Kortmann, Die Absicherung eines Mindestversorgungsniveaus durch alternative Rentensysteme. In: Hans-Jürgen Krupp, Heinz P. Galler, Heinz Grohmann, Richard Hauser, Gert Wagner (Hrsg.). Alternativen der Rentenreform '84. Campus Verlag Frankfurt/New York 1981, S. 538.

Schaubild 3: Häufigkeitsverteilung des haushaltsstrukturbereinigten Jahresnettoeinkommens für Rentnerhaushalte im Jahre 2050 (Sozialversicherungsbevölkerung)

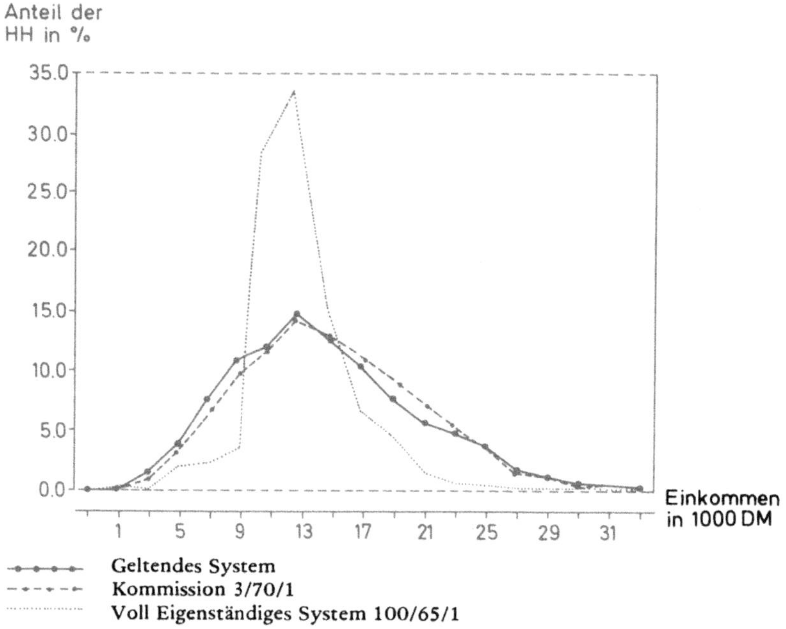

Quelle: Günter Schmaus, Die Wirkung alternativer Rentensysteme auf die Einkommensverteilung im Bevölkerungsquerschnitt. In: Hans-Jürgen Krupp, Heinz P. Galler, Heinz Grohmann, Richard Hauser, Gert Wagner (Hrsg.), Alternativen der Rentenreform '84, Campus Verlag, Frankfurt/New York 1981, S. 433.

Schaubild übrigens auch, daß gerade die Frauen, die durchgehend beschäftigt werden und deren Gatte ein relativ niedriges Einkommen hat, sich bei den Teilhabemodellen verschlechtern. Demgegenüber verbessern sich insbesondere die Frauen mit aufgegebener oder unterbrochener Erwerbskarriere und hohen Manneseinkommen. Erneut kann man fragen, ob dieses ein vertretbares Ergebnis ist.

Ausgehend von den einleitend genannten Kriterien ist die Frage wichtig, welche Beitragsäquivalenz die verschiedenen Systeme aufweisen. Nun muß man sich darüber im klaren sein, daß es sehr unterschiedliche Konzepte von Beitragsäquivalenz gibt, die an dieser Stelle nicht diskutiert werden sollen. Insbesondere die Abgrenzung zwischen im sozialen Sicherungssystem immer enthaltenen Risikoausgleich und Umverteilung ist sehr schwierig und ohne Vorentscheidungen nicht möglich. Schon vom System her ist es plausibel, daß die Beitragsäquivalenz im Voll Eigenständigen System ausgebaut wird. Im Teilhabesatz von 70 % liegt immer eine Begünstigung des mitversicherten Hinterbliebenen, die sich insbesondere in einer Verbesserung der Situation der nichterwerbstätigen Ehefrau niederschlägt. Die Mitversicherung

Schaubild 4: Jahres-Renteneinkommen von Witwen im Längsschnitt

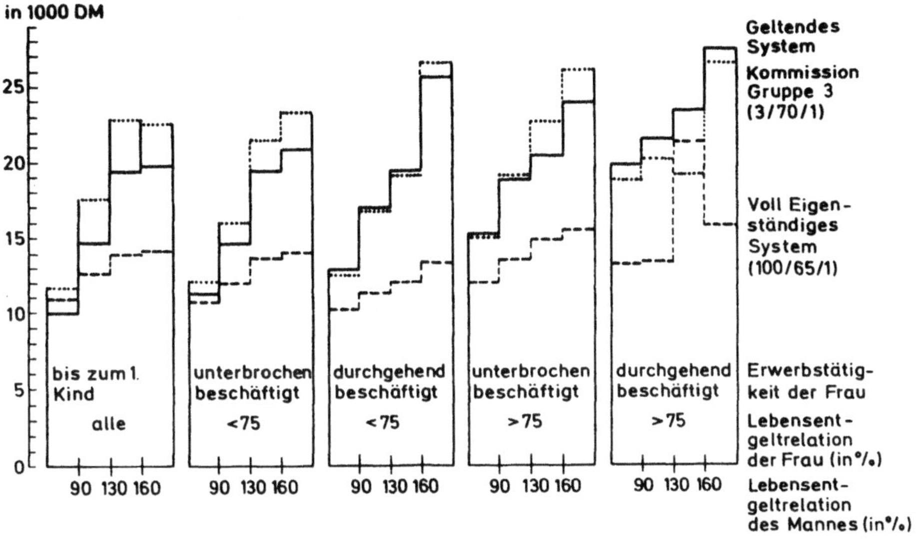

Quelle: Hans-Jürgen Krupp, Die Situation der Frau. In: Hans-Jürgen Krupp, Heinz P. Galler, Heinz Grohmann, Richard Hauser, Gert Wagner (Hrsg.), Alternativen der Rentenreform '84, Campus Verlag Frankfurt/New York 1981, S. 563.

dieser Personengruppe ohne zusätzliche Beiträge ist eine Abweichung vom Prinzip der Beitragsäquivalenz. Diese wird im Voll Eigenständigen System weitgehend beseitigt, wenn freilich auch hier die Regelung der Arbeitgeberbeiträge, aber auch die Rente wegen Altersdifferenz, eine gewisse Verletzung der Beitragsäquivalenz beinhaltet. Auf der anderen Seite bedeutet die im System enthaltene Niedrigverdienerentlastung auch eine gewisse Abweichung von der Beitragsäquivalenz; sie ist freilich nicht familienpolitisch, sondern einkommenspolitisch begründet. Insgesamt ist schon auf der Grundlage derartiger Überlegungen damit zu rechnen, daß der Grad der Beitragsäquivalenz im Voll Eigenständigen System höher ist als im geltenden Recht und im Teilhabemodell.

Der Band „Alternativen der Rentenreform '84" enthält eine Fülle von Informationen zu diesem Thema. Es sei an dieser Stelle nur eine herausgegriffen. In Tabelle 3 sind globale Beitragsäquivalenzziffern für die verschiedenen Rentensysteme, aber auch für verschiedene Simulationsscenarien miteinander verglichen. In den absoluten Beitragsäquivalenzziffern sind einfach die Lebensrentensummen zu den Lebensbeitragssummen in Beziehung gesetzt. Es ergibt sich durchgehend eine Ziffer größer als 1, die bedeutet, daß unter Zugrundelegung der gewählten Simulationsscenarien mehr Renten empfangen als Beiträge gezahlt wurden. Will man die einzelnen Systeme miteinander vergleichen, ist es sinnvoll, eine relative Beitragsäquivalenzziffer zu ermitteln, die in diesem Falle – willkürlich – auf das geltende Recht bezogen

Tabelle 3: Absolute[1] und relative[2] Beitragsäquivalenzziffern für alternative Simulationszenarien

Rentensystem \ Alternativsimulation		Standardsimulation		ohne EU[3]		Volle Erwerbstätigkeit von Ehefrauen		Keine Erwerbstätigkeit von Ehefrauen		Reduzierter Bildungsertrag[4]		0 oder 6 Jahre Kinderanrechnung[5]	
		BÄZ[1]	REL[2]	BÄZ	REL	BÄZ	REL	BÄZ	REL	BÄZ	REL	BÄZ	REL
Geltendes Recht		1,34	1,00	1,31	1,00	1,40	1,00	1,35	1,00	1,35	1,00	1,34	1,00
Unb. Witwerrente		1,37	1,02	1,34	1,02	1,44	1,03	1,37	1,01	1,39	1,03	1,37	1,02
Kommission	1/75/1	1,36	1,02	1,35	1,03	1,41	1,01	1,40	1,03	1,38	1,02	1,35	1,01
	2/70/1	1,37	1,02	1,36	1,03	1,42	1,01	1,41	1,04	1,39	1,02	1,35	1,01
	3/70/1	1,38	1,03	1,36	1,04	1,42	1,01	1,43	1,06	1,40	1,03	1,36	1,02
	3/65/1	1,35	1,01	1,34	1,02	1,39	0,99	1,40	1,04	1,37	1,01	1,34	1,00
	1/75/3	1,39	1,04	1,37	1,05	1,44	1,03	1,44	1,06	1,41	1,04	1,43	1,06
	2/70/3	1,40	1,04	1,38	1,05	1,44	1,03	1,45	1,07	1,42	1,05	1,43	1,07
	3/70/3	1,41	1,05	1,39	1,06	1,45	1,03	1,47	1,08	1,42	1,05	1,44	1,08
	3/65/3	1,38	1,03	1,36	1,04	1,42	1,01	1,44	1,06	1,39	1,03	1,41	1,05
Eigenständig	100/65/1	1,25	0,93	1,24	0,95	1,20	0,86	1,39	1,03	1,29	0,95	1,24	0,93
	80/75/1	1,26	0,94	1,25	0,96	1,22	0,87	1,38	1,02	1,29	0,95	1,24	0,93
	100/65/3	1,26	0,94	1,25	0,96	1,21	0,86	1,41	1,04	1,30	0,96	1,27	0,95
	80/75/3	1,27	0,95	1,27	0,97	1,24	0,88	1,41	1,04	1,31	0,97	1,30	0,97

1 Absolute Beitragsäquivalenzziffern (BÄZ): Lebensrentensumme/Lebensbeitragssumme des jeweiligen Rentensystems
2 Relative Beitragsäquivalenzziffern (REL): Absolute Beitragsäquivalenzziffer des jeweiligen Rentensystems bezogen auf die absolute Beitragsäquivalenzziffer nach geltendem Recht
3 Kein EU-Zugang von Frauen ab dem 60. Lebensjahr
4 Für höhere Bildungsabschlüsse als Hochschulniveau ist für Männer und nichtverheiratete Frauen die Ertragsrate für Schulbildungsjahre um 20 % gekürzt
5 Anstatt 1 Jahr Anrechnung: Keine Anrechnung; anstatt 3 Jahre Anrechnung: 6 Jahre Anrechnung
Quelle: Gert Wagner, Zur Sensitivität der Mikro-Finanzierungsrechnung. In: Hans-Jürgen Krupp, Heinz P. Galler, Heinz Grohmann, Richard Hauser, Gert Wagner (Hrsg.). Alternativen der Rentenrefrom '84. Campus Verlag Frankfurt/New York 1981, S. 396.

wird. Es zeigt sich sehr deutlich, daß diese relative Beitragsäquivalenzziffer im Voll Eigenständigen System sehr viel kleiner als in den Kommissionsmodellen ist. Die Kommissionsmodelle bedeuten, daß die Abweichung von der Beitragsäquivalenz vergrößert wird, während sie beim Voll Eigenständigen System verkleinert wird. Dies ist aber das erwartete Ergebnis, was sich auch mit Hilfe anderer Meßkonzepte zeigen läßt.

Schließlich ist es sinnvoll, noch einmal nach den Übergangsproblemen zu fragen. Hier ist gar kein Zweifel, daß das Voll Eigenständige System eine sehr lange Übergangszeit benötigt, wie Schaubild 5 deutlich zeigt. Freilich wird die Übergangszeit in den Teilhabesystemen in der Regel unterschätzt. Zwar erfolgt hier der Übergang eines größeren Teils der Bevölkerung sehr viel schneller, aber auch hier verbleibt ein

Schaubild 5: Die Entwicklung der Verteilung der Rentenempfänger auf die Übergangsphasen in den Reformsystemen

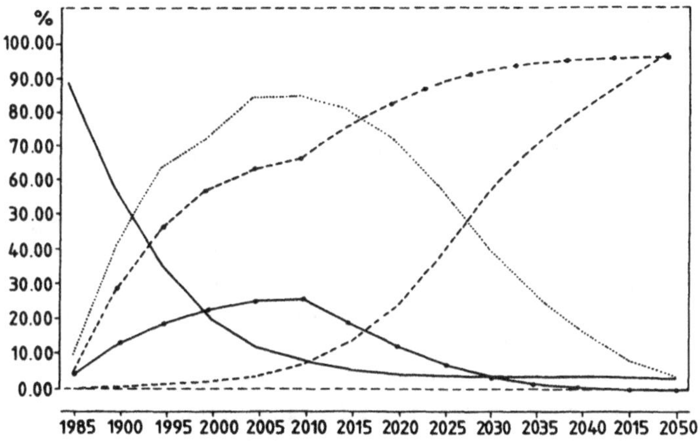

Anteil der Rentner in allen Varianten der 84er Kommission, die Renten nach der Übergangsregelung beziehen

Anteil der Rentner in allen Varianten der 84er Kommission, die Renten nach diesem Recht beziehen

Anteil der Rentner in den Reformsystemen, die Renten nach geltendem Recht beziehen

Anteil der Rentner im Voll Eigenständigen System, die Renten nach der Übergangsregelung beziehen

Anteil der Rentner im Voll Eigenständigen System, die Renten nach diesem Recht beziehen

Quelle: Winfried Hain und Iris Lempert, Finanzierungsrechnungen mit dem Querschnittsmikrosimulationsmodell. In: Hans-Jürgen Krupp, Heinz P. Galler, Heinz Grohmann, Richard Hauser, Gert Wagner (Hrsg.), Alternativen der Rentenreform '84, Campus Verlag, Frankfurt/New York 1981, S. 373.

nicht unbeträchtlicher Rest von Personen, die die Übergangsregelung beanspruchen, auch noch im nächsten Jahrhundert. Man muß sich darüber im klaren sein, daß eine ernst zu nehmende Rentenreform, die Besitzstände achtet, immer Übergangsregelungen braucht. Angesichts der Tatsache, daß es unter dem Gesichtspunkt der Verwaltbarkeit und Transparenz nicht ausschlaggebend ist, wie groß die Anzahl derjenigen ist, die noch von der Übergangsregelung betroffen sind, ist die Überlegenheit der Teilhabemodelle in bezug auf das Voll Eigenständige System keineswegs so deutlich, wie dies häufig behauptet wird. Angesichts der weittragenden Bedeutung der vor uns liegenden Reform könnte es daher durchaus sinnvoll sein, eine tiefergehende Reform mit einem größeren Umfang der von Übergangsregelungen betroffenen Personen zu bezahlen.

5. Schlußfolgerungen für die Reformdiskussion

Es spricht wenig für die Vermutung, daß die hier angestellten Überlegungen noch eine wesentliche Veränderung der Reform bewirken können. Schließlich haben sich alle politischen Parteien im Prinzip auf ein Teilhabemodell der Variante 3 festgelegt. Nun ist es andererseits sicher so, daß die im Einleitungsabschnitt angeschnittenen Probleme inzwischen auch im politischen Raum gesehen werden. Insofern ist einerseits der Hinweis wichtig, daß diese Probleme durch die geplante Reform nur unvollkommen gelöst werden. Daneben kommt es aber darauf an, deutlich zu machen, daß Lösungsmöglichkeiten bestehen, die sowohl das Problem der finanziellen Entlastung wie das der Mindestsicherung und der Anerkennung der Kindererziehung zu lösen in der Lage sind. Allerdings geht dieses nicht ohne tiefgreifende Konsequenzen, wie die Simulationsergebnisse für das Voll Eigenständige System zeigen. Es bedarf sicher eines langwierigen Bewußtseinsbildungsprozesses, bevor man bereit ist zu akzeptieren, daß eine derartig tiefgreifende Veränderung unseres Rentensicherungssystems eine sinnvolle Alternative ist. In diesem Zusammenhang kann man freilich auch auf die zunehmende Erwerbstätigkeit und die damit verbundenen Prozesse der Bewußtseinsbildung bei Frauen setzen. Eine neue Generation wird eher bereit sein, derartige Änderungen zu akzeptieren als diejenigen, die unter ganz anderen Rahmenbedingungen aufgewachsen sind. Auch hierfür ist es wichtig, daß die Alternative plastisch vorgestellt werden kann. Auch hierfür ist ein voll entwickeltes und voll durchgerechnetes System, wie es das Voll Eigenständige jetzt darstellt, sehr nützlich.

Findet die 84er Reform tatsächlich im Jahre 1984 statt, ist nicht damit zu rechnen, daß derartige Gedanken schon Berücksichtigung finden. Damit stellt sich die Frage, ob es nicht sinnvoller wäre, auf die große Reform zu diesem Zeitpunkt zu verzichten und zunächst kleine Anpassungen vorzunehmen. Die Alternative hierzu wäre der Versuch, die Teilhaberente auf der Grundlage der Erfahrungen, die mit der Simulation der verschiedenen Rentenmodelle gemacht wurden, so zu verändern, daß ein Teil der anstehenden Probleme mit gelöst werden kann. Es ist freilich zu befürchten, daß dieses nicht für das Finanzierungsproblem gilt. Wenn die Behandlung des Voll Eigenständigen Systems auch einen Beitrag dazu leistet, Verbesserungsmöglichkeiten der Teilhabemodelle dadurch Nachdruck zu verleihen, daß man auf eine funktionsfähige Alternative verweist, wäre auch schon etwas gewonnen.

So könnte man sich durchaus vorstellen, daß man das Modell der ehezeitunabhängigen Teilhaberente durch eine ausreichende Mindestsicherung und Anrechnung von Kindererziehungsjahren ergänzt. Dies würde es erlauben, den Teilhabesatz so zu senken, daß es zu keiner finanziellen Zusatzbelastung kommt. Betrachtet man freilich die Gesamtheit der bisher diskutierten Kriterien, muß man feststellen, daß eine derartige Lösung, die auch erhebliche Einschnitte bedeuten würde, einem neu konzipierten System wie es das Voll Eigenständige System darstellt, unterlegen wäre.

Anmerkungen

1 Sachverständigenkommission für die soziale Sicherung der Frau und der Hinterbliebenen, Vorschläge zur sozialen Sicherung der Frau und der Hinterbliebenen. Gutachten der Sachverständigenkommission vom 21. Mai 1979. Veröffentlicht durch die Bundesregierung. Der Bundesminister für Arbeit und Sozialordnung, Bonn 1979.

2 H.-J. Krupp, H.P. Galler, H. Grohmann, R. Hauser, G. Wagner (Hrsg.), Alternativen der Rentenreform '84, Campus Verlag, Frankfurt/New York 1981.

3 Zu diesem Thema gibt es inzwischen zahlreiche Veröffentlichungen. Der Sozialbeirat hat sich in einem Gutachten über langfristige Probleme der Alterssicherung in der Bundesrepublik Deutschland auf der Grundlage eines Gutachtens der Wissenschaftlergruppe des Sozialbeirats zu längerfristigen Entwicklungsperspektiven der Rentenversicherung geäußert. Vergl. hier die Drucksache 9/632 des Deutschen Bundestages. Die Transfer-Enquete-Kommission hat sich in Kapitel 9 ihres Schlußberichts mit diesem Thema auseinandergesetzt: Vergl. Transfer-Enquete-Kommission, das Transfer-System in der Bundesrepublik Deutschland, W. Kohlhammer GmbH, Stuttgart, Berlin, Köln, Mainz 1981.

Bernd Ziegler

Zu den Auswirkungen der langfristigen Bevölkerungsentwicklung auf den Generationenvertrag in der Rentenversicherung

1. Einleitung

Als These sei zu Beginn formuliert, daß in naher Zukunft weniger der Verteilungskampf zwischen Kapital und Arbeit als vielmehr die „Verteilungsfrage zwischen den Generationen", d. h. die Auseinandersetzung um die Einkommensverteilung zwischen erwerbstätiger und nicht mehr erwerbstätiger Generation, das vorherrschende Konfliktfeld in der Sozial- und Gesellschaftspolitik der Bundesrepublik Deutschland sein wird. Langfristige Vorausberechnungen der Bevölkerungs-, Einkommens- und Beschäftigungsentwicklung zeigen nämlich, daß die bruttolohnbezogene „dynamische Altersrente" in der bisher praktizierten und rechtlich festgelegten Form längerfristig nicht vereinbar ist mit einem Abgabensatz für ihre Finanzierung aus Beiträgen und Steuern (Bundeszuschuß), der annähernd auf dem heutigen Niveau liegt. Von besonderem Gewicht, wenn auch in voller Stärke erst sehr viel später wirksam, sind die längerfristig zu erwartenden Belastungen der gesetzlichen Rentenversicherung (GRV), die daraus resultieren, daß sich das Verhältnis von Rentnern zu Beitragszahlern aus demographischen Gründen verschlechtert. Diese sich aus der Bevölkerungsentwicklung zwangsläufig ergebenden Belastungen machen es notwendig, über eine Neuverteilung von Finanzierungslasten und Leistungen im Bereich der GRV nachzudenken[1]. Dies wiederum berührt unmittelbar den sogenannten „Generationenvertrag"[2]. Nach diesem „weder verhandelten noch kodifizierten ‚contrat social'"[3] hat die jeweils aktive (erwerbstätige) Generation die Aufgabe übernommen, den alten Menschen ein angemessenes Einkommen für die Zeit nach dem Ausscheiden aus dem Erwerbsleben zu sichern. Die Finanzierung erfolgt dabei nach dem Prinzip des Umlageverfahrens, d. h. die Beiträge der Erwerbstätigen (bzw. Versicherten) in der Periode t werden zur Bezahlung der Renteneinkommen derselben Periode verwendet[4]. Die „Angemessenheit" der Einkommensverteilung zwischen den Generationen der Erwerbstätigen und der Rentner wird zumeist anhand des Rentenniveaus (Brutto- oder Nettorentenniveau) beurteilt – ermittelt als Relation von „Eckrente" (der eine 40-jährige Versicherungszeit und ein durchschnittliches Arbeitseinkommen zugrunde liegt) und durchschnittlichem Brutto- oder Nettoverdienst der Aktiven[5]. Ein bestimmtes, politisch zu definierendes Rentenniveau kann (konstante Beitragssätze unterstellt) im Wege des Umlageverfahrens dauerhaft nur dann finanziert werden, wenn die periodische Alterslastquote (das Verhältnis von Rentenbeziehern zu Beitragszahlern) im Zeitablauf einigermaßen stabil bleibt.

Die nachfolgenden Ausführungen beschäftigen sich mit den Auswirkungen des langfristig zu erwartenden Bevölkerungsstrukturwandels auf die Beziehungen zwischen Finanzierungslasten und Leistungen in der GRV. Ferner werden Lösungsmöglichkeiten diskutiert, wie die kommenden Belastungen der sozialen Alterssicherung bewältigt werden können. Beurteilungskriterien für diese Lösungen sind zum einen die finanziellen Auswirkungen und zum anderen die verteilungspolitischen Konsequenzen[6]. Letztere betreffen nicht nur die Relation von Renteneinkommen und Arbeitnehmereinkommen (Rentenniveau), sondern auch das Verhältnis, in dem die Renten ihrer Höhe nach zueinander stehen (Rentenstruktur).

2. *Die voraussichtliche Bevölkerungsentwicklung in der Bundesrepublik Deutschland*

Nach den bisher vorliegenden Vorausschätzungen der künftigen Bevölkerungsentwicklung in der Bundesrepublik Deutschland sind längerfristig erhebliche Probleme für die Rentenversicherung zu erwarten. Da die sich abzeichnenden Entwicklungsperspektiven im gegenwärtigen Altersaufbau der Bevölkerung begründet sind, dürfte eine wesentliche Änderung der Entwicklung nicht ohne weiteres zu erwarten sein[7].

Das Statistische Bundesamt hat in mehreren Vorausberechnungen die Entwicklung des Altersquotienten (definiert als Zahl der 60-jährigen und älteren Personen zur Zahl der 20- bis unter 60-jährigen Personen) geschätzt. Danach wird sich die Altersstruktur der deutschen Bevölkerung in den nächsten Jahrzehnten grundlegend ändern. Geht man von den neueren Ergebnissen aus (Vorausberechnung von 1980, Modell I)[8], so wird der Altersquotient von gegenwärtig 38 % über 43 % im Jahre 2000 und 51 % im Jahre 2020 auf 72 % im Jahre 2035 ansteigen. Anders ausgedrückt: Während heute 38 Personen, die 60 Jahre und älter sind, auf 100 Personen, die 20 bis unter 60 Jahre alt sind, kommen, so sind es im Jahre 2035 72 Personen.

Auch die Wissenschaftlergruppe des Sozialbeirats kommt in ihrem Gutachten zu längerfristigen Entwicklungsperspektiven der Rentenversicherung zu ähnlichen Ergebnissen[9]. In einer eigenständigen Modellrechnung werden die Auswirkungen des aus gegenwärtiger Sicht zu erwartenden Bevölkerungsstrukturwandels auf die Beziehungen zwischen Beiträgen und Renten „sowohl innerhalb jeder Generation als auch zwischen den Generationen quantitativ abgreifbar (gemacht) und dabei die zahlreichen – heute noch gar nicht absehbaren – Einflüsse nach Möglichkeit (eliminiert)“[10]. Die Notwendigkeit einer eigenen Modellrechnung wird u. a. damit begründet, daß die demographisch bedingten Probleme der Alterssicherung nicht allein aufgrund der voraussichtlichen Entwicklung des Altersquotienten beurteilt werden dürfen. Auch die Entwicklung der Erwerbsquote, der Versichertenquote, der Rentnerquote und das Ausmaß der Wanderungsbewegungen sind von Bedeutung. Sie können die Probleme der Alterssicherung verschärfen oder abmildern[11].

Die Modellrechnung im Gutachten der Wissenschaftlergruppe kommt zu dem Ergebnis, daß die voraussichtliche Bevölkerungsstrukturentwicklung unter der Annahme eines unverändert geltenden Leistungsrechts ab 1995 zu einem Beitragssatz zur

Rentenversicherung führen würde, der über dem gegenwärtigen Niveau von 18,5 v. H. liegt. Nach dem Jahr 2000 wäre ein Beitragssatz von über 20 v. H. notwendig. Der stärkste Anstieg würde zwischen 2025 und 2030 liegen, das Maximum folgt einige Jahre später. Im Jahre 2035 sind dann knapp 35 v. H. der Arbeitnehmereinkommen nötig, um das Bruttorentenniveau auf der gegenwärtigen Höhe zu halten. Am Ende des Vorausrechnungszeitraums (2050) würde der Beitragssatz noch immer über 30 v. H. betragen[12]. Selbst wenn die Geburtenhäufigkeit sich wieder „normalisieren" würde (d. h. bei einem Nettoreproduktionsindex von 1 zu einer konstanten Bevölkerung führte), wäre unter den Annahmen des Modells der Wissenschaftlergruppe im Vergleich zu dem sich sonst ergebenden Maximalwert von 35 v. H. zeitweilig dennoch ein Beitragssatz von über 26 v. H. erforderlich.

Auch wenn man die Ergebnisse derart langfristiger Bevölkerungsprognosen mit einigen Fragezeichen versehen muß, da sie stets mit erheblichen Unsicherheiten behaftet sind (insbesondere was die Annahmen über die künftige Geburtenhäufigkeit und Sterblichkeit, die Entwicklung des Heirats-, Scheidungs- und Erwerbsverhaltens, der Arbeitnehmereinkommen usw. betrifft), so kann man sich doch nicht der Aufgabe entziehen, alternative Lösungsmöglichkeiten für die auf die Rentenversicherung zukommenden Probleme zu entwickeln.

Der Sozialbeirat hat in seinem Gutachten über langfristige Probleme der Alterssicherung in der Bundesrepublik Deutschland auch geprüft, inwieweit man die Belastungen für die Alterssicherung durch bestimmte „exogene" Veränderungen verringern kann, wie z. B. verstärkte Zuwanderung, Variation der Ausbildungszeiten, Einführung von Teilrenten. Die Schlußfolgerung aus diesen Überlegungen besteht darin, daß sich die mit dem Anstieg des Altersquotienten zwangsläufig ergebenden Belastungen im wesentlichen nur durch 1. höhere Beitragseinnahmen, 2. einen höheren Einsatz von Steuermitteln und/oder 3. eine Begrenzung der Ausgaben für die Alterssicherung bewältigen lassen[13].

Im folgenden wird ebenfalls von der Auffassung ausgegangen, daß sich die aus den Bevölkerungsstrukturveränderungen für die Rentenversicherung langfristig ergebenden Probleme vorrangig nur innerhalb des Systems der GRV gelöst werden können.

3. Möglichkeiten einer veränderten Lastenverteilung zwischen den Generationen

Bevor die von verschiedener Seite vorgeschlagenen Maßnahmen zur Bewältigung der aufgrund von Wandlungen in der Bevölkerungsstruktur längerfristig zu erwartenden Belastungen diskutiert werden, ist deutlich zu machen, welche generelle Zielsetzung die gesetzliche Rentenversicherung verfolgt.

Mit der Einführung der dynamischen Altersrente im Jahre 1957 wurden im wesentlichen zwei Ziele angestrebt: zum einen sollte das in der alten Regelung gängige Absinken vom erreichten Lebensstandard nach Eintritt ins Rentenalter verhindert werden und zum anderen sollte das mit der erstmaligen Rentenfestsetzung erreichte

Versorgungsniveau während der Altersperiode aufrechterhalten werden[14], d. h. die Rentner sollen nicht nur einen Inflationsausgleich erhalten, sondern auch am Wirtschaftswachstum teilnehmen, wie es sich in der Entwicklung der Arbeitnehmereinkommen widerspiegelt. In dieser Zielsetzung dokumentiert sich ein grundlegender Wandel in der gesellschaftlichen Einschätzung des Alters. Während früher das Alter wie selbstverständlich als eine Zeit der Erwerbstätigkeit, wenn auch mit verminderter Leistungskraft, betrachtet wurde, so wird heute im Alter ein von der Arbeitsperiode abgetrennter Lebensabschnitt gesehen, der ohne materielle Not eine Lebensqualität ermöglichen soll, die in der vorrangig auf Leistung ausgerichteten Industriegesellschaft häufig zu kurz kommt[15]. Zur Realisierung der angestrebten Ziele wurde das Grundprinzip einer sozialen Altersversicherung beibehalten. Danach wird ein bestimmter Personenkreis (zumeist alle Arbeitnehmer) durch Gesetz zu einer Solidargemeinschaft zusammengeschlossen. Der einzelne Versicherte zahlt während seines Erwerbslebens Beiträge in Form eines prozentualen Abzugs von seinem Bruttoarbeitsentgelt (die Beiträge werden zu gleichen Teilen von Arbeitnehmer und Arbeitgeber erhoben) und erwirbt dadurch im Alter einen entsprechend differenzierten Rentenanpruch (Prinzip der Beitragsäquivalenz). Der soziale Charakter der Altersversicherung beruht in erster Linie darauf, daß die in der Person des Versicherten liegenden Risiken keinen Einfluß auf die Beitragshöhe haben, und die Risikodeckung hinsichtlich der nicht vorhersehbaren Dauer des Rentenbezugs für alle Versicherten und ihre Hinterbliebenen gleich ist (Prinzip des Sozialen Ausgleichs)[16]. Der durch die Beiträge erworbene Anspruch auf eine spätere Rente wird von der nachfolgenden Generation, die ebenfalls der gesetzlichen Pflicht zur Versicherung unterliegt, eingelöst (Prinzip des Generationenvertrags). Die generelle Zielsetzung der GRV, den aus dem Erwerbsleben ausscheidenden Menschen die Möglichkeit zu geben, ihren bisherigen Lebensstandard im wesentlichen aufrechtzuerhalten, darf bei der Diskussion von Lösungsmöglichkeiten zur Bewältigung der längerfristigen Belastungsprobleme nicht aus den Augen verloren werden.

Die Bandbreite der theoretischen Lösungsmodelle wird vom Sozialbeirat durch das Aufzeigen zweier extremer Lösungsmöglichkeiten verdeutlicht[17]. Legt man die vorliegenden Modellrechnungen zur Bevölkerungsstrukturentwicklung zugrunde, dann müßte unter der Annahme, daß den Rentnern auch im Jahre 2035 das gegenwärtige Bruttorentenniveau von fast 44 v. H. gesichert werden soll, der Beitragssatz zur GRV von zur Zeit 18,5 v. H. bis auf knapp 35 v. H. angehoben werden. Würde man dagegen den Beitragssatz über alle Jahre hinweg konstant bei 18,5 v. H. halten und somit die zusätzliche Alterslast allein durch eine Minderung der Rentenleistungen auffangen, dann müßte das Bruttorentenniveau von gegenwärtig knapp 44 v. H. auf deutlich unter 25 v. H. reduziert werden. Der Sozialbeirat hält jedoch mit Recht diese beiden extremen Lösungsmodelle für nicht vertretbar. Im ersten Fall würden die Lasten, die sich aus dem Wandel der Bevölkerungsstruktur ergeben, ausschließlich von den Beitragszahlern getragen. Die zweite Lösung würde das Ziel, bei Eintritt ins Rentenalter den bisherigen Lebensstandard im Grundsatz zu erhalten, in eklatanter Weise verletzen. Sozialpolitisch vertretbar sind nur solche Lösungen, die sowohl die Beitragszahler als auch die Rentenbezieher in „ausgewogener" Weise an der

Finanzierung der zusätzlichen Alterslast beteiligen. Die im folgenden dargestellten Lösungsmöglichkeiten, die in einer teilweise sich ergänzenden, teilweise in sich ausschließender Beziehung stehen, werden im Hinblick auf ihre finanziellen und verteilungspolitischen Auswirkungen diskutiert. Die Frage der „Ausgewogenheit" von Maßnahmen bzw. Maßnahmenkombinationen kann jedoch letztlich nur politisch entschieden werden.

(a) Nettoanpassung

Bei dieser Lösung werden die Renten jährlich nicht mehr wie bisher um den Prozentsatz angepaßt, um den die Bruttoeinkommen der versicherten Arbeitnehmer gestiegen sind, sondern um den jährlichen prozentualen Nettoeinkommenszuwachs der Arbeitnehmer. Das durchschnittliche Nettoeinkommen, das als neue Bezugsgröße zu wählen ist, kann hierbei allerdings unterschiedlich definiert werden. Grundsätzlich gibt es zwei Möglichkeiten: Man kann entweder von dem in der Volkswirtschaftlichen Gesamtrechnung (VGR) ausgewiesenen Nettoverdienst (bzw. der entsprechenden Abgabenquote) ausgehen oder einen „Standardhaushalt" konstruieren, dessen Nettoeinkommenszuwachs als Maßstab für den Anpassungssatz der Renten genommen wird. Beide Verfahren sind jedoch mit einigen Mängeln behaftet, auf die hier nicht näher eingegangen werden kann[18].

Zur Begründung der Nettoanpassung wird angeführt, daß es dem Sinn des Generationenvertrags entspricht, den Rentnern einen bestimmten Lebensstandard in Relation zu dem Verdienst vergleichbarer Erwerbstätiger zu sichern. Hierfür komme es in erster Linie auf das effektiv zur Verfügung stehende Nettoeinkommen an. Da die Renten aus der GRV faktisch abgabenfrei bleiben, stellen sie verfügbares Einkommen dar (Bruttorente gleich Nettorente). Demgegenüber hat sich für die Erwerbstätigen im Zeitablauf die direkte Abgabenquote aus Steuern und Sozialversicherungsbeiträgen deutlich erhöht. Die Arbeitnehmereinkommen steigen deshalb schon seit Jahren netto prozentual weniger als die Renten. „Die im Erwerbsleben stehende Bevölkerung nimmt damit im Hinblick auf ihr verfügbares Einkommen am Wirtschaftswachstum in geringerem und die inaktive Bevölkerung in stärkerem Maße teil"[19]. In letzter Konsequenz könnten (bei Beibehaltung der Bruttoanpassung) immer mehr Rentner (vor allem jene die eine hohe Zahl von anrechnungsfähigen Versicherungsjahren aufweisen; siehe Rentenformel) höhere Renten beziehen als die Nettoeinkommen der individuell vergleichbaren Aktiven[20]. Mit dem Übergang zur Nettoanpassung würde eine Auseinanderentwicklung von Renten und Nettoarbeitsentgelten verhindert.

Verteilungspolitisch[21] würde sich somit der Übergang zur Nettoanpassung dahingehend auswirken, daß das zur Zeit erreichte Nettorentenniveau (Eckrente im Verhältnis zum Nettoeinkommen) festgeschrieben wird (Nettorentenniveau im Jahre 1977: rd. 65 v. H.)[22]. Angesichts der zu erwartenden Beitragssatzerhöhungen im Zuge der Altersstrukturveränderung der Bevölkerung wäre es aber durchaus zu rechtfertigen, daß es zu keiner weiteren Verschiebung der Verteilungsrelation zugunsten der Rentner kommt, wie es bei Fortdauer der Bruttoanpassung der Fall wäre. Zugleich wird von der Nettoanpassung erwartet, daß sie zu einer finanziellen Entlastung der Rentenversicherung führt und damit die notwendigen Beitragssatzsteigerungen bei den Aktiven abschwächt.

Folgende Varianten der Nettoanpassung sind denkbar:[23] Zum einen können bei der Ermittlung der Bezugsgröße „Nettoeinkommen" alle auf die Bruttolöhne entfallenden direkten Abgaben (Steuern/ Sozialversicherungsbeiträge) berücksichtigt werden (Variante I bzw. umfassende Nettoanpassung). Zum anderen können vom Bruttoeinkommen lediglich die Rentenversicherungsbeiträge abgezogen werden (Variante II bzw. modifizierte Nettoanpassung). Die Renten würden dann entsprechend der jährlichen Veränderung dieser Nettoeinkommensgröße angepaßt. Wird infolge des sich verschlechternden Altersaufbaus der Bevölkerung der Beitragssatz für die Rentenversicherung erhöht, dann schlägt sich dies in entsprechend niedrigeren Rentenanpassungssätzen nieder. Durch die Variante II würden zumindest die Lasten einer ungünstigen Bevölkerungsentwicklung gleichmäßiger zwischen den Erwerbstätigen und den Rentnern verteilt als bei der bisherigen Bruttoanpassung.

Der finanzielle Entlastungseffekt (und damit die mögliche Reduzierung der erforderlichen Beitragssatzsteigerungen) hängt bei beiden Varianten der Nettoanpassung davon ab, in welchem Maße sich die relevante Abgabenquote (Steuern zuzüglich Sozialversicherungsbeiträge bzw. nur Rentenversicherungsbeitrag) in Zukunft erhöht. Quantitativ verläßliche Aussagen darüber sind bei der ersten Variante nahezu unmöglich, da sie von der weiteren Entwicklung der Steuergesetzgebung abhängen[24]. Die Entwicklung des Rentenversicherungsbeitrages ist aufgrund der verschiedenen Vorausschätzungen der demographischen Veränderungen schon eher abzuschätzen. Auf der Basis ihrer eigenen Modellrechnung kommt die Wissenschaftlergruppe des Sozialbeirats zu dem Ergebnis, daß eine bei Fortdauer der Bruttoanpassung erforderliche Anhebung des Beitragssatzes von 18 auf 25 v. H. durch eine modifizierte Nettoanpassung (Variante II) auf rd. 24 v. H. und eine Erhöhung auf 30 v. H. durch dieses Anpassungsverfahren auf rd. 28 v. H. vermindert würde. Sie warnt deshalb davor, den finanziellen Entlastungseffekt einer wie auch immer ausgestalteten Nettoanpassung zu überschätzen[25].

Für die Berechnung der Zugangsrenten bzw. Neurenten ergibt sich bei einem Übergang zur Nettoanpassung das Problem, wie die Allgemeine Bemessungsgrundlage ermittelt wird. Eine Berechnung auf der Basis des durchschnittlichen Nettoeinkommens aller Versicherten würde zu einem erheblichen Absinken des Niveaus aller neuzugehenden Renten vom Zeitpunkt der Systemumstellung an führen und ist deshalb sozialpolitisch nicht tragbar. Als Lösungsmöglichkeit bietet sich an, die Allgemeine Bemessungsgrundlage (berechnet auf Bruttobasis) nach Einführung der Nettoanpassung jährlich mit der Veränderungsrate der neuen Anpassungsgröße „Nettoeinkommen" fortzuschreiben[26].

Als eine weitere Variante der Nettoanpassung kann man auch die sogenannte „modifizierte Bruttoanpassung"[27] auffassen, da sie ebenfalls von einer Anpassungsgröße ausgeht, die zwischen Brutto- und Nettoeinkommen liegt. Die Renten werden bei diesem Verfahren zwar zunächst wie bisher brutto angepaßt. Von dieser Größe wird dann aber der Prozentsatz abgesetzt, um den die Arbeitnehmerbeiträge zur Rentenversicherung steigen. Als Beispiel: Erhöht sich der Beitragssatz um einen Prozentpunkt, so wird der Rentenanpassungssatz um 0,5 Prozentpunkte verringert. Die Anhebung des Beitragssatzes würde dadurch in prozentual gleichem Umfang die Differenz zwischen Bruttoarbeitsentgelt bzw. Bruttorente und verfügbarem Einkommen der Erwerbstätigen bzw. Rentenbezieher vergrößern. Gegenüber der bisherigen Anpassung hätte diese Alternative gleichfalls den Vorteil, daß die Lasten einer ungünstigen Bevölkerungsentwicklung gleichmäßiger zwischen den Generationen verteilt würden.

Zusätzlich wäre zu überlegen, ob in ähnlicher Weise auch etwaige Steigerungen der Beiträge zur gesetzlichen Krankenversicherung vom Bruttoanpassungssatz der Renten abgezogen werden könnten. Diese Frage kann aber erst dann beantwortet werden, wenn die Regelung der Krankenversicherung der Rentner (KVdR) endgültig feststeht. Sollten die Rentner in Zukunft einen individuellen Beitrag zur KVdR zahlen, so würde eine Anhebung der Krankenversicherungsbeiträge auch zu Lasten der Rentner gehen. Ein nochmaliger Abzug im Rahmen einer modifizierten Bruttoanpassung wäre dann nicht vertretbar[28]. Die Einführung eines Krankenversicherungsbeitrags für Rentner wurde im 21. Rentenanpassungsgesetz von 1978 angekündigt. Danach soll ab 1982 an die Stelle des Pauschalbeitrages der Rentenversicherung für die KVdR ein individueller Beitrag treten, der die persönlichen Einkommensverhältnisse des Rentners berücksichtigt (d. h. der Beitrag soll nicht nur auf die Rente selbst, sondern auch auf andere vergleichbare Einkünfte erhoben werden). Der auf die Rente entfallende Beitrag soll durch eine entsprechende Rentenerhöhung ausgeglichen werden, was für den Rentner zunächst eine kostenneutrale Lösung darstellt. Hinsichtlich der Ausgestaltung des Beitragssatzes sind zwei Möglichkeiten denkbar: einheitlicher oder differenzierter Prozentsatz. Berücksichtigt man zunächst einmal nur die Renten aus der GRV, dann würde ein einheitlicher Prozentsatz alle Renten (relativ) gleich belasten. Im Gegensatz dazu würde eine an der Rentenhöhe orientierte Staffelung der Beitragssätze, d. h. der Beitragssatz ist um so geringer je niedriger die Rente, die Bezieher kleiner Renten relativ besser stellen als die Bezieher hoher Renten. Auf diese Weise würde die Verteilungssituation zwischen den Rentnern korrigiert. Allerdings würden dabei auch jene Rentner den Vorteil geringer Beitragssätze haben, die neben ihrer niedrigen Rente weitaus höhere Einkünfte aus anderen Quellen beziehen. Dieser Nachteil kann nur dann vermieden werden, wenn der Beitragssatz zur KVdR nicht nur auf die Rente, sondern auf alle vergleichbaren Einkommen erhoben wird. In diesem Fall ist aber prinzipiell zu überlegen, ob eine aus verteilungspolitischen Gründen angestrebte Korrektur der Einkommensverteilung innerhalb der Generation der Rentenbezieher nicht sinnvoller Weise über eine stärkere Einbeziehung der Renten in die Besteuerung bewirkt werden sollte.

(b) Besteuerung[29]

Für eine stärkere Besteuerung der Renten wird zunächst das gleiche verteilungspolitische Argument angeführt wie für die Nettoanpassung: es soll eine Auseinanderentwicklung von Nettorenten und Nettoarbeitsentgelten vermieden werden[30]. Außerdem wird mit der Rentenbesteuerung ebenfalls eine finanzielle Entlastung der Rentenversicherung bzw. der Beitragszahler angestrebt. Dies vor allem angesichts der Tatsache eines sich verschlechternden Altersaufbaus der Bevölkerung. Im Vergleich zur Nettoanpassung hätte die Besteuerung aber den verteilungspolitischen Vorteil, daß der individuell verschiedenen Belastungsfähigkeit der Alterseinkommen Rechnung getragen werden könnte. Gemäß der Idee einer Einkommensteuerprogression würden die höheren Renten relativ stärker, die niedrigeren Renten relativ schwächer belastet. Im Rahmen einer „umfassenden Nettoanpassung" (Variante I) würden dagegen alle Rentner relativ gleich in Bezug auf ihre Rente von der Veränderung der durchschnittlichen steuerlichen Abgabenquote auf Arbeitnehmereinkommen betroffen, unabhängig von persönlichen Umständen. Diese „steuerliche" Komponente der Nettoanpassung kann zu dem Ergebnis führen, daß niedrige Renteneinkommen stärker belastet werden als vergleichbare Arbeitnehmereinkommen.

Wie bereits erwähnt, sind die Renten aus der GRV de facto abgabenfrei. In der Öffentlichkeit ist deshalb die Meinung weit verbreitet, Renten unterlägen nicht der Steuerpflicht. Diese Auffassung ist jedoch nicht zutreffend. Die faktische Steuerfreiheit ist vielmehr auf die Bestimmung des Paragraphen 22 Einkommensteuergesetz (EStG) zurückzuführen, der die Besteuerung der „sonstigen Einkünfte" regelt. Dazu zählen auch die Renten aus den Rentenversicherungen der Arbeiter und Angestellten[31]. Nach Paragraph 22 EStG ist nicht die gesamte Rente steuerpflichtig, sondern nur der sogenannte Ertragsanteil der Rente. „Dem liegt die Konzeption zugrunde, daß durch die Beitragszahlungen zur gesetzlichen Rentenversicherung ein Rentenrecht erworben wird, das gleich einem Vermögensgut im Sinne einer zu tilgenden und zu verzinsenden Kapitalforderung zu behandeln ist. Da Vermögensverzehr nicht Steuerobjekt im Sinne des Einkommensteuergesetzes ist, bleibt die Rente in Höhe ihres Kapitalwertes steuerfrei; lediglich der Ertrag des Rentenrechts ist steuerpflichtig"[32]. Streng genommen müßte somit jede einzelne Rentenzahlung in einen Ertragsanteil (Zinsanteil) und einen Tilgungsanteil (Kapitalrückflußanteil) zerlegt werden, wobei Laufzeit und Lebensalter zu berücksichtigen wären. Ein derartiges Verfahren würde jedoch zu einem erheblichen Verwaltungsaufwand führen. Der Gesetzgeber hat sich deshalb für eine zeitlich gleichbleibende Aufteilung der Rente in Ertrags- und Tilgungsanteil entschieden. Maßgebend für die Höhe des Ertragsanteils ist das Lebensalter des Rentenbeziehers bei Beginn der Rentenzahlung. Je höher das Lebensalter, desto geringer ist der steuerliche Ertragsanteil der Rente. Ein Beispiel soll den Besteuerungsmodus verdeutlichen: Bei einem Arbeitnehmer, der vom 60. Lebensjahr an Rente bezieht, beträgt der Ertragsanteil 25 v. H. seiner Rente, bei Rentenbeginn mit 65 Jahren beträgt der Ertragsanteil nur 20 v. H. seiner Rente. Die Ertragsanteile bleiben für die gesamte Restlaufzeit unverändert. Wenn zur Rente keine weiteren steuerpflichtigen Einkommen hinzukommen (wie z. B. Zinsen, Mieten,

Pensionen), fällt der Ertragsanteil zumeist unter die Steuerfreigrenze. Bisher bleiben ca. 90 v. H. aller Renten unterhalb der Freigrenze und werden somit nicht besteuert.

Die gegenwärtige Besteuerungspraxis der Renten wird sowohl hinsichtlich des Berechnungsmodus des Ertragsanteils kritisiert (und zwar wegen des äußerst groben Pauschalierungsverfahren sowie der verwendeten Annahmen über Zinssatz und durchschnittliche Lebenserwartung) als auch hinsichtlich der zugrundeliegenden Konzeption eines Kapitaldeckungsverfahrens mit Vermögensumschichtung, das in keiner Weise mehr dem jetzt praktizierten Umlageverfahren entspricht. Ferner wird aus steuersystematischer Sicht kritisiert, daß die Arbeitnehmerbeiträge zur Rentenversicherung als Sonderausgaben (bis zu bestimmten Höchstgrenzen) das zu versteuernde Einkommen mindern, die späteren Rentenzahlungen aber faktisch nicht versteuert werden. Im Ergebnis bleiben somit manche Einkommensteile im Lebensablauf unversteuert, was als Verstoß gegen das Korrespondenzprinzip angesehen wird[33]. Daraus wird die Forderung abgeleitet, die Arbeitnehmerbeiträge zur Rentenversicherung als Sonderausgaben ganz aus der Besteuerung herauszunehmen, dafür aber die Renten der vollen Steuerpflicht zu unterwerfen, abgesehen von bestimmten Freibeträgen[34].

Gegen eine volle Besteuerung der Renten wird vorgebracht, daß eine derartige Maßnahme „wesentliche Teile unseres Steuersystems in Frage"[35] stellen würde. Erwähnt werden hier insbesondere verschiedene Formen der Ersparnisbildung und der Altersvorsorge, die die Bildung von Vermögen aus unversteuertem bzw. steuerbegünstigtem Einkommen zulassen und die Auflösung solcher Vermögen nicht der Einkommensteuer unterwerfen. Mit der steuerlichen Begünstigung ist i. d. R. ein Verzicht auf die Besteuerung entsprechender Einkommensteile beabsichtigt und nicht nur eine zeitliche Verlagerung. Die Wissenschaftlergruppe des Sozialbeirats hat deshalb eine Besteuerung der Renten in voller Höhe abgelehnt. Sie schlägt vielmehr eine verändert begründete und in ihrer Höhe neu festgelegte Ertragsanteilsbesteuerung vor[36]. Angesichts der bereits dargelegten Kritik an der Konzeption des Ertragsanteils (Annahme einer Verzinsung angesammelter Beiträge) kann es nicht verwundern, daß in der Wissenschaftlergruppe keine Einigkeit über die Art der Begründung für eine sogenannte „modifizierte Ertragsanteilsbesteuerung" bestand. Letztendlich waren pragmatische Gesichtspunke ausschlaggebend. Im Prinzip läuft dieser Vorschlag darauf hinaus, den Ertragsanteil stufenweise zu erhöhen und zwar bis auf das verteilungspolitisch gewollte Niveau. Dadurch soll erreicht werden, daß die Besteuerung der Renten künftig früher einsetzt als bisher. Die Wirkung für die Rentenbezieher wäre im Grunde nicht anders als bei einer Änderung des Anpassungsverfahrens. Der Anpassungssatz würde gemindert, wenn die steuerliche Belastung zunimmt. Allerdings hätte diese Lösung den bereits im Zusammenhang mit einer vollen Rentenbesteuerung erwähnten Vorteil, daß die Veränderung der Steuerlast den jeweiligen individuellen Umständen Rechnung tragen würde.

Verläßliche empirische Angaben über die finanzielle Ergiebigkeit einer veränderten Ertragsanteilsbesteuerung von Renten liegen gegenwärtig noch nicht vor. Aber selbst wenn der Entlastungseffekt der Rentenversicherungsträger geringer als erwartet wäre, könnte die Besteuerung aufgrund der geschilderten verteilungspolitischen Effekte befürwortet werden. Auch bei einer vollen Einbeziehung der Renten in die Besteuerung würden sich kurzfristig wegen der im Rahmen der Besitzstandswahrung notwendigen Härteausgleichszahlungen keine nennenswerten finanziellen Entlastungen ergeben. Erst wenn sich in den folgenden Jahren bei wachsenden Renteneinkommen die Progression des Einkommensteuertarifs auswirkt, steigen die Steuereinnahmen aus der Rentenbesteuerung prozentual mehr als die Renten, sprich Ausgaben. Die finanzielle Entlastung wäre somit erst langfristig wirksam[37].

Bei einem Übergang zu einer modifizierten Ertragsanteilsbesteuerung (oder vollen Besteuerung) stellt sich ferner das Problem, wie die Veranlagung durchzuführen ist. Eine Möglichkeit besteht darin, den Rentenempfängern die alljährliche Abgabe einer Einkommensteuererklärung aufzuerlegen. Nachteilig wäre jedoch der Aufwand, den diese Art der Veranlagung erfordern würde, vor allem wenn man die Zahl von rund 13 Millionen Renten allein in der GRV bedenkt. Finanztechnisch sinnvoller erscheint es deshalb, die Steuer von den Rentenversicherungsträgern durch direkten Abzug von der Rente einbehalten zu lassen (Quellenabzugsverfahren). Die einbehaltenen Steuereinnahmen könnten dann entweder bei den Rentenversicherungsträgern belassen oder an den Bund überwiesen und als erhöhter Bundeszuschuß zurückerhalten werden. Die Bindung eines bestimmten Teils der Steuereinnahmen für eine Ausgabenart (hier: Finanzierung der Ausgaben der Rentenversicherung) würde jedoch gegen das „Nonaffektationsprinzip" verstoßen, das eine solche Zweckbindung verbietet[38]. Selbst wenn man eine Ausnahme von diesem Prinzip machen würde, liegt ein weiteres Problem darin, daß die Einnahmen aus der Einkommensteuer (also auch die aus einer veränderten Rentenbesteuerung resultierenden Steuererträge) nicht nur dem Bund, sondern auch den Ländern und Gemeinden zufließen. Die Lösung der Finanzausgleichsprobleme dürfte mit einigen Schwierigkeiten verbunden sein[39].

(c) Erhöhung des Bundeszuschusses

Der Zuschuß des Staates an die gesetzliche Rentenversicherung stellt von Anfang an eine dritte Einnahmequelle der Alterssicherung dar (neben den Beiträgen der Arbeitnehmer und Arbeitgeber). Dieser Zuschuß wird seit 1891 ununterbrochen gezahlt. Die ursprüngliche Höhe von einem Drittel der Ausgaben konnte allerdings nicht gehalten werden.

Mit der Rentenreform von 1957 wurden die früheren Regelungen weitgehend durch einen allgemeinen, dynamisierten Bundeszuschuß ersetzt. In die Neuregelungsgesetze wurden je ein fester Betrag für die Rentenversicherung der Arbeiter und Angestellten eingesetzt und dessen Dynamisierung beschlossen, wobei die Fortschreibung an die Veränderung der Allgemeinen Bemessungsgrundlage gekoppelt wurde. Betrachtet man die tatsächliche Entwicklung des Bundeszuschusses seit 1957, so ist festzustellen, daß der Bundeszuschuß von 30,9 v. H. der Ausgaben im Jahre 1957 auf 17,6 v. H. im Jahre 1978 zurückgegangen ist. Der Rückgang des Anteils des Bundeszuschusses zu Lasten des Anteils der Beiträge ist darauf zurückzuführen, daß der Anstieg des Zuschusses an die Allgemeine Bemessungsgrundlage gekoppelt ist und nicht an die Höhe der Rentenausgaben. Die Rentenausgaben sind in den vergangenen Jahren durch eine ganze Reihe von Faktoren weitaus stärker gestiegen als die Allgemeine Bemessungsgrundlage.

Die Wissenschaftlergruppe des Sozialbeirats hat in ihrem Gutachten verschiedene Möglichkeiten diskutiert, wie der Bundeszuschuß wieder auf eine rationale rentenpolitische Basis gestellt werden kann. Folgende Alternativen einer veränderten Bemessung des Bundeszuschusses wurden geprüft: 1. Der Bund zahlt jährlich einen fixen Betrag pro Rente, 2. der Bund deckt die sogenannten „versicherungsfremden" (d. h. nichtbeitragsäquivalenten) Leistungen zumindest anteilig oder 3. der Bund beteiligt sich in Form eines festen Prozentsatzes an den Gesamtausgaben der Rentenversicherungsträger[40]. Angesichts der Schwierigkeiten, eine der genannten Alternativen nach Abwägen aller Vor- und Nachteile als „die Beste" zu bezeichnen, schlägt die Gruppe eine pragmatische Lösung vor. Der Bundeszuschuß soll nicht mehr wie bisher an die Veränderung der Allgemeinen Bemessungsgrundlage, sondern an die Entwicklung der gesamten Ausgaben der Rentenversicherung gekoppelt werden. Weiterhin soll der Bundeszuschuß wieder merklich heraufgesetzt werden. Als Zielgröße wird ein Wert zwischen 20 v. H. und 30 v. H. der Gesamtausgaben angestrebt. Zur Begründung dieses Wertes wird darauf verwiesen, daß der Umfang der versicherungsfremden Leistungen mit Sicherheit mehr als 30 v. H. betragen dürfte. Die Erhöhung des Bundeszuschusses auf die anvisierte Größe soll jedoch nicht sofort, sondern schrittweise erfolgen und zwar immer dann, wenn aus Gründen der demographischen Belastung bei unverändert geltendem Leistungsrecht Beitragssatzanhebungen notwendig werden sollten. Der Bundeszuschuß könnte in diesen Situationen jeweils mit der gleichen Rate erhöht werden, wie die Beitragssätze der Aktiven steigen.

Der Vorschlag der Wissenschaftlergruppe zeigt einen gangbaren Weg auf, wie die aufgrund von Wandlungen in der Bevölkerungsstruktur zu erwartenden Belastungen der Beitragszahler abgemildert werden können. Im Hinblick auf die veränderte Regelbindung des Bundeszuschusses ist allerdings kritisch anzumerken, daß die Alternative „Deckung der versicherungsfremden Leistungen" der ordnungspolitischen Struktur des Rentensystems eher entspräche. Vergleicht man die Pro- und Kontra-Argumente der Wissenschaftlergruppe zu den drei Alternativen einer veränderten Konstruktion des Bundeszuschusses, dann hat die zweite Alternative ordnungspolitisch deutliche Vorteile. „Ein derartiges Konstrukt könnte zumindest in Teilen die soziale Ausgleichsfunktion erfüllen und trotzdem gleichzeitig das Versicherungsprinzip für die genuin alterssicherungsbedingten Ausgaben beibehalten. Diese legitimationstheoretisch höchst effiziente Konstruktion . . . würde zwar einerseits den Charakter der Sozial-Versicherung stärker parzellieren, hätte jedoch gleichzeitig den externen Effekt, daß der Versicherungsgemeinschaft von außen – etwa durch den Staat – zugeschriebene ‚Zusatz' – Aufgaben . . . nicht ohne fiskalische Absicherung zugeordnet werden"[41]. Die mit der Definition des Begriffs „versicherungsfremde" Leistungen verbundenen Abgrenzungsprobleme, die sicherlich nicht leicht zu lösen sind, sollten nicht von vornherein zu einer Zurückweisung dieser Variante einer veränderten Bemessung des Bundeszuschusses führen.

Im Zusammenhang mit einer Erhöhung des Bundeszuschusses wird häufig argumentiert, daß es gleichgültig sei, ob Steuerzahler oder Beitragszahler die Finanzmittel aufbringen, da der Kreis der beiden nahezu identisch sei. Dem ist entgegenzuhalten, daß eine stärkere Beteiligung der Steuerzahler an der steigenden Gesamtbelastung der Beitragszahler den Vorteil hat, daß „die direkten Steuern im wesentlichen progressiv alle Einkommen und nicht nur proportional die Einkommen bis zur Beitragsbemessungsgrenze treffen“[42]. Würde dagegen die Anhebung des Bundeszuschusses vornehmlich über eine Erhöhung der indirekten Steuern finanziert, ergäbe sich zwar der Nachteil, daß die indirekten Steuern ähnlich regressiv wirken wie Beiträge, sie würden aber einen breiteren Kreis der Bevölkerung treffen, nämlich die Gesamtheit der Nachfrager. Hierbei ist in Rechnung zu stellen, daß die regressiven Wirkungen der indirekten Steuern (Verbrauchsteuern) vor allem die Bezieher kleiner Einkommen treffen, also auch die Rentner mit niedrigen Renten. Die sozialpolitische Einschätzung dieser Belastung hängt unter anderem davon ab, wie die Rentenbezieher künftig an der Finanzierung der steigenden Alterslastquote beteiligt werden.

Angesichts der absehbaren finanziellen Engpässe bei der Rentenversicherung und drohender Beitragserhöhungen in den kommenden Jahren wird insbesondere von seiten der Gewerkschaften eine Erweiterung der Bemessungsgrundlage für den Arbeitgeberbeitrag gefordert (Stichwort: „Maschinensteuer“). Den verschiedenen Vorschlägen ist gemeinsam, daß der Lohn als alleinige Bezugsbasis für die Rentenversicherungsbeiträge aufgegeben werden soll. Neben einer leistungsfähigeren Finanzierungsstruktur der Rentenversicherung will man mit dieser Maßnahme ferner erreichen, daß Arbeitsplätze in lohnintensiven Wirtschaftszweigen nicht benachteiligt und mittelfristig ein Abbau struktureller Arbeitslosigkeit bewirkt wird. Auf eine ausführliche Diskussion der mit einer Erweiterung der Bemessungsgrundlage für den Arbeitgeberbeitrag zusammenhängenden Probleme muß hier jedoch verzichtet werden[43].

4. Schlußbemerkungen

Die langfristig aufgrund der Bevölkerungsstrukturveränderungen zu erwartenden Belastungen der gesetzlichen Rentenversicherung werfen schwierige Probleme auf. Änderungen des Rentensystems müssen deshalb sorgfältig abgewogen werden, insbesondere hinsichtlich ihrer finanziellen und verteilungspolitischen Konsequenzen. Nach Ansicht des Sozialbeirats führt eine den bisherigen Erwartungen entsprechende Belastungssteigerung der Beitragszahler verbunden mit einer Maßnahmenkombination von modifizierter Bruttoanpassung, effizienterer Ertragsanteilsbesteuerung sowie Bindung des Bundeszuschusses zumindest an den Anstieg der Rentenausgaben bis etwa zum Jahre 2000 zu einer für alle Beteiligten tragbaren Belastungsverteilung[44]. Als Alternative zum Vorschlag des Sozialbeirats wäre m. E. eine Maßnahmenkombination von modifizierter Nettoanpassung, sozial gestaffeltem (d. h. rentenabhängigen) Krankenversicherungsbeitrag und erhöhtem Bundeszuschuß vorstellbar. Betrachtet man für einen Augenblick die politische Dimension des Problems einer Änderung des Alterssicherungssystems, dann spricht einiges für die Kombination von modifizierter Nettoanpassung und Krankenversicherungsbeitrag der Rentner; eine derartige Maßnahme ist zur Zeit den Rentnern eher verständlich zu machen und wird möglicherweise eher akzeptiert (also politisch eher durchsetzbar) als eine stärkere Einbeziehung der Renten in die Besteuerung. Für welche Maßnahme bzw. Maßnahmenkombination man sich auch immer entscheidet, es sollte sichergestellt werden, daß die Bewältigung der anstehenden Alterslast in der Rentenversicherung nicht von Fall zu Fall durch diskretionäre Entscheidungen erfolgt. Man wird derartige Entscheidungen zwar nicht völlig ausschließen können, sollte sie jedoch auf ein Mindestmaß reduzieren. Dadurch wird vermieden, daß die soziale Alterssicherung ein ständiger Streitpunkt in der öffentlichen Diskussion darstellt und sowohl bei den versicherten Erwerbstätigen als auch bei den Rentenbeziehern Unsicherheiten im Hinblick auf ihre zukünftige Altersversorgung entstehen. Abschließend sei noch einmal auf die zu Beginn formulierte These verwiesen. Die entscheidende Bewährungsprobe für den Generationenvertrag kommt nach der Jahrhundertwende, vor allem dann, wenn die Belastung der Beitragszahler nur durch eine Senkung des Nettorentenniveaus abgemildert werden kann.

Anmerkungen

1 Das aus dem Wandel der Bevölkerungsstruktur resultierende langfristige Belastungsproblem berührt nicht allein das System der gesetzlichen Rentenversicherung, sondern alle Alterssicherungssysteme gleichermaßen. Wenn dennoch der Schwerpunkt der folgenden Ausführungen auf dem System der GRV liegt, dann vor allem deshalb, weil dieses System die wichtigste Form der Alterssicherung in der Bundesrepublik Deutschland darstellt. Hinzu kommt, daß die aus dem Bevölkerungsstrukturwandel herrührenden Probleme und ihre Lösungsmöglichkeiten anhand eines einheitlichen Systems von Finanzierung und Leistungen klarer herausgearbeitet werden können. Gleichwohl ist im Hinblick auf die Verteilung der künftigen Belastungen eine Gleichbehandlung der verschiedenen Alterssicherungssysteme anzustreben.

2 „Der Ausdruck ‚Generation‘ wird hier . . . im Sinne einer typisierenden Einteilung von Personen, die eine bestimmte Altersgrenze überschritten haben und solchen, die noch im erwerbsfähigen Alter stehen, verwendet“ (W. Schmähl, Alterssicherung und Einkommensverteilung, Tübingen 1977, S. 359, Anm. 1).

3 H. Weise, Rentenfinanzierung und Rentenbesteuerung, Kieler Arbeitspapier No. 74 v. Juli 1978, Institut für Weltwirtschaft an der Universität Kiel, S. 2.

4 Gegenüber dem früher verwendeten Kapitaldeckungsverfahren hat das Umlageverfahren den Vorteil, daß die Rentenversicherungsträger nicht mehr gezwungen sind, große Vermögenswerte anzusammeln und rentabel anzulegen. Außerdem trägt das Umlageverfahren der Tatsache Rechnung, daß letztlich alle Sozialleistungen aus dem laufenden Sozialprodukt abgezweigt werden müssen.

5 Vgl. W. Schmähl, Alterssicherung und Einkommensverteilung, a.a.O., S. 359 ff.

6 Zu den Beurteilungskriterien vgl. W. Schmähl, Zur verteilungspolitischen Beurteilung von Rentenanpassungsverfahren, in: Wirtschaftsdienst 1976/XII, S. 610 ff.; ferner Gutachten des Sozialbeirats vom 18. Februar 1977, Anlage II zur BT-Drucksache 8/132 vom 25. Februar 1977, S. 18 f.

7 Vgl. Gutachten der Wissenschaftlergruppe des Sozialbeirats zu längerfristigen Entwicklungsperspektiven der Rentenversicherung vom 14. Dezember 1980, Anlage zur BT-Drucksache 9/632 vom 3. Juli 1981, S. 26 ff. und S. 35 ff.

8 Vgl. Bericht über die Bevölkerungsentwicklung in der Bundesrepublik Deutschland, BT-Drucksache 8/4437 v. 8. August 1980, Tabelle 29, S. 46.

9 Vgl. Gutachten der Wissenschaftlergruppe des Sozialbeirats vom 14. Dezember 1980, a.a.O., S. 39, Abb. 1.

10 Ebenda, S. 36.
11 Ebenda, S. 35 ff.
12 Ebenda, S. 40 ff.
13 Vgl. Gutachten des Sozialbeirats über langfristige Probleme der Alterssicherung in der Bundesrepublik Deutschland vom 11. Juni 1981, BT-Drucksache 9/632 vom 3. Juli 1981, S. 8.
14 Die Höhe der Neurenten (auch Zugangsrenten genannt) wird nach der sogenannten „Rentenformel" berechnet. In diese Formel gehen verschiedene Faktoren ein, deren Zusammenwirken bei der erstmaligen Rentenbemessung die Höhe der individuellen Rente bestimmt. Insgesamt sind es vier Faktoren, die multiplikativ miteinander verknüpft werden: Die Allgemeine Bemessungsgrundlage (BG), der Vomhundertsatz der persönlichen Bemessungsgrundlage (pB), die Zahl der anrechnungsfähigen Versicherungsjahre (v) und der Steigerungssatz je anrechnungsfähigem Versicherungsjahr (s). Die erstmalige Festsetzung einer Altersrente aus der gesetzlichen Rentenversicherung der Arbeiter und Angestellten erfolgt somit nach folgender „Formel":
$R_t = BG_t \cdot pB \cdot v \cdot s$, wobei R_t = individuelle Rente im Jahre t (DM/Jahr)
Die Anpassungssätze der bereits laufenden Renten (Bestandsrenten) werden alljährlich durch Gesetz festgelegt (Rentenanpassungsgesetz). Bis 1978 (21. Rentenanpassungsgesetz) wurden die Anpassungssätze stets aus der Veränderung der Allgemeinen Bemessungsgrundlage errechnet, doch erfolgten zweimal zeitliche Variationen des Anpassungstermins. Die Anpassung der Bestandsrenten macht im Vergleich zu den Neuzugängen die Masse der Mehrausgaben aus.
(vgl. hierzu: W. Schmähl, Graphische Darstellung und Interpretation der „Rentenformel" in der Bundesrepublik Deutschland, in: Finanzarchiv, NF, Bd. 35 (1976/1977), S. 310 ff.; ferner B. Molitor, Die dynamische Altersrente, in: WISU 11/80, S. 135 ff.)
15 Vgl. B. Molitor, Die soziale Altersversicherung nach den Rentenreformen, in: Mitteilungen der Gesellschaft der Freunde und Förderer der Hochschule für Wirtschaft und Politik Hamburg, Heft 40, 1973/II, S. 181.
16 Ebenda, S. 182 f.
17 Vgl. Gutachten des Sozialbeirats vom 11. Juni 1981, a.a.O., S. 10.
18 Vgl. Gutachten des Sozialbeirats vom 18. Februar 1977, a.a.O., S. 20 f.
19 D. Heier, Die Sozialversicherung als Instrument ökonomischer Stabilisierungspolitik, dargestellt unter besonderer Berücksichtigung institutioneller Gestaltungsmöglichkeiten in der Renten- und Arbeitslosenversicherung, Diss. Hbg. 1973, S. 117.
20 Vgl. Gutachten des Sozialbeirats vom 18. Februar 1977, a.a.O., S. 20.
21 Vgl. W. Schmähl, Zur verteilungspolitischen Beurteilung von Rentenanpassungsverfahren, a.a.O., S. 610 ff.; sowie ders., Gegen eine isolierte Betrachtung der Finanzierungsprobleme, in: Wirtschaftsdienst 1978/II, S. 78 ff.
22 Zur Entwicklung des Nettorentenniveaus vgl. Der Bundesminister für Arbeit und Sozialordnung, Übersicht über die Soziale Sicherung, Bonn 1977, S. 100.
23 Gutachten der Wissenschaftlergruppe des Sozialbeirats vom 14. Dezember 1980, a.a.O., S. 50 f.
24 Die künftige direkte Steuerbelastung der Aktiveneinkommen hängt unter anderem davon ab, wie sich das Verhältnis von direkten und indirekten Steuern zueinander entwickelt. Nimmt z. B. der Anteil der direkten Steuern zu Lasten des Anteils der indirekten Steuern ab, dann würde die Variante I der Nettoanpassung ceteris paribus sogar zu höheren Anpassungssätzen führen als die Bruttoanpassung.
25 Vgl. Gutachten der Wissenschaftlergruppe des Sozialbeirats vom 14. Dezember 1980, a.a.O., S. 50.
26 Vgl. Gutachten des Sozialbeirats vom 18. Februar 1977, a.a.O., S. 21.
27 Vgl. Gutachten der Wissenschaftlergruppe des Sozialbeirats vom 14. Dezember 1980, a.a.O., S. 51.
28 Vgl. Gutachten des Sozialbeirats vom 11. Juni 1981, a.a.O., S. 11.
29 Zur Frage der Besteuerung vgl. M. Schreyer, Probleme der Besteuerung von Renten, in: Konjunkturpolitik. Zeitschrift für angewandte Konjunkturforschung, 23. Jahrgang (1977), S. 287 ff.; W. Schmähl, Besteuerung, Nettoanpassung und Beitragsbelastung von Renten, in: Wirtschaftsdienst 1980/I, S. 28 ff.; N. Andel, Die einkommensteuerliche Behandlung der Beiträge an und der Leistungen von Altersversicherungen, in: Theorie und Praxis des finanzpolitischen Interventionismus. Hrsg. v. H. Haller, L. Kullmer, C.S. Shoup, H. Timm, Tübin-

gen 1970, S. 327 ff.; ders., Nettoanpassung und Besteuerung der Renten im Lichte der Gleichmäßigkeit, der Verteilungsgerechtigkeit und des Sanierungsbedarfs der Rentenversicherungen, in: P. Bohley (Hrsg.), Wirtschaftswissenschaft als Grundlage staatlichen Handelns, Heinz Haller zum 65. Geburtstag, Tübingen 1979, S. 165 ff.; Gutachten der Wissenschaftlergruppe des Sozialbeirats vom 14. Dezember 1980, a.a.O., S. 53 ff.

30 Vgl. Gutachten des Sozialbeirats vom 18. Februar 1977, a.a.O., S. 21 f.

31 Auf das Problem der steuerlichen Ungleichbehandlung von Renten und vergleichbaren Beamtenpensionen kann hier nicht näher eingegangen werden (vgl. dazu Urteil des Bundesverfassungsgerichts vom 26. März 1980).

32 M. Schreyer, Probleme der Besteuerung von Renten, a.a.O., S. 287.

33 Vgl. M. Schreyer, Probleme der Besteuerung von Renten, a.a.O., S. 292 ff. (Das Korrespondenzprinzip besagt, daß Einkommensteile, die der Verfügbarkeit des Steuerpflichtigen temporär entzogen sind und von der Steuerpflicht ausgenommen bleiben, bei späterem Zufluß nachzuversteuern sind).

34 Gegen die zweite Ausgestaltungsmöglichkeit des Korrespondenzprinzips, die Arbeitnehmerbeiträge zur GRV in die volle Steuerpflicht einzubeziehen und die späteren Renten ganz steuerfrei zu lassen, spricht insbesondere der Grundsatz der steuerlichen Belastung nach der Leistungsfähigkeit. Die Besteuerung der Rentenversicherungsbeiträge würde für die aktive Generation neben der ohnehin steigenden Abgabenlastquote eine unzumutbare Einkommensminderung bedeuten (vgl. M. Schreyer, Probleme der Besteuerung von Renten, a.a.O., S. 302 ff.).

35 Gutachten des Sozialbeirats vom 11. Juni 1981, a.a.O., S. 11.

36 Vgl. Gutachten der Wissenschaftlergruppe des Sozialbeirats vom 14. Dezember 1980, a.a.O., S. 54 f.

37 Vgl. H. Meinhold, Ökonomische Probleme der sozialen Sicherheit, Kieler Vorträge Nr. 86, Tübingen 1978, S. 19.

38 Der Grundregel des Steuersystems, die Verteilung der Steuerlast nach dem Leistungsfähigkeitsprinzip vorzunehmen, steht die Grundregel gegenüber, die staatlichen Ausgaben nach ihrer Dringlichkeit zu tätigen (vgl. F. Neumark, Grundsätze gerechter und ökonomisch rationaler Steuerpolitik, Tübingen 1970, S. 5 und S. 48).

39 Vgl. hierzu M. Schreyer, Rentenbesteuerung und Finanzausgleich, in: Wirtschaftsdienst 1980/III, S. 152 ff.

40 Vgl. Gutachten der Wissenschaftlergruppe des Sozialbeirats vom 14. Dezember 1980, a.a.O., S. 58.

41 Ebenda, S. 58.

42 Gutachten des Sozialbeirats vom 11. Juni 1981, a.a.O., S. 12.

43 Vgl. zu dieser Diskussion: IGMetall will Rentenbeiträge auf neuer Grundlage, in: Frankfurter Rundschau vom 26.8.1981; B. Molitor, Trojanisches Pferd, in: Wirtschaftswoche 1979/50, S. 60 ff; Gutachten der Wissenschaftlergruppe des Sozialbeirats vom 14. Dezember 1980, a.a.O., S. 59 ff.

44 Vgl. Gutachten des Sozialbeirats vom 11. Juni 1981, a.a.O., S. 12 f.

Harald Schumacher

Der soziale Ausgleich in der Sozialversicherung

Anspruch und Wirklichkeit

Das Selbstverständnis der Bundesrepublik als Sozialstaat gründet sich zu einem nicht geringen Teil auf die als „soziales Netz" apostrophierten Sozialleistungen und den damit verbundenen korrigierenden Eingriffen in die Einkommensverteilung. Die in diesen staatlichen Umverteilungsprozessen geforderte Solidarität der wirtschaftlich begünstigten Gesellschaftsschichten mit den im Marktprozeß Benachteiligten hatte jedoch nur so lange Bestand wie mit steigenden Wachstumsraten des realen Durchschnittseinkommens gerechnet werden konnte. Angesichts knapper werdender Ressourcen, wachsender Ansprüche der Länder der Dritten Welt und sinkender Zuwachsraten des Realeinkommens, in einer Zeit also, in der es gerade einer verstärkten Solidarität der gesellschaftlichen Gruppen bedarf, erweist sich die Brüchigkeit dieser sozialpolitischen Maxime. In den Programmen zur Sanierung der Staats- und Sozialhaushalte überwiegen die Eingriffe in die Sozialleistungen, werden die Finanzierungslasten vor allem den wirtschaftlich benachteiligten Gruppen aufgebürdet, während höhere Einkommensschichten kaum betroffen sind, ja zum Teil noch begünstigt werden.

In der einschlägigen Literatur findet diese Entwicklung ihre Resonanz in Arbeiten, welche die sozial- und verteilungspolitisch motivierten Umverteilungen unter verschiedenen Aspekten kritisieren. So wird auf die vermeintliche Gefährdung der Leistungs- und Investitionsbereitschaft durch die steigende Abgabenquote für staatliche Leistungen verwiesen und eine „Reprivatisierung" dieser Leistungen gefordert.[1] Die zu beobachtende Tendenz, daß im Rahmen der Umverteilungsvorgänge die Finanzierungslasten zunehmend von den Zielgruppen selbst aufgebracht werden, dient als Vorwand, um die Verteilungspolitik in einer „Wohlstandsgesellschaft" grundsätzlich in Frage zu stellen.[2] Und mit dem Hinweis auf den Mißbrauch von Sozialleistungen und dem Verhalten des ‚moral hazard' in der Sozialversicherung wird eine Beschränkung des sozialen Ausgleichs befürwortet.[3]

Die sich hier abzeichnende „Tendenzwende" in der Verteilungspolitik bildet den Anlaß für die folgende Bestandsaufnahme des sozialen Ausgleichs in der Sozialversicherung. Dabei soll zunächst geprüft werden, in welchen Formen und in welchem Umfang der soziale Ausgleich in den Strukturprinzipien der Sozialversicherung zum Ausdruck kommt. Exemplarisch werden hier die gesetzliche Renten- und Krankenversicherung untersucht. Sodann ist zu fragen, in welche Richtung sich diese Teilsysteme der Sozialversicherung unter verteilungspolitischen Aspekten bewegen, und schließlich werden Reformansätze zu diskutieren sein, die auf eine Verstärkung des sozialen Ausgleichs ausgerichtet sind.

1. Begriff und Formen des sozialen Ausgleichs

Der soziale Ausgleich gilt als ein konstitutives Merkmal der Sozialversicherung, das diese Sicherungsform von dem privatwirtschaftlichen Versicherungsprinzip unterscheidet. In der Sozialversicherung wird – so das Bundesverfassungsgericht – der „versicherungsmäßige Risikoausgleich . . . mit einem sozialen Ausgleich innerhalb der Versichertengemeinschaft verbunden".[4] Aus dem sozialen Ausgleich läßt sich daher auch eine mögliche Rechtfertigung des Zwangscharakters der Sozialversicherung ableiten, da die Zwangsmitgliedschaft verhindert, daß sich Personen in begünstigten Lebenslagen dem sozialen Ausgleich entziehen können.

Die hier vorgenommene begriffliche Abgrenzung des sozialen Ausgleichs vom versicherungsmäßigen Risikoausgleich öffnet einen Zugang zum Inhalt dieses sozialpolitischen Grundbegriffs, indem zunächst der Risikoausgleich und das damit verknüpfte Äquivalenzprinzip erläutert werden. Unter Äquivalenzprinzip wird in der Versicherung vereinfacht die Gleichwertigkeit von Leistungen des Versicherungsnehmers (Prämie, Beiträge) und entsprechende Gegenleistungen der Versicherung verstanden. Dabei sind die Gegenleistungen stets als zu erwartende Leistungen zu verstehen. Nach dem Äquivalenzprinzip wäre also bei personenbezogenen Versicherungen die Prämie so zu kalkulieren, daß sie dem in der Person des Versicherten liegenden Risiko und dem Umfang der gewünschten Ausgleichszahlungen entspricht. Von dieser reinen Form des Äquivalenzprinzips wird in der Praxis nun abgewichen, weil nicht alle Risikofaktoren hinreichend bekannt sind bzw. weil wegen zu hoher Transaktionskosten auf eine vollständige Erfassung der Risikofaktoren eines Versicherten verzichtet wird. Man nimmt daher bewußt eine Abweichung von einer risikogerechten Prämie in Kauf und bewirkt auf diese Weise einen Risikoausgleich zwischen den Versicherten.[5] Dieser versicherungsmäßige Risikoausgleich impliziert einen Transfer von Einkommen[6] und damit eine interpersonelle Einkommensumverteilung von den Versicherten mit niedrigem Risiko, bei denen die zu erwartenden Gegenleistungen geringer sind als die Prämie, zu den Versicherten mit hohem Risiko.

Da auch die Sozialversicherung auf dem Versicherungsprinzip beruht, ist ihr der versicherungsmäßige Risikoausgleich gleichfalls nicht fremd. Nur ist, da die Beiträge nicht am Risiko der Versicherten, sondern an seinem Arbeitseinkommen orientiert sind, der Risikoausgleich und die damit einhergehende Einkommensumverteilung[7] sehr viel umfangreicher. So nehmen Versicherte mit gleichem Bruttoeinkommen und damit gleich hohen Beitragszahlungen je nach Risikohäufigkeit unterschiedlich hohe Sachleistungen in Anspruch. Allerdings könnte dieser erweiterte Risikoausgleich dann noch als versicherungsmäßiger Risikoausgleich begriffen werden, wenn er verfahrenstechnisch begründet wird (Vereinfachung der Kalkulation, Vorteile des Quellenabzugsverfahrens u. a.). Die vorherrschende Interpretation geht jedoch dahin, ihn als sozialpolitisch motiviert anzusehen, so daß er dem sozialen Ausgleich zuzurechnen wäre. Bedeutsam für die Abgrenzung zum versicherungsmäßigen Risikoausgleich ist also die damit verbundene Zielsetzung.[8] Sozialpolitisch ließe sich dann der erweiterte Risikoausgleich in der Sozialversicherung damit rechtfertigen, daß insbesondere die spezifischen Gefahren der Arbeitswelt bestimmte Risiken erzeugen (Berufsunfälle, berufsbedingte Dauerleiden, „Zivilisationskrankheiten", Arbeitslosigkeit etc.), ohne daß die gleichzeitig eintretenden Wohlstandssteigerungen vorzugsweise jenen zugute kämen, die diese Risiken zu tragen haben. Dieser sozialpolitisch begründete erweiterte Risikoausgleich soll als sozialer Risikoausgleich bezeichnet werden. Er bildet eine Form des sozialen Ausgleichs.

Neben dem sozialen Risikoausgleich lassen sich in der Sozialversicherung der Bundesrepublik Umverteilungsprozesse feststellen, denen familienpolitische Ziele zugrundeliegen. Sie beruhen beispielsweise auf der beitragsfreien Mitversicherung der Familienangehörigen in der gesetzlichen Krankenversicherung, der Gewährung von Hinterbliebenenrenten sowie den Zuschlägen zu bestimmten Geldleistungen. Hier erfolgt eine Umverteilung von nichtverheirateten Versicherten zu den Versicherten mit Familienangehörigen, gleiches Einkommen und gleiche Risikohäufigkeit vorausgesetzt. Im sozialen Ausgleich verwirklicht sich somit auch ein Familienlastenausgleich.[9]

Sowohl beim sozialen Risikoausgleich wie auch beim Familienlastenausgleich handelt es sich um Formen sog. horizontaler Einkommensumverteilungen, da vorrangig keine Angleichung der aus den Marktprozessen resultierenden Einkommensunterschiede beabsichtigt ist. Nun kann diese Angleichung aber ein eigenständiges Ziel des sozialen Ausgleichs sein (vertikale Einkommensverteilung).[10] Sie läßt sich rechtfertigen mit den Verzerrungen der primären Einkommensverteilung, die u. a. auf Marktmachteinflüsse, Diskriminierungen und ungleiche Bildungschancen zurückgehen. Zu den Aufgaben des sozialen Ausgleichs gehört dann auch die Korrektur der Primärverteilung durch vertikale Einkommensumverteilungen im System der Sozialversicherung (Einkommensausgleich). Ein Einkommensausgleich ergibt sich z. B. in den Fällen, in denen Versicherte unterschiedlich hohe Einkommen aufweisen und folglich ungleiche Beiträge zahlen, aber gleich hohe Leistungen empfangen.

Der soziale Ausgleich in der Sozialversicherung kann daher abschließend definiert werden als sozialpolitisch motivierte interpersonelle Einkommensumverteilung – sowohl in horizontaler wie in vertikaler Richtung – zugunsten von Versicherten, die in ihrer Lebenslage gegenüber anderen benachteiligt sind. Solche auszugleichenden Benachteiligungen resultieren insbesondere aus einer hohen Risikohäufigkeit, einer großen Zahl von zu unterhaltenden Familienangehörigen und einem geringen Arbeitseinkommen. Als wichtigste Formen des sozialen Ausgleichs lassen sich folglich der soziale Risikoausgleich, der Familienlastenausgleich und der Einkommensausgleich unterscheiden.

In einer Analyse des sozialen Ausgleichs ist jedoch zu beachten, daß sich diese Umverteilungsvorgänge für einen einzelnen Versicherten teilweise oder ganz kompensieren können. Ein Versicherter beispielsweise, der über ein hohes Einkommen verfügt und somit relativ hohe Beiträge zahlt, zugleich aber eine große Zahl von Familienangehörigen besitzt und zusätzlich vielleicht ein hohes Risiko darstellt, empfängt u. U. genauso hohe Gegenleistungen wie er Beiträge zahlt. Alle Umverteilungsvorgänge würden sich dann auf Null saldieren. Logisch sind hier eine Vielzahl von Kombinationen denkbar, insbesondere, wenn noch die verschiedenen Risikofaktoren berücksichtigt werden. In gleicher Weise ist natürlich auch eine Kumulation der umverteilungsrelevanten Merkmale und ein Nettoeinkommenstransfer von größer oder kleiner Null möglich. Die Vielzahl der logischen Möglichkeiten reduziert sich jedoch, wenn sich empirisch bestimmte typische Korrelationen der Merkmale nachweisen lassen.[11]

In diesem Zusammenhang wird häufig darauf hingewiesen, daß sich im Lebensverlauf eines Versicherten die Merkmale Risikohäufigkeit, Alter, Einkommenshöhe und Familienzahl so entwickeln können, daß kurzfristig als interpersonelle Umverteilungen erscheinende Einkommenstransfers sich im Lebensverlauf als lediglich intertemporale Umverteilungen erweisen. Ein in diesem Sinne „typischer" Versicherter nimmt zu bestimmten Zeiten seines Lebensabschnittes als Benachteiligter am sozialen Ausgleich teil, während er in anderen Abschnitten als Begünstigter erscheint. In der Längsschnittbetrachtung würde sich dann ein sozialer Ausgleich nur zwischen solchen Personen vollziehen, deren individueller Lebensverlauf vom typischen abweicht, so daß auch langfristig positive bzw. negative Nettotransfers bestehen bleiben.[12]

Nach diesen notwendigen begrifflichen Abgrenzungen sollen im folgenden die verschiedenen Ausprägungen des sozialen Ausgleichs in der Kranken- und Rentenversicherung eingehender untersucht und der Frage nachgegangen werden, inwieweit der mit dem Begriff „Sozial"-versicherung erhobene Anspruch tatsächlich eingelöst wird.

2. Die Verwirklichung des sozialen Ausgleichs in der Krankenversicherung

In der gesetzlichen Krankenversicherung (GKV) sind zur Zeit annähernd 90 % der Wohnbevölkerung als Pflichtmitglieder sowie freiwillig versichert. Der Anteil der Krankenversicherungsleistungen beläuft sich auf nahezu 7 % des Bruttosozialprodukts, der Durchschnittsbeitrag beträgt augenblicklich 11,7 % des durchschnittlichen Arbeitseinkommens. Für die gesetzliche Krankenversicherung typisch ist der hohe Anteil an Sachleistungen, die im Gegensatz zu den grundsätzlich nach der Einkommenshöhe ausgerichteten Geldleistungen nur am Bedarf des Versicherten orientiert sind. Er beträgt annähernd 91 % der Gesamtausgaben.

Diese Zahlen verdeutlichen das Ausmaß der Einkommens- und Leistungstransfers innerhalb der Krankenversicherung und das für den sozialen Ausgleich zur Verfügung stehende Potential. Auf den ersten Blick scheint der soziale Ausgleich auch recht bedeutsam zu sein. So weicht der Risikoausgleich erheblich vom versicherungsmäßigen Äquivalenzprinzip ab. Da die GKV im Gegensatz zur privaten Versicherung ihre Beiträge nicht nach dem unterschiedlichen Eintrittsalter abstuft, zahlt ein Versicherter, der in sehr jungen Jahren der GKV beitritt, unter sonst gleichen Bedingungen den gleichen Beitragssatz wie ein älterer Versicherter, der spät Mitglied wird. Weil sich aber mit zunehmendem Alter der Gesundheitszustand des Menschen im Durchschnitt wesentlich verschlechtert,[13] leisten die früher in die GKV Eintretenden relativ zu ihrem eingebrachten Risiko zu hohe Beiträge. Mag es in diesem Falle strittig sein, ob sich die daraus resultierende Begünstigung der spät in die GKV eintretenden Versicherten (Personen mit langen Ausbildungszeiten, ehemalige Selbständige u. ä.) auch stets sozialpolitisch rechtfertigen läßt, so ist andererseits der Risikoausgleich zugunsten von Personen mit einem hohen nicht altersbedingten Morbiditätsgrad eindeutiger dem sozialen Ausgleich zuzurechnen. Da die GKV verpflichtet ist, jeden, sofern er die gesetzlichen Voraussetzungen erfüllt, in den Versicherungsschutz einzubeziehen und das Morbiditätsrisiko bei der Beitragskalkulation nicht berücksichtigt wird, ergeben sich Umverteilungen zugunsten von Personen mit erheblichen Vorerkrankungen, mit erblichen Belastungen des Gesundheitszustands und mit einem beruflich bedingten hohen Morbiditätsgrad. In gleicher Weise erfolgt ein sozialer Risikoausgleich zugunsten weiblicher Versicherter, da statistisch die durchschnittliche Krankheitshäufigkeit bzw. -dauer der Frauen über der der Männer liegt.[14] Diese Umverteilung wird noch durch die höhere Lebenserwartung der Frau verstärkt, weil der Morbiditätsgrad mit wachsendem Alter zunimmt. Von Bedeutung ist ferner der soziale Ausgleich zugunsten der Rentner der gesetzlichen Rentenversicherung, die beitragsfrei versicherungspflichtig sind. Ein Großteil der Finanzierungskosten wird zwar von der Rentenversicherung durch Zuschüsse aufgebracht, doch werden diese in erheblichem Umfang auch von den Krankenversicherungspflichtigen getragen.

Der Familienlastenausgleich in der GKV vollzieht sich im Rahmen der Sachleistungen durch die beitragsfreie Mitversicherung der Familienangehörigen eines Versicherungspflichtigen, von bestimmten Ausnahmen abgesehen. Differenzierungen der Beiträge nach dem Familienstand sind rechtlich nicht zulässig. Umverteilungseffekte zwischen Versicherten mit unterschiedlichem Familienstand ergeben sich aber auch durch die Berücksichtigung der Zahl der Familienangehörigen bei den sonst am Arbeitseinkommen orientierten Geldleistungen (Krankengeld, Sterbegeld). Auch die unter bestimmten Bedingungen gewährte Haushaltshilfe für die Weiterführung des Haushalts bei Krankheit stellt eine durch die Versicherungsgemeinschaft finanzierte Subventionierung von Familien mit Kindern dar.

Die durch den Einkommensausgleich schließlich bewirkte vertikale Einkommensverteilung ist Ergebnis des Sachleistungsprinzips. Gleiches Risiko und gleicher Familienstand vorausgesetzt, empfangen Versicherte in unterschiedlichen Einkommensklassen gleiche Leistungen, zahlen aber verschieden hohe Beiträge. Eingeschränkt wird diese Umverteilung jedoch durch die Beitragsbemessungsgrenze, welche die beitragspflichtigen von den beitragsfreien Einkommensteilen eines Versicherten abgrenzt.[15] Während die Beiträge bis zu dieser Grenze das Einkommen proportional belasten, verläuft die Belastung darüber hinaus regressiv.[16] Von Bedeutung ist in diesem Zusammenhang auch die Inzidenz des Arbeitgeberbeitrags. Folgt man der Überwälzungshypothese, die eine Überwälzung dieser Beiträge auf die Preise unterstellt, so belasten sie das Einkommen tendenziell regressiv, da die Konsumquote im Querschnitt mit steigendem Einkommen sinkt. Nimmt man hingegen an, daß die Arbeitgeberbeiträge Lohnbestandteile sind, ist ihr Belastungseffekt den Arbeitnehmerbeiträgen vergleichbar. Die meisten empirischen Untersuchungen gehen jedoch von einer teilweisen bis vollständigen Überwälzung der Arbeitgeberbeiträge aus,[17] was eine tendenziell regressive Bealstung der Einkommen impliziert. Bei den Geldleistungen der GKV findet ein Einkommensausgleich hingegen nicht statt, weil diese an der Höhe des Einkommens orientiert sind, wenn man von bestimmten Mindestbeträgen wie beim Sterbegeld absieht.

Eine Würdigung der aufgezeigten Formen des sozialen Ausgleichs in der GKV hat zunächst davon auszugehen, daß einzelnen Personengruppen die Merkmale Familienstand, Risikohäufigkeit, Einkommenshöhe so zugeordnet sind, daß die Transferströme sich mehr oder weniger kompensieren können. Eine eingehende Untersuchung dieser Kompensationseffekte in der GKV ist im begrenzten Rahmen dieser Arbeit nicht möglich. Sie stößt auch insofern auf Schwierigkeiten, als empirische Analysen weitgehend fehlen. Eine Ausnahme bildet hier die Untersuchung von Andel.[18] Er ist u. a. der Korrelation zwischen dem Alter als Risikofaktor und dem Einkommen des Versicherten nachgegangen. Dabei zeigt sich, daß ein steigendes Bruttoeinkommen nur für die Altersgruppe 16 – 45 zu verzeichnen ist. Danach sinkt das Einkommen wieder ab, wobei die Altersgruppen 25 – 35 und 45 – 55 über ein annähernd gleiches Durchschnittseinkommen verfügen.[19] Diese Ergebnisse lassen auf einen Risikoausgleich zwischen jungen und älteren Versicherten schließen, der durch Einkommens- bzw. Beitragsunterschiede nicht kompensiert wird.[20] Bei den weiblichen alleinstehenden Versicherten ergibt sich im Vergleich zu den männlichen Versicherten insoweit eine Begünstigung, als sie sowohl eine höhere Risikohäufigkeit als auch ein geringeres Durchschnittseinkommen aufweisen. Dem steht allerdings eine Benachteiligung weiblicher verheirateter Versicherter beim Familienlastenausgleich entgegen, da bei ihnen die Familienleistungen entfallen. Dadurch werden im übrigen auch unerwünschte vertikale Umverteilungen zugunsten höherer Einkommensschichten möglich. So zahlt ein berufstätiges Ehepaar, dessen Einzeleinkommen jeweils unterhalb der Beitragsbemessungsgrenze liegt, dessen Gesamteinkommen diese aber übersteigt, einen höheren Beitrag als ein freiwillig Versicherter mit einem Einkommen oberhalb der Beitragsbemessungsgrenze und beitragsfrei versicherten Familienangehörigen, obwohl die empfangenen Leistungen, gleiches Risiko und gleiche Kinderzahl vorausgesetzt, gleich hoch sind.[21]

Diese wenigen Beispiele zeigen, wie außerordentlich schwierig eine empirische Analyse der Kompensationseffekte in der GKV ist. Hinzu kommt, daß die Risikohäufigkeit vom Versicherten in gewissem Umfang gesteuert werden kann. Dabei dürfte auch die Einkommenshöhe des Versicherten von Bedeutung sein. Denn einmal können sich Versicherungspflichtige mit hohem Einkommen veranlaßt sehen, den sozialen Einkommensausgleich durch die erhöhte Inanspruchnahme von Leistungen zu korrigieren. Zum anderen verfügen sie i. d. R. aufgrund größerer Handlungs- und Kommunikationspotentiale über einen besseren Zugang zu den Leistungen des Gesundheitssystems.[22]

Wenn daher mangels empirischen Materials die Frage, inwieweit in der GKV die Formen des sozialen Ausgleichs sich größtenteils kompensieren, nur andeutungsweise geklärt werden kann, sind die durch andere Strukturmerkmale bedingten Einschränkungen des sozialen Ausgleichs offensichtlicher. Von Bedeutung ist hier einmal die Versicherungspflichtgrenze, welche die Angestellten nach der Höhe ihres Einkommens der Versicherungspflicht unterwirft. Die Erfahrung zeigt, daß bei einem Überschreiten dieser Grenze vor allem solche Arbeitnehmer von der Befreiungsmöglichkeit Gebrauch machen, die ein geringes Risiko darstellen und keine bzw. wenige Familienangehörige haben. Als freiwillig Versicherte verbleiben dagegen in der GKV die „schlechten Risiken" und Personen mit Familienangehörigen. Damit wird es Angestellten mit höherem Einkommen gestattet, sich dem sozialen Ausgleich zu entziehen, so daß dieser sich lediglich zwischen Personen in tendenziell benachteiligter Lebenslage vollzieht.

Die wohl gravierendste Einschränkung des sozialen Ausgleichs ergibt sich jedoch als Folge des dezentralisierten Systems der GKV. Die Träger der rund 1400 Kassen, die sich in die Kassenarten Ortkrankenkassen, Ersatzkassen, Betriebskassen und berufsständische Kassen gliedern, verfügen über eine eigene Beitragshoheit und weisen sehr unterschiedliche Beitragssätze auf, insbesondere zwischen den Kassen einer Kassenart. Die Beitragssätze bewegen sich z. Zt. zwischen 7,8 % und 14 %. Da die Leistungen durch Gesetz und Rechtsprechung weitgehend angeglichen sind, lassen sich diese Differenzen nur durch Merkmalsunterschiede im versicherten Personenkreis erklären. In der Tat spielen hier Unterschiede in der Zahl der Familienangehörigen, der Risikomerkmale, der Rentnerquote sowie dem Durchschnittseinkommen eine wesentliche Rolle.[23] Das Bedeutet aber, daß sich der soziale Ausgleich jeweils nur innerhalb einer Kasse vollzieht, weniger zwischen den Kassen selbst. Damit gerät die gesetzliche Krankenversicherung in die Nähe der nach dem Aquivalenzprinzip kalkulierenden Privatversicherungen und entfernt sich von dem aus sozialpolitischen Gründen angestrebten sozialen Ausgleich.

Die voranstehenden Ausführungen machen deutlich, daß die im System der GKV angelegte Einkommensumverteilung „im Gesamteffekt wesentlich geringer ist als der Augenschein vermuten läßt."[24] Betrachtet man zudem die Entwicklung der letzten Jahre, so fällt auf, daß die dem sozialen Ausgleich entgegenwirkenden Effekte überwiegen.

Hervorzuheben wären hier zunächst die steigenden Beitragssätze als Folge der sog. „Kostenexplosion" im Krankenversicherungssystem. So erhöhte sich der durchschnittliche Beitragssatz in den letzten Jahren von 8,12 % auf 11,76 %. Da der Arbeitnehmerbeitrag oberhalb der Beitragsbemessungsgrenze das Einkommen degressiv belastet und der Arbeitgeberbeitrag durchgehend tendenziell regressive Belastungseffekte aufweist, bedeutet diese Entwicklung, daß der Kostenzuwachs in der GKV die unteren Einkommensschichten überproportional belastet. Zur Gesamtwürdigung der Verteilungseffekte bedarf es allerdings einer genauen Ursachenanalyse, um auch die Verwendung der Beitragseinnahmen aufzeigen zu können. Dies kann hier umfassend nicht geleistet werden.[25] Unter transferökonomischen Aspekten sind aber die Preisentwicklung und die Erhöhung der Rentnerquote von Bedeutung.

Durch die besondere Ausgestaltung des Honorierungsverfahrens in der ambulanten Versorgung hat sich jahrelang ein Einkommenstransfer zu den niedergelassenen Ärzten vollzogen. Die Orientierung der linearen Anpassung der Gebührenordnungssätze am Einkommenszuwachs der Versicherten, ohne Berücksichtigung der Produktivitätssteigerungen bei den technischen Verrichtungen („doppelte Dynamisierung")[26] ist für diese Entwicklung verantwortlich gewesen. Ökonomisch lassen sich diese impliziten Transfers als Monopolrenten interpretieren, da sie auf die strukturelle Übermacht der Ärzteverbände gegenüber den Trägern der GKV zurückzuführen sind.[27] Im Krankenversicherungs-Kostendämpfungsgesetz (KVKG) von 1977 hat diese „negative" Einkommensumverteilung eine leichte Begrenzung erfahren durch eine gewisse Vereinheitlichung der Gebührenordnungen, eine Zentralisierung der Honorarverhandlung und durch die Vorgabe von Orientierungsdaten.[28] Die daraufhin eingetretene Dämpfung der Ausgaben war allerdings nur vorübergehend wirksam, was angesichts der Unverbindlichkeit der Orientierungsleitlinien nicht überrascht. Auch der Entwurf des Kostendämpfungs-Ergänzungsgesetzes von 1981 weist eine große Zurückhaltung gegenüber der Beschränkung der ärztlichen Einkommenzuwächse auf.[29] Die längst überfälligen Eingriffe in die Struktur des Systems der ambulanten Versorgung sucht man dort vergebens.

Kostentreibend haben aber auch die Arzneimittelausgaben gewirkt, die annähernd zur Hälfte auf Preissteigerungen zurückgehen dürften, und auch in diesem Bereich haben die im KVKG vorgesehenen Empfehlungen bei den Arzneimittelhöchstbeträgen sich als wenig effizient erwiesen. Der Pharmaverband hat zwar vor einiger Zeit erklärt, Preisstabilität bis Ende 1982 zu halten. Um die Jahreswende 1980/81 sind aber Preiserhöhungen in einem Umfang vorgenommen worden (bei den umsatzträchtigen Produkten bis zu 7 %), die kaum einen Beitrag zur Kostendämpfung erwarten lassen. Und auch hier sind die notwendigen Reformen im Kostendämpfungs-Ergänzungsgesetz unterblieben. Nach wie vor ist daher mit indirekten Einkommenstransfers von den Versicherten zur monopolistisch strukturierten Pharmaindustrie zu rechnen, die den verteilungspolitischen Intentionen einer Sozialversicherung entgegenstehen. Die Pharmaindustrie steht in diesem für sie günstigen Umverteilungsprozeß jedoch nicht allein. Verwiesen sei hier am Rande nur auf die kartellbedingt überhöhten Preise für Brillen und die in die Preise der Krankenhausgerätehersteller eingehenden Monopolrenten.

Während so die genannten Kostendämpfungsgesetze bei den strukturellen Reformen Zurückhaltung üben, weisen sie eine verteilungspolitisch bedenkliche Präferenz für Selbstbeteiligungsmaßnahmen auf. Bereits im KVKG wurde das durch die Begrenzung der Leistungen für Zahnersatz, die Ersetzung der Rezeptblattgebühr durch die Medikamentengebühr, die Nichterstattung von Arznei-, Hilfs- und Heilmitteln des „täglichen Bedarfs" und die Begrenzung der Fahrtkostenerstattung deutlich. Das Kostendämpfungs-Ergänzungsgesetz verschärft diese Entwicklung und „schließt die Lücke".[30] Dabei geht es weniger um ein verstärktes Kostenbewußtsein und eine Abwehr des ‚moral hazard',[31] sondern um eine Verschiebung der Finanzierungslasten von der Solidargemeinschaft der Krankenversicherung auf den einzelnen Versicherten. Im Ergebnis wird der soziale Risikoausgleich und der Familienlastenausgleich ausgehöhlt. Und wenn auch Härtefallklauseln vorgesehen sind, sind davon vorwiegend Versicherte mit geringem Einkommen betroffen.

Die vorrangig auf die Sanierung des Sozialhaushalts gerichteten Maßnahmen in der Vergangenheit ließen die Krankenversicherung der Rentner (KVdR) nicht unberührt. Die Kosten der KVdR werden zu einem nicht geringen Teil von den Versicherungspflichtigen der GKV aufgebracht, da die Zuschüsse seitens der Rentenversicherung die überdurchschnittlich hohen Leistungen für Rentner finanziell nicht abdekken. Dieses Defizit hat sich in den letzten Jahren aufgrund der steigenden Rentnerquote erhöht.[32] Dafür verantwortlich war aber auch die Rentenversicherungsreform von 1977, weil im 20. Rentenanpassungsgesetz der Zuschuß der Rentenversicherung an die GKV von jährlich 17 % der Rentenausgaben auf 11 % herabgesetzt wurde. Diese Mehrbelastungen der GKV werden durch höhere Beiträge auf die Versicherten überwälzt, denn die verteilungspolitisch zu bevorzugende Verschiebung der Last auf die Anbieter im Krankenversicherungssystem (Ärzte, Pharmaindustrie) ist angesichts des Machtgefälles zwischen diesen Gruppen und den Versicherten wenig erfolgversprechend.

Nun weist die Finanzierungs- und Mitgliederstruktur der Rentenversicherung gewisse Unterschiede zur GKV auf, welche diese Lastenverschiebung mit verteilungspolitisch unerwünschten Nebeneffekten versehen, soweit eine Anhebung des Beitragssatzes in der Rentenversicherung dadurch unterbleibt. Die Versicherungspflichtgrenze in der GKV, die in der Rentenversicherung nicht existiert, nimmt Bezieher höherer Einkommen von der Mehrbelastung aus, obgleich die Ursachen – Veränderung in der Altersstruktur, Finanzierungsdefizite in der Rentenversicherung – keineswegs nur den Krankenversicherungspflichtigen angelastet werden können. In vergleichbarer Weise wirkt der Unterschied in der Beitragsbemessungsgrenze beider Sicherungssysteme. Da diese Bemessungsgrenze in der GKV 75 % der Bemessungsgrenze in der Rentenversicherung beträgt, werden die dazwischenliegenden Einkommen von der Beitragserhöhung in der GKV nicht berührt. Im Entwurf zum KVKG war zwar eine Anhebung der Grenze auf 85 % geplant, doch fand sich im Vermittlungsausschuß dafür keine Mehrheit. Diese Maßnahme hätte wohl auch insofern ihr Ziel verfehlt, da die Versicherungsgrenze unverändert blieb und so die Abwanderung zur Privatversicherung verstärkt worden wäre.

Auch die mit der Erhöhung der Rentnerquote und den Sanierungsmaßnahmen einhergehenden Mehrbelastungen führen daher wie die Preissteigerungen und die Selbstbeteiligungsansätze eher zu einem Abbau des ohnehin nicht sehr ausgeprägten sozialen Ausgleichs in der Krankenversicherung.

3. Der soziale Ausgleich in der Rentenversicherung

Der geringe Anteil der Sachleistungen an den Ausgaben der gesetzlichen Rentenversicherung (GRV) von etwa 4 % und die Ausrichtung der quantitativ überwiegenden Rentenzahlungen nach dem Äquivalenzprinzip lassen zunächst auf eine geringe Bedeutung des sozialen Ausgleichs schließen. Bei einer genaueren Betrachtung der Rentenberechnung und der Finanzierungsstruktur der GRV sind jedoch auch hier Ansätze eines sozialen Ausgleichs erkennbar.

Die Höhe der gewährten Renten (Alters-, Berufs- und Erwerbsunfähigkeitsrenten) sind wesentlich abhängig von der Höhe der geleisteten Beiträge. Auch wenn ein direkter Beitrags-Leistungs-Zusammenhang wie in der Privatversicherung fehlt, so resultiert diese Beziehung indirekt daraus, daß bei der Rentenberechnung die Zahl der Beitragsjahre und das im Erwerbsleben im Durchschnitt erzielte Verhältnis des individuellen Einkommens zum Durchschnittseinkommen zugrunde gelegt werden. Da Risikofaktoren beim individuellen Beitrag keine Rolle spielen, findet wie in der GKV ein Risikoausgleich statt. Und zwar einmal zwischen Versicherten mit unterschiedlichem Eintrittsalter, weil mit steigendem Alter das Risiko der Invalidität wächst und die Wahrscheinlichkeit zunimmt, daß der Versicherte das 65. Lebensjahr erreicht und für einen längeren Zeitraum Rente beziehen wird. Zum anderen werden weibliche Versicherte durch einen Risikoausgleich begünstigt. Sie verfügen über eine höhere Lebenserwartung, während das Risiko der Berufs- und Erwerbsunfähigkeit geschlechtsspezifisch nicht variiert. Strittig ist jedoch, ob diese Formen des Risikoausgleichs noch mit dem versicherungsmäßigen Risikoausgleich vereinbar sind oder bereits dem sozialen Risikoausgleich zuzurechnen sind.[33] Auch hier hängt die Entscheidung letztlich von der Art der Begründung ab.

Eindeutiger läßt sich diese Frage dagegen für andere Regelungen beantworten, bei denen der Gesetzgeber bewußt vom Äqzivalenzprinzip abgewichen ist, ohne daß sich dafür verfahrenstechnische Argumente vorbringen lassen. Dazu zählt die vorgezogene Altersgrenze beim Bezug von Altersrenten für Frauen und Arbeitslose (ab 60 Jahre). In diesen Fällen werden zwar die kürzeren Beitragsjahre bei der Rentenberechnung berücksichtigt, nicht dagegen die im Durchschnitt längere Rentenbezugsdauer. Dadurch erzielen diese Personengruppen höhere Renten als ihren Beitragsleistungen entspricht und werden so durch einen sozialen Risikoausgleich begünstigt. Vergleichbare Vorteile ergeben sich für jene Versicherten, die von der im Rentenreformgesetz von 1972 (RRG) eingeführten flexiblen Altersgrenze Gebrauch machen. Auch diese Regelung kennt keine versicherungsmathematischen Abschläge beim Rentenbezug ab 63. Sie war zunächst – zumindest von einem Koalitionspartner – als eine Form des sozialen Risikoausgleichs gedacht, da man als Begünstigte vor allem Berufsgruppen im Auge hatte, die im Erwerbsleben einem besonderen „Verschleiß" ausgesetzt sind. Es war jedoch von vornherein zu vermuten, daß vor allem solche Versicherte davon Gebrauch machen, die nach 63 nicht mehr auf das volle Arbeitsentgelt bzw. auf die Rentensteigerung durch zwei weitere Jahre angewiesen sind. Dabei dürfte es sich um Versicherte mit u. a. relativ hohem Durchschnittseinkommen und Mehrfachrenten handeln, die sich in eher günstigen Lebenslagen befinden.[34] Finanziert werden die Kosten über höhere Beitragssätze dagegen auch von den Versicherten, die auf eine Weiterarbeit angewiesen sind. Im Ergebnis bewirkt diese Regelung also eher negative Umverteilungseffekte.

Vom Äquivalenzprinzip abgewichen wird auch bei der Anrechnung von beitragsfreien Ersatz-, Ausfall- und Zurechnungszeiten, die nach der Reichsversicherungsordnung bei der Rentenberechnung den Beitragszeiten gleichgesetzt werden. Die Berücksichtigung von Ersatzzeiten soll die Nachteile ausgleichen, die Personen vornehmlich durch politische Entscheidungen und kriegsbedingte Einwirkungen erlitten haben. Durch die Einführung von Ausfallzeiten werden Einkommen zugunsten von Kranken, Unfallgeschädigten, weiblichen Versicherten und Arbeitslosen umverteilt. Und durch die Zurechnungszeiten sollen Versicherte, die vor ihrem 55. Lebensjahr berufs- oder erwerbsunfähig geworden sind, begünstigt werden. Diese Regelungen sind also eindeutig vom Solidarprinzip geprägt.

Der Familienlastenausgleich kommt in der GRV vor allem in der Hinterbliebenenversorgung zum Ausdruck. Beim Tod des Versicherten erhält seine Witwe eine Witwenrente und die hinterbliebenen Kinder unter bestimmten Voraussetzungen Waisenrenten, ohne daß dieser Versicherte höhere Beiträge gezahlt hat als ein Nichtverheirateter mit gleichem Einkommen. Hier findet sich im geltenden Recht allerdings eine Benachteiligung der weiblichen Versicherten insofern, als sie mit ihren Beiträgen – von Ausnahmen abgesehen – keinen Anspruch für ihren sie überlebenden Mann erwerben. Dem steht allerdings der Vorteil eines doppelten Rentenbezugs (eigene Rente plus Witwenrente) gegenüber, wenn der Mann vor ihr stirbt.[35]

Dem Familienlastenausgleich dienen ferner die Kinderzuschüsse zu den Versichertenrenten und zu den Geldleistungen im Rahmen der Rehabilitationsmaßnahmen.

Vertikale Umverteilungen sind demgegenüber bei der Rentenberechnung nur schwach ausgeprägt, da Einkommensunterschiede sich durch die Art der Rentenberechnung in der Struktur der Renteneinkommen wiederspiegeln. Sieht man einmal von bestimmten Korrekturen bei der Bewertung der beitragsgleichen Zeiten und der Beitragsjahre ab, so die unter bestimmten Voraussetzungen vorgenommene Höherbewertung der ersten fünf Berufsjahre, erfolgt lediglich durch die Rente nach Mindesteinkommen ein Einkommensausgleich. Nach dieser im RRG von 1972 eingeführten Regelung werden Versicherte, die mindestens 25 Pflichtbeitrags- und Ersatzjahre aufweisen, so gestellt, als ob sie während der Pflichtbeitragsjahre vor 1973 75 % des durchschnittlichen Arbeitseinkommens verdient hätten. Das bewirkt eine Angleichung der Renteneinkommen gegenüber der Struktur der Erwerbseinkommen. Besonders begünstigt werden davon weibliche Versicherte und Arbeitnehmer in strukturell benachteiligten Wirtschaftszweigen zu Lasten der die Finanzierungskosten mittragenden Versicherten. Allerdings stehen dem gewisse Entlastungseffekte höherer Einkommensschichten gegenüber, weil teilweise Zahlungen aus dem Sozialhilfehaushalt entfallen, deren Finanzierung wegen der Steuerlastverteilung – wie im folgenden begründet wird – höhere Einkommensschichten relativ stärker belastet. Auch ist zu beachten, daß lediglich eine Angleichung der Sozialversicherungsrenten bewirkt wird. Da die Alterseinkommen teilweise noch anderen Quellen entstammen (betriebliche Altersversorgung, staatliche Versorgung), kann eine Begünstigung von Versicherten mit hohem Alterseinkommen nicht ausgeschlossen werden.

Auf der Finanzierungsseite der GRV kommen im Vergleich zur GKV die umverteilungsrelevanten Strukturmerkmale dem sozialen Ausgleich mehr entgegen. Durch das Fehlen einer Versicherungspflichtgrenze ist der für Umverteilungsmaßnahmen zur Verfügung stehende Personenkreis mit höherem Einkommen größer. Auch werden durch die höhere Beitragsbemessungsgrenze Einkommensteile herangezogen, die in der GKV unbelastet bleiben. Nur beschränkt sich der soziale Ausgleich eben auf die sehr geringen Sachleistungen und die entsprechenden in die Rentenberechnung eingehenden Regelungen, denn die höhere Beitragsbemessungsgrenze und die erweiterte Versicherungspflicht begründen grundsätzlich auch höhere Rentenansprüche.

Eine Ausnahme bildet jedoch der staatliche Finanzierungszuschuß zur GRV. Er wurde 1889 aus eindeutig verteilungspolitischen Motiven eingeführt.[36] und deckte damals etwa 1/3 der Gesamtausgaben. Inwieweit er heute noch dem Ziel des sozialen Ausgleichs dient, soll im folgenden näher untersucht werden. Zwar werden durch den Bundeszuschuß auch Personenkreise außerhalb der GRV belastet (Beamte, Selbständige), einen Beitrag zum sozialen Ausgleich würde der Zuschuß aber nur dann leisten, wenn die relevanten Merkmale (Risiko, Familienstand, Einkommen) im Vergleich zum versicherten Personenkreis günstiger sind. Das kann allerdings bezüglich bestimmter Risikomerkmale (z. B. Arbeitslosigkeit) und, auf die Einkommenshöhe bezogen, bei Selbständigen angenommen werden. Von größerer Bedeutung ist die Inzidenz der Bundeszuschüsse. Sie ist nicht leicht abzuschätzen, da unterschiedliche Annahmen über die Deckungsart – Verringerung anderer Staatsausgaben, Steuerfinanzierung oder Kreditfinanzierung – gemacht werden können.[37] Wir folgen hier der vorherrschenden Annahme einer Steuerfinanzierung, in der außerdem unterstellt wird, daß die Struktur des Steueraufkommens für die Bundeszuschüsse wegen des Nonaffektionsprinzips derjenigen aller Staatseinnahmen entspricht (Proportionalitätshypothese).[38] Die Lastverteilung der Bundeszuschüsse ergibt sich dann aus der Zusammensetzung der Steuereinnahmen nach direkten und indirekten Steuern und der Inzidenz dieser Steuerarten. Bei den indirekten Steuern wird i. d. R. vermutet, daß sie regressiv wirken, weil sie in die Preise eingehen und somit die unteren Einkommen mit ihrem hohen Anteil an Konsumausgaben relativ stärker belasten. Neuere Untersuchungsergebnisse scheinen diesen Regressionseffekt etwas in Richtung einer Proportionalbelastung zu relativieren.[39] Die direkten Steuern, bei denen es sich in erster Linie um Lohn- und Einkommenssteuern handelt, belasten das Einkommen hingegen tendenziell progressiv. Bei einem Anteil dieser Steuern von mehr als der Hälfte der Steuereinnahmen kann somit im Ergebnis eine proportionale bis progressive Belastung des Steuersystems angenommen werden. Die Bundeszuschüsse tragen somit zu einer vertikalen Einkommensumverteilung bei.

Die Entwicklung der letzten Jahre war jedoch von einem stetigen Rückgang des staatlichen Finanzierungsanteils gekennzeichnet. So sank der Anteil an den Ausgaben der Arbeiter- und Angestelltenrentenversicherung von 25 % im Jahre 1960 auf z. Zt. 11 %. Abgesehen von Kürzungen und zinslosen Stundungen des Bundeszuschusses ist hierfür die Bindung dieses Zuschusses an die allgemeine Bemessungsgrundlage, also das Durchschnittseinkommen der Versicherten verantwortlich. Denn die Rentenausgaben steigen wegen der Verschiebung in der Altersstruktur und der Erhöhung des Leistungsniveaus stärker an als das Durchschnittseinkommen. Der damit einhergehenden Entlastung der Steuerpflichtigen steht eine über Beitragserhöhungen bewirkte Belastung der Versicherungspflichtigen in der GRV gegenüber. Diese Verschiebung ist verteilungspolitisch aber insofern nachteilig, als die steigenden Beitragssätze, mit denen wegen des Umlageverfahrens z. T. ja keine höheren Ansprüche verbunden sind, die Einkommen oberhalb der Beitragsbemessungsgrenze regressiv belasten, bei gleichfalls regressiven Belastungseffekten der Arbeitgeberbeiträge auch unterhalb dieser Grenze.

Hier zeichnet sich also auch in der GRV eine Entwicklung ab, die dem sozialen Ausgleich eher entgegengerichtet ist.

4. *Verteilungspolitisch notwendige Reformmaßnahmen*

Die vorangegangene Analyse der Kranken- und Rentenversicherung sollte deutlich machen, daß der soziale Ausgleich keineswegs so ausgeprägt ist, wie es bestimmte Strukturmerkmale vermuten lassen und wie es eine „Sozial"-versicherung verlangt. In der GKV begünstigt zwar das Sachleistungsprinzip grundsätzlich interpersonelle Umverteilungsprozesse. Langfristig erweisen sich diese jedoch in vielen Fällen als intertemporale Einkommensumverteilungen. Auch wird der soziale Ausgleich eingeschränkt durch die Existenz einer Versicherungspflichtgrenze und durch die Beitragsbemessungsgrenze. Als entscheidender Nachteil wirkt sich hier die gegliederte Struktur der GKV mit den unterschiedlichen Beitragssätzen aus. Diese den sozialen Ausgleich abschwächenden Merkmale werden in ihrer Wirkung verstärkt durch die kostenbedingt steigenden Beitragssätze und die auf eine Selbstbeteiligung abzielenden Maßnahmen. Es ist daher an der Zeit, Reformschritte einzuleiten, die der Lastenverschiebung auf die unteren Einkommensschichten entgegenwirken.

Seit langem wird eine Vereinheitlichung der Beitragssätze gefordert, um den sozialen Ausgleich auch auf die Umverteilungen zwischen den Kassen zu erweitern. Dagegen wird zwar eingewandt, daß die kostensenkenden Effekte der Konkurrenz zwischen den Kassen wegfallen, doch sind diese wegen der begrenzten Mobilität ohnehin gering. Andererseits würde der Beitragssatz dann aber den Charakter eines politischen Parameters annehmen, der mehr als bisher der Kontrolle „öffentlicher" Instanzen (Selbstverwaltungsorgane oder staatlicher Organe) ausgesetzt wäre. Die organisatorische Ausgestaltung (Finanzausgleich, Regionalkassen, Einheitskassen)[40] ist dabei von nachrangiger Bedeutung, wenngleich eine Einheitskasse unter dem Aspekt der Verwaltungskosteneinsparung und der Gegenmacht gegenüber den Anbietern im Krankenversicherungssystem zu bevorzugen ist.

Ferner wäre eine Aufhebung der Versicherungspflichtgrenze sinnvoll, um Angestellte mit höherem Einkommen zum sozialen Ausgleich heranziehen zu können. Die hier vorgenommene Differenzierung zwischen Arbeitern und Angestellten ist ohnehin nicht mehr einsichtig. Auch ist eine Anhebung der Beitragsbemessungsgrenze auf das Niveau der Rentenversicherung anzustreben, um eventuelle Lastverschiebungen zwischen der Rentenversicherung und der Krankenversicherung der Rentner verteilungspolitisch zu neutralisieren. Zu bedenken wäre auch die Einführung von Freibeträgen bei der Beitragsberechnung. Diese Forderung beruht einmal auf dem Gedanken, daß Versicherte, die von der Einkommensteuer nicht erfaßt werden, auch nicht zur Beitragsfinanzierung herangezogen werden sollten.[41] Zum anderen würde dadurch eine leicht progressive Belastung der Einkommen bis zur Beitragsbemessungsgrenze erreicht.

Abzulehnen sind schließlich die lediglich zur Kostenabwälzung vorgenommenen Selbstbeteiligungsmaßnahmen. Diesen verteilungspolitisch bedenklichen Eingriffen ist wie auch den aus diesen Gründen vorgenommenen Beitragserhöhungen eine Strukturreform entgegenzusetzen, welche die Macht der Anbieter im Krankenversicherungssystem begrenzt und die Teilsysteme stärker integriert.[42]

Auch in der gesetzlichen Rentenversicherung erfolgt ein sozialer Ausgleich, wie gezeigt, nur in beschränktem Umfang. Insbesondere der geringe Anteil der Sachleistungen und die weitgehend am Äquivalenzprinzip orientierten Rentenleistungen wirken auf der Ausgabenseite sozialen Umverteilungsprozessen entgegen. Nur soweit bestimmte Regelungen bei der Rentenberechnung Benachteiligungen im Erwerbsprozeß korrigieren, weist die GRV Vorteile gegenüber der GKV auf, da sie keine Versicherungspflichtgrenze kennt und ihre Beitragsbemessungsgrenze höher ist. Eine Ausnahme bildet allerdings der staatliche Finanzierungszuschuß, der erheblich zum sozialen Ausgleich beiträgt. Sein Anteil an den Gesamtausgaben ist jedoch in den letzten Jahren gesunken. Zu fordern ist daher, daß der Anteil der Bundeszuschüsse allmählich wieder auf das Niveau von mindestens 25 % angehoben wird. Um zu verhindern, daß dieser Anteil dann stetig sinkt, empfiehlt sich eine Bindung der Finanzierungszuschüsse an die Wachstumsrate der Rentenausgaben und nicht an die allgemeine Bemessungsgrundlage. Dadurch würde eine gerechtere Verteilung der Finanzierungslasten der GRV, die ja im wesentlichen Folge von Altersstrukturverschiebungen, sinkenden Wachstumsraten und gesellschaftspolitisch notwendigen Reformmaßnahmen sind, erreicht. Auch in der GRV könnte zudem bei der Beitragsbemessung an die Einführung von Freibeträgen gedacht werden, die untere Einkommensschichten tendenziell enlasten.[43]

Die im Zuge der Anhebung des Finanzierungszuschusses notwendig werdenden allgemeinen Steuererhöhungen würden allerdings die Rentner mit geringem Einkommen besonders belasten, ohne daß sie von den dann möglicherweise geringeren Beiträgen der GRV begünstigt werden. Da Sozialversicherungsrentner z. Zt. weitgehend von der Einkommenssteuer befreit sind, sind sie nur von den Erhöhungen der indirekten Steuern betroffen. Diese belasten aber wegen ihrer Regressionswirkung vor allem die Rentner mit geringem Einkommen. Ergänzend zur Anhebung des Finanzierungszuschusses empfiehlt sich daher die Einführung einer erweiterten Einkommenssteuerpflicht für Renteneinkommen. Diese Regelung würde zugleich eine Korrektur der sozialpolitisch zum Teil unerwünschten Verteilung der Rentnereinkommen als Folge des Bezugs von Mehrfachrenten ermöglichen.[44]

Anmerkungen

1 Vgl. Albers, W.: Grenzen des Wohlfahrtsstaats, in Külp, B., Haas, H.-D. (Hrsg.): Soziale Probleme der modernen Industriegesellschaft, Berlin 1977, S. 937 ff.
2 Vgl. Merklein, R.: Der Griff in die eigene Tasche, Hamburg 1980
3 Vgl. Müller, H., (Hrsg.): Fortentwicklung der sozialen Sicherung, Limburg 1978.
4 Vgl. BVerfGE 17, Nr. 1, S. 9; vgl. auch Bogs,W. u. a.: Sozialenquête, Stuttgart 1966, S. 63.
5 Der ex ante vorgenommene Risikoausgleich ist von dem sich ex post ergebenden Risikoausgleich zu unterscheiden. Dieser durch die Abweichung der tatsächlichen von den erwarteten

Gegenleistungen mögliche Risikoausgleich ex post ist ein konstitutives Merkmal des Versicherungsprinzips, da andernfalls ein reiner Sparakt vorläge.

6 **Im Sprachgebrauch der Transferökonomie sind „Transfers" Geld- und Realströme, denen keine unmittelbaren Gegenleistungen gegenüberstehen. Im vorliegenden Fall handelt es sich um „implizite Transfers", die als Folge einer Abweichung vom Äquivalenzprinzip entstehen. Vgl. dazu eingehend Boulding, K. E., Pfaff, M., (Eds.): Redistribution to the Rich and the Poor, Belmont, Calif. 1972.**

7 Der hier und im folgenden verwendete Einkommensbegriff umfaßt nicht nur Geldleistungen, sondern auch – dem Geldeinkommen gleichwertige – Sachleistungen.

8 Vgl. Meinhold, H.: Fiskalpolitik durch sozialpolitische Parafisci, Tübingen 1976, S. 35.

9 Die sich im Rahmen des Familienlastenausgleichs vollziehenden Umverteilungen werden häufig dem (sozialen) Risikoausgleich zugerechnet, da allein wegen der größeren Personenzahl eine höhere Risikohäufigkeit zu erwarten ist. Aufgrund der unterschiedlichen sozialpolitischen Zielsetzungen ist jedoch die Hervorhebung des Familienlastenausgleichs als besondere Form des sozialen Ausgleichs sinnvoll. Vgl. auch Bogs, W., u. a.: Sozialenquête, a. a. O., S. 205.

10 Zu den Begriffen „horizontale" und „vertikale Einkommensumverteilung" vgl. Liefmann-Keil, E.: Ökonomische Theorie der Sozialpolitik, Heidelberg 1961, S. 57.

11 Vgl. Bogs, W., u. a.: Sozialenquête. a. a. O., S. 206. Eine umfassende Analyse aller Sozialtransfers findet sich in Transfer-Enquête-Kommission: Bericht der Kommission, Juni 1981.

12 Vgl. Bogs, W., u. a.: Sozialenquête, a. a. O., S. 206. Auch die rein intertemporale Einkommensumverteilung des „typischen" Versicherten ließe sich begrifflich als sozialer Ausgleich fassen, nur daß hier im Lebensverlauf unterschiedliche Lebenslagen angeglichen werden.

13 Vgl. den empirischen Beleg bei Andel, N.: Verteilungswirkungen der Sozialversicherung am Beispiel der gesetzlichen Krankenversicherung der Bundesrepublik Deutschland, in Dreißig, W., (Hrsg.): Öffentliche Finanzwirtschaft und Verteilung III., Berlin 1975, S. 46 ff.

14 Ebenda, S. 57. Unterschiede ergeben sich naturgemäß aufgrund des Schwangerschaftsrisikos. Dabei sollten aber die anderen Belastungsfaktoren der Frauen nicht übersehen werden. Vgl. Schneider, U., (Hrsg.): Was macht Frauen krank? Frankfurt 1981.

15 Die Beitragsbemessungsgrenze in der GKV (zugleich Versicherungspflichtgrenze) beträgt 75 % der Beitragsbemessungsgrenze der Rentenversicherung, die durch die Bindung an die allgemeine Bemessungsgrundlage dynamisiert ist.

16 Eine regressive Belastung des Einkommens wird auch durch die Absetzung der Versicherungsbeiträge vom Einkommen bei der Lohn- und Einkommenssteuerberechnung bewirkt.

17 Vgl. den Überblick bei von Loeffelholz, H. D.: Die personale Inzidenz des Sozialhaushalts, Göttingen 1979, S. 167.

18 Andel, N.: Verteilungswirkungen . . . , a. a. O., S. 46 ff.

19 Ebenda, S. 53.

20 Aus der Sicht des „typischen Versicherten" läge allerdings nur ein intertemporaler Ausgleich vor.

21 Vgl. Andel, N.: Verteilungswirkungen . . . , a. a. O., S. 75.

22 Vgl. Siegrist, I., Bertram, H.: Schichtspezifische Variationen des Krankheitsverhaltens, in: Soziale Welt, Bd. 20/21, (1970/71), S. 206 ff.

23 Vgl. Andel, N.: Verteilungswirkungen . . . , a. a. O., S. 61.

24 Bogs, W. u. a.: Sozialenquête, S. 207.

25 Vgl. zu den Ursachen im einzelnen Thiemeyer, Th.: „Kostenexplosion" im Gesundheitswesen, in: Pfaff, M., Voigtländer, H.: Sozialpolitik im Wandel, Bonn 1978, S. 78 ff.

26 Ebenda, S. 86.

27 Ebenda, S. 88 f.

28 Vgl. Brück, G. W.: Die Sozialversicherungsreform 1977, in: Sozialer Fortschritt, 9, 1977, S. 197.

29 Vgl. Ehrenberg, H.: Die Wirksamkeit des Kostendämpfungskonzepts wird erhöht, in: Wirtschaftsdienst, 9, 1981, S. 423 ff.

30 Ebenda, S. 425.

31 Ob die Selbstbeteiligung für diese Zwecke geeignet ist, ist dabei durchaus fragwürdig. Vgl. Schaper, K.: Zur Kritik des moral-hazard-Theorems der Überinanspruchnahme medizinischer Leistungen, in: Sozialer Fortschritt, 7–8, 1979, S. 178 ff.

32 Er beträgt annähernd 50 % der Kosten der KVdR.

33 Vgl. Schmähl, W.: Einkommensumverteilung im Rahmen von Einrichtungen der sozialen Sicherung, in Külp, B., Haas, H.-D. (Hrsg.): Soziale Probleme der modernen Industriegesellschaft, a. a. O., S. 537.
34 Ebenda, S. 544.
35 Vgl. dazu und zu den entsprechenden Reformvorschlägen aufgrund der Bundesverfassungsgerichtsentscheidung Sachverständigenkommission: Vorschläge zur sozialen Sicherung der Frau und der Hinterbliebenen, Stuttgart o. J.
36 Vgl. Schewe, D.: Die Bundeszuschüsse in der sozialen Rentenversicherung, in: Soziale Sicherheit, 15. Jg. 1966.
37 Vgl. Schmähl, W.: Einkommensumverteilung . . . , a. a. O., S. 551 ff.
38 Vgl. Standfest, E.: Probleme der Finanzierung von Sozialleistungen – Beiträge oder Steuern, in: WSI-Mitteilungen, 9, 1973, S. 349.
39 Ebenda, S. 349.
40 Vgl. dazu Andel, N.: Verteilungswirkungen . . . , a. a. O., S. 77.
41 Ebenda, S. 74.
42 Vgl. z. B. Jahn, E. u. a.: Die Gesundheitssicherung in der Bundesrepublik Deutschland, Köln 1973.
43 Vgl. Schmähl, W.: Alterssicherung und Einkommensverteilung, Tübingen 1977, S. 165
44 Vgl. Schmähl, W.: Besteuerung, Nettoanpassung und Beitragsbelastung von Renten, in: Wirtschaftsdienst, H 1, 1980, S. 28 ff.

Klaus Moritz

Inanspruchnahme von Arbeitsgerichten – zur Verteilung öffentlicher Güter

Für viele Juristen stellt die Justiz das Zentrum ihres Denkens dar. Die Gerichte publizieren ihre Entscheidungen und liefern damit den Juristen das wesentliche Fallmaterial, das für sie die gesellschaftlichen Konflikte abbildet. In keiner gesellschaftlichen Institution wird so rein „rechtlich" gedacht wie in den Gerichten. Verwaltungen oder Unternehmen haben dagegen einen eher instrumentellen Umgang mit dem Recht: es ist ein Entscheidungsfaktor unter anderen. Aufgrund der engen Verbindung der Rechtswissenschaftler mit der Justiz gibt es nur wenige Reflektionen über die Justiz durch Juristen. Die eigentlich reflektiv angelegte Teildisziplin, die Rechtsphilosophie, befaßt sich eher mit den ideellen Grundlagen des Rechts (Herstellung von Frieden, Ordnung, Gerechtigkeit, Kultur)[1] oder mit seinen materiellen Voraussetzungen (marxistische Rechtslehre)[2]. – Die gesellschaftliche Funktion der Justiz wird in einigen rechtssoziologischen Arbeiten untersucht, soweit sie nicht lediglich die Klassifizierung eines sozialen Normengefüges vornehmen.[3] In neueren Publikationen ist der Bereich einer Justizsoziologie auch in Deutschland weit gefächert vorgestellt worden.[4] Es werden die Soziologie der Richter[5], ihr Entscheidungsverhalten[6], ihre politische Funktion[7], und der Zugang zur Justiz[8] mit unterschiedlicher Intensität untersucht.

Nur ansatzweise ist z. B. festgestellt, wer die Ziviljustiz in Anspruch nimmt[9], warum er das tut und welchen Erfolg die Anrufung derJustiz hat. Sehr aufschlußreich ist insoweit die umfassende Analyse von Gessner[10] zum mexikanischen Justizsystem. Sein konflikttheoretischer Ansatz ermöglicht ihm eine sehr differenzierte Zuordnung von Konflikten und Konfliktregelungsinstitutionen. Danach ist der Prozeß bei Konflikten in normativ geregelten Beziehungen das geeignete Regelungsinstrument. Dagegen scheinen weniger formalisierte Verfahren Konflikte in engen sozialen Beziehungen eher lösen zu können.[11] Bestärkt wird diese Auffassung durch die These, daß die Justiz nur autoritäre Regelungen von Konflikten herbeiführen kann[12] – was bei normativ geregelten Beziehungen genügen mag – während enge soziale Beziehungen eine für beide Parteien befriedigende Lösung von Konflikten benötigen, die eher im Wege der Schlichtung erzielt wird. Tatsächlich wird die Justiz nicht in bestehenden familiären Beziehungen angerufen, ebensowenig bei dauernden Geschäftsbeziehungen, in Miet- und Arbeitsverhältnissen. Erst wenn der Kontakt beendet ist, genügt den Parteien eine justitielle Regelung ihrer Konflikte.

Ein weiterer Ansatz, die Funktionsweise und gesellschaftliche Bedeutung der Justiz zu untersuchen, bildet die wohlfahrtstheoretische Sicht vom öffentlichen

Gut. Für Ökonomen ist die Ziviljustiz kein zentraler Forschungsgegenstand. Einige Ansätze finden sich jedoch in Ausstrahlungen der Economic Analysis of Law.[13] Im Gegensatz zu Juristen haben sowohl Soziologen als auch Ökonomen viel deutlicher erkannt, daß die Durchsetzung des Rechts ein besonderes gesellschaftliches Problem darstellt und nicht einfach vorausgesetzt werden kann.

Im folgenden wird dieser Ansatz skizziert (1) und anhand empirischer Untersuchungen über den Arbeitsgerichtsprozeß überprüft (2). In dieser Vorgehensweise kommt das besondere Interesse eines Juristen an praktischen Folgerungen aus der wohlfahrtstheoretischen Analyse zum Ausdruck. Es wird sich zeigen, daß die praktische Anwendung der theoretischen Kategorien diese transparent macht.

Dabei wird erkennbar, wie wichtig die Begriffsbildung der auf den Zivilprozeß bezogenen Wohlfahrstheorie ist.

1. *Die ökonomische Analyse des Zivilprozesses von Adams*[14]

1.1. Nach Adams soll der Zivilprozeß vor allem die Wohlfahrtsfunktion haben, Rechtssicherheit herzustellen und aufrecht zu halten (77 ff.). Das materielle Recht enthalte eine allokations- und distributions-optimale Steuerung gesellschaftlichen Handelns. Aus diesem Grund würde die Wohlfahrt am besten erreicht, wenn alle Konflikte nur vor Gerichten entschieden werden könnten. Damit würde eine optimale rechtliche Steuerung gesellschaftlichen Verhaltens erreicht. Im Ergebnis würden dann nur sehr wenige Prozesse nötig. Die Parteien des Konflikts würden das Ergebnis des Prozesses antizipieren, wenn sie ihr Handeln ausschließlich am Recht orientieren könnten. Die Gerichte hätten dann die Funktion, die Rechtsnormen gesellschaftlichen Veränderungen anzupassen. – Orientierten sich die Parteien dagegen weniger stark am Recht und schlössen sie – ohne sich über die Rechtslage genau zu informieren – außergerichtliche Vergleiche, so verzichteten sie auf eine Steuerung durch Recht. Bei der nächsten ähnlichen Auseinandersetzung müßten sie wieder eine Lösung finden, die sich von der früheren unterscheiden könne. Daher sei der Vergleich wohlfahrtstheoretisch nur die zweitbeste Lösung. – Anders sei es, wenn im Konflikt Beweisprobleme im Vordergrund stünden. Hier könne das Recht wenig Steuerungswirkung entfalten, so daß der Vergleich die bessere Lösung biete (85).

Ferner geht Adams davon aus, daß ein Prozeß mehr soziale Kosten verursache als eine Konfliktregelung durch Verhandlung (88).

Während das Wirken der Gerichte und die Regelung von Konflikten durch die Rechtsordnung konstant gehalten werden, variiert Adams drei Kategorien, die den Entschluß zum Prozeß bestimmen: Prozeßkosten, Erfolgserwartungen der Parteien und Risikoscheu der Parteien.

Ein Zivilprozeß kann mit erheblichen monetären Kosten verbunden sein: Gerichtsgebühren, Rechtsanwaltshonoraren, Auslagen für Zeugenentschädigungen, Sachverständigengutachten, privaten Aufwendungen der Parteien. Im Gegensatz zum amerikanischen Recht trägt im deutschen Zivilprozeß jede Partei die Gerichtskosten und die Rechtsanwaltskosten beider Parteien soweit anteilig, wie sie unterliegt. Je höher die Prozeßkosten sind, umso mehr beeinflussen sie den Prozeßentschluß.

Da die Prozeßkosten degressiv in Abhängigkeit vom Streitwert steigen, ist ihr relativer Anteil am Streitwert bei kleinen Streitwerten recht hoch (bei einem Streitwert von 10.000 DM: 36 % für die 1. Instanz), bei großen Streitwerten relativ kleiner (bei einem Streitwert von 100.000 DM: 11 %). Bei zwei Instanzen erreichen die Prozeßkosten bei Streitwerten bis 10.000 DM schon fast den Streitwert, so daß der unterliegende Beklagte ggf. den doppelten Streitwert zu bezahlen hat. Die Gerichtskosten und die Rechtsanwaltshonorare sind gesetzlich im Gerichtskostengesetz und in der Bundesgebührenordnung für Rechtsanwälte geregelt.

Adams Verdienst liegt darin, daß er den Einfluß der Kosten auf den Prozeßentschluß und die Verhandlungsbereitschaft der Parteien sehr präzise untersucht hat. Adams sieht einen Vergleichsbereich und einen Prozeßbereich im Konflikt (9 ff.). An sich könnte ein Prozeß bei konsistenter – das heißt bei vollkommener – Voraussicht seines Ausgangs nie entstehen. Denn wenn z. B. beide Parteien von einer Erfolgsaussicht von 50 % ausgehen, dann würde der Kläger nach einem Prozeß die Hälfte des Streitwrts abzüglich der Hälfte der Kosten erhalten, der Beklagte die Hälfte des Streitwertes zuzüglich der Hälfte derKosten bezahlen müssen. Auf dem Verhandlungsweg hätten sie dieses Ergebnis für beide günstiger, nämlich ohne die gerichtlichen Kosten erzielt. Auf diese Weise schaffen Prozeßkosten einen Vergleichsbereich. Auf einen Zivilprozeß um einen Streitwert von 10.000 DM bezogen ergibt eine Erfolgserwartung von 50 %, daß der Kläger 5.000 DM minus 1.800 DM anteilige Kosten erwarten kann, der Beklagte damit rechnen muß, 5.000 DM zuzüglich 1.800 DM anteiliger Kosten zu bezahlen. Die Parteien hätten also die Möglichkeit, sich außergerichtlich zwischen der Mindestforderung des Klägers (3.200 DM) und dem Höchstangebot des Beklagten (6.800 DM) zu vergleichen.

Die Höhe der Prozeßkosten bestimmt den Prozeßbereich. Je höher die Kosten sind, umso weniger Prozesse lohnen sich zu führen, je größer ist also der Vergleichsbereich (46).

Nimmt man die Kosten von zwei Instanzen bei einem Streitwert von 10.000 DM, so beträgt das Kostenrisiko bei einem Zivilprozeß bereits knapp 8.000 DM. Erwartet jede Partei (inkonsistent) zu 70 % einen Prozeßsieg, so lohnt sich ein Prozeß durch zwei Instanzen immer noch nicht: der Kläger würde nach seiner Vorstellung 7.000 DM, abzüglich 2.355 DM Kosten erwarten, der Beklagte 3.000 DM zuzüglich 2.355 DM. Ein Vergleichsbereich ergibt sich zwischen der klägerischen Forderung von 4.645 DM und dem Angebot des Beklagten von 5.355 DM. Für beide Parteien lohnte sich der Prozeß durch zwei Instanzen nicht, obwohl sie beide von hohen subjektiven Erfolgserwartungen ausgingen. Somit haben die Prozeßkosten eine Sperrwirkung für jeden rational Kalkulierenden. Folglich wird durch die Höhe der Prozeßkosten und ihre Verteilung auf die Parteien die Zahl der Prozesse wesentlich mitbestimmt.

Der Grund für Zivilprozesse liegt vor allem in den hohen inkonsistenten Erfolgserwartungen der Parteien (26 ff.). Glauben im Extremfall beide, den Prozeß zu gewinnen, so lohnt nach ihrer Vorstellung kein Verhandeln. Die Ursachen solcher im Ergebnis falschen Vorstellungen sieht Adams in der Unsicherheit des materiellen Rechts (Auslegungsspielräume etc.), vor allem aber in der Beweisunsicherheit. Während die Rechtslage mit etwas Aufwand geklärt werden kann, so daß das Risiko des Prozesses einschätzbar wird, ist dies für den Beweis der eigenen Position schwerer möglich. Denn die Beweislage hängt auch noch vom Handeln des Gegners ab, das unklar bleibt und schwer erforschbar ist. Ebenso ist die Einschätzung der Fakten durch das Gericht nicht leicht kalkulierbar.

Außerdem müssen die Anstrengungen beachtet werden, die Informationen kosten. Adams meint, daß deshalb bei höheren Streitwerten entgegen dem wachsenden Prozeßbereich bei relativ sinkenden Kosten weniger Prozesse geführt würden, weil über die Aussichten des Erfolgs intensiver Informationen eingeholt würden (34).[15]

Negativ auf die Informatonslage der Parteien wirkt sich nach Adams das besondere Prozeßinteresse von Rechtsanwälten aus, da sie die Aussichten vor dem Prozeßbeginn zu günstig ausmalen (29 ff.). Diese These gilt eher für Klienten, die einmal zum Rechtsanwalt gehen, als für Dauerklienten.

Als weiterer Punkt wird die unterschiedliche Risikoscheu einzelner Betroffener genannt, wodurch Prozeß- und Vergleichsbereich verändert würden (66 ff.). Einen Grund dafür sieht Adams in der unterschiedlichen Einkommenssituation der Betroffenen. Je geringer Einkommen und Vermögen in Relation zum Prozeßrisiko seien, umso stärker würde ein Prozeßverlust empfunden, so daß die Partei eher vergleichsbereit sei (73). Eine wirksame Kompensation solcher Ungleichheiten sieht Adams in einer Prozeßkostenhilfe, die allein auf das niedrige Einkommen der Partei abstellt (101 f.).

Adams bestimmt das vom Gesetzgeber bestimmte Wohlfahrts-Optimum: das geltende Recht setze durch die Prozeßkosten dem Prozeß eine gewisse Schranke. Die Erfolgsaussichten seien aufgrund eines präzisen Rechts gut kalkulierbar, so daß nur selten Anlaß zum Zivilprozeß bestehe. Bei einkommensschwachen Parteien werde deren schlechtere Stellung durch Prozeßkostenhilfe ausgeglichen.

Er kommt zu dem Ergebnis, daß die Ausschaltung des Kostenrisikos durch Rechtsschutzversicherungen den Prozeßbereich entgegen der Konzeption der Prozeßkostengesetze erheblich erhöhe (111 f.). Dies müsse sich nicht nur in zusätzlichen Prozessen mit hohen Sozialkosten niederschlagen – was bereits wohlfahrtswidrig wäre –, sondern könne zu einer Erhöhung der Vergleichsforderung des versicherten Klägers führen. Während im Ausgangsfall die Vergleichsforderung des Klägers bei 3.200 DM liegt, würde der rechtsschutzversicherte Kläger eine Mindestforderung von 5.000 DM stellen. Da das Angebot des Beklagten bei 6.800 DM bliebe, hätte sich der Vergleichsbereich zugunsten des Klägers nach oben verschoben. Auch dies mindere die Wohlfahrt. Wenn die andere Partei aber auch eine Rechtsschutzversicherung abschlösse, dann würde zwar ihre Position verbessert, aber auch der Prozeßbereich erheblich vergrößert, da beide grenzkostenfrei prozessieren könnten; aufgrund der gesamtgesellschaftlich geringen Kosten des Justizsystems würden die fixen Kosten in Form der Versicherungsprämie keine Bremse bilden. Die Gesellschaft hätte erhöhte soziale Kosten in Form der gestiegenen Prozesse zu tragen, solange die Prozeßgebühren nicht kostendeckend kalkuliert seien. Richtiger sei der Ausgleich einer besonders einkommensbestimmten Risikoscheu durch Prozeßkostenhilfe.

1.2 Während die Analyse selbst sehr präzise erfolgt, können die praktischen Folgerungen nicht voll überzeugen. Denn die dafür notwendigen Annahmen sind zu pauschal. Adams setzt das materielle Recht als vorgegeben. Es gilt als positive Lenkungsordnung für die Geschäftsverhältnisse. Vergleiche seien daher schlechter, weil sie von dem wohlfahrtstheoretischen Optimum der Rechtsordnung per definitionem abweichen könnten (83 ff.). Ebenso wird das Kostensystem als Konstante gesehen, das in Verbindung mit der Prozeßkostenhilfe für Einkommensschwache ebenfalls als optimale Prozeßschranke bewertet wird. Ferner gilt der Prozeß als besseres Mittel zur Findung einer rechtlichen Konfliktlösung als ein Vergleich.

Diese Annahmen sind sinnvoll, um eine Variierung der anderen Faktoren vorzunehmen. Auf diese Weise wird der Einfluß der untersuchten Faktoren deutlich. Bei praktischen Folgerungen aus einer solchen theoretischen Erörterung ist jedoch Vorsicht geboten. Schon der Gesetzgeber selbst schätzt seine Werke und das Gericht erheblich vorsichtiger ein.

So steht in jeder Prozeßordnung, daß der Richter in jedem Stadium des Verfahrens die Parteien zu einer gütlichen Einigung bewegen soll. Für Adams ist der Prozeßvergleich nicht anders als ein Urteil zu bewerten, da beidesmal Kosten entstanden sind und der Richter eine wesentliche Steuerung des Vergleichsvorschlages vornimmt (85 Fn. 2). Für die Prozeßordnungen scheint hier ein wesentlicher Unterschied zu bestehen: sie sehen sich selbst als unvollkommen an und bewerten eine größere Streubreite der Ergebnisse durch Vergleiche höher als ein Urteil. Das gilt sowohl für das gerichtliche Verfahren als auch für das materielle Recht. Den Gründen für die hohe Einschätzung des Vergleichs durch den Gesetzgeber wäre nachzugehen, ebenso den Gründen für die konkreten Kostenregelungen.

Adams Modell wäre durch eine Kostenleiter mit 5 Stufen zu verfeinern:

1) außergerichtlicher Vergleich durch einfache Verhandlung (Kosten gering);
2) dasselbe durch Einschaltung von Rechtsanwälten (Beratungs- und Vergleichsgebühr bei einem Streitwert von 10.000 DM: 2.000 DM),
3) gerichtliches Urteil (Kosten 3.600 DM) – gerichtlicher Vergleich (Kosten max.: 4.600 DM),
4) Urteil 2. Instanz (Kosten: 7.800 DM),
5) Urteil 3. Instanz . . .

Dazwischen gibt es noch vielfältige Zwischenstufen. Der Wille des Gesetzgebers ist auch deshalb schwer auszumachen, weil bei kleineren Streitigkeiten (bis 3.000 DM), für die das Amtsgericht zuständig ist, kein Anwaltszwang besteht. Hier gibt es fast gar keine monetäre Kostensperre, wenn beide Parteien keinen Rechtsanwalt haben (ca. 600 DM). Andererseits kann einer dem anderen eine erhebliche Last gegen dessen Willen aufbürden, wenn er plötzlich doch einen Rechtsanwalt nimmt. Daher sind die zu erwartenden Kosten vor Prozeßbeginn sehr unsicher. Die Kosten der Zwangsvollstreckung sind eine weitere schwer kalkulierbare Komponente.

Die Modell-Analyse gibt ein gutes Kategoriensystem für empirische Forschungen, ebenso auch für das alltagstheoretische Denken oder für rechtspolitische Überlegungen. Da bei der praktischen Anwendung empirische Annahmen gemacht werden müssen, ist eine nähere Untersuchung der Realität erforderlich.

Wichtig scheint dabei vor allem eine Beschränkung der Untersuchung zu sein. Der Zivilprozeß hat so komplexe Konflikte zum Gegenstand, daß deren Vielfalt beachtet werden muß. Daher sollen im folgenden einige Kategorien auf den Arbeitsgerichtsprozeß angewandt werden. Die Konfliktstruktur ist hier relativ homogen (Arbeitnehmer gegen Arbeitgeber, Konflikte aus dem Arbeitsverhältnis, davon 40 % Kündigungsschutzkonflikte) wie es sonst höchstens bei den Mietabteilungen der Amtsgerichte zu finden ist. Außerdem liegt zu diesem Bereich eine hervorragende Analyse von Falke u. a. vor,[16] die es erlaubt, die theoretischen Kategorien mit empirischen Details zu füllen.

2. *Zur ökonomischen Analyse des Arbeitsgerichtsprozesses*

2.1 Kosten

Im Gegensatz zum allgemeinen Zivilprozeß geht die Kostenregelung im Arbeitsgerichtsprozeß nicht voll zu Lasten der verlierenden Partei. Dies ist nur bei den niedrigen Gerichtsgebühren (bis max. 500 DM) der Fall. Die Rechtsanwaltshonorare können in der 1. Instanz nicht auf den Gegner abgewälzt werden. Vielmehr trägt jede Partei ihre eigenen Kosten (§ 12a ArbGG). Diese Regelung sollte einen Anreiz geben, keinen Rechtsanwalt einzuschalten, damit die Parteien den Konflikt persönlich vor Gericht austragen; außerdem sollte das Prozeßrisiko für den Arbeitnehmer klein und klar bestimmbar sein.

2.1.1 Für die ökonomische Analyse bedeutet dies, daß verschiedene Konstellationen möglich sind:

1) Arbeitnehmer und Arbeitgeber ohne Rechtsanwalt: Kosten fallen in nennenswertem Umfang nicht an, da die Gerichtsgebühren sehr gering sind (bei einem Streitwert von DM 10.000: 300 DM). Somit entfällt die Kostenschranke. Der vorprozessuale Vergleichsbereich ist also sehr klein. Schon bei einer subjektiven Erfolgsprognose von etwas mehr als 50 % lohnt sich statt eines vorgerichtlichen Vergleichs ein Prozeß für die Parteien. Durch die geringeren Prozeßkosten werden die Parteien also geradezu zum Gericht gedrängt. Das hat seinen Sinn. Im formlosen ersten Gerichtstermin sollen die Parteien zu einem Vergleich gebracht werden (Gütetermin). Dieser Gerichtsvergleich ist wenig kostenintensiv (keine Zeugen, nur der Berufsrichter, wenige Schriftsätze). Er wäre also zwischen einem außergerichtlichen Vergleich und einem zivilprozessualen Gerichtsvergleich einzuordnen. Er bewirkt, daß bei den Verhandlungen zwischen Arbeitgeber und Arbeitnehmer durch die Präsenz des

Richters eine Kompensation für die sonst schwache Stellung des Arbeitnehmers geschaffen wird. Kommt es zu keinem Vergleich, so wird ein Kammertermin anberaumt, an dem dann auch die beiden Laienrichter des Gerichts teilnehmen. Die Kosten steigen nur gering um die Beweiskosten und Gerichtsgebühren. Das Fehlen anwaltlicher Beratung wirkt sich nun aber eher aus.

2) Beide Parteien haben einen Rechtsanwalt, dessen Kosten auf den Gegner nicht überwälzbar sind (§ 12 a ArbGG). Dadurch wird der Vergleichsbereich erheblich erhöht. Die Nichtüberwälzbarkeit der Anwaltskosten hat bei bestimmten Prozeßkonstellationen eine besondere Wirkung. Bei hohen Erfolgsaussichten des Klägers (= Arbeitnehmers) ist die Gewinnerwartung geringer als beim normalen Zivilprozeß. Für den Beklagten ist in diesem Fall der zu erwartende Verlust geringer. Wäre dies ein typischer Fall im Arbeitsgerichtsprozeß, so würde der beklagte Arbeitgeber von dieser Kostenregelung profitieren.

3) Haben beide Parteien im Gütetermin keinen Rechtsanwalt, aber zum Kammertermin, dann ist zunächst die Prozeßschwelle niedrig, steigt aber nach dem Gütetermin erheblich an. Die eigentliche Prozeßschwelle liegt mitten im Verfahren, das automatisch weiterläuft, wenn die Klage nicht zurückgenommen wird.

4) Ferner sind verschiedene andere Konstellationen denkbar: Rechtsanwalt auf einer Seite; oder gewerkschaftliche Vertretung der Arbeitnehmer (= grenzkostenfrei, da durch den Gewerkschaftsbeitrag abgedeckt); oder Vertretung des Arbeitgebers durch einen Verbandsvertreter.

Der Arbeitsgerichtsprozeß ist aus kompensatorischen Gründen so billig, daß der Vorstellung des Gesetzgebers am ehesten die Konstellation 1) entspräche, ferner aus der Konstellation 4) die grenzkostenfreie Vertretung des Arbeitnehmers. Die einseitige Vertretung des Arbeitgebers durch einen Rechtsanwalt würde zwar dessen Verhandlungsbereich erheblich größer machen als den des Arbeitnehmers, der ohne Kosten vorginge. Aufgrund der Überlegenheit des Rechtsanwalts entspricht diese Konstellation nicht den Vorstellungen des Gesetzgebers (vgl. § 11 a ArbGG), der am liebsten gar keinen Rechtsanwalt zugelassen hätte. Bei Konstellation 1) wird dem Gütetermin ein hoher Wert beigemessen, obwohl der Richter zu diesem Zeitpunkt im allgemeinen den Sachverhalt nur schlecht kennen kann, so daß die Streuung der Vergleiche um das richtige (Urteils-)Ergebnis groß sein muß. Das Ziel, den Konflikt der nur zweiseitigen Verhandlung von Arbeitnehmer und Arbeitgeber zu entziehen, wird jedoch erreicht.

2.1.2 Empirisch sieht die Situation beim Kündigungsschutzprozeß so aus:

Die Klage reichen 37 % der Arbeitnehmer allein ein, 36 % durch einen Rechtsanwalt, 25 % durch einen Gewerkschaftssekretär (625 ff.).[16] Im Kammertermin (also nach Fehlschlag des Gütetermins) treten nur noch 15 % der Arbeitnehmer allein auf,

52 % sind durch Rechtsanwälte, 29 % durch Gewerkschaftssekretäre vertreten. Etwa die Hälfte derer, die allein auftreten, nehmen die Klage zurück und vergleichen sich im Gütetermin, ein Viertel nimmt sich einen Rechtsbeistand und ein Viertel prozessiert allein weiter. Ist der Arbeitnehmer im Gütetermin allein, so schließt er besonders häufig einen Vergleich, während ein Rechtsanwalt dort und auch später eher das Verfahren bis zum Urteil durchzieht. Bei den Arbeitnehmern ohne Rechtsbeistand hat sich die Idee, sie im Gütetermin zum Verhandeln zu bewegen, verwirklicht. Ganz ähnlich sind die Quoten für die Arbeitgeberseite (647 ff.)

Die Vergleichsbereitschaft der Arbeitnehmer könnte durch die Kosten, die durch Hinzuziehung eines Rechtsanwalts bei Fortsetzung des Verfahrens entstehen, bewirkt worden sein. Denkbar ist ebenso, daß diese Arbeitnehmer dem werbenden Druck des Richters besonders nachgiebig gegenüberstehen und sich mit einem minderen Ergebnis zufrieden geben. Der Bericht von Falke u. a. gibt dazu nichts her, weil zwar die Ergebnisse der Abfindungen im Vergleich genau dargestellt sind (842, 845), nicht jedoch die der Urteile (Tabelle S. 807 enthält zu geringe Basiszahlen). Aus einer französischen Untersuchung ergibt sich, daß dort der Erfolg der Arbeitnehmer bei Vergleichen geringer ist als der bei Urteilen[17]. Allerdings kann dieses Ergebnis nur bedingt über die Differenz zwischen Urteil und Vergleich Aufschluß geben, weil per Vergleich ja auch die kleineren, unproblematischen Konflikte geregelt worden sein könnten, während schwierigere Konflikte vielleicht eher bis zum Urteil vorangetrieben wurden.

2.2 Erfolgsvorstellungen der Parteien

Eine wesentliche Ursache für unterschiedliche, d. h. inkonsistente Erfolgsvorstellungen liegt im materiellen Recht. Je offener es ist, umso mehr können die Vorstellungen über die Rechtslage auseinander gehen. Beim Kündigungsschutzprozeß sind die Generalklauseln zwar durch die Rechtsprechung konkretisiert worden; gerade für die außerordentliche Kündigung ist dies jedoch nur unvollständig möglich. Erst recht ist die Beweisituation schwer einschätzbar. Aus diesem Grund liegt es nahe, von einer unsicheren Prozeßsituation auszugehen. Dies wird durch das teilweise sehr persönliche Verhältnis zwischen Arbeitnehmer und Arbeitgeber verstärkt, da eine objektive Betrachtung ihnen oft schwerfallen muß.

Die Erfolgsvorstellungen der Parteien lassen sich empirisch schwer erheben. Die Tatsache der Klage zeigt, daß die Vorstellungen weit auseinander gehen, zumindest wenn die Kosten durch Einschaltung von Rechtsanwälten eine gewisse Prozeßschranke bilden. Aufgrund des vorliegenden Materials sind jedoch einige Annäherungen an die Vorstellungen der Parteien vom Prozeßerfolg möglich.

So ist die Klagebereitschaft bei personen- und verhaltensbedingten Kündigungen erheblich höher (17,7 %) als bei betriebsbedingten Kündigungen (11 %) (126). Wenn die Quoten bei der Befragung der Unternehmen auch insgesamt etwas zu hoch ausgefallen sind – die Klagequote beträgt nur 8 % aller gekündigten Arbeitnehmer (127) – so ergibt sich aus ihnen doch eine unterschiedliche Einschätzung der Erfolgschancen: bei den betriebsbedingten Kündigungen ist der Beurteilungsspielraum erheblich enger als bei den anderen Kündigungsgründen. Auch die Tatsache, daß die Masse der klagenden Arbeitnehmer eine Beschäftigungszeit von drei bis fünf Jahren ausweist, zeigt eine realistische Einschätzung der Prozeßchancen, da eine längere Beschäftigungszeit den Bestandsschutz erhöht und daher die Erfolgsaussichten ansteigen läßt.

Präzisere Vorstellungen konnten durch Befragung der Arbeitnehmer erhoben werden (367 ff.). Der Klage voran ging im allgemeinen eine entsprechende Ankündigung des Arbeitnehmers, wenn auch nicht alle diese Ankündigung dann wahrmachten. Dem Arbeitgeber wurde das Risiko des Prozesses jedenfalls deutlich gemacht. Wer nicht klagte, tat dies zur Hälfte wegen des Anerkenntnisses eines Kündigungsgrundes. Nur wenige ließen sich dagegen von Prozeßkosten, Prozeßangst oder Prozeßdauer leiten (375). Am ehesten erkannten die Arbeitnehmer den Kündigungsgrund an, wenn er betriebsbedingt begründet war (378). Ferner wurden ordentliche Kündigungen insgesamt weniger angegriffen als außerordentliche. Arbeitnehmer, die weniger zufrieden mit dem Arbeitsplatz waren, gingen nach der Kündigung eher gegen den Arbeitgeber vor (379). Die Klagebereitschaft steigt also mit der persönlichen Betroffenheit des Arbeitnehmers und mit der Offenheit des materiellen Rechts: betriebsbedingte $<$ personen oder verhaltensbedingte $<$ außerordentliche Kündigung (390). Die Betroffenheit der Arbeitnehmer könnte den immateriellen Streitwert erhöht haben. Im gleichen Verhältnis sinkt die Bedeutung der monetären Kosten.

Am häufigsten wird gegen Betriebe mit 6 bis 100 Arbeitnehmern, also Klein- und Mittelbetriebe geklagt (392). Bei Kleinstbetrieben fehlt es an einem Anspruch, da das Kündigungsschutzgesetz erst für Betriebe mit mehr als 5 Arbeitnehmern gilt, obwohl dort sehr viele Kündigungen ausgesprochen werden (74). Großbetriebe scheinen bei der Kündigung genauer die Rechtslage zu prüfen, obwohl die Unterschiede hier nicht sehr groß sind. Der Betriebsrat verhindert wohl keine Kündigung, strukturiert aber durch die Art seiner Einlassung den Klagevortrag der Kläger weitgehend vor (393). Wenn er Widerspruch einlegt, besteht eine hohe Klagebereitschaft. Dem Arbeitnehmer scheint damit offenbar der Erfolg sicherer. Die klagenden Arbeitnehmer informieren sich über die Reaktion des Betriebsrats intensiver als die anderen Gekündigten. Weitere häufige Merkmale der Kläger: bessere Schulbildung (395), höheres Einkommen (396), Männer (396). Die Kläger zeichnen sich also durch geringe Risikoaversion aus.

Bemerkenswert ist der hohe Anteil an Irrationalität beim Klageentschluß. Ein großer Teil der befragten klagenden Arbeitnehmer wollte mit der Klage dem Arbeitgeber eine Lehre erteilen (401). Die Arbeitsbedingungen dieser Klägergruppe waren besonders schlecht (390, 405); sie kommen aus Kleinbetrieben (406) und ihnen ist aus persönlichen Gründen gekündigt worden (403 f.). Sie gehören zu den gering verdienenden Arbeitnehmern (411). – Diese Kategorie der Kläger ist für Steuerungen durch monetäre Größen (Geld) wenig empfänglich. Für sie stellt der Prozeß selbst einen hohen Nutzen dar über den monetären Betrag hinaus, so daß ihnen die Erfolgsaussichten weniger bedeutsam erscheinen. Andererseits ist der Prozeßerfolg gerade bei diesen Klagen (gegen Kündigungen aus persönlichen Gründen) am schwersten einschätzbar. Offenbar korreliert die persönliche Betroffenheit der Kläger mit einer unsicheren Rechtslage.

Weniger als die Hälfte der Arbeitnehmer klagte dagegen um den Erhalte des Arbeitsplatzes bzw. eine Abfindung (401). Dazu gehören besonders gewerkschaftlich organisierte Arbeitnehmer (412).

Ebenso haben leistungsschwächere Arbeitnehmer eine monetäre Zielsetzung (407), da sie besonders schwer einen anderen Arbeitsplatz finden.

Ähnliche Ergebnisse finden sich in der Gerichtsaktenanalyse; allerdings fehlen dort natürlich die nichtklagenden Arbeitnehmer, so daß die Besonderheiten der Klagenden schwer erkennbar sind (469 ff.). Aus der Aktenanalyse geht jedoch noch einmal hervor, daß Arbeitnehmer aus Kleinstbetrieben auch gegen außerordentliche Kündigungen erheblich seltener klagen als andere Arbeitnehmer. Begründet wird das mit der geringen Verrechtlichung der Konflikte in Kleinbetrieben, so daß die Arbeitnehmer gar nicht auf die Idee der Klage kommen(609). Klagemindernd wirkt also nicht eine finanzielle Prozeßschranke, sondern die Unkenntnis des Rechts. Das entspricht der ökonomischen Analyse des Prozesses, da die Parteien eine Erfolgsprognose mangels rechtlicher Beurteilungsfähigkeit nicht vornehmen können. Ferner sind die nichtmonetären Kosten von erheblichem Gewicht.

In Großbetrieben dagegen wird zwar seltener gekündigt, weil es bereits innerbetriebliche Verfahren der Konfliktbewältigung gibt, dafür wird gegen tatsächlich erfolgte Kündigungen häufiger als sonst geklagt (619). Der höhere gewerkschaftliche Organisationsgrad mag ebenfalls dazu beitragen. Die Informationen über den möglichen Erfolg sind besser. Ferner fehlt jede Kostensperre.

Nach Einschätzung der Richter und Rechtssekretäre der Gewerkschaften wird der Rechtsstreit von Kleinbetrieben emotionsgeladener geführt, ihre Arbeitsrechtskenntnisse seien geringer, die Kündigung eher unbegründet. Großbetriebe würden dagegen den Prozeß rationaler führen (624 f.). In Kleinbetrieben spielen verhaltensbedingte Kündigungsgründe die größte Rolle (707). Die Arbeitnehmer sind drei bis vier Jahre im Betrieb gewesen.

Bemerkenswert an diesen Feindaten ist der hohe Anteil an nicht-rechtlichen Erwägungen in den Prozessen. Sowohl die vielen Arbeitnehmer, die dem Arbeitgeber eine Lehre erteilen wollen, als auch die beklagten Kleinunternehmen machen sich über die Erfolgsaussichten höchstwahrscheinlich wenig Gedanken. Dagegen ließe sich eine große Gruppe von Arbeitnehmern aus Großbetrieben setzen, die aufgrund der innerbetrieblichen Diskussion eher zu einer rationalen Prozeßführung tendieren und als Gegner eine ebenfalls rational handelnde Personalabteilung haben. Die effektiven Erfolgsaussichten sind dann 50 %, wenn das Verfahren bis zum Urteil geführt wird. Das sind etwas mehr als 10 % aller Klagen. Etwa 60 % der Kündigungsklagen werden durch Vergleich abgeschlossen, der zu 80 % bei ordentlichen Kündigungen eine Abfindung enthält, zu 40 % bei außerordentlichen Kündigungen (793). Durch den Prozeß gewinnt der Arbeitnehmer, der gegen eine ordentliche Kündigung vorgeht, also tatsächlich mit einer guten Erfolgsaussicht eine Abfindung. Auch wenn der Arbeitnehmer in der Klage nur Genugtuung für die ungerechte Behandlung sieht, sind seine relativen (weil auf Abfindung gerichteten) Erfolgsaussichten insoweit recht groß.

2.3 Risikoscheu

Aufgrund der geringen Prozeßkosten und der Möglichkeit gewerkschaftlicher Interessenvertretung ist zu erwarten, daß ein Teil der einkommensbedingten Risikoscheu kompensiert ist. Tatsächlich klagen schlechter verdienende Arbeitnehmer jedoch seltener als höher verdienende. Bei einem kleineren Teil besteht eine abstrakte Prozeßangst.

Die recht hohe Klagequote von 8 % der gekündigten Arbeitnehmer zeigt, daß das Arbeitsgerichtssystem in hohem Maß von den Arbeitnehmern angenommen wird. Nicht geklärt ist, warum die übrigen Arbeitnehmer die Kündigung akzeptieren. Sie könnten die Kündigung als rechtmäßig anerkennen, obwohl sie damit nur ihre Risikoscheu verschleiern. Nähere Erkenntnisse können nicht mit standardisierten Fragebogen erlangt werden, wie sie Falke u. a. verwandt haben. Ein Teil der Erörterungen zu 2.2 gibt auch Indizien zur Risikoscheu.

2.4 Zwischenergebnis

Deutlich wird die sehr unterschiedliche Funktion der Arbeitsgerichte für Kleinbetriebe und Großbetriebe. Während aus Großbetrieben vor allem solche Konflikte vor die Gerichte gelangen, die dort trotz verschiedener Versuche nicht gelöst werden konnten, stellt das Gericht für Konflikte in Kleinbetrieben die 1. Instanz für die Diskussion des Konfliktes dar.

Fraglich ist, ob das materielle Recht zur Bestimmung des Kündigungsgrundes präzise genug bestimmt werden kann, um eine Erfolgsprognose zu ermöglichen. Ist dies nicht der Fall, so wäre das Justizverfahren ein wenig geeignetes Mittel zur Konfliktregelung, wenn es andere weniger aufwendige Institutionen gäbe. Es ginge dann weniger um die Lenkung des Verhaltens der Parteien durch das Recht und den Prozeß als vielmehr um die Schaffung von Institutionen die eine Versteifung der Standpunkte beider Seiten verhindern und bei offener Rechtslage Konflikte in für die Parteien befriedigender Weise lösen. Da vor allem Kleinbetriebe und verhaltensbedingte Kündigungen betroffen sind, wird es weniger um kollektive Probleme gehen (wie Rationalisierung und Betriebsstillegung) als um individuelle Konflikte sehr persönlicher Art. Das Arbeitsgerichtsverfahren kann hier offenbar wenig zur Lösung der Konflikte beitragen: nur 9 % der Verfahren enden mit der Weiterbeschäftigung des Arbeitnehmers (840). Bezogen auf alle Kündigungen sind es weniger als 1 %. In der Regel wird im Rechtsstreit also nur ein zerstörtes Verhältnis abgewickelt, und dies, obwohl der Gütetermin eine Schlichtungsfunktion haben könnte. Der hohe Anteil der Arbeitnehmer, die aus Zorn vors Gericht gehen, scheint sich um die Rechtslage nur wenig zu kümmern. Man könnte auch von einem Mißbrauch des öffentlichen

Gutes Arbeitsgericht sprechen, da private Streitigkeiten ausgetragen werden, ohne die Regelungsfunktion des Rechts zu fördern. Man könnte den Sinn des öffentlichen Gutes dann allenfalls darin sehen, daß die Parteien insoweit beschwichtigt werden, als sie aufgrund des langwierigen Verfahrens zur Akzeptierung eines negativen Ergebnisses bewegt werden.[18] Durch die Prozeßdauer erhöhen sich ferner die Kosten, so daß das Kalkül verändert wird (vgl. dazu Adams S. 56 ff.)

3. Grenzen des Arbeitsgerichtsprozesses

Es zeigt sich beim Kündigungsschutzrecht, daß der Lenkungsfunktion des Rechts und des Prozesses dadurch Grenzen gesetzt sind, daß der Arbeitgeber den Rechtsverlust des Arbeitnehmers durch eine Abfindung kompensieren kann. Die Erleichterung des Prozeßzugangs durch geringe Kosten führt dazu, daß als Ergebnis immer mehr die Abfindung herauskommt. Dies wird noch dadurch gefördert, daß der Zugang zum Gütetermin sehr einfach ist (Klageerhebung vor der Geschäftsstelle des Gerichts) und kaum Kosten verursacht, während die Zuziehung eines Rechtsanwalts im anschließenden Urteilsverfahren eine erhebliche Schranke bildet, da diese Kosten nicht abgewälzt werden können. Dadurch wird auf die rational handelnde Partei im Gütetermin ein Vergleichsdruck ausgeübt. Folglich sind Vergleichs- und Rücknahmequoten im Arbeitsgerichtsprozeß extrem hoch. Dadurch wird das materielle Recht (Rechtswidrigkeit der ordentlichen Kündigung in 80 % der Vergleiche) praktisch verändert.

Es ist jedoch nicht einfach, eine Konzeption des Gesetzgebers festzustellen. Denn die Möglichkeit der Abfindung ist im Interesse von Arbeitnehmer und Arbeitgeber bei rechtswidrigen Kündigungen gewollt, da ein zerstörtes Vertrauensverhältnis in vielen Fällen eine Weiterbeschäftigung schwer möglich macht. Nicht diskutiert wurde bisher, ob das Ausmaß der „Abfindungsprozesse" hinzunehmen ist. Die Diskussion geht vielmehr davon aus, daß dieser Zustand nicht gewollt sei und erörtert Verfahrensänderungen (besonders die vorläufige Weiterbeschäftigung während des Prozesses).

Man könnte zwei Konfliktgruppen auseinander halten:

1) Wenn Arbeitnehmer wegen schlechter Arbeitsbedingungen und einer persönlichen Betroffenheit aus Zorn klagen, wäre eine Beendigung des Streits im Gütetermin sinnvoll. Daß nur eine Abfindung gezahlt wird, schadet wenig, da sie sowieso nicht an den Arbeitsplatz zurückkehren wollten. Fraglich wäre allein, ob es nicht besser wäre, die Arbeitsbedingungen zu verbessern, wozu das Gericht nicht in der Lage wäre.
2) Die zweite Gruppe will eigentlich eine Fortsetzung des Arbeitsverhältnisses, wird aber im Laufe des Prozesses oder schon im Gütetermin zur Abfindungsannahme bewogen. Hierzu trägt maßgeblich das unpersönliche Gerichtsverfahren bei, das insbesondere durch seine Dauer eine Anknüpfung an den früheren Zustand schwer zuläßt.

In beiden Fällen kann der Prozeß nicht befriedigen, weil seine Steuerungswirkung augrund der wenigen Urteile gering ist, er andererseits den eigentlichen Konflikt nicht „löst".

Um in den Kategorien der ökonomischen Analyse zu bleiben, könnte der Zugang zum Prozeß durch höhere Kosten erschwert werden. Dies würde insbesondere für den Arbeitgeber sinnvoll sein. Die Erleichterung des Zugangs führt zu einer großen Zahl von Prozessen, so daß andere Schlichtungsmöglichkeiten vernachlässigt werden. Durch die Erhöhung der Prozeßschwelle für den Arbeitgeber könnte dieser Effekt gemindert werden. Dann bliebe die besondere Risikoscheu von Arbeitnehmern kompensiert, aber für die Arbeitgeber die Kostenschranke belassen. Dies wäre ein marktimmanenter Mechanismus. Die Arbeitgeber wären dann verhandlungsbereiter, so daß die Effekte, die zum Teil im Gütetermin erzielt werden, schon vorher durch Verhandlungen zustande kämen. Auch wohlfahrtsökonomisch bietet sich diese Lösung an. Aus verteilungspolitischen Gesichtspunkten hat der Staat die Kosten des Arbeitsprozesses übernommen. Aufgrund der geringen Gebühr wurden 1965 nur etwa 9 % der Kosten durch Einnahmen gedeckt.[19]

Geht man dagegen davon aus, daß die Vorteile eines Prozesses für die Allgemeinheit (Lenkungsfunktion durch Präzisierung des Rechts) so hoch wie beim Zivilprozeß sind (dort besteht eine Kostendeckung von 45 %), so steht nichts dagegen, den Arbeitgeber stärker zu belasten.

Mit einer solchen Kostenregelung würde erreicht, daß der Vergleichsbereich der Arbeitgeber größer würde. Ihr Interesse wäre dann dahin orientiert, vorprozessual durch ein Abfindungsangebot den Arbeitnehmer zur Akzeptierung der Kündigung zu bewegen oder Kündigungen zu unterlassen. In zweiseitigen Verhandlungen kommt die schwächere Position des Arbeitnehmers jedoch voll zum Tragen. Daher wäre das Hinzielen auf die zweiseitige Verhandlung verfehlt.

Der positive Effekt des Gütetermins liegt in der Erweiterung des Verhandlungsrahmens durch die Einschaltung des Richters als neutralen Dritten. Die Aufgabe der Schlichtung eines Konflikts kann der Gütetermin deshalb nicht wahrnehmen, weil er zu spät angerufen wird. Der Konflikt ist bereits verhärtet. Durch die Klageerhebung rückt eine Versöhnung nicht näher. Ferner ist die Rolle des Richters begrenzt, weil ihm nur wenig Zeit zur Verfügung steht und seine Kenntnisse des Streitfalles gering sind. Ebenso ist die Örtlichkeit des Gerichts einer gütlichen Beilegung des Streits nicht förderlich.

Denkbar wäre, dem Prozeß ein eigenständiges, an Schlichtung orientiertes Vorverfahren vorzuschalten. In Großbetrieben gibt es solche vorprozessualen Regelungsinstitutionen in Form des Betriebsrats. Die Zahl der Kündigungen wird allerdings davon kaum berührt, da auch in Betrieben ohne Betriebsrat nicht mehr Kündigungen ausgesprochen werden. Es könnte vielmehr sein, daß in Großbetrieben durch die Betriebshierarchie bereits eine gewisse Vorklärung eines Konfliktes erfolgt.

Auf jeden Fall gibt es in Kleinbetrieben keine Möglichkeit der Institutionalisierung einer vorprozessualen Schlichtung, da es weder den hierarchischen Weg noch den Betriebsrat gibt. Es wäre also darüber nachzudenken, ob für Arbeitnehmer in Kleinbetrieben eine besondere Schlichtungsinstitution geschaffen werden könnte.

Durch eine Veränderung des Kostenrechts könnte der Arbeitgeber dazu veranlaßt werden, solche Schlichtungsinstitution auch zu akzeptieren.

Anmerkungen

1 Coing, H., Grundzüge der Rechtsphilosophie, 2. Aufl. Berlin 1969, S. 137 ff.
2 Vgl. z. B. Korsch, K., Karl Marx, Frankfurt 1967, 185–202; Rottleuthner, H. (Hg.), Probleme der marxistischen Rechtstheorie, Frankfurt 1975.
3 Artikel „Rechtssoziologie" (Riedel) i. Handlexikon zur Rechtswissenschaft (Hg. Görlitz), Reinbek 1972.
4 Jahrbücher für Rechtssoziologie und Rechtstheorie, Bände IV (1976), VI (1980), VII (1980).
5 Dahrendorf, R., Gesellschaft und Demokratie in Deutschland, München 1968.
6 Lautmann, R., Justiz – die stille Gewalt, Frankfurt 1972.
7 Moritz, K , Einleitung zu: ders./Noam, E., NS-Verbrechen vor Gericht 1945–1955, Wiesbaden 1978 m.w.N.
8 Wassermann, R., (Hg.) Justiz für den Bürger, 1981. Zur Rechtsberatung vgl. von Aulock, G., Rechtshilfe für untere soziale Schichten, München 1977.
9 Rasehorn, Th., Justiz und Wirtschaftsstruktur, ZRP 1975, 177; E. Blankenburg, Der Anteil gerichtlicher Verfahren bei der Austragung soz. Konflikte, in Jb.F.RS.u.RTh. IV, S. 84 ff.
10 Gessner, V., Recht und Konflikt. Eine soziologische Untersuchung privatrechtlicher Konflikte in Mexiko, Tübingen 1976; vgl. auch Toharia, J.J., Economic Development and Litigation: The Case of Spain, in: Jahrbuch für Rechtssoziologie und Rechtstheorie, Band IV, Opladen 1976, S. 39–82.
11 Gessner a.a.O., S. 170 ff.
12 Hegenbarth, R./Scholz, R., Konfliktlösung ohne Kommunikation. Die Organisation der Sprachlosigkeit in Zivilprozessen, in: Informationsbrief für Rechtssoziologie, April 1979, S. 88–112.
13 Posner, R.A., Economic Analysis of Law, 2. Aufl. Boston und Toronto 1977 (m.w.N.).
14 Adams, Michael, Ökonomische Analyse des Zivilprozesses, Königstein 1981 (Die in Kapitel 1 im Text zitierten Zahlen bezeichnen Seiten dieses Buches).
15 Daraus leitet Posner (Fn. 13), S. 436, ein Ansteigen der Prozesse mit der Höhe des Streitwertes her.
16 Falke, J./Höland, A./Rhode, B./Zimmermann, G., Kündigungspraxis und Kündigungsschutz in der Bundesrepublik Deutschland, Forschungsbericht 47, hgg. vom Bundesminister für Arbeit und Sozialordnung, Bonn (1981). (Die in Kapitel 2 im Text zitierten Zahlen bezeichnen Seiten dieses Buches).
17 Bonafé-Schmitt, J.P., Le Recours Ouvrier, Paris 1980, S. 231.
18 Luhmann, N., Legitimation durch Verfahren, Darmstadt und Neuwied 1969, S. 55 ff.
19 Anwaltsblatt 1971, S. 78. Unabhängig von exakten Zahlen, können die geringen Gerichtsgebühren von max. 500,– DM pro Prozeß (Arbeitsgericht) die Kosten nicht annähernd decken, zumal nur etwa 10 % der Verfahren bis zum Ureil betrieben werden, bei Vergleichen aber keine Kosten berechnet werden, bei Rücknahmen nur ein Bruchteil. Konkrete Zahlen für Bayern 1974 (Arbeitsgerichte):
Ausgaben: 9 Mio DM, Einnahmen: 0,6 Mio. DM, vgl. von Aulock, G. (Fn. 8) S. 25.

3. Kapitel: Verteilung von Lebenslagen

Werner Beekhuis
Harry Friebel
Stephan Toth

Lebenslagen Jugendlicher: zwischen Familie, Schule, Berufswahl und Weiterbildungsmotivation

0. Zum Verhältnis von objektiver Chancenstruktur und subjektivem Sinn

Die Analyse sozialer Determinanten von Lebenslagen, von Biographieverläufen[1] stellt die Frage nach den konkreten sozialen Konstitutions- und Selektionsbedingungen in den Mittelpunkt.

Dabei ist die gesellschaftliche „Verteilung" von Lebenslagen ein Vorgang, der sich dem Bewußtsein des einzelnen weitestgehend entzieht. Beispielsweise führen nachträgliche „Biographiekittungen" zu einer subjektiven Harmonisierung der Erlebnisfolge, zu einer nachträglichen Sinnzuschreibung des faktisch Erlebten im Kopfe der Betroffenen.[2] Das hierbei wirkende innerpsychische Gebot, daß das Leben, *so wie* es gelaufen ist, seinen Sinn hat, klammert die Bedingungen der objektiven Chancenstruktur[3], die sich regelmäßig in den Lebens-, Arbeits-, bzw. Statusbedingungen der Herkunftsfamilie manifestieren[4], aus.

Dagegen schließt die Jugendphase – zwischen Abschluß des allgemeinbildenden Schulbesuchs und vollem Eintritt ins Erwerbsleben – mit ihrer doppelt negativen Statuszuschreibung („nicht mehr Kind . . . noch nicht Erwachsener") die Thematisierung des Widerspruchs zwischen *objektiver Chancenstruktur* und *subjektiven Sinn* prinzipiell ein.

Insofern als die *Berufswahl*, die erste Berufsorientierung des Jugendlichen, sozialisationstheoretisch als „*Kompromisse* zwischen den interessenorientierten Präferenzen (sowie den leistungsorientierten Gütemaßstäben) *und* den vorhandenen Chancen verstanden werden"[5] muß, sind grundsätzlich binnenfamiliäre Einigungsprozesse[6] hierüber anzunehmen.

Aus sozialpsychologischer und sozialisationstheoretischer Perspektive können wir anführen, daß die körperlichen, psychisch-sozialen und kognitiv-moralischen Entwicklungsprozesse in der Jugendphase, die fortschreitende Ablösung vom Elternhaus und die schrittweise Integration in die Arbeitswelt, *zudem relative Freiheitsgrade sozialen Handelns und sozialer Orientierung* generieren, die wiederum Strukturen eines *persönlichen Lebensentwurfs, eines Lebenssinns,* ermöglichen und damit im Widerspruch zur objektiven Chancenstruktur stehen können.

Andererseits, und dies ist heute angesichts der Wirtschaftskrise bedrohlich normal, führt der Übergang vom allgemeinbildenden Schulwesen in berufsbildende Maßnahmen bei den Jugendlichen zu *deprimierenden Schlüsselerfahrungen* über die *objektive Chancenstruktur: Jugendarbeitslosigkeit*[7], Zwang zum Verzicht auf den Wunschberuf und fortschreitende Dequalifizierung durch Stufenausbildung[8] sind hunderttausendfache Erscheinungsformen der aktuellen Wirtschaftsentwicklung.

Der *Berufswahlprozess* Jugendlicher impliziert also ein *Spannungsverhältnis* zwischen persönlichen Interessenpräferenzen (Subjektiver Sinn) und gesellschaftlicher Plazierung (objektive Chancenstruktur)- und der *Jugendliche selbst* ist biographisch zwischen der doppelt negativen Statuszuschreibung und der Entwicklung relativer Freiheitsgrade sozialen Handelns und sozialer Orientierung besonders sensibel für dieses Spannungsverhältnis. Wie sich nun dieser Übergang vom allgemeinbildenden Schulwesen in berufsbildende Maßnahmen (objektiv) *vollzieht* und wie er von den Jugendlichen (subjektiv) *nachvollzogen* wird, ist die zentrale Fragestellung dieses Aufsatzes.

Ausgehend von dieser Fragestellung thematisieren wir die Bedingungen der *vorberuflichen Sozialisation*, der *Berufswahl* und der *Weiterbildungsinteressen* jugendlicher Schulabgänger aus Haupt- und Realschulen und Gymnasien – mit dem Ziel, empirisch gehaltvolle Befunde zur Biographieforschung im allgemeinen, wie zur sozialen Selektion von Lebenslagen im besonderen, vorzustellen.[9]

1. *Vorberufliche Sozialisation in der Herkunftsfamilie und im allgemeinen Schulwesen*

Die Bedingungen der Herkunftsfamilie als „objektive Chancenstruktur" und der Karriere im allgemeinbildenden Schulwesen für den künftigen sozialen Status im allgemeinen wie für die weitere Berufs- und Bildungsbiographie im besonderen beschreiben wir hier als vorberufliche Sozialisationsbedingungen.

Die soziale Chancenungleichheit als fortwährend allgemeines Charakteristikum des Bildungswesens der Bundesrepublik Deutschland[10] schlägt sich dabei auch im besonderen in den Befunden unserer Untersuchung nieder. Wir werden deshalb hier den engen Zusammenhang zwischen der sozialen Stellung der Elterngeneration und dem Bildungserfolg der Jugendlichen – vermittelt über den beruflichen Status des Vaters – einleitend vorstellen. Schließlich werden wir einen Überblick über die Schulkarrieren der Jugendlichen im allgemeinbildenden Schulwesen vermitteln.

1.1 Bildungserfolg von Eltern- und Kindgeneration – vermittelt durch den beruflichen Status des Vaters

Um die Signifikanz des beruflichen Status des Vaters[11] für die *Status- bzw. Qualifikationsvermittlung zwischen Eltern- und Kindgeneration* zu überprüfen, stellen wir zwei Zusammenhangsanalysen vor. Zum einen die Analyse des Zusammenhangs zwischen *Schulabschluß* der *Eltern* und *beruflichen Status* des *Vaters*, zum anderen den Zusammenhang zwischen beruflichen *Status des Vaters* und *Schulabschluß* des *Befragten.*

Zunächst die Befunde der Zusammenhangsanalyse zwischen Schulabschluß der Eltern und beruflichen Status des Vaters:

- In Familien, wo der Vater „Arbeiter" ist, hat in 25 % der Fälle mindestens ein Elternteil einen weiterführenden Schulabschluß erworben, in nur 3 % beide Elternteile.
- in Familien, wo der Vater „Angestellter/Beamter" ist, erwarben hingegen in 38 % der Fälle mindestens ein Elternteil einen weiterführenden Schulabschluß und in 23 % sogar beide Elternteile.
- Schließlich in Familien, wo der Vater „Selbständig erwerbstätig" ist, verfügt in 66 % der Fälle mindestens ein Elternteil über einen weiterführenden Schulabschluß, in 33 % sogar beide Elternteile.

Entsprechend ist die Tendenz, wo beide Elternteile über einen Hauptschulabschluß verfügen, gegenläufig.

Hiermit läßt sich also deutlich eine *schulabschlußspezifische Statusselektion* der Herkunftsfamilien hinsichtlich der „Gründungsgeneration" (Eltern) demonstrieren.

Wenn wir uns nun weiter auf die Befunde der Zusammenhangsanalyse zwischen *beruflichem Status des Vaters* und *Schulabschluß des Jugendlichen* konzentrieren, dann läßt sich eine Analyse hinsichtlich der „Folgegeneration" (Jugendliche) feststellen. Den Befunden ist zu entnehmen, daß

- 30 % der Jugendlichen aus „Arbeiterfamilien",
- 63 % der Jugendlichen aus „Angestellten- und Beamtenfamilien" und
- 73 % der Jugendlichen aus Familien, wo der Vater „Selbständig erwerbstätig" ist,

über einen weiterführenden Schulabschluß verfügen.

Diese Widerspiegelung der *objektiven Chancenstruktur* (Herkunftsfamilie) in den Schulkarrieren der Jugendlichen läßt sich in der folgenden Illustration im Detail nachvollziehen:

- Die negative Chance, die allgemeinbildende Schule *ohne Abschluß* zu verlassen, ist bei Jugendlichen aus
  - „Arbeiterfamilien" 4,7-mal, aus
  - „Angestellten/Beamtenfamilien" 1,6-mal

  höher als bei
  - Jugendlichen aus Familien, wo der Vater „Selbständig erwerbstätig" ist.

- Die Wahrscheinlichkeit, die allgemeinbildende Schule mit einem *Hauptschulabschluß* zu verlassen, ist bei Jugendlichen aus
  - „Arbeiterfamilien" 2,3-mal und aus
  - „Angestellten/Beamtenfamilien" 1,4-mal

  höher als bei
  - Jugendlichen, deren Vater „Selbständig erwerbstätig" ist.

- Die Chance, die allgemeinbildende Schule mit *Realschulabschluß* zu verlassen, ist bei Jugendlichen aus
  - „Selbständigen" Familien 1,8-mal und aus
  - „Angestellten- und Beamtenfamilien" 1,4-mal

  höher als bei Jugendlichen aus
  - „Arbeiterfamilien".

- **Die Chance, die allgemeinbildende Schule mit *Abitur* zu verlassen, ist bei Jugendlichen aus**
  - **„Selbständigen" Familien 8,5-mal und aus**
  - **„Angestellten- und Beamtenfamilien" 8,0-mal**

  höher als bei Jugendlichen aus
  - **„Arbeiterfamilien".[12]**

Die *sozialen Selektionsmechanismen* um den *Kristallisationspunkt beruflicher Status* des *Vaters,* die durch den beruflichen Status des Vaters vermittelte Entsprechung von Schulkarrieren der Eltern- und Kindgeneration, werden bei den weiteren Zusammenhangsanalysen zum Verhältnis zwischen *objektiver Chancenstruktur der Jugendlichen* und *Berufsorientierung, Berufswahl* einerseits (s. 2. Kap.) und *Bildungsverständnis, Weiterbildungsmobilität* (s. 3. Kap.) zu berücksichtigen sein.

1.2 Karrieren im allgemeinen Schulwesen

Summiert man die *weiterführenden Schulabschlüsse* der jugendlichen (mittlere Reife und Abitur) Entlaßschüler, dann sind das 55 %. Im Vergleich zur Elterngeneration, mit ca. 30 % weiterführende Schulabschlüsse (etwa gleich bei Vätern und Müttern), ergibt sich eine deutliche Verbesserung der schulischen Ausbildung der Kindergeneration. Bei der Elterngeneration ist zudem noch eine starke geschlechtsspezifische schulische Qualifikation zu beobachten: Doppelt so viele Väter als Mütter erreichten das Abitur, doppelt so viele Mütter als Väter verließen die Schule ohne Abschluß.

Bei einer rein statischen Betrachtung der erreichten Abschlüsse ergibt sich ein rosarotes Bildungsbild; welches jedoch bereits durch die Tatsache, daß nahezu jeder zehnte Jugendliche das allgemeinbildende Schulwesen (ca. 9 %) *ohne Abschluß* verlassen hat, getrübt wird. Diese Jugendlichen ohne Abschluß sind ein erstes Indiz für schulische Diskontinuitäten, die im Zusammenhang mit Schulerfahrungen die Schulkarrieren in einem gänzlich konträren Bild erscheinen lassen:

Nahezu 40 % der Befragten berichten, daß sie eine oder mehrere Klassenstufen wiederholen mußten. In drei von vier Fällen fanden diese Wiederholungen nach der Beobachtungsstufe statt. Dies gilt in einem annähernd gleichen Verhältnis für alle drei Schultypen, d. h. die zweite entscheidende Phase der Selektion beginnt nach dem 6. Schuljahr und endet häufig mit einem Schulformwechsel.

Ein Viertel der von uns Befragten hat mehrere (mindestens zwei) verschiedene Schulformen nach der Beobachtungsstufe durchlaufen, d. h. ist zurückgestuft worden. (Nur einer der Befragten berichtet über eine Hochstufung (von der Realschule zum Gymnasium)).

Wer das Gymnasium besuchte, erreichte mit über 90 %iger Sicherheit zumindest einen Realschulabschluß. Wer die Realschule besuchte und zurückgestuft wurde, erreichte ebenfalls zu über 90 % einen Hauptschulabschluß; während es für die „Restschule" Hauptschule kein Auffangnetz für Schulversagen gibt. Schüler ohne Schulabschluß rekrutieren sich fast ausnahmslos aus der Hauptschule.

Wegen der engen Verknüpfung von Schulbildung und Sozialstatus gilt als – immer wieder aktuelle – Prognose für eine Schulkarriere: Ist der Sozialstatus des Vaters niedrig, ist die Wahrscheinlichkeit eines niedrigen Bildungsabschlusses der Kinder hoch und umgekehrt.

2. Der Berufsfindungsprozeß

Der Berufsfindungsprozeß baut auf familiäre Herkunft und Schulkarriere auf und ist zeitlich und als sozialer Raum mit beiden verschränkt. Der Prozeß der Berufsfindung ist wesentlich bestimmt über *berufliche Orientierung* und realisiert sich in *beruflicher Plazierung*. Der subjektive Erfolg der Berufsfindung bestimmt sich u. a. am Beispiel der individuellen Wahrnehmung *alternativer Berufsvorstellungen,* also Wünsche, die sich nicht realisieren ließen. Berufliche Orientierung, Plazierung und alternative Berufsvorstellungen werden im folgenden veranschaulicht.

2.1 Berufsorientierung

Berufliche Orientierung ist der Teil des Berufsfindungsprozesses vom ersten Ansprechpartner, um sich über Berufe zu informieren, bis zum fixierten Berufswunsch der Jugendlichen.

- 39 % der Jugendlichen suchten ihren ersten Ansprechpartner aus dem *informellen Personenkreis* ihrer Umgebung (Eltern, sonstige Verwandte, Freunde und Bekannte),
- 53 % wandten sich zuerst an *formelle Beratungsinstanzen* (Lehrer, Beratung im Arbeitsamt oder Studieninformationsstellen usw.).

Zwar wandte sich jeder fünfte Jugendliche zuerst an seine Eltern, verhielt sich damit zunächst familienorientiert, doch über die Hälfte empfand offenbar professionalisierte Berater von vornherein kompetenter. Die Erinnerung der Jugendlichen an berufsorientierende Maßnahmen verteilt sich wie folgt:

Am stärksten beanspruchten Absolventen mit *mittlerer Reife* die Breite des Orientierungsangebotes, es folgen die *Hauptschulabsolventen,* dann die mit *Abitur.* Mit nur ein bis zwei genutzten Arten bilden die Jugendlichen *ohne Schulabschluß* das Schlußlicht.

Dabei haben

- 62 % der Befragten berufsunmittelbare Formen der Berufsorientierung genutzt (nahmen z. B. an einem *Betriebspraktikum* teil),
- 55 % teilten mit, im *Schulunterricht* auf ihre Berufswahl vorbereitet worden zu sein und
- 57 % gingen zur *Einzelberatung* zum Arbeitsamt (bzw. zur Studienberatung).

Die Bedeutung des Arbeitsamtes wird noch unterstrichen durch den Umstand, daß ein Viertel der Befragten durch das Arbeitsamt eine Stelle vermittelt bekam.

Berufspraktika, berufskundlicher Unterricht in der *Schule* und *Arbeitsamt* erwiesen sich damit als zentrale berufliche Orientierungsinstanzen; sonstige Medien und Einzelpersonen treten dagegen in ihrer wahrgenommenen Bedeutung zurück.

Wenn wir annehmen, daß zur Entwicklung bzw. Bestätigung eines Berufsinteresses Information über und Erfahrung im evtl. geplantem Berufsfeld grundlegend sind und aktives Teilhaben an diesem Prozeß wichtig zur Berufsfindung ist, so bestimmen die konkreten Erfahrungsdimensionen des *Berufspraktikums* und die abstrakte Informationsdimension der *Einzelberatung* sowie die Kombination beider Dimensionen die Qualität des Orientierungsprozesses zur Berufsfindung. Diese Dimensionen werden daher im folgenden zur Analyse der Berufsorientierung herangezogen:

- *Jeder vierte* Befragte absolvierte mindestens ein *Berufspraktikum* o. ä. und hat damit ein Berufsfeld unmittelbar kennengelernt.
- *Jeder fünfte* hat *zumindest* eine berufliche Beratungsinstitution (in der Regel das Arbeitsamt) aufgesucht und individuelle *Einzelberatung* erhalten und
- mehr als *ein Drittel* der Jugendlichen nutzten *beide Standardangebote* der Berufsorientierung.
- Die anderen, etwa *ein Fünftel* aller Befragen, nutzten *kein Standardangebot* der Berufsorientierung, beschränkten sich auf sonstige Berufsorientierungen, auf informelle Beratungswege (wie Kollegen des Vaters, Medien, Betriebsbesichtigungen u. ä.) oder gaben an, keine Berufsberatung erfahren zu haben.

Schon die unterschiedlichen Lehrpläne der berücksichtigten Schulformen bedingten entlaßschultypisches Orientierungsverhalten der Befragten; insbesondere bei den *Abiturienten.* Die Jugendlichen mit Abitur sind eher die typischen Nutzer informeller Beratungswege. Erfolgreiche Absolventen von *Realschule* oder *Hauptschule* sind typische Nutzer beider Standardangebote, von Berufspraktikum *und* Einzelberatung. Entlaßschüler mit mittlerer Reife zeigen sich dabei noch etwas aktiver als ihre Kollegen von der Hauptschule. Schüler *ohne Abschluß* sind die typischen Nutzer nur des Berufspraktikums.

Der Zugang zur intensiven Erfahrungsqualität von Praktika wird durch die institutionelle Unterstützung der Schule erleichtert. Der Gang zu einer Einzelberatung erfolgt meistens individuell und schließt damit in der Regel eine größere Hemmschwelle ein. Beide Faktoren bedingen offenbar eine herkunftsspezifische Zugangswahrscheinlichkeit der Berufsorientierungsmaßnahmen:

- *Je niedriger der Status* der Herkunftsfamilie, desto eher *zugangsvermittelt,* in vorgeprägten Bahnen, handeln die Jugendlichen (nehmen stärker die über Schule vermittelte berufsunmittelbare Orientierung in Anspruch und gehen seltener über das Standardangebot der Berufsorientierung hinaus).
- *Je höher der Status* der Herkunftsfamilie, desto individueller und *vielfältiger* handeln die Jugendlichen (nutzen die eher schulunabhängige Einzelberatung, häufiger die ganze Breite des Standardangebots und Angebote darüber hinaus).

Jugendliche aus Familien mit eher niedrigem Status sind also auf die Mittlerstellung der Entlaßschule angewiesen, Jugendliche eher privilegierter Herkunft verlassen sich dagegen auf den Fundus ihrer Familien.

Da der erreichte Schulabschluß, wie vorne bereits festgestellt, wiederum eine Statusvariable der Herkunft ist, ist auch die abschlußspezifische Nutzung von Berufsorientierungsmaßnahmen mittelbar über den elterlichen Status bestimmt. Intervenierend sind ggf. institutionelle oder familiäre Motivationsprozesse. Die Chance zur möglichst umfassenden beruflichen Orientierung ist also desto höher, je privilegierter die Herkunft des Jugendlichen ist, oder – und hierin liegt die bildungspolitische Chance einer Förderung von beruflichen Orientierungsprozessen – desto leichter *zugänglich* diese Maßnahmen sind.

2.2 Die berufliche Plazierung

2.2.1 Der Status der Plazierung

Mit dem Abschluß der beruflichen Orientierung ist die erste Wahl eines Berufsbildes getroffen. In der Folge verteilen sich die Jugendlichen auf berufsbildende Maßnahmen:

- 49 % sind *Auszubildende* im dualen Bereich, *lernen* also einen Beruf;
- 33 % sind *Schüler* an *beruflichen Vollzeitschulen* (sind Schüler an einer Handelsschule, Berufsfachschule, sind im Berufsgrundbildungsjahr, an Hauptschulkursen an der Volkshochschule o. ä.);
- 10 % sind *Studenten* an Hochschulen;
- 8 % realisieren zum Zeitpunkt der Befragung *keine berufsbildende Maßnahme, keine Ausbildung* (sind ungelernt tätig oder leisten Zivildienst bzw. ihre Wehrpflicht ab) bzw. machten hierzu keine Angaben (1 %).

Die jeweiligen Plazierungen bedingen unterschiedliche *Sozialisationsfelder.* Der Eintritt in betriebliche Tätigkeiten ist eng mit der partiellen Übernahme der Rolle eines Erwachsenen verbunden. Die Verwertungsansprüche im Arbeitsalltag des abhängig Erwerbstätigen sind zwar zu unterscheiden von den qualifikationsorientierten Anforderungen an den Auszubildenden, dennoch erlebt der jugendliche Auszubildende prinzipiell ähnliche Bedingungen in der Organisation der Arbeit, sowohl hinsichtlich der Zeitstruktur des Arbeitsvollzugs als auch hinsichtlich der Wertigkeit von Arbeitstugenden, von „gesellschaftlicher Qualifikation", wie der abhängig Erwerbstätige.

Hingegen impliziert der Verbleib in beruflichen Vollzeitschulen bzw. im Studium eher eine verlängerte Adoleszenzphase. Der Gang von der Entlaßschule wiederum ins Bildungssystem hat nicht nur Moratoriumscharakter – Verzögerung der Übernahme des Erwachsenenstatus auf die Zukunft –, sondern verschiebt auch die Fixierung auf ein bestimmtes Berufsfeld. Denn diese Bildungsmaßnahmen vermitteln vorwiegend allgemeine Qualifikationen und verbessern oder eröffnen den Zugang zu bestimmten Berufsbildern und vermitteln in der Regel nicht die konkreten Handlungsfelder eines Berufsbildes.

Da eine Ausbildung im dualen System die allgemein attraktivste Form der Berufsplazierung für die Mehrzahl der Jugendlichen ist[13], dürften entlaßschulspezifische Motive für den Übergang in berufsbildende Vollzeitschulen gelten:

Die aus Hauptschulen Entlassenen können hierüber die Verbesserung ihrer Zugangschancen zu Ausbildungsplätzen erreichen und drohende Arbeitslosigkeit umgehen.

Die Jugendlichen mit mittlerer Reife können sich darüber hinaus andere Ausbildungsgänge eröffnen (sich im nächsten formalen Qualifikationsschritt Studienmöglichkeiten schaffen).
Für Abiturienten ist der klassische Weg der Berufsqualifikation das Studium. Wenn ein erheblicher Anteil der Abiturienten jetzt Auszubildende sind, dürften diese nicht allein von beruflichen Entwicklungserwartungen getragen sein, sondern auch von mangelnden Studienchancen über zu hohem Numerus Clausus.

Neben diesen entlaßschultypischen Beweggründen in der Berufsplazierung tritt übergreifend die Wahl der beruflichen Vollzeitschulen als Verlegenheitslösung, wenn die berufliche Orientierung noch nicht in die Wahl eines bestimmten Berufsbildes mündete.[14]

2.2.2 Die Plazierung in beruflichen Ausbildungen

Die Hälfte aller Befragten (49 %) erlebt eine berufliche Ausbildung im dualen System, davon sind
- 46 % in gewerblichen Ausbildungsberufen,
- 40 % in kaufmännischen Ausbildungsberufen,
- 14 % in sonstigen Ausbildungsberufen (vorwiegend in Gesundheitsbereich).

Die Chance, einen Ausbildungsplatz in einem bestimmten Berufsbild zu erhalten, ist weitgehend durch den bisher erreichten *Schulabschluß* determiniert. Entlaßschüler ohne Abschluß haben dabei so gut wie keine Chance auf eine Ausbildungsstelle überhaupt. Hauptschüler mit Abschluß stellen den Facharbeiternachwuchs, Jugendliche mit mittlerer Reife die künftigen Kaufleute, Abiturienten dominieren die Gesundheitsberufe.

Der gewerbliche Bereich ist dabei die *männliche*, kaufmännische Ausbildungsberufe die *weibliche* Domäne.

Arbeiterfamilien stellen relativ am häufigsten den Facharbeiternachwuchs, auch die Kinder „Selbständiger“ bevorzugen den gewerblichen Bereich. Jugendliche aus *Angestellten- oder Beamtenfamilien* drängen in gewerbliche und kaufmännische Berufsfelder.

Darüber hinaus sind gewerbliche Berufsprofile den Frauen weitgehend verschlossen. Hier haben wir einen massiven Hinweis der Verschiebung von geschlechtsspezifischer Diskriminierung von der Schule auf den Berufseintritt.[15]

2.2.3 Plazierung in beruflichen Vollzeitschulen und Hochschulen

An beruflichen Vollzeitschulen befinden sich, einschl. der Hochschüler, 43 % der Befragten; davon sind

- 53 % an *beruflichen Vollzeitschulen*, die auf ein Berufsfeld orientieren und gleichzeitig einen als *allgemeinbildend* anerkannten Abschluß vergeben, die also eine formale Höherqualifikation ermöglichen (z. B. Handelsschule, Hauswirtschaftsschule, Hauptschulkurse u. ä.);
- 22 % an *sonstigen beruflichen Vollzeitschulen*, *entweder* mit berufsqualifizierenden Abschluß, evtl. zusätzlich mit als allgemeinbildend anerkannten Höherqualifikation (z. B. Er-

zieherfachschule, Kinderpflegeschule, Fachschule für Krankengymnastik) *oder* mit Angeboten von Überbrückungs- bzw. Berufsfindungsprogrammen. Ziel dieser Maßnahme ist die Vermittlung von Berufsreife über eine allgemeine Berufsqualifikation (vom freiwilligen 10. Schuljahr bis zum Berufsgrundbildungsjahr; Berufsgrundbildungsjahr allein stellt die Hälfte der Vollzeitschüler in dieser Gruppierung)[16]
- 23 % *Studenten* an Universitäten oder Fachhochschulen.

2 % machten hierzu keine näheren Angaben.

Weibliche Jugendliche stellen den Löwenanteil der Schüler an beruflichen Vollzeitschulen, die einen allgemeinbildenden Abschluß vermitteln. In etwa gleichem Maße sind *männliche Schüler* und Studenten an den anderen Bildungseinrichtungen überrepräsentiert.

Arbeiterkinder sind vorwiegend an den – im Schwerpunkt – allgemeinbildenden beruflichen Vollzeitschulen, *Angestellten- bzw. Beamtenkinder* in sonstigen Vollzeitschulen; *Studenten* stammen relativ oft aus Familien *Selbständiger.*

Offenbar zeigen sich im Profil der Besucher von beruflichen Vollzeitschulen zwei miteinander verschränkte Phänomene:

- einmal der Druck, objektiv vorhandene oder auch nur subjektiv wahrgenommene Schuldefizite durch weiteren Schulbesuch zu kompensieren,
- zum anderen zeigt sich das Drängen in Vollzeitschulen aufgrund der subjektiven oder objektiven Not, bisher keinen angemessenen Ausbildungsplatz gefunden zu haben.

Da beide Aspekte verbunden sind mit diskriminierenden Faktoren, mit eher unterprivilegierter Herkunft aus dem Arbeitermilieu, dem oft nicht vorhandenen Lehrstellenangebot für Jugendliche ohne Schulabschluß und dem verstärkten Auftreten von weiblichen Jugendlichen in eher Allgemeinbildung vermittelnden beruflichen Vollzeitschulen, können wir nicht von einem spontanen Bildungsdrang dieser Befragten ausgehen, sondern müssen diese Erscheinung der objektiven Chancenstruktur anlasten.[17]

2.3 Berufsfindung und Berufsvererbung

- Wenn sich schulabschluß- und geschlechtsspezifische Berufsfelder abzeichnen, die klischeehaften, traditionellen Vorstellungen entsprechen (der junge Mann mit Volksschulabschluß an die Werkbank, der junge Mann mit mittlerer Reife in den Kaufmanns- oder Technikerberuf, der Abiturient als angehender Akademiker, und wenn die Frau arbeitet, dann als Schreibkraft oder Verkäuferin im kaufmännischen Bereich oder auch manchmal in Pflegeberufen) *und* dieses eng mit herkunftsspezifischen Variablen korrespondiert,
- wenn Jugendliche entweder aufgrund diskriminierender Bedingungen in Vollzeitschulen objektiv abgedrängt werden oder nur wegen privilegierender Bedingungen unmittelbar über Berufsfachschulen oder Studium Berufsqualifikation erlangen können, dann dürfte auch der Berufsstatus, zumindest der Herkunftsstatus von der Väter- zur Kindergeneration „vererbt" werden.

Das soll im folgenden exemplarisch veranschaulicht werden:

Hat der *Vater* ein *kaufmännisches* bzw. administratives Berufsfeld,

- dann bemühen sich auch 50 % der jugendlichen Auszubildenden um eine *kaufmännische Berufsqualifikation;*
- dann sind 33 % der Jugendlichen, die sich nicht in der dualen Ausbildung befinden, *Studenten.*

Hat der *Vater* ein *gewerbliches* Berufsfeld,

- dann bemühen sich auch 51 % der jugendlichen Auszubildenden um eine *gewerbliche Berufsqualifikation;*
- dann sind 19 % der Jugendlichen, die sich nicht in der dualen Ausbildung befinden, *Studenten.*

Hier zeigt sich ein doppelter „Vererbungs"-Zusammenhang, wenn wir den unter 1. skizzierten sozial-selektiven Charakter des *väterlichen Berufsstatus* mit berücksichtigen: Nämlich zum einen eine Statusvermittlung über das Berufsfeld des Vaters, zum anderen eine Statussicherung über die berufliche Stellung des Vaters.

Jugendliche mit eher niedrigerem Herkunftsstatus („Arbeiterfamilien") müssen elementare Bildungsabschlüsse nachholen. Jugendliche mit eher höherem Herkunftsstatus („Angestellten- und Beamtenfamilien") können es sich leisten, eine Berufsqualifikation über Schule anzustreben. Jugendliche aus Familien, wo die Väter „selbständig" erwerbstätig sind, wählen den „Königsweg" der beruflichen Qualifikation, das Studium.

Deutlich geworden ist, daß

- geschlechtsspezifische Faktoren,
- der Status der Herkunftsfamilie und das berufliche Tätigkeitsfeld des Vaters sowie
- der bisher erreichte Schulabschluß

die erste berufliche Plazierung weitgehend bestimmen.

Zu erwarten ist, daß eine solche Determination über *Unzufriedenheit* mit der gegenwärtigen Plazierung einerseits und das *Anregungsmilieu* der sozialen Plazierung andererseits Aspirationen stützt bzw. ermutigt, die objektive Chancenstruktur über *Weiterbildungsmaßnahmen* zu erweitern oder gar zu sprengen.

Diese Chance – wenn wohl oft nicht gerade aus eigenem Interesse gewählt – nutzt ja bereits ein Teil der Jugendlichen über berufliche Vollzeitschulen.

2.4 Berufsfindung und alternative Berufswünsche

Jeder zweite Jugendliche hatte zum Zeitpunkt der Plazierung einen *alternativen Berufswunsch,* den er nicht realisieren konnte. Davon nannten

- fast 60 % äußere *Hinderungsgründe.* Das sind Gründe, die die Jugendlichen aus ihrer Sicht nicht selbst zu vertreten hatten.
- Nur 10 % *änderten* ihre *Prioritäten,* d. h. teilten eine persönlich motivierte Veränderung ihres Wunschberufes mit.

Trotzdem äußern drei Viertel aller Jugendlichen hohe Zufriedenheit mit ihren *beruflichen Entwicklungsmöglichkeiten.*

Die Nennung eines alternativen Berufswunsches ist nicht abhängig vom bisher *erreichten Schulabschluß*, außer bei denen, die ohne Hauptschulabschluß die Schule verließen. Diese äußern noch häufiger keine Realisierungschance des ursprünglichen Berufswunsches. Die Erinnerung, seine ursprünglichen Berufswünsche nicht erfüllt zu haben, bei gleichzeitig hoher Zufriedenheit mit der gegenwärtigen beruflichen Perspektive, läßt ein Streben nach Harmonie mit der nun einmal getroffenen Entscheidung vermuten mit dem Zweck, diese ertragen zu können.

Dabei hatten von allen Jugendlichen mit alternativen Berufswünschen

- nur drei von zehn Auszubildenden ursprünglich vor, eine berufliche Vollzeitschule zu besuchen.
- Aber acht von zehn Schülern an beruflichen Vollzeitschulen wollten ursprünglich eine praktische Berufsausbildung absolvieren.

Das weist auf die hohe *Attraktivität des dualen Systems* insgesamt im Vergleich zu den *Vollzeitschulen* hin. Als besonders unattraktiv gelten im einzelnen

- die beruflichen Vollzeitschulen, die nur auf einen Beruf orientieren und
- bestimmte kaufmännische Tätigkeitsfelder,

sowohl aus der Sicht der Betroffenen selbst, wie auch in der Zuschreibung durch andere Jugendliche. In beiden Bereichen sind auffällig viele weibliche Jugendliche. plaziert. Das mag mit dem Sachverhalt zusammenhängen, daß weibliche Jugendliche auch gegenwärtig nur eine geringe Chance haben, außerhalb bestimmter kaufmännischer Bereiche einen Ausbildungsplatz zu erhalten; und wenn sie andere Tätigkeitsfelder favorisieren, zunächst einmal auf Schulen ausweichen müssen.[18]

Im Licht der Attraktivität von praktischen Ausbildungsgängen ist die Vollzeitschule eben oftmals nur die zweitbeste Lösung.

Mit alternativen Berufswünschen wächst die Inanspruchnahme der für jede Statusgruppe typische *Berufsorientierung.* Das weist darauf hin, daß bei Entscheidungsnöten in der Berufsfindung die Relevanz der Beratungsinstitutionen tatsächlich wächst.

Arbeitsplatzzufriedenheit und *berufliche Zukunft* werden von den Jugendlichen als abhängig von der *eigenen Person* gesehen und nicht als gesellschaftlicher Einfluß, also nicht als abhängig von den objektiven Chancenbedingungen wahrgenommen. Die Jugendlichen gehen in ihren beruflichen Zukunftsaussichten offenbar von dem Leitmotiv aus, „jeder ist seines Glückes Schmied". Das korrespondiert mit unserer Würdigung des Berufsfindungsprozesses, der sich auf den Satz reduzieren ließe, „du glaubst zu schieben und du wirst geschoben". Der Zweifel an faktischer Selbstbestimmbarkeit (vgl. Kap. 3.1.1) der ersten Berufsplazierung dürfte sich an der hohen Nennung alternativer Berufswünsche zeigen. Sie ist als Spur des hohen Veränderungspotentials der Jugendlichen zu deuten und läßt zukünftig Umorientierungen größeren Ausmasses erwarten. Deren Richtung – zwischen den Extremen: Weiterbildung und Rückzug in die Familie oder den Freizeitkonsum – wird das jeweilige soziale Anregungsmilieu bestimmen und dabei wird wiederum die gegenwärtige Tätigkeitserfahrung von Einfluß sein.

3. Weiterbildungsinteressen

3.1 Deutungsmuster über Entscheidungsprozesse zu Bildungsbiographie und Bildungsverständnis

Die Beurteilung von familialen „Einigungssituationen" über vollzogene Bildungs- und Ausbildungsentscheidungen aus der Sicht des betroffenen Jugendlichen ist, so lautet unsere Annahme, von zentraler Bedeutung für die Bewertung der bisherigen Bildungsbiographie wie für die Bereitschaft zur Teilnahme an weiteren Bildungsprozessen. Dabei wird im Anschluß an die letzen Bemerkungen im 2. Kap. danach zu fragen sein, ob die Jugendlichen ihre *bisherige Bildungsbiographie akzeptieren*, d. h. davon ausgehen, daß sie selbst am Entscheidungsprozeß über die Wahl der Schulform und der berufsbildenden Maßnahme beteiligt waren. Hierbei geht es also um binnenfamiliäre Verkehrsformen hinsichtlich der Entscheidungen zur Bildungsbiographie der Jugendlichen. Neben diesem Interaktionsaspekt der Bildungs- und Ausbildungsentscheidung ist der inhaltliche Aspekt der Bildungsorientierung, das Verständnis über die Sinnstruktur von Bildung – insbesondere der der Herkunftsfamilie – für weitere Bildungsmaßnahmen bedeutsam. Hier fragen wir nach dem *Bildungsverständnis*, das die Jugendlichen in ihrer Familie erfahren haben bzw. sie selbst hinsichtlich schulischer Lern- und Bildungserfahrungen und hinsichtlich potentieller Weiterbildungsmaßnahmen assoziieren.

3.1.1 Schulwahl und Berufswahl: subjektive Deutungsmuster über Entscheidungsprozesse

Mit nahezu analogen Fragen haben wir aufzuhellen versucht, in welchem Maße die Jugendlichen an *Schulform-* und *Berufsentscheidungen* partizipieren konnten, welche Einflüsse sie registrieren, ob es Konflikte gab, und wie sie die Folgen dieser Entscheidungen beurteilen.

Dabei war uns klar, daß die Schulformwahl – gemeint ist der Übergang von der Beobachtungsstufe zur weiterführenden Schule – altersbedingt stark dem Elterneinfluß unterliegt und vielen Befragten nur noch schwach in Erinnerung geblieben ist. Immerhin meinten *zwei Drittel*, daß sie bei der *Schulwahl mitentschieden* haben. Jeder fünfte wurde nach seiner Meinung gefragt, nur jeder zehnte gab an, die Wahl sei gänzlich ohne ihn getroffen worden.

Anders bei der *Berufswahl*. Hier befinden zwei Drittel der Jugendlichen sie hätten ganz *allein entschieden*. Einflüsse von außen (Freunde, Verwandte usw.) spielten bei der Schulwahl eine geringe Rolle, verstärken sich dagegen bei der Berufswahl. Nur jeweils etwa jeder fünfte Entlaßschüler erinnert sich an Differenzen bei der Schul- und bei der Berufswahl (insbesondere zwischen der Lehrerempfehlung und dem Elternwunsch bei der Schulwahlentscheidung und zwischen dem elterlichen Rat und den eigenen Interessen bei der Berufswahlentscheidung). Allein die Tatsache, daß fast jeder zweite Jugendliche einen alternativen Berufswunsch mit sich herumtrug (s. Kap. 2.), unterstreicht die nachträglich positiv gemalte Berufsentscheidung.

Um näheres über die Entscheidungsprozesse zu erfahren, gaben wir drei Entscheidungsmuster vor:
- „Wahl war von vornherein klar",
- „Möglichkeiten wurden diskutiert",
- „war zufällig".

Die Schulwahlentscheidung war für jeden zweiten von vornherein klar, die Berufswahlentscheidung nur noch für jeden dritten. Jeweils 40 % gaben an, daß bei beiden Entscheidungsfällen zum Zeitpunkt der Wahl über Möglichkeiten diskutiert wurde. Bei der Schulwahl war für die Gymnasiasten mit 75 % der Bildungsweg von vornherein klar, bei den Realschülern wurde mit 50 % am häufigsten über alternative Möglichkeiten diskutiert.

Der Zufall spielte mit 4 % bei der Schulwahl keine Rolle, hingegen wählten fast 20 % der Jugendlichen dieses Entscheidungsmuster zur Beschreibung ihrer Berufswahl.

Zusammenfassend läßt sich sagen, daß bei hohem *und* niedrigem (elterlichem) Aspirationsniveau hinsichtlich Schule der Weg weitgehend vorbestimmt ist. Das elterliche Aspirationsniveau ist, so konnten wir feststellen, wiederum durch den Sozialstatus stark definiert. Die *Begründung* der Schulwahl wurde am häufigsten mit den zu erbringenden *Leistungen* in Zusammenhang gebracht, die Berufswahlentscheidung hingegen überwiegend mit den eigenen *Interessen* begründet. Bei der Berufswahl verweist jeder fünfte auf objektive Bedingungen (kein Ausbildungsplatz, regionale Besonderheiten), die die Entscheidung mitbestimmten.

Die schon erwähnte Harmonisierungstendenz fand ihre Fortsetzung, als wir nach der Zufriedenheit mit der Wahl hinsichtlich der gegebenen Möglichkeiten und des Leistungsdrucks fragten. Mit der ursprünglichen Schulwahl zeigten sich 82 % zufrieden, mit der aktuelleren Berufswahl 76 %. Allerdings stieg hier die Zahl der Zweifler. die sich nicht festlegen wollten, auf 15 %.

3.1.2 Bildungsverständnis

Ausgehend von der Annahme, daß Lerngewohnheiten, Bildungserfahrung und Weiterbildungsmotivation durch die familiäre Sozialisation geprägt werden, konfrontierten wir die Jugendlichen mit drei funktionalen Kernaussagen, zur *Bedeutung von Bildung im Elternhaus:*
- „Bildung, um sich geistig anzuregen",
- „Bildung, um angesehener zu sein",
- „Bildung, um im Berufsleben bestehen zu können".

Diese Aussagen sollten in eine Rangskala gebracht werden.

Zwei Drittel aller Entlaßschüler stellten den *beruflichen Verwertungszusammenhang* in den Vordergrund. „Bildung, um sich geistig anzuregen", wurde dagegen nur von einem Viertel an die erste Stelle gesetzt; „Bildung, um angesehener zu sein", wurde schließlich nur von ganz wenigen als familiär bedeutend gewertet. Deuten wir die berufliche Fixierung des Bildungsverständnisses als instrumentelle Erwartung, die geistige Anregung von Bildung als „personal-differenzierende" Lernoffenheit und die Aussage „Bildung, um angesehener zu sein" als „sozialdifferenzierendes" Bildungsverständnis[19], so zeigt ein Vergleich mit dem Schulabschluß der Befragten und dem Status des Vaters, daß bei allen drei väterlichen Stati (Arbeiter, Angestellte und Beamte, Selbständige) das *instrumentelle* Bildungsverständis („im Berufsleben bestehen") dominiert. Allerdings reduziert sich die unbedingte instrumentelle Orientierung mit zunehmendem Berufsstatus klar. Je höher der Berufsstatus des Vaters, desto eher wird in der Familie eine Lernoffenheit („geistig anregen") erfahren, je niedriger der berufliche Status des Vaters, desto eher erscheint die Familie in Zwang der Konkurrenz des Wettbewerbs durch Bildung („angesehen"). Ähnlich wie beim Status des Vaters gilt für die Schulabschlüsse der Befragten: Jugendliche mit Abitur konstatieren eine Lernoffenheit in der Herkunftsfamilie, Jugendliche ohne Abschluß verbinden Bildung in ihrer Herkunftsfamilie fast ausschießlich mit dem Berufsleben.

Neben der familiären Sozialisation trägt die *Schule* als bedeutende Institution zum späteren Bildungsverständnis bei. Wir fragten die Jugendlichen in zweifacher Weise nach den *Zielen*, die *Schulbildung* haben sollte und den tatsächlich von der Entlaßschule realisierten *Bildungszielen*.

– „möglichst viel *Wissen* vermitteln",
– „allgemein aufs *Leben* vorbereiten",
– „Anleitung zum selbständigen *Lernen*",
– „konkret auf den *Beruf* vorbereiten".

Schulziele (Kernaussagen)	Präferenzen („sollte") %	Erfahrungen („ist") %
„Wissen"	46	66
„Leben"	72	37
„Lernen"	53	54
„Beruf"	26	21

Aus der obigen Tabelle wird deutlich, daß der Wunsch, die *Schule sollte aufs Leben vorbereiten*, beim Ist-Vergleich keine Entsprechung findet, sondern die „*Paukschule*", die Wissen vermittelt in der Schulerfahrung der Jugendlichen dominiert. Schulabschlußspezifisch ergibt sich, daß Abiturienten „Anleitung zum selbständigen Lernen" am häufigsten nennen, Hauptschüler als Schulziel die „Wissensvermittlung" angeben und die Realschüler zwischen beiden Profilen variieren. Schule als direkte Berufsvorbereitung wurde generell weder gewünscht noch erfahren.

Unsere Fragestellung nach dem *Sinn* und den *Zielen* evtl. *Weiterbildungsmaßnahmen* aus der Sicht der Jugendlichen sollte zudem klären, inwieweit das durch Elternhaus und Schule generierte Bildungsverständnis durch Schule und Berufserfahrung prolongiert oder gebrochen wird. Folgende fünf Kernaussagen wurden vorgegeben:

- „Weiterbildung, um sich geistig anzuregen",
- „Weiterbildung, um angesehener zu sein",
- „Weiterbildung, um im Berufsleben bestehen zu können",
- „Weiterbildung, um Einblick in politische Zusammenhänge gewinnen zu können",
- „Weiterbildung, um konkrete Lebensaufgaben bewältigen zu können".

Die Jugendlichen sollten entsprechend ihrer Präferenzen eine Zwei-Faktor-Kombination angeben. Unbestritten im Mittelpunkt steht die Kernaussage, daß Weiterbildung hilft, *„um im Berufsleben bestehen zu können"*. Zwei Drittel der Jugendlichen haben den Zusammenhang von Anforderungen des Arbeitsmarktes und Bildungsmobilität bereits verinnerlicht. Weiterhin meinten jeweils knapp die Hälfte der Jugendlichen, Weiterbildung diene der „geistigen Anregung" oder der Bewältigung „persönlicher Lebensaufgaben". Knapp ein Drittel sah in Weiterbildung die Möglichkeit, „Einsicht in politische Zusammenhänge zu gewinnen". Eine Steigerung des „Ansehens" durch Weiterbildung versprachen sich die Wenigsten (8 %). Vergleichen wir nun das Bildungsverständnis der Jugendlichen hinsichtlich der Weiterbildungsmöglichkeiten mit dem Bildungsverständnis der Herkunftsfamilie, dann schließt sich der Kreis, d. h. es wird die *Vererbung* des Bildungsverständnisses auf die Kindgeneration deutlich. Die *instrumentellen* Erwartungen, durch Bildungsmobilität die Qualifikationen und Wettbewerbsfähigkeit der Arbeit auf dem Arbeitsmarkt zu erhalten, stellen die *Eltern* sowie die *Jugendlichen* in den Mittelpunkt. Auch zeigt sich für beide Generationen eine gleichgelagerte Relation zwischen dem personal- und sozialdifferenzierenden Bildungsverständnis wie im Verhältnis zur instrumentellen Orientierung:

- Die weitgehende Entsprechung eines allgemeinen instrumentellen Bildungsverständnisses im Hinblick auf die berufliche Verwertung zwischen Eltern- und Kindgeneration drückt sich in der Tatsache aus, daß, wenn Jugendliche diese Kernaussage nennen, sie diese auch zu 87 % ihrer Herkunftsfamilie zugeschrieben haben.
- Notieren Jugendliche die personaldifferenzierende Aussage, „um sich geistig anzuregen", dann haben sie diese auch zu 80 % ihrer Herkunftsfamilie zugeschrieben.
- Notieren Jugendliche die sozialdifferenzierende Aussage, „um angesehener zu sein", dann haben sie diese auch zu 66 % ihrer Herkunftsfamilie zugeschrieben.

Diese Daten verweisen bereits auf die familienspezifische Reproduktion personal- und sozialdifferenzierender Bildungsverständnisse.

3.2 Weiterbildungserfahrungen und -planungen

Eine Interpretation der unter Kap. 3.1. dargestellten Befunde über Entscheidungsprozesse zur Bildungsbiographie wie zum Bildungsverständnis läßt die Annahme zu,

– daß die Mehrzahl der Jugendlichen davon ausgeht, an der *Schulformentscheidung* persönlich partizipiert und die *Berufswahlentscheidung selbst getroffen zu haben*;
– daß das Verständnis über den Sinn von Bildung, das *Bildungsverständnis*, bei der Mehrzahl der Jugendlichen an das *elterliche Bildungsverständnis* adaptiert wurde.

Indem also Bildungsvorstellungen – eher unbewußt als bewußt – von der Eltern- zur Kindgeneration „vererbt" werden, das familiäre Bildungsverständnis von den Jugendlichen verinnerlicht wird, die Deutung über lebensgeschichtlich zentrale Bildungsentscheidungen aber sehr prononciert von Autonomie-Idealisierungen der Jugendlichen selbst ausgeht, kommt es schließlich zu einer *Akzeptanz* der persönlichen Bildungsgeschichte.

Im folgenden wollen wir nun die Fortschreibung vorausgegangener Bildungsschritte der vorberuflichen Sozialisation in Prozessen organisierten Lernens des Weiterbildungssystems dokumentieren.

Hier geht es zentral um die *vollzogene* und die *prospektive Teilnahme* an Weiterbildungsveranstaltungen und um *inhaltliche-thematische Präferenzen* der Jugendlichen.

3.2.1 Weiterbildung: Teilnahme und Erfahrung

Jeder dritte der von uns befragten Jugendlichen hat bereits *Weiterbildungserfahrungen*. Dies gilt im fast gleichen Maße für männliche und weibliche Probanden. In besonderer Weise sind diese Weiterbildungsaktivitäten altersbedingt auf die Anforderungsstrukturen der Schule ausgerichtet; das zeigt sich zum einen in differenzierten Inhalten, zum anderen an den besuchten Institutionen.

Insgesamt ordnen 70 % ihre Bildungsbemühungen *berufs- und studienbezogen* ein.

Betrachten wir den Teilnehmerkreis näher, so zeigt sich, daß eine Abhängigkeit besteht zwischen Sozialstatus der Eltern und Teilnahme der Kinder sowie zu gemachten Weiterbildungserfahrungen der Eltern („Weiterbildungsvererbung"). Ist der *Sozialstatus der Eltern hoch*, haben die Eltern selbst an Weiterbildungsveranstaltungen teilgenommen, dann ist die Weiterbildungsteilnahme bei ihren Kindern signifikant hoch. Umgekehrt: ist der *Sozialstatus der Eltern niedrig*, dann sind sowohl seitens der Eltern als auch seitens der Jugendlichen kaum Weiterbildungserfahrungen vorhanden. Eine Besonderheit sei kurz erwähnt: Haben Mütter Weiterbildungserfahrungen, schnellt die Teilnehmerzahl der Kinder an Weiterbildungsveranstaltungen nach oben. Insgesamt ist auffällig, wie eng mit dem Begriff Bildung (Weiterbildung), schulische Qualifikationsanforderungen und berufliche Verwertungsbedingungen assoziiert werden.

Die *Intensität* der bisherigen Teilnahme ist sehr hoch. 70 % berichten über langfristige und mehrfache Kurse. Schließlich kann davon ausgegangen werden, daß die erstmalige Teilnahme in der Regel weitere Aktivitäten im Angebotssystem der Weiterbildung fördert, also einen *Multiplikationseffekt* hat.

Zusammenfassend können wir die zentrale Aussage vorliegender Teilnehmeruntersuchungen bestätigen, daß die Teilnahme an Weiterbildungsveranstaltungen ausserordentlich signifikant mit dem Sozialstatus der Herkunftsfamilie, wie mit dem Bildungsstatus der Betroffenen, korreliert.[20]

3.2.2 Weiterbildungsplanung und Präferenzen

Wesentlich mehr Jugendliche geben an, Weiterbildungsaktivitäten konkret zu planen (50 %). Sehr hoch vertreten bei den Weiterbildungsaspiranten sind diejenigen, die bereits *Weiterbildungserfahrungen* haben sowie insbesondere diejenigen, die *schulische Diskontinuitäten* erlebt haben (Schulformwechsel, Hauptschüler ohne Abschluß; vlg. Kap. 1.2) und/oder *alternative Berufswünsche* hatten (vlg. Kap. 2.4). Gering vertreten sind hier die Abiturienten. Ihr Erfahrungsalltag besteht für viele ohnehin aus langfristigen Prozessen organisierten Lernens. Betrachten wir den *elterlichen Status* der potentiellen Weiterbildungsteilnehmer, so existiert im Vergleich zu den bisherigen Teilnehmern eine *Umkehrung* in der Form, daß Kinder von Eltern mit niedrigem Schulabschluß bzw. geringem Sozialstatus vermehrt Weiterbildungswünsche signalisieren.

Mitgliedschaften in Formalorganisationen (insbesondere Sportvereine und kirchliche Organisationen), intensive Kommunikationsformen in der Familie („ungezwungen klönen, Erfahrungen und Probleme austauschen") erhöhen eine potentielle Weiterbildungsbereitschaft.

Insgesamt lassen die Befunde den Schluß zu, daß die Bereitschaft zur Planung von Weiterbildungsmaßnahmen im engen Zusammenhang mit *Diskontinuitäten* (Schulkarriere) und *Diskrepanzen* (alternative Berufswünsche) der bisherigen Bildungs- und Ausbildungsbiographie steht; daß weiterhin *soziale Anregungsmilieus* in Familie und Formalorganisationen diese Bereitschaft fördern können, daß schließlich *Teilnahmeerfahrungen* zu weiteren Planungen führen.

Weitaus deutlicher als bei der bisherigen Weiterbildungsteilnahme stehen hinsichtlich *prospektiver* Teilnahmebereitschaften *berufliche Verwertungsbedingungen* als inhaltliche Zielsetzung von Weiterbildungsmaßnahmen im Vordergrund. Dabei rangieren Kurse über *„neue technische Verfahren"* sogar noch vor Veranstaltungen, die inhaltlich über berufliche Aufstiegs- und Veränderungsmöglichkeiten informieren. Dies zeigt unseres Erachtens, in welchem hohen Maße die Entlaßschüler bereits in ihren berufsbildenden Tätigkeiten involviert sind. Veranstaltungen über Möglichkeiten, „wie man sich zusammen mit anderen gegenseitig helfen kann", rangieren an dritter Stelle. Kurse über „Fragen der Arbeiterbewegung" sind ebenso wenig gewünscht wie Veranstaltungen über „Fragen des Alltags". Wir registrieren hier eine deutliche Angleichung der Bildungsbestrebungen an die Bedeutung von Bildung in der Herkunftsfamilie.

Fassen wir die bisherigen Befunde zur Weiterbildungserfahrung, -planung wie zu inhaltlich-thematischen Präferenzen zusammen, dann läßt sich summarisch festlegen, daß insbesondere *privilegierende Statusbedingungen* wie

– weiterführende Schulabschlüsse der Jugendlichen (mittlere Reife, Abitur),
– weiterführende Schulabschlüsse der Eltern (mittlere Reife, Abitur),
– hohe berufliche Stati der Väter (Angestellten- und Beamtenstatus, „Selbständig" erwerbstätige) und
– Weiterbildungserfahrungen der Eltern

hoch korrelieren mit der *tatsächlichen Weiterbildungserfahrung* der Jugendlichen; daß andererseits insbesondere *Defizit-* und *Diskrepanzerfahrungen* in der eigenen Bildungsbiographie der Jugendlichen wie

– Defizite in der Schulkarriere und
– alternative Berufswünsche

sowie *soziale Anregungsmilieus* wie

– familienspezifische Kommunikationsformen und
– Mitgliedschaften in Formalorganisationen

positiv korrelieren mit *Weiterbildungsplanungen.*

Die potentielle Weiterbildungsmobilität korreliert aber nicht positiv mit privilegierenden Statusbedingungen; Zusammenhangsbeziehungen bestehen lediglich zwischen *tatsächlicher* und *prospektiver* Teilnahme.

Tatsächliche Weiterbildungsaktivitäten sind also – nach unseren Befunden – zurückzuführen auf die Bedingungen der *objektiven Chancenstruktur; potentielle Weiterbildungsaktivitäten* vielmehr eher auf vorausgegangene *Defizit- und Diskrepanzerfahrungen* sowie auf *soziale Anregungsmilieus.*

Angesichts aber des *Widerspruchs* zwischen

– der *quantitativen* Relation von Weiterbildungs*erfahrung* (ein Drittel aller Jugendlichen) bei allen Jugendlichen und
– der *qualitativen Vermittlung* zwischen Teilnahme*erfahrung* und Teilnahme*planung* (Verstärkungseffekt)

sind in der Folge der Untersuchung die tatsächlichen *Selektionsbedingungen der Weiterbildungsplanung* zu kontrollieren; ist die Frage nach den Selektionsbedingungen der Weiterbildungsmotivation empirisch weiter zu überprüfen.

Schließlich ist wohl davon auszugehen, daß Weiterbildung mit zunehmender Nähe zum Beschäftigungssystem noch stärker auf Nutzungserwägungen beruflicher Qualifikation und Verwertung[21] fixiert wird, daß Weiterbildung immer stärker auf *beruflicher Weiterbildung* reduziert wird, je *umfassender* die Jugendlichen in die klassische *Erwachsenenrolle des Berufsmenschen* integriert werden. Hier vermuten wir auch Grenzen der potentiellen Bildungsmobilität, der Selektionsbedingungen von Weiterbildungsmotivation:

Die Bedeutung der objektiven Chancenstruktur wird von der Herkunftsfamilie auf die Berufsrolle übertragen. So lautet unsere Hypothese, daß *privilegierende Anforderungsstrukturen* im Beschäftigungssystem hinsichtlich Qualifikation und Verwertung, Erfolgserlebnisse in vielfältigen Tätigkeitsbezügen in der Arbeitswelt *mobilitätsanregende* Wirkungen haben; *diskriminierende* Anforderungsstrukturen und monotone Tätigkeiten hingegen eher *Rückzugstendenzen* auslösen bzw. Rücknahmen von Weiterbildungsbereitschaften zur Folge haben.

Anmerkungen

1 Vgl. M. Kohli, Zur Theorie der biographischen Selbst- und Fremdthematisierung, in: J. Matthes (Hg.), Lebenswelt und soziale Probleme, Frankfurt 1981, S. 502 ff.
2 Ebenda, S. 507
3 Vgl. W. R. Heinz, Zum Zusammenhang zwischen Arbeitssituation und Sozialisation am Beispiel der Berufswahl, in: Th. Leithäuser/W. R. Heinz (Hg.) Produktion, Arbeit, Sozialisation, Frankfurt 1976, S. 218 ff.
4 Vgl. H. Friebel, Lernkapazität des Individuums, Lernmilieu der Gesellschaft, Opladen 1976, S. 159 ff.
5 Forschungsgruppe AUS, Die Arbeitssituation der Eltern als Determinante der Sozialisation Heranwachsender, Bremen 1977, S. 84.
6 Vgl. A. Lorenzer, Zur Begründung einer materialistischen Sozialisationstheorie, Frankfurt 1972.
7 Vgl. Institut für Arbeitsmarkt- und Berufsforschung (IAB), Jugendliche beim Übergang in Ausbildung und Beruf, Beitr. AB 43, Nürnberg 1980, S. 136.
8 Vgl. IAB, Beitr. AB 43, a.a.O., S. 66 und Stufenausbildung und Gegenwehr am Beispiel Siemens Hamburg, Hamburg 1978.
9 Diese Befunde sind Zwischenergebnisse einer Längsschnittuntersuchung (1980–1984) zum Thema „Soziale Bedingungen der Weiterbildungsmotivation Jugendlicher" an der Forschungsstelle der Hochschule für Wirtschaft und Politik. Das Sample (252 Jugendliche Schulabgänger) ist ein repräsentativer Querschnitt aller Schulabgänger hinsichtlich der Schulabschlußverteilung in Hamburg 1979.
10 Vgl. H. G. Rolff u. a., Jahrbuch der Schulentwicklung, Band 1, Weinheim 1980 S. 59.
11 Die beruflichen Statusgruppen der Väter haben wir in drei Hauptgruppen zusammengefaßt: Aus allen beruflichen Positionen im Lohnarbeiterverhältnis haben wir die Gruppe „Arbeiter" gebildet. Angestellte als Gehaltsempfänger und Beamte als Besoldungsempfänger bilden die zweite Hauptgruppe „Angestellte und Beamte". Schließlich wurden in der dritten Hauptgruppe „Selbständig Erwerbstätige" alle selbständig bzw. freiberuflich Erwerbstätigen zusammengefaßt.
12 Eine analoge Verteilung des Verhältnisses zwischen Schulabschluß des Entlaßschülers und berufliche Stellung des Vaters wird in der Studie „Jugendliche beim Übergang vom Bildungs- in das Beschäftigungssystem" vom Institut für Arbeitsmarkt- und Berufsforschung der Bundesanstalt für Arbeit dokumentiert (Institut für Arbeitsmarkt- und Berufsforschung (IAB), *Jugendliche beim Übergang vom Bildungs- in das Beschäftigungssystem, Beitr. AB 41, Nürnberg 1980, S. 112).*
13 Vgl. hierzu entsprechende Ausführungen in den Berufsbildungsberichten 1980 und 1981 *(Bundesminister für Bildung und Wissenschaft, Schriftenreihe Berufliche Bildung 11 und 13)* S. 1 ff. und S. 20 ff. und im besonderen hierzu Kap. 2.4.
14 Vgl. hierzu die gleichen Schlußfolgerungen des IAB, BeitrAB 41, a.a.O., S. 219 u. 221.
15 Vgl. H. G. Rolff u. a., a.a.O.; IAB, BeitrAB 41, a.a.O.; Berufsbildungsberichte, a.a.O.,
16 Vgl. zur Definition beruflicher Vollzeitschulen in Hamburg: U. Schwänke u. a., *Das Hamburger Schulwesen, Hamburg 1981.*
17 Dieses Abdrängen insbesondere von Jugendlichen ohne weiterführenden Schulabschluß bzw. von weiblichen Jugendlichen in Berufsfachschulen, Berufsgrundbildungsjahr, weiterführende Schulen usw. ist wie in der IAB-Untersuchung treffend festgestellt „für diese Abgewiesenen als ‚Ausbildung zweiter Wahl' anzusehen" (IAB, BeitrAB 41, a.a.O., S. 221).
18 Zu ähnlichen Befunden zur geschlechtsspezifischen Selektion bzw. Diskriminierung im System berufsbildender Maßnahmen gelangen H. G. Rolff u. a., a.a.O., S. 68.
19 Vgl. zum Verhältnis zwischen „personal-" und „sozialdifferenzierendem" Bildungsverständnis W. Schulenberg u. a., Soziale Lage und Weiterbildung, Braunschweig 1979, S. 36 ff.
20 Vgl. H. Friebel u. a., Studierende Erwachsene im Zweiten Bildungsweg, Braunschweig 1978, S. 10–42; K. Gottwald/Ch. Brinkmann, Determinanten der Weiterbildungsmotivation, in: Deutscher Bildungsrat, Bd. 28, Stuttgart 1973; W. Schulenberg u. a., a.a.O.
21 Vgl. H. F. Müller, Bedingungen politischer Lernbereitschaft bei Industriearbeitern, Stuttgart 1978, S. 29.

Wulf D. Hund

Die ungleiche Verteilung des Glücks

Zur Entstehung der Klassenanalyse

1. Glück als privates Eigentum: Die ungleiche Verteilung des Reichtums als Grundlage des bürgerlichen Glücksideals

Im bürgerlichen Sprachschatz ist Glück ein Synonym für Eigentum. Kaum je deutlicher wird dies als bei Jefferson, wo er in seinem Entwurf der amerikanischen Unabhängigkeitserklärung „Eigentum" in „Streben nach Glück" korrigiert.[1] Die Proklamation jener selbstverständlichen Wahrheiten, daß alle Menschen gleich geschaffen seien und über Leben, Freiheit und Streben nach Glück als unveräußerliche Rechte verfügten[2], meint daher nicht, es sollten alle gleich glücklich sein. Klar formulieren dies nach ihrer Revolution die Franzosen, die in ihrer Erklärung der Menschen- und Bürgerrechte[3] das allgemeine Glück zum Ziel der Gesellschaft erheben und neben Gleichheit, Freiheit und Sicherheit auch Eigentum als natürliches Recht des Menschen aufzählen. Unmißverständlich interpretiert Kant: Die „Gleichheit der Menschen in einem Staat . . . besteht aber ganz wohl mit der größten Ungleichheit, der Menge und den Graden ihres Besitztums, es sei an körperlicher oder Geistesüberlegenheit über andere, oder an Glücksgütern . . .; so daß des einen Wohlfahrt sehr vom Willen des anderen abhängt (des Armen vom Reichen), daß der eine gehorsamen muß (wie das Kind den Eltern, oder das Weib dem Mann) und der andere ihm befiehlt, daß der eine dient (als Taglöhner) der andere lohnt, usw. Aber dem *Rechte* nach . . . sind sie dennoch . . . alle einander gleich".[4]

Damit sind die Spielregeln der bürgerlichen Gesellschaft formuliert. Daß jeder das gleiche Recht hat, nach Glück zu streben, hindert nicht dessen ungleiche Verteilung. Allgemeines Glück und privates Eigentum sind darum nicht etwa Gegensätze, sondern bedingen einander vielmehr, wie Montesquieu eloquent formuliert, wenn er die Forderung, es solle Privatbesitz hinter öffentlichem Wohl zurückstehen, als Paralogismus verwirft.[5]

Aus dem Streben nach Glück gehen einige glücklicher hervor. Die Gesellschaft lebt in Klassen gespalten. In jenen vergangenen Tagen der kapitalistischen Gesellschaftsformation, als die Politiker der Bourgeoisie noch zu deren Denkern zählen, spricht Madison, nachmals Präsident der Vereinigten Staaten von Amerika, diesen Zusammenhang unverschleiert an: „Die Besitzenden und die Besitzlosen . . . bilden in einer zivilisierten Nation notwendigerweise verschiedene Interessengruppen und spalten die Nation in verschiedene Klassen mit verschiedenen Gefühlen und Meinungen."[6]

Es sind die bürgerlichen Gesellschaftswissenschaften, die gleichermaßen die geschichtliche Entwicklung der Klassen, deren materielle Grundlage und deren soziale Beziehung entdecken.

Daß die modernen Klassen ihr spezifisches Verhältnis freier Verkerhsbeziehungen historisch im Zusammenhang mit den Produktionsverhältnissen herausbilden, ist die Entdeckung bürgerlicher Geschichtsanalyse. Nach Millars Darstellung wandelt sich das Verhältnis der Klassen von der Sklavenwirtschaft über die Fronwirtschaft zur kommerziellen Wirtschaft zu wachsender Freiheit, weil die Herren bezüglich der Knechte entdecken, „welcher Nutzen darin l(iegt), wenn man sie zum Fleiß und Arbeiten dadurch anstachelt(), daß man ihnen ihren persönlichen Vorteil vor Augen stellt()."[7]

Daß die modernen Klassen ihre materielle Grundlage in der kapitalistischen Ökonomie haben, ist die Entdeckung bürgerlicher Wirtschaftsanalyse. Nach Smith' Auffassung ergibt sich aus den unterschiedlichen Einkommensarten Rente, Profit und Lohn die Gliederung der Bevölkerung in Grundbesitzer, Unternehmer und Arbeiter: „Sie sind die drei großen Klassen, aus denen von Anfang an jede entwickelte Gesellschaft besteht".[8]

Daß die modernen Klassen ihre soziale Beziehung durch gegensätzliche Interessen bestimmt wissen und darüber vermittelt in organisierte Auseinandersetzung eintreten, ist die Entdeckung bürgerlicher Politikanalyse. Nach Fergusons Einsicht besteht ein direkter Zusammenhang zwischen Klasse, Interesse und Organisation: „Wo die Bürger irgend eines freien Staates verschiedenen Ständen angehören, da hat jeder Stand eine besondere Gattung von Ansprüchen und Forderungen. Gegenüber den anderen Gliedern des Staates ist er eine Partei".[9]

Eine effektive Partei zu bilden gelingt jenen, die im Wettlauf nach dem Glück zu kurz kommen, zunächst nicht. Ihre Zusammenschlüsse sind sporadisch und unzureichend. Trotzdem erhebt sich aus ihren Reihen immer erneut Widerspruch gegen die Synthese von allgemeinem Glück und privatem Reichtum. Roux wirft den Verfassern der Menschen- und Bürgerrechte vor, für das Glück des Volkes nicht genug getan zu haben. Die Proklamation von Freiheit, Gleichheit und Brüderlichkeit sei „leerer Wahn, solange eine Menschenklasse die andere ungestraft aushungern kann."[10] Lepeletier zieht daraus als Konsequenz, daß allgemeines Glück mit rechtlicher Gleichheit allein nicht erreicht werden könne, sondern nach materieller Gleichheit verlange: „Es genügt nicht, daß die . . . Republik auf das Prinzip der Gleichheit gegründet ist. Es gehört sich darüber hinaus, daß die Gesetze, daß die Sitten der Bürger in schönem Zusammenklingen darauf hinwirken, die Ungleichheit in der Lebenshaltung verschwinden zu lassen. Allen . . . muß ein glückliches Leben gesichert werden."[11]

Die Forderung nach Gleichheit der Lebenshaltung als Grundlage des allgemeinen Glücks wird zum Programm. Babeuf schreibt sie mit großer Geste auf die Fahne des entstehenden Proletariats: „Plebejische Institutionen müssen das gemeinschaftliche Glück sichern, den gleichen Wohlstand aller Mitglieder der Assoziation."[12]

In dem Maße, in dem sich das Proletariat als Klasse konstituiert, läßt sein sozial gewendetes Glücksverständnis die Synthese von allgemeinem Glück und privatem Reichtum brüchig werden. Der bürgerliche Verstand beginnt, zur Legitimationsarbeit überzugehen. Zuvor hat er aber noch die Kraft, seine eigene Vision vom Glück zu zerstören.

Empirisch beschreibt Sismondi die Abhängigkeit bürgerlichen Reichtums von der Armut der Arbeiter. Die Konzeption, nach der der einzelne es mangelndem eigenen Bemühen zuschreiben soll, wenn er unter den Bedingungen rechtlicher Gleichheit und gewährleistetem Glücksstreben doch unglücklich bleibt, wird als Mythos entlarvt. Die ungleiche Verteilung des Glücks erscheint herrschaftlich bestimmt: „Der Gewinn eines Unternehmers stellt nur einen Raub an dem von ihm beschäftigten Arbeiter dar". Hierin liege der Grund, daß die Arbeiter, „obwohl sie der Gesellschaft am nützlichsten sind, . . . arm und zurückgesetzt"[13] bleiben.

Theoretisch entwickelt Hegel bei der Analyse des Selbstbewußtseins, weshalb es sich nur als Klassenbewußtsein realisieren kann. Im Kampf um Anerkennung verdoppelt sich das Selbstbewußtsein in die „entgegengesetzte(n) Gestalten" des Bewußtseins von Herrn und Knecht. Das in ein genießendes Bewußtsein des Herrn und ein arbeitendes Bewußtsein des Knechts zerfallene Selbstbewußtsein nennt Hegel ob dieser Entzweiung das unglückliche Bewußtsein: „(D)as unglückliche Bewußtsein ist das Bewußtsein seiner als des gedoppelten(,) nur widersprechenden Wesens."[14] Die Verheißung allgemeinen Glücks ist verblaßt. Angesichts seiner selbst als klassenmäßig gespalten ist das Bewußtsein unglücklich.

Praktisch steht es damit vor der Aufgabe, sein Glücksverständnis mit der Realität der wachsenden eigentumslosen Proletariermassen zu vermitteln. Von den beiden dazu entwickelten Hauptkonzepten läßt die konservativ-reaktionäre Variante die im Kampf des Bürgertums gegen feudale Privilegien entwickelte Idee der natürlichen Gleichheit der Menschen umstandslos fallen und setzt auf die sozialdarwinistische Begründung sozialer Ungleichheit. Sie bestehe, weiß Treitschke, „weil die Menschen ungleich sind von Natur, weil mit dem Dasein der Menschen die Ungleichheit gegeben ist, weil . . . eine Mehrheit von Menschen sich nicht denken läßt ohne die Ungleichheit . . . der Kräfte des Leibes und der Seele, . . . des Besitzes und des Glükkes".[15] Ungebrochen überlebt diese Auffassung in Vorstellungen wie denen Hayeks, für den durch „Chancengleichheit . . . die Gleichheit vor dem Gesetz durchbrochen wird, da die Menschen von der Natur und ihrer Umgebung sehr unterschiedlich ausgestattet sind". Es sei daher in der Marktwirtschaft „der Begriff der sozialen Gerechtigkeit . . . völlig sinnlos"; „Ungleichheit ist nicht bedauerlich, sondern höchst erfreulich."[16]

Hiergegen steht die Tradition der liberal-sozialen Variante, die versucht, soziale Ungleichheit als im Rahmen der Systemgrenzen ausgleichbar zu begreifen. Benthams Faustregel, die das größte Glück der größten Zahl zum Maß für richtig und falsch erklärt, wird von Mill zur erneuerten Verkündigung des allgemeinen Glücks (general happiness) gewendet. Wenn seiner Verwirklichung die Umstände im Wege stünden, müßte durch Erziehung ein Gefühl der Einigkeit (feeling of unity) erzeugt werden, auf dessen Grundlage das allgemeine Glück gedeihen könnte.[17] Nicht Klassenkampf, sondern eine Zusammenarbeit der Klassen soll das allgemeine Glück befördern. Das praktische Pendant zum Gefühl der Einigkeit ist entsprechend die industrielle Partnerschaft (industrial partnership).[18]

Vorausschauend wird damit eine Perspektive pointilliert, deren Verwirklichung erst mit dem Anwachsen des Reformismus in der Arbeiterbewegung eine tragfähige Grundlage erhält. Bernstein schlägt die entscheidende ideologische Bresche, indem er die ökonomischen Ansprüche der Gewerkschaften in die Grenzen demokratischer Teilhaberschaft am wirtschaftlichen Entscheidungsprozeß (Labour Partnership) verweist.[19] Im Entwurf der Wirtschaftsdemokratie bewahrt dieses Programm zwar noch verbal die Vorstellung einer Überwindung des kapitalistischen Wirtschaftssystems.[20] Von den Parteien der Sozialistischen Internationale wird es jedoch endgültig auf den Wortlaut von 1789 zurückgenommen. Für sie „sind Freiheit und Gleichheit kostbar und wesentlich für das Glück der Menschen. Sie sind die beiden Säulen, auf denen das Ideal der menschlichen Brüderlichkeit ruht."[21]

2. Glück als soziale Gleichheit: Die ungleiche Verteilung der Arbeit als Grundlage der sozialistischen Glückskritik

Die Diskrepanz zwischen bürgerlichem Glücksideal und gesellschaftlichem Unglück ist so alt wie die bürgerliche Gesellschaft. Wo die Ursachen des Unglücks liegen und wie es überwunden werden könne, sind daher Fragen, auf die in den egalitaristischen, sozialistischen und kommunistischen Utopien lange schon Antworten gesucht werden. Überwiegend enthalten sie Hinweise zur Ungerechtigkeit der Verteilung.

Die ungerechte Verteilung der Güter beantwortet der Egalitarismus mit der Forderung nach deren gleichmäßiger Streuung. Nicht privater Besitz wird kritisiert, sondern die fehlerhaften Proportionen, in denen er den gesellschaftlichen Individuen zukommt. Aus der Maxime, „daß das öffentliche Glück das Glück aller in allem sein muß"[22] leitet Rousseau ab, „daß . . . kein Staatsbürger so reich sein darf, um sich einen anderen kaufen zu können, noch so arm, um sich verkaufen zu müssen".[23] In der Auffassung, „eine Frau und ein eigener Acker genüg(t)en zum Glück eines Weisen"[24], tritt freilich die kleinbürgerliche Herkunft solch egalitärer Konzeptionen deutlich zutage. Sie prägt auch die Proklamation der Jakobiner, „das Glück . . . (sc. sei) eine neue Idee in Europa"[25], die Saint-Just dahingehend erläutert, „daß es keine Unglücklichen mehr gibt, wenn man so verfährt, daß jeder sein Stück Land besitzt."[26]

Der Sozialismus knüpft zwar an egalitäre Vorstellungen an, erkennt aber gleichzeitig, daß die ungleiche Verteilung der Güter auf der ungleichen Verteilung der Einkommen beruht und wendet daher seine Überlegungen verstärkt der Organisation der Produktion zu. In zahllosen genossenschaftlichen Modellen wird versucht, gerechte Verteilungsmaßstäbe für den gesellschaftlichen Reichtum aus den in seine Produktion eingebrachten Anteilen abzuleiten. Daß deren klassenspezifische Prägung dabei nicht voll erfaßt wird, verdeutlicht Fourier, der kritisiert, daß die Industrie nur „die Elemente des Glücks, nicht aber das Glück selbst“[27] erzeugt. Seine Vorstellung, „das Glück w(e)rd(e) nur einer Ordnung der . . . proportionellen Verteilung entspringen können“[28], präzisiert er mit dem Entwurf einer Verteilungsgerechtigkeit nach den industriellen Grundelementen Arbeit, Kapital und Talent, die ihm als „Harmoniesystem“[29] gilt.

Der Kommunismus kommt in seinen weitsichtigsten Entwürfen schon früh zu der Einsicht, es sei die Existenz von Kapital und Arbeit nicht als Ausgangspunkt sondern als Resultat von Verteilungsprozessen zu begreifen. Es müsse schon Verteilung stattgefunden haben, wenn von ihrem Kapital Gesellschaftsmitglieder ohne Arbeit leben können. Morelly bemängelt daher alle „Einrichtungen, die sich unterfangen, allein für einige Menschen einen bleibenden Zustand von Ruhe, den man *Glück, Vermögen* nennt, zu festigen und den anderen die Arbeit und Mühe zu lassen“.[30] Weitling übernimmt diese Auffassung in die Programatik der deutschen Arbeiterbewegung: „Wer zufrieden ist, ist glücklich! Zufrieden aber kann man sein, wenn man ein sorgloses Leben führt und Freunde hat; sorglos kann man leben, wenn man weiß, daß jeder von allen soviel hat, als er bracht; und Freunde wählt und findet man nur unter denen, die mit uns gleiches Schicksal haben. Also die gleiche Lebenslage aller bewirkt Sorglosigkeit und Freundschaft, mithin das Glück aller.“[31] Wenn aber Verhältnisse herrschen, unter welchen „gerade denen von den Gütern der Erde am kargsten zugeteilt (sc. wird), welche sie derselben mühsam im Schweiße ihres Angesichts abgewinnen müssen“[32], so fällt die Antwort auf die Frage nach ihrer Herkunft nicht schwer: „Das kommt von der ungleichen Verteilung der Arbeit“.[33]

Mit der Zurückführung der ungleichen Verteilung des Glücks auf die ungleiche Verteilung der Arbeit ist der Ansatzpunkt für eine Vermittlung von Verteilungsanalyse und Klassenanalyse gegeben. Marx verdeutlicht beider Zusammenhang: „Die Distribution in der flachsten Auffassung erscheint als Distribution der Produkte . . . Aber ehe die Distribution Distribution der Produkte ist, ist sie 1) Distribution der Produktionsinstrumente und 2) was eine weitere Bestimmung desselben Verhältnisses ist, Distribution der Mitglieder der Gesellschaft unter die verschiednen Arten der Produktion (Subsumtion der Individuen unter bestimmte Produktionsverhältnisse.)“[34]

Damit ist endgültig ein neuer Betrachtungsmodus des Glücks gefunden. Indem der Blick von der Verteilung der Produkte auf die Verteilung der Produktionsinstrumente und der Produzenten gelenkt wird, drängt sich die Frage nach deren Gesetzmäßigkeit auf. Sie findet im Manifest der Kommunistischen Partei ihre berühmte Antwort in dem Satz: „Die Geschichte aller bisherigen Gesellschaft ist die Geschichte von Klassenkämpfen“.[35] Diese Auffassung findet sich modifiziert wieder in der Konzeption der Formationsfolge.[36] Die fortschreitende Entwicklung der Menschheit führt von der klassenlosen Urgesellschaft über die Klassengesellschaften zur klassenlosen kommunistischen Gesellschaft. Die Entwicklung der Klassengesellschaften verläuft über die Epochen der asiatischen, antiken, feudalen und bürgerlichen Produktionsweisen.

Die verschiedenen Klassenformationen werden jeweils durch ein zentrales Produktionsverhältnis und sich gegenüberstehende Hauptklassen gekennzeichnet. Deren Beziehung ist von Anfang an durch soziale Kämpfe geprägt. So führt schon anläßlich der sozialen Unruhen und Volkserhebungen am Ende des Alten Reiches ein ägyptischer Adliger beredte Klage: „(D)ie Armen des Landes sind zu Reichen geworden, die Besitzenden aber zu Mittellosen ... Wer einst Laufbursche war, schickt jetzt einen anderen umher ... Wer kein einzelnes Brot hatte, besitzt jetzt einen Speicher ... Die, welche ihr Gesicht im Wasser besah, hat jetzt einen Bronzespiegel".[37] Doch sind es nicht vorrangig die bewegten Zeitspannen der Klassenauseinandersetzungen, die die soziale Ungleichheit in den vorkapitalistischen Gesellschaftsformationen offen ins Bewußtsein der Beteiligten treten lassen. Vielmehr macht es die Grundlage der Klassenverhältnisse selbst weder möglich noch nötig, sie ideologisch einzuebnen. Die gewaltsam durch Menschenraub, Landwegnahme u. ä. erzwungenen sozialen Differenzierungen werden als elementare organische Gliederung der Gesellschaft widergespiegelt. Bereits im Rig-Veda ist geschildert, wie beim Opfer des Urriesen Purusha aus dessen Körperteilen die vier Kasten entspringen – die Priester aus dem Mund, die Krieger aus den Armen, die Handwerker, Bauern und Händler aus den Schenkeln, die Diener aus den Füßen.[38] In der Parabel, mit der Menenius Agrippa die römischen Plebejer belehrt haben soll, hat diese Auffassung ihre klassische Form erhalten. Die tätigen Glieder sollen den müßigen Bauch nicht tadeln, weil er doch für ihr Wohlergehen Sorge trage.[39]

Im Unterschied zu vorbürgerlichen Klassengesellschaften, in denen soziale Ungleichheit durch außerökonomischen Zwang erzeugt und mit Gewalt aufrechterhalten wurde, erscheint sie im Kapitalismus als Resultat der Marktbeziehungen gleichberechtigter Partner. Die Klassen scheinen erst aus den Relationen von Angebot und Nachfrage des Tauschverhältnisses hervorzugehen – „ein(em) Verhältnis, das, wie ein englischer Ökonom sagt, gleich dem antiken Schicksal über der Erde schwebt und mit unsichtbarer Hand Glück und Unglück an die Menschen verteilt".[40]

Aus der Metapher von der unsichtbaren Hand Wertgesetz und Mehrwertgesetz als Grundlage der Klassenbeziehungen herauszuarbeiten, erweist sich als schwierigste Aufgabe für die wissenschaftliche Analyse der sozialen Verhältnisse in der bürgerlichen Gesellschaft.[41] Die Suche nach ihrer Lösung setzt ein mit der Offenlegung der historischen Herkunft differenzierter Tauschpartner auf dem Warenmarkt. Smith erklärt das Auftauchen von Tauschpartnern mit so unterschiedlichen Waren wie Arbeitskraft und Kapital durch den vorgängigen individuellen Verzeicht der einen: sie hätten gespart.[42] Die Verteilung von Glück und Unglück kann oder muß sich so jeder selbst zuschreiben. Marx faßt diesen „Standpunkt der Kinderfibel" ironisch dahingehend zusammen, es habe offenbar in grauer Vorzeit einerseits „eine fleißige, intelligente und vor allem sparsame Elite" und andererseits „faulenzende, ihr alles, und mehr, verjubelnde Lumpen"[43] gegeben. Gegen solchen Roman von Bourgeoisie und Proletariat als Robinson und Freitag stellt er den Realismus der ursprünglichen Akkumulation. Sie ist die geheime Vorgeschichte der bürgerlichen Gesellschaft, in der Gewalt als „ökonomische Potenz"[44] deren Grundelemente erzeugt: verwertungssüchtige Geldmengen und doppelt freie Lohnarbeiter.[45] Wie die einen nicht durch

Sparsamkeit entstehen, sondern durch Raub, Plünderung, Versklavung usw. angehäuft werden, so gehen die anderen nicht aus Verschwendung hervor, sondern finden sich ausgehungert, vertrieben und bestohlen als eigentumslos wieder. Erst jetzt kann „der stumme Zwang der ökonomischen Verhältnisse“[46] die offene Gewalt ihrer Errichtung ersetzen. Wenn es von nun an als unmoralisch gilt, „sein eigenes Glück dem Glück aller anderen vorzuziehen und auf deren Kosten zu befriedigen“[47], so sind dies Normen einer ehrenwerten Gesellschaft, die aus der Position der Glücklichen die Unglücklichen an das Einhalten der Spielregeln mahnt.

Werden diese Spielregeln nur insoweit betrachtet, als sie äquivalenten Tausch bestimmen, so ermöglichen sie auf die Frage „Was bildet eine Klasse?“ nur eine oberflächliche Antwort „(a)uf den ersten Blick“: „die Dieselbigkeit der Revenuen und Revenuequellen.“[48] Tatsächlich werden aber die gesellschaftlichen Individuen nicht erst durch Einkommen aus Kapital oder Lohnarbeit zu Kapitalisten oder Lohnarbeitern. Sie erwerben diese Charaktereigenschaften vielmehr in einem ihrem geordneten Geschäftsverkehr vorangehenden historischen Prozeß. Neben dem äquivalenten Tausch gehört deshalb von Anfang an auch die Ungleichheit der Tauschpartner zu ihren Spielregeln: „Das Klassenverhältnis zwischen Kapitalist und Lohnarbeiter ist also schon vorhanden, schon vorausgesetzt, in dem Augenblick, wo beide . . . sich gegenübertreten.“[49]

3. Lohnarbeit als Unglück: Die Klassenanalyse als Theorie der Emanzipation des Proletariats

Im ausgebildeten Klassenverhältnis der kapitalistischen Gesellschaftsformation wird die ungleiche Verteilung des Glücks als Dialektik von Glück und Unglück sichtbar. Marx hat sie schon in den ökonomisch-philosophischen Manuskripten gegen die liberalistische Propaganda des allgemeinen Glücks und seiner individuellen Erringung herausgestellt: „Da aber nach Smith eine Gesellschaft nicht glücklich ist, wo die Majorität leidet, da aber der reichste Zustand der Gesellschaft zu diesem Leiden der Mehrzahl und da die Nationalökonomie (überhaupt die Gesellschaft des Privatinteresses) zu diesem reichsten Zustand führt, so ist also das *Unglück* der Gesellschaft der Zweck der Nationalökonomie.“[50]

Mit der Zurückführung der ungleichen Verteilung des Reichtums auf die ungleiche Verteilung der Arbeit wird als deren qualitative Dimension deutlich, das „was man gesellschaftlichen Reichtum, ‚Wealth of Nations‘ usw. nennt – auf Kosten der Arbeiter zu erhöhn.“[51] Unter diesen Bedingungen wird „(s)elbst die Erleichterung der Arbeit zum Mittel der Tortour, indem die Maschine nicht den Arbeiter von der Arbeit befreit, sondern seine Arbeit vom Inhalt.“[52] Womit eine Tendenz beschrieben ist, die die spätere Industriesoziologie zunächst in den Studien ihrer hellsichtigeren Vertreter zu der Einsicht bringt, es sei die Arbeit zwar vom Schweiß aber nicht von ihrem alten Fluch befreit worden[53], um diesen in einem nächsten Schritt mit der Strategie der Arbeitshumanisierung zu beschwören.[54]

Die herrschaftlich bestimmte Verteilung der Arbeit rückt dabei freilich nicht in den Blick. Wird jedoch die „wirkliche Ökonomie" als „Ersparung von Arbeitszeit"[55] zum Maßstab der Kritik gemacht, so kann der Klassencharakter der kapitalistischen Ökonomie kein Geheimnis bleiben: „Die Schöpfung von viel disposable time außer der notwendigen Arbeitszeit für die Gesellschaft überhaupt und jedes Glied derselben (d. h. Raum für die Entwicklung der vollen Produktivkräfte der Einzelnen, daher auch der Gesellschaft), diese Schöpfung von Nicht-Arbeitszeit erscheint auf dem Standpunkt des Kapitals, wie aller frühren Stufen, als Nicht-Arbeitszeit, freie Zeit für einige."[56] Dies ist der Grund dafür, „daß in den historischen Formen der Arbeit als Sklaven-, Fronde-, Lohnarbeit die Arbeit stets repulsiv, stets als *äußre Zwangsarbeit* erscheint und ihr gegenüber die Nichtarbeit als ‚Freiheit und Glück'."[57]

Das Glück der Nichtarbeiter erwächst dem Unglück der Lohnarbeiter. Die ungleiche Verteilung des Glücks ist eine Klassenfrage, die Klassenanalyse das Instrument zu ihrer Beantwortung.

Materialistische Klassenanalyse verfährt von Anfang an interdisziplinär. Sie vermittelt ökonomische, soziale, politische und ideologische Elemente. Ihr Ausgangspunkt ist die formationsspezifische Prägung des Arbeitsprozesses. Die spezifischen Verbindungen seiner stofflichen Elemente bestimmen die Ökonomien der unterschiedlichen Gesellschaftsformationen.[58] Der Kapitalismus wird entsprechend durch die Trennung der Arbeiter von den Arbeitsinstrumenten wie durch das Dasein der einen als frei und der anderen als privates Eigentum charakterisiert. Beider Kombination im kapitalistischen Produktionsprozeß produziert aber nicht nur den materiellen Reichtum dieser Gesellschaft. Sie reproduziert auch das Klassenverhältnis von Lohnarbeit und Kapital.[59]

Dieses Klassenverhältnis liegt in der ungleichen Ausgangssituation begründet, in der sich Kapitalist und Lohnarbeiter begegnen. Ihre Ungleichheit besteht darin, daß im Tausch von Lohnarbeit und Kapital der eine seine Arbeitskraft anbietet und dafür Lohn einhandelt, der ihm deren einfache Erneuerung gestattet, während der andere Geld als Lohn anbietet und dafür Arbeitskraft einhandelt, die ihm dessen Vermehrung, d. h. seine Reproduktion als Kapital ermöglicht. Von daher wiederholt sich dieser Prozeß auf sich erweiternder Stufenleiter: ,,Akkumulation des Kapitals ist also Vermehrung des Proletariats."[60]

Insofern wird einerseits zurecht betont: „Die Ökonomie handelt nicht von Dingen, sondern von Verhältnissen zwischen Personen und in letzter Instanz zwischen Klassen".[61] Die Kritik der Politischen Ökonomie allerdings weist andererseits aus, daß Klassenanalyse mit ökonomischer Analyse nicht erschöpft sein kann. Die ökonomischen Gesetze versagen nämlich bei der Frage, wie lange der Käufer der Arbeitskraft diese nutzen könne: „Von ganz elastischen Schranken abgesehn, ergibt sich aus der Natur des Warentausches selbst keine Grenze des Arbeitstags, also keine Grenze der Mehrarbeit. Der Kapitalist behauptet sein Recht als Käufer, wenn er den Arbeitstag so lang als möglich und womöglich aus einem Arbeitstag zwei zu machen sucht. Andrerseits schließt die spezifische Natur der verkauften Ware eine Schranke ihres Konsums durch den Käufer ein, und der Arbeiter behauptet sein

Recht als Verkäufer, wenn er den Arbeitstag auf eine bestimmte Normalgröße beschränken will. Es findet hier also eine Antinomie statt, Recht wider Recht, beide gleichmäßig durch das Gesetz des Warenaustausches besiegelt. Zwischen gleichen Rechten entscheidet die Gewalt. Und so stellt sich in der Geschichte der kapitalistischen Produktion die Normierung des Arbeitstags als Kampf um die Schranken des Arbeitstags dar – ein Kampf zwischen dem Gesamtkapitalisten, d. h. der Klasse der Kapitalisten, und dem Gesamtarbeiter, oder der Arbeiterklasse.“[62]

Setzt die kapitalistische Ökonomie Bourgeoisie und Proletariat als Klassen voraus, so geht der Kampf zwischen beiden aus ihr hervor. Klassenanalyse umfaßt neben den ökonomischen daher auch die sozialen, politischen und ideologischen Beziehungen der Klassen. Daß sie nur in historischer Perspektive begriffen werden können, hat Marx schon früh formuliert, wo er von Klassenanalyse in philosophischer Terminologie fordert, ihren Gegenstand sowohl an sich wie für sich zu erfassen: „Die ökonomischen Verhältnisse haben zuerst die Masse der Bevölkerung in Arbeiter verwandelt. Die Herrschaft des Kapitals hat für diese Masse eine gemeinsame Situation, gemeinsame Interessen geschaffen. So ist diese Masse bereits eine Klasse gegenüber dem Kapital, aber noch nicht für sich selbst. In dem Kampf (sc. mit den Kapitalisten) . . . findet sich diese Masse zusammen, konstituiert sie sich als Klasse für sich selbst. Die Interessen, welche sie verteidigt, werden Klasseninteressen.“[63]

Diese Überlegungen verweisen 1) auf den materiellen Ursprung der Klassen in der Ökonomie einer spezifischen Gesellschaftsformation. Mit ihrer Bezeichnung als Klassen an sich wird eben diese Materialität betont und festgehalten, daß deren Analyse unabhängig vom Bewußtsein der gesellschaftlichen Individuen erfolgen kann und muß. Gleichzeitig enthalten sie aber auch 2) den Hinweis auf die Klassen als handelnde soziale Einheiten. Ihr Charakter als Klassen für sich entwickelt sich in den sozialen Kämpfen und muß deswegen als Prozeß untersucht werden. Klassenanalyse hat neben dem materiellen Dasein der Klassen an sich immer auch deren Konstitutionsprozeß zu Klassen für sich zum Gegenstand. Dabei kommt 3) den Interessen die Bedeutung eines Scharniers zwischen Klasse an sich und Klasse für sich zu. Die Interessen haben eine objektive Seite, die sich aus den materiellen gesellschaftlichen Verhältnissen ergibt. Die Interessen haben eine subjektive Seite, die als Resultat widerspiegelnder Erkenntnistätigkeit ebenso aus den Aktionen der Klassen hervorgeht wie sie ihrerseits motiviert.[64]

Die soziologische Operationalisierung dieser Klassentheorie leisten die Begriffe Klassenlage und Klassenkampf.

Im Begriff der Klassenlage ist sowohl die formationsspezifische Beziehung der Klassen aufeinander wie auch die jeweilige stoffliche Ausstattung ihrer Lebensweise gefaßt. Klassenlage ist insofern einmal materielle Lage, als sie die konkreten stofflichen Existenzbedingungen der Menschen umfaßt, also ihren Anteil am gesellschaftlichen Reichtum und die Möglichkeiten seiner Umsetzung in Bedürfnisentwicklung und Bedürfnisbefriedigung. Klassenlage ist insofern weiter gesellschaftliche Lage, als sie die formationsspezifische Prägung des Reichtumserwerbs in Relation der Klassen untereinander umfaßt. Entsprechend hat Marx das Verhältnis von materieller und gesellschaftlicher Lage charakterisiert: „Ist das Kapital rasch anwachsend, so mag der Arbeitslohn steigen; unverhältnismäßig schneller steigt der Profit des Kapitals. Die materielle Lage des Arbeiters hat sich verbessert, aber auf Kosten seiner gesellschaftlichen Lage. Die gesellschaftliche Kluft, die ihn vom Kapitalisten trennt, hat sich erweitert."[65]

Das Ausmaß dieser gesellschaftlichen Kluft gibt Auskunft über die Verteilung des Glücks. Beklagt noch Rousseau jene „Zeit, wo das Glücksgefühl relativ wurde, und man die anderen ansehen mußte, um zu wissen, ob man selber glücklich ist"[66], so weiß der Geschichtsmaterialismus um die Gesellschaftlichkeit der Bedürfnisse und ihrer Befriedigung: „Unsere Bedürfnisse und Genüsse entspringen aus der Gesellschat; wir messen sie daher an der Gesllschaft; wir messen sie nicht an den Gegenständen ihrer Befriedigung. Weil sie gesellschaftlicher Natur sind, sind sie relativer Natur."[67] Nicht der Konsumtionsfond der Arbeiterklasse bemißt des Ausmaß ihres Glücks, sondern sein Ausmaß im Vergleich zu dem der Bourgeoisie drückt den Grad ihres Unglücks aus.

Im Begriff des Klassenkampfs ist gefaßt, daß die Arbeiter solche Relation weder als objektives Schicksal noch als subjektives Versagen begreifen. In seiner Untersuchung der Lage der arbeitenden Klasse in England beantwortet daher Engels die rhetorische Frage „Wer verbürgt dem Arbeiter, daß . . . Ehrlichkeit, Fleiß, Sparsamkeit, und wie die vielen von der weisen Bourgeoisie ihm empfohlenen Tugenden alle heißen, für ihn wirklich der Weg zum Glücke sind?" lakonisch mit „Niemand"[68] und stellt dagegen die Entwicklung der Arbeiterbewegung vom Verbrechen über den Maschinensturm zur Assoziation.[69]

Der Klassenkampf erweist sich in dieser Bewegung als Konstitutionsprozeß der Arbeiterklasse. Seine Produkte sind Klassenorganisation und Klassenbewußtsein. Beide bilden sich in wechselseitiger Abhängigkeit heraus und treten in unterschiedlichen Aggregatzuständen auf. Engels formuliert die Dialektik von Organisation und Bewußtsein, wenn er einerseits die Bedeutung einer selbständigen politischen Partei für die proletarische Bewußtseinsentwicklung hervorhebt[70] und andererseits die Rolle des Bewußtseins bei der Entwicklung einer proletarischen Partei betont.[71] Marx hebt die Bedeutung dieser Verbindung negativ hervor, wo er festhält: „Insofern Millionen von Familien unter ökonomischen Existenzbedingungen leben, die ihre Lebensweise, ihre Interessen und ihre Bildung von denen der andern Klassen trennen und ihnen feindlich gegenüberstellen, bilden sie eine Klasse. Insofern . . . die Dieselbigkeit ihrer Interessen keine Gemeinsamkeit, keine nationale Verbindung und keine politische Organisation unter ihnen erzeugt, bilden sie keine Klasse. Sie sind daher unfähig, ihr Klasseninteresse im eigenen Namen . . . geltend zu machen."[72]

Solch soziologische Interpretation des Begriffspaars Klasse an sich und für sich bleibt selbst noch abstrakt, wenn sie nur zur Ausleuchtung der Klassen von innen dient. Denn Klassenkampf verweist schon kategorial auf Auseinandersetzung. Diese findet praktisch nicht zwischen homogenen sozialen Blöcken statt, sondern wird ebenso von Fraktionen von Klassen wie von Kombinationen von Klassen und Schichten geführt.

So verläuft der Emanzipationskampf des Bürgertums von den frühbürgerlichen Revolutionen an als Bewegung sozial heterogener Volksmassen unter bürgerlicher Hegemonie. Ihre bourgeoisen, kleinbürgerlichen, bäuerlichen und plebejisch-proletarischen Teile bilden ein kompliziertes Aktionsgefüge sich überlagernder und einander widersprechender Interessenelemente, in dem ihre hegemoniale Position von der Bourgeoisie nicht deswegen besetzt wird, weil sie die aktiv führende Kraft der Bewegung wäre, sondern weil sie Interessen formuliert und vertritt, die mit den Entwicklungstendenzen der Produktivkräfte übereinstimmen. Ungeachtet der Kompliziertheit der Bewegung hat die bürgerliche Gesellschaftswissenschaft weder Skrupel noch Probleme, diese Hegemonie in idealistischer Verkürzung und Verkehrung in sozialtheoretische wie geschichtsschreibende Thesen von der umwälzenden Wirkung kapitalistischen Geistes und den heroischen Taten seiner Vollstrecker zu fassen.[73] Der wagende Kaufmann und der erfinderische Industrielle erscheinen im Verein mit dem unbeugsamen Reformator und dem kühnen Gesetzgeber als Hauptdarsteller eines Prozesses, den sie überwiegend vergleichsweise gemütlich in Kontoren und Debattierstuben verbringen.

Dem Proletariat wird mit entgegengesetzten Verfahrensweisen eine ähnlich geschichtsmächtige Kraft abgesprochen. Bei seiner Behandlung besteht der bürgerliche Verstand mit dem ihm eignen Mut zum unbegründeten Methodenwechsel nachhaltig auf der Kompliziertheit und Vielschichtigkeit sozialökonomisch-politischer Entwicklungen. Darin ist zunächst freilich richtig enthalten, daß auch der Emanzipationskampf des Proletariats als sozial heterogene Bewegung verläuft. Dies gilt wie in seiner Frühphase für dessen Bindung an bürgerliche Klassenfraktionen auch für die Phase seiner eigenständigen Organisation hinsichtlich bäuerlicher, kleinbürgerlicher und intellektueller Zwischenschichtkomponenten. Darin soll weiter gleichwohl die mit solcher Einsicht verbundene Frage nach dem Hegemoniewechsel verworfen werden. Das verwobene Netz wechselseitiger Beziehungen und Abhängigkeiten lasse einheitlich handelnde Klassensubjekte nicht erkennen. Klassenkampf löst sich auf in soziale Konflikte, an denen die gesellschaftlichen Individuen im rollentheoretischen Konstrukt nach verschiedenen Verhaltensräumen gestaffelt auf unterschiedlichen Hierarchiestufen teilhaben, „weil die Konfliktgrenze nicht mehr zwischen Klassen, sondern zwischen den Lebensbereichen identischer Individuen verläuft“.[74]

Heroisierung wie Segmentierung dienen dem Versuch, soziale in psychische Probleme zu übersetzen. Soziale Ungleichheit läßt sich dann von ihrem formationsspezifischen Charakter befreien und kehrt als anthropologische Konstante zurück. Gegen solche Verformung betont Marx die Notwendigkeit der Soziologie: „Die Gesellschaft besteht nicht aus Individuen, sondern drückt die Summe der Beziehungen, Verhältnisse aus, worin diese Individuen zueinander stehn. Als ob einer sagen wollte: Vom Standpunkt der Gesellschaft aus existieren Sklaven und citizens nicht: sind beide Menschen. Vielmehr sind sie das außer der Gesellschaft. Sklav sein und citizen sein, sind gesellschaftliche Bestimmungen, Beziehungen der Menschen A und B. Der Mensch A ist als solcher nicht Sklav. Sklav ist er in der und durch die Gesellschaft.“[75]

Die Geschichte der Klassengesellschaften ist auf der Ebene der Wissenschaften durchzogen von Versuchen, das soziale Dasein der Menschen seiner Besonderheit zu entkleiden und gesellschaftliche Beziehungen wie Ungleichheit als allgemein menschlich, natürlich, gottgewollt, funktional u. ä. auszugeben. Wenn die moderne bürgerliche Soziologie aus dem angeblich axiomatischen Charakter von Normen, Werten und Herrschaft die Notwendigkeit von Ungleichheit herleitet[76], so ist sie nur das letzte Glied jener langen Kette von Legitimationstheorien der Klassengesellschaften, an deren Anfang Aristoteles die Natur beschuldigte, ungleich Freie und Sklaven hervorzubringen.

Indem die Klassenanalyse Ungleichheit auf materielle soziale Verhältnisse zurückführt, zeigt sie die ideologische Bindung solcher Tradition an die Interessen der herrschenden Klassen. Indem sie in den materiellen sozialen Verhältnissen die Dialektik von Produktivkräften und Produktionsverhältnissen nachweist, stößt sie auf den „geschichtliche(n) Beruf" des Proletariats: „die Umwälzung der kapitalistischen Produktionsweise und die schließliche Abschaffung der Klassen".[77] Indem sie die Dialektik von Produktivkräften und Produktionsverhältnissen mit der politischen Bewegung vermittelt, muß sie Klassenkampf nicht als teleologischen Prozeß postulieren, sondern kann ihn als zentrales Bestimmungselement der Bewegung der Volksmassen herausarbeiten.

Anmerkungen

1 Vgl. W.P. Adams: Republikanische Verfassung und bürgerliche Freiheit. Die Verfassung und politische Ideen der amerikanischen Revolution. Darmstadt 1973, S. 195.
2 Vgl. Die Unabhängigkeitserklärung. In: Anspruch und Wirklichkeit. Zweihundert Jahre Kampf um Demokratie in den USA. Hrsg. v. E. Brüning. Berlin 1976, S. 16.
3 Vgl. Die Verfassung der Französischen Republik (1793). In: Die Französische Revolution. Eine Dokumentation. Hrsg. v. W. Grab. München 1973, S. 150.
4 I. Kant: Über den Gemeinspruch: Das mag in der Theorie richtig sein, taugt aber nicht für die Praxis. In: ders., Werke, Bd. 9, Darmstadt, 1968, S. 147.
5 Vgl. Montesquieu: Vom Geist der Gesetze. Stuttgart 1974, S. 383.
6 A. Hamilton, J. Madison, J. Jay: Der Föderalist. Wien 1958, S. 74.
7 J. Millar: Vom Ursprung des Unterschieds in den Rangordnungen und Ständen der Gesellschaft. Frankfurt 1967, S. 249.
8 A. Smith: Der Wohlstand der Nationen. München 1978, S. 211.
9 A. Ferguson: Abhandlung über die Geschichte der bürgerlichen Gesellschaft. Jena 1923 (2. Aufl.), S. 228.
10 J. Roux: Manifest der Zornigen. In: J. Höppner, W. Seidel-Höppner: Von Babeuf bis Blanqui. Französischer Sozialismus und Kommunismus vor Marx. Bd. 2. Leipzig 1975, S. 8.
11 F. Lepeletier zit. n. A. Soboul: Französische Revolution und Volksbewegung: die Sansculotten. Frankfurt 1978, S. 71.
12 G. Babeuf: Manifest der Plebejer. In: J. Höppner, W. Seidel-Höppner: Von Babeuf bis Blanqui, a.a.O., S. 71.
13 J.C.L. Simonde de Sismondi: Neue Grundsätze der politischen Ökonomie oder vom Reichtum in seinen Beziehungen zur Bevölkerung. Bd. 1. Berlin 1971, S. 89 u. S. 149. Vgl. H. Lehmann: Die Betrachtung der Klassenstruktur in der klassischen politischen Ökonomie des Bürgertums. In: Deutsche Zeitschrift für Philosophie, 9, 1977, S. 1085 ff.
14 G.W.F. Hegel: Phänomenologie des Geistes. Hamburg 1952 (6. Aufl.), S. 146 u. S. 158. Vgl. G. Ahrweiler: Hegels Gesellschaftslehre. Darmstadt und Neuwied 1976, S. 38 ff.
15 H.v. Treitschke: Der Sozialismus und seine Gönner. In: Preußische Jahrbücher, 1, 1874, S. 73.

16 F.A.v. Hayek: „Ungleichheit ist nötig". In: Wirtschaftswoche, Nr. 11 v. 8.3.1981, S. 40, 38, 36.
17 Vgl. J.St. Mill: Utilitarianism. Liberty. Representative Government. London 1964, S. 25 ff.
18 Vgl. The Letters of John Stuart Mill. Hrsg. v. H. Elliot. London 1910, Bd. 2, S. 230 f.
19 Vgl. E. Bernstein: Die Voraussetzungen des Sozialismus und die Aufgaben der Sozialdemokratie. Berlin, Bonn – Bad Godesberg 1975 (6. Aufl.), S. 175.
20 Vgl. F. Naphtali: Wirtschaftsdemokratie. Köln, Frankfurt 1977, S. 22 ff.
21 Die Welt von heute – sozialistisch gesehen. Erklärung des Generalrats der Sozialistischen Internationale (Oslo 1962). In: J. Braunthal: Geschichte der Internationale. Bd. 3. Berlin, Bonn 1978, S. 647.
22 J.-J. Rousseau: Vom Gemeinwohl. In: ders., Politische Schriften. Bd. 1. Paderborn 1977, S. 240.
23 J.-J. Rousseau: Der Gesellschaftsvertrag. Stuttgart 1974, S. 59.
24 J.-J. Rousseau: Emil oder über die Erziehung. Paderborn 1971, S. 503.
25 L.-A.L. de Saint-Just: Ausführungsbestimmungen zu den Ventôse-Dekreten. In: Die Französische Revolution, a.a.O., S. 223.
26 L.-A.L. de Saint-Just zit. n. Geschichte des Sozialismus. Hrsg. v. J. Droz. Bd. 1. Frankfurt, Berlin, Wien 1974, S. 296.
27 Ch. Fourier: Fehlerhafter Kreislauf der zivilisierten Industrie. In: ders., Ökonomisch-philosophische Schriften. Berlin 1980, S. 64.
28 Ebenda.
29 Ch. Fourier: Das sozietäre Verteilungsprinzip. In: ders., Ökonomisch-philosophische Schriften, a.a.O., S. 214.
30 Morelly: Gesetzbuch der natürlichen Gesellschaft. Berlin 1964, S. 115 f.
31 W. Weitling: Die Menschheit, wie sie ist und wie sie sein sollte. In: W. Kowalski: Vorgeschichte und Entstehung des Bundes der Gerechten. Berlin 1962, S. 211.
32 A.a.O., S. 212.
33 Ebenda.
34 K. Marx: Grundrisse der Kritik der Politischen Ökonomie. Berlin 1953, S. 17.
35 K. Marx, F. Engels: Manifest der Kommunistischen Partei. MEW 4, S. 462.
36 Vgl. K. Marx: Zur Kritik der Politischen Ökonomie. MEW 13, S. 9 und F. Engels: Der Ursprung der Familie, des Privateigentums und des Staats. MEW 21, S. 28.
37 Vgl. J. Spiegel: Soziale und weltanschauliche Reformbewegungen im alten Ägypten. Heidelberg 1950, S. 23.
38 Vgl. L. Renou: Der Hinduismus. Genf 1972, S. 73.
39 Vgl. W. Shakespeare: Coriolanus. In: ders., Sämtliche dramatsiche Werke. 3. Bd. Stuttgart 1889, S. 462 ff.:

„Einstmals geschah's, daß alle Leibesglieder,
Dem Bauch rebellisch, also ihn verklagten
Daß er allein nur wie ein Schlund verharre
In Leibes Mitte, arbeitslos und müßig,
Die Speisen stets einheimsend, niemals thätig,
So wie die andern all . . .
Der Bauch erwiderte – . . .
Wahr ist's, ihr einverleibten Freunde, sagt' er,
Zuerst nehm ich die ganze Nahrung auf,
Von der ihr alle lebt; und das ist recht,
Weil ich das Vorratshaus, die Werkstatt bin
Des ganzen Körpers. Doch bedenkt es wohl;
Durch eures Blutes Ströme send' ich sie . . .
Und durch des Leibs gewundene Organe
Empfangt der stärkste Nerv, die feinste Ader
Von mir den angemessnen Unterhalt . . .".

40 K. Marx, F. Engels: Die deutsche Ideologie. MEW 3, S. 35.
41 Vgl. u. a. W. Tuchscheerer: Bevor „Das Kapital" entstand. Die Herausbildung und Entwicklung der ökonomischen Theorie von Karl Marx in der Zeit von 1843 bis 1858. Berlin 1968; W.S. Wygodski: Die Geschichte einer großen Entdeckung. Über die Entstehung des Werkes „Das Kapital" von Karl Marx. Berlin 1970; L.A. Leontjew: Engels und die ökonomische Lehre des Marxismus. Berlin 1970.

42 Vgl. A. Smith: Der Wohlstand der Nationen, a.a.O., S. 278 f.
43 K. Marx: Das Kapital 1. MEW 23, S. 741 f.
44 A.a.O., S. 779.
45 Vgl. a.a.O., S. 742.
46 A.a.O., S. 765.
47 A. Smith: Theorie der ethischen Gefühle. Hamburg 1977, S. 122.
48 K. Marx: Das Kapital 3. MEW 25, S. 893.
49 K. Marx: Das Kapital 2. MEW 24, S. 37.
50 K. Marx: Ökonomisch-philosophische Manuskripte aus dem Jahre 1844. MEW Ergänzungsband 1. Teil, S. 475.
51 K. Marx: Das Kapital 1, a.a.O., S. 386.
52 A.a.O., S. 445 f.
53 Vgl. G. Friedmann: Zukunft der Arbeit. Köln 1953, S. 47.
54 Vgl. als kritischen Überblick die Beiträge in Humanisierung der Lohnarbeit. Argument Sonderband 14. Berlin 1977.
55 Vgl. K. Marx: Grundrisse der Kritik der Politischen Ökonomie, a.a.O., S. 599.
56 A.a.O., S. 595 (ohne die Hervorhebungen). Vgl. auch K. Marx: Das Kapital 1, a.a.O., S. 552.
57 K. Marx: Grundrisse der Kritik der Politischen Ökonomie, a.a.O., S. 505. Zur Marxschen Kritik dieses Arbeitsverständnisses vgl. ausführlich W.D. Hund: Probleme einer materialistischen Theorie der Kultur. In: Beiträge zur materialistischen Kulturtheorie. Hrsg. v. W.D. Hund u. D. Kramer. Köln 1978, S. 45–101.
58 Vgl. K. Marx: Das Kapital 2, a.a.O., S. 42: „Welches immer die gesellschaftlichen Formen der Produktion, Arbeiter und Produktionsmittel bleiben stets ihre Faktoren. Aber die einen und die andern sind dies nur der Möglichkeit nach im Zustand ihrer Trennung voneinander. Damit überhaupt produziert werde, müssen sie sich verbinden. Die besondre Art und Weise, worin diese Verbindung bewerkstelligt wird, unterscheidet die verschiednen ökonomischen Epochen der Gesellschaftstruktur."
59 Vgl. K. Marx: Grundrisse der Kritik der Politischen Ökonomie, a.a.O., S. 362: „Endlich als Resultat des Produktions- und Verwertungsprozesses erscheint vor allem die Reproduktion und Neuproduktion des Verhältnisses von Kapital und Arbeit selbst, von Kapitalist und Arbeiter. Dies soziale Verhältnis, Produktionsverhältnis, erscheint in fact als ein noch wichtigeres Resultat des Prozesses als seine materiellen Resultate."
60 K. Marx: Das Kapital 1, a.a.O., S. 642.
61 F. Engels: Karl Marx, „Zur Kritik der Politischen Ökonomie". MEW 13, S. 476.
62 K. Marx: Das Kapital 1, a.a.O., S. 249.
63 K. Marx: Das Elend der Philosophie. MEW 4, S. 180 f.
64 Vgl. dazu W.D. Hund: Interesse und Organisation. (Einführung in die Politische Soziologie 2). Berlin 1981 (Argument Studienheft 48).
65 K. Marx: Lohnarbeit und Kapital. MEW 6, S. 416.
66 J.-J. Rousseau: Vom Naturzustand. In: ders., Politische Schriften. Bd. 1. Paderborn 1977, S. 212.
67 K. Marx: Lohnarbeit und Kapital, a.a.O., S. 412.
68 F. Engels: Die Lage der arbeitenden Klasse in England. MEW 2, S. 258.
69 Vgl. a.a.O., S. 430 ff.
70 Vgl. F. Engels: Brief an Friedrich Adolph Sorge vom 29. November 1886. MEW 36, S. 579.
71 Vgl. F. Engels: Die Arbeiterbewegung in Amerika. MEW 21, S. 337.
72 K. Marx: Der achtzehnte Brumaire des Louis Bonaparte. MEW 8, S. 198.
73 Vgl. M. Weber: Die protestantische Ethik I u. II. 2 Bde., Hamburg 1973 (3. Aufl.) u. 1972 (2. Aufl.) sowie W. Sombart: Der Bourgeois. München, Leipzig 1913. Diese Haltung bürgerlicher Klassengeschichtsschreibung kehrt sich erst mit dem selbstbewußten Auftreten der Arbeiterklasse um. In einer Vielzahl von Versuchen wird jetzt die Bourgeoisie kategorial aufgelöst und in anderen Begriffen verborgen. Zu Recht kann hier von einer „soziologischen Defensive des Bürgertums" gesprochen werden – vgl. R. Rilling: Das vergessene Bürgertum – über eine Unterlassung der Politischen Soziologie. Vortrag, gehalten an der Hochschule für Wirtschaft und Politik Hamburg am 20.10.1981 (Abgedruckt in Das Argument, 131, 1982, S. 34–47).
74 C. Offe: Politische Herrschaft und Klassenstrukturen. In: Politikwissenschaft. Hrsg. v. G. Kress u. D. Senghaas. Frankfurt 1969, S. 186.

75 K. Marx: Grundrisse der Kritik der Politischen Ökonomie, a.a.O., S. 176.

76 Vgl. prototypisch R. Dahrendorf: Über den Ursprung der Ungleichheit unter den Menschen. Tübingen 1966 (2. Aufl.). Zu den Differenzen der Erklärung sozialer Ungleichheit innerhalb der bürgerlichen Sozialstrukturanalyse, deren Unterscheidung von der materialistischen Klassenanalyse und den Varianten im Rahmen des materialistischen Ansatzes vgl. B. Kirchhoff-Hund: Theorien sozialer Ungleichheit. (Einführung in die Politische Soziologie1). Berlin 1981 (Argument Studienheft 47).

77 K. Marx: Das Kapital 1, a.a.O., S. 22.

Wilfried Laatz

Die Verteilung von Arbeitsplätzen

1. Voraussetzungen

Die Lebenschancen werden, wenn auch nicht ausschließlich, so doch zentral durch die materiellen Lebensbedingungen bestimmt. Diese wiederum sind unter gegebenen Bedingungen hauptsächlich an die Verfügung über Produktionsmittel (jeglicher Art) und/oder die Stellung im Arbeitsprozeß geknüpft. Bei der großen Mehrheit der Bevölkerung entscheidet die eigene Arbeitsposition oder die des Hauptemährers der Familie über die jeweiligen Lebensbedingungen.

Da die verfügbaren Arbeitsplätze sehr stark horizontal und vor allem vertikal (hierarchisch) strukturiert sind, bedeutet die Verteilung von Arbeitsplätzen zugleich Verteilung ungleicher Lebenschancen und damit Produktion sozialer Ungleichheit. Die Ursachen der Differenzierung sollen hier nicht weiter erörtert werden. Wesentlich ist jedoch, daß diese weder technisch, noch funktional ableitbar, sondern als Ergebnis eines interessenstrukturierten politischen Prozesses zu verstehen ist. Zur Begründung kann ich auf die ausgezeichnete neuere Arbeit von Beck, Brater und Daheim[1] verweisen. Wie diese zeigen, kann die Ungleichheit innerhalb der Berufsstruktur (und der Arbeitsplatzstruktur) selbst schon als Reflex vorgängiger sozialer Schichtung verstanden werden. Die Berufs- und Arbeitsplatzstruktur stellt wiederum soziale Schichtung her, so daß Ungleichheit sich durch einen objektiven Zirkel reproduziert. Wichtigstes Medium der Reproduktion ist das beruflich strukturierte Bildungs- und Ausbildungssystem. Dessen Funktionsweise kann an den zwei zentralen Verknüpfungspunkten am besten betrachtet werden, der Einmündung in die verschiedenen Stufen des Bildungs-/Ausbildungssystems selbst und dem Übergang vom Bildungs-/Ausbildungssystem in das Berufs-/Arbeitssystem. Während die Bildungssoziologie die Mechanismen der ersten Übergangs-/Einmündungsphase sowie die Mechanismen, welche den Erfolg im Bildungssystem bestimmen, weitgehend aufgearbeitet hat, bildet sich in der Berufs- und Arbeitssoziologie eine entsprechende Analyse der zweiten Übergangsphase sowie des Erfolgs innerhalb des Beschäftigungssystems erst in jüngster Zeit heraus. Die Erörterungen des vorliegenden Aufsatzes beziehen sich vornehmlich auf diese zweite Phase sowie dem Erfolg im Beschäftigungssystem, wobei freilich an die durch die erste Phase geschaffenen Bedingungen sowie die Gegebenheiten der Arbeitsplatzstruktur angeknüpft werden muß. Sie konzentrieren sich weiterhin in erster Linie auf den Kern der lohnabhängig Tätigen. Sonderbedingungen, wie sie sich aus dem Mischcharakter unserer Gesellschaftsstruktur ergeben, werden nur en passent angesprochen.

2. Hauptteil

Unsere Überlegungen knüpfen an verschiedene Modelle der Arbeitsmarkttheorie, das Filtermodell, das Signalingmodell sowie vor allem das Modell der Arbeitskräfteschlange[2] an. Deren Kerngedanke lautet: Für den Unternehmer ist die Vergabe eines Ausbildungs-/Arbeitsplatzes eine risikobeladene Investition. Er wird bemüht sein, diese bestmöglich zu steuern. Bei seinen Entscheidungen zieht er Filter/Signale heran, die ihm geeignet erscheinen, das Risiko zu mindern. Nach solchen Signalen bildet er eine Reihung von möglichen Arbeitskräften nach ihrer Eignung, genannt Arbeitskräfteschlange. Die Chance von Arbeitskräften, einen begehrten Ausbildungs-/Arbeitsplatz zu erlangen, hängt umgekehrt von ihrer relativen Stellung in dieser Arbeitskräfteschlange ab. Wir teilen diesen Kerngedanken. Es soll gezeigt werden, daß er geeignet ist, sowohl die Verteilung von Ausbildungsplätzen als auch von Arbeitsplätzen zu verstehen. Jedoch erscheint das Modell in der gebräuchlichen Form zu einfach, um genügend Realitätsnähe zu erlangen. Es ist zunächst sinnvoll, darauf zu verweisen, daß das Modell in Wirklichkeit zwei Präferenzreihen, hinsichtlich der Arbeitskräfte und der Arbeitsplätze umfaßt, wobei die letztere zumeist vernachlässigt wird. Die theoretische Analyse gewinnt an Realitätsnähe, wenn die Diskontinuität und Multidimensionalität der Hierarchie von Arbeitsplätzen Berücksichtigung findet, sowie die Bedeutung nicht unmittelbar, wohl aber mittelbar arbeitsbezogener Kriterien bei der Konstruktion von Präferenzreihen. Vor allem die räumliche Struktur verlangt Disaggregierung der Arbeitsplatzhierarchie in verschiedene regionale Hierarchien. Der genaueren Erfassung des realen Entscheidungsprozesses dient weiter die Unterscheidung von objektiver Hierarchie und subjektiver Präferenzreihe hinsichtlich der Arbeitsplätze sowie Ideal- und Realvorstellungen sowohl bei den Arbeitsplätzen als auch hinsichtlich der Arbeitskräfte.

Die Überlegungen laufen insgesamt auf eine Differenzierung der Kerngedanken der genannten Modelle hinaus. Vielfach eingeführte Randannahmen, wie eine ausschließlich ökonomische Interpretation des Entscheidungsprozesses im Sinne der Humankapitaltheorie oder die alleinige Betonung des Arbeitsplatzwettbewerbs unter Ausschluß von Lohnelementen teilen wir nicht.

2.1. Die Verteilung von Ausbildungschancen

2.1.1. Die objektive Hierarchie der Berufe und der Ausbildungsplätze

Der Arbeitsplatzhierarchie korrespondiert eine Hierarchie der Bildungs- und Ausbildungsplätze. Diejenige der allgemeinen Schulbildung wird hier zunächst nicht betrachtet, wohl aber jene der beruflichen Ausbildungsplätze im engeren Sinne. Mitglieder der Gesellschaft konkurrieren um privilegierte Arbeitsplätze und damit zunächst einmal um privilegierte Ausbildungsplätze. Da die Arbseitsplatzhierarchie weitgehend beruflich strukturiert ist, kann eine *objektive Hierarchie* der Arbeitsplätze – vor Differenzierung nach Karrierewegen innerhalb der Berufe – in eine Berufshierarchie transformiert werden. Ein vereinfachtes Modell dieser Hierarchie ist in Abb. 1 dargestellt. Es zeigt die Abstufung, beginnend mit ungelernten Tätigkeiten, über die Ausbildungsberufe verschiedener Ebenen, die angelernten, die gelernten, zu den halbakademischen und akademischen Berufen.

Abbildung 1: Vereinfachtes Modell der objektiven Hierarchie der Berufe und Ausbildungsplätze

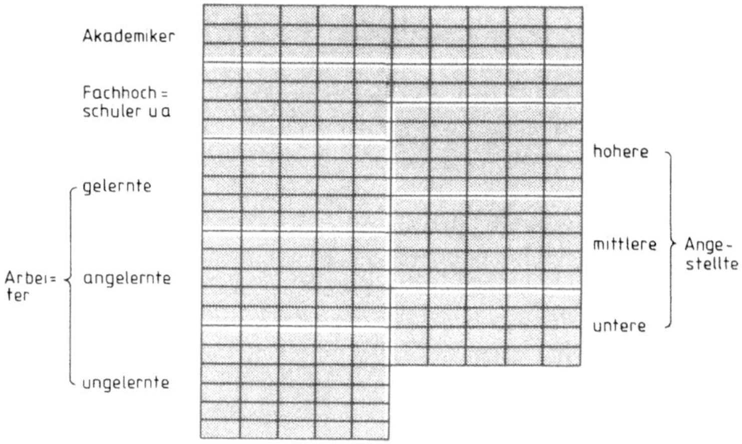

Gewisse Differenzierungen treten dabei zwischen Arbeiter-/Handwerkberufen und Angestelltenberufen (dort wieder zwischen technischen und kaufmännischen) auf, so daß eigentlich eine Doppelhierarchie besteht. Daneben existieren andere Formen, welche sich in die Hierarchie weniger gut einordnen, hier aber außer Betracht bleiben sollen. Innerhalb dieser Ebenen, zwischen denen nach oben meist schwer durchlässige Schranken liegen, existiert jeweils eine weitere Hierarchie. Sie reicht etwa bei den akademischen Berufen vom Mediziner an der Spitze bis zum Volksschullehrer am unteren Ende. Bei den Ausbildungsberufen des dualen Systems stehen etwa die Bankkaufleute an der Spitze, verschiedene Berufe, wie angelernte Berufe im Gaststättenbereich (Servierer), rangieren am unteren Ende.[3] So entsteht eine sehr fein gegliederte, vielfach abgestufte Hierarchie.

Modellhaft kann von einer klaren Gliederung ausgegangen werden, auch wenn in der Realität unscharfe Bereiche auftreten. Dies ist zum ersten Folge der *Diskontinuität* der Arbeitsplatzstruktur,[4] zum anderen (öfter) aber auch der *Multidimensionalität* des Phänomens. Die Hierarchisierung kann mit Hilfe verschiedener Kriterien, wie Einkommen, Macht, Arbeitsplatzsicherheit und Arbeitsinhalt vorgenommen werden, die in der Realität ineinandergreifen. Unschärfen treten auf, weil für eine eindeutige Gewichtung dieser Faktoren die Voraussetzungen fehlen. Für die Betrachtung der Arbeitsplatz-/Ausbildungsplatzkonkurrenz ist aber ein weiteres Moment wesentlicher. Ausschließlich berufsbezogene Faktoren kennzeichnen die objektive Situation nur soweit, als man vom Modell eines vollkommenen Marktes ausgeht. Da wir es aber in der Realität mit regional strukturierten Märkten zu tun haben, wirken die Präferenzhierarchien verschiedener Situationsdimensionen aufeinander ein, so daß nach zusätzlichen Kriterien wie Erreichbarkeit des Ausbildungsplatzes oder Betriebsgröße die objektive *Berufshierarchie* in verschiedene *regionale* Berufshierarchien disaggregiert werden muß. Dies ist wichtig, weil sich der reale Entscheidungsprozeß weitgehend an diesen regionalen Berufshierarchien ausrichtet. Eine solche Disaggregierung in regionale Berufshierarchien verspricht einen beträchtlichen Gewinn an Realitätsnähe.

2.1.2. Die subjektiven Präferenzreihe der Nachfrage nach Ausbildungsplätzen

Man kann davon ausgehen, daß die einzelnen Gesellschaftsmitglieder Berufe nach ihren Präferenzen in eine Rangreihe bringen, die im wesentlichen der objektiven Berufshierarchie entspricht. Die objektiven Unschärfebereiche und die Diskontinuität der Berufs- und Arbeitsplatzstruktur lassen einige subjektive Verschiebungen zu. Auch kann die Gewichtung einiger Kriterien differieren. Zudem wird zwischen Berufen objektiv gleicher Wertigkeit die Rangreihe subjektiv nach persönlichen Neigungen etwas variieren. Zumindest, was größere Bereiche, „Berufsebenen" betrifft, sind aber die subjektiven Präferenzen nicht sehr variabel und ähneln der objektiven Berufshierarchie weitgehend. Diese *Präferenzreihe* bezeichne ich als *Idealvorstellung*. Damit soll ausgedrückt werden, daß zunächst, unabhängig von unterschiedlichen sozialen und individuellen Voraussetzungen, eine sehr weit verbreitete und allgemein anerkannte Präferenzvorstellung besteht. D. h. *jeder* Konkurrent würde etwa die Position eines Arztes der eines Servierers vorziehen, auch wenn sich dies in geäußerten Wünschen und angestrebten Ausbildungsplätzen gar nicht niederschlägt. Modellhaft gilt dies sogar für aus Informationsmangel akut gar nicht bekannte Berufspositionen. Innerhalb der einzelnen Berufsebenen ist dies nicht so eindeutig, überwiegt aber doch ebenfalls. So würden die weitaus meisten unter den akademischen Berufen den des Arztes demjenigen des Volksschullehrers vorziehen. Als Beleg dafür sei darauf verwiesen, daß praktisch fast alle, denen der Zugang zum Arztberuf möglich ist, diesen auch nutzen, obwohl ihnen eine Vielzahl anderer Möglichkeit offenstünden.

Davon heben sich die *Realvorstellungen* ab. Sie modifizieren die Idealvorstellungen auf zweierlei Weise. Zum ersten finden parallel zur regionalen Disaggregierung auch in den subjektiven Präferenzlisten Disaggregierungen statt, in dem *berufliche Präferenzen* und die *Präferenzlisten* weiterer Kriterien verknüpft werden. Am deutlichsten ist dies bei den Berufen des dualen Systems, bei denen die örtliche Zugänglichkeit der Berufe eine zentrale Rolle spielt. Etwa würde ein Interessent vielleicht einen technischen Beruf vorziehen. Wenn dieser aber nur in entfernten Orten zu realisieren ist, wird er evtl. stattdessen einen handwerklichen erlernen. Zum zweiten beschränkt sich die real im Nachfrageverhalten wirksame Präferenzliste auf den Ausschnitt der Idealvorstellungen, der als evtl. realisierbar erscheint. Die Realvorstellungen werden bei der Mehrzahl der Fälle mit mittleren und geringen Ressourcen die Präferenzliste nach oben kappen, nach unten aber relativ offen lassen. Nach oben ausgeschöpft und nach unten beschnitten wird die Reihe dagegen bei Interessenten mit besten Ressourcen. Wenn hier die Unterscheidung zwischen Ideal- und Realvorstellungen eingeführt wird, bedeutet dies nicht, die Idealvorstellungen seien ohne praktische Relevanz. Sie sind vielmehr stets gegenwärtig oder zumindest aktualisierbar und bilden den Hintergrund, auf dem sich die Realvorstellungen entwickeln. Letztere stellen einen, sich aufgrund objektiver Bedingungen und subjektiver Erfahrungen stets wandelnden und verschiebenden, Ausschnitt aus ersteren dar.

Die Präferenzliste eines Nachfragers mit Mittlerer Reife etwa wird im gegenwärtigen Zeitpunkt in der Regel in etwa aussehen, wie in Abbildung 2. dargestellt.

Dabei antizipiert der Interessent die *Filterkriterien*, nach denen die Anbieter von Ausbildungsstellen auslesen, vorweg. Ihnen sind die *Signale*, die bei der Auswahl der Bewerber herangezogen werden, weitgehend bekannt. Auf diese und ihre Rolle wird im folgenden Abschnitt näher einzugehen sein.

Abbildung 2: Vereinfachtes Modell einer subjektiven Präferenzliste der Berufe (Idealvorstellungen und Realvorstellungen)

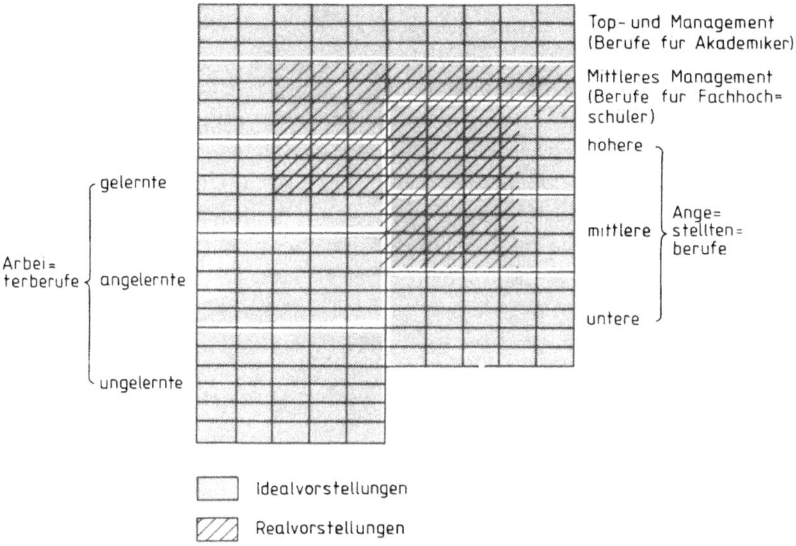

2.1.3. Die Präferenzreihe der Ausbildungsplatzanbieter

Während die Hierarchie der Ausbildungsplätze/Arbeitsplätze in ihr nur implizit enthalten ist, bildet die Präferenzreihe der Ausbildungsplatzanbieter die Grundlage der Arbeitskräfteschlange, also jener Hierarchie, die im Zentrum des entsprechenden Modells steht.

Auch für diese ist die objektive Berufshierarchie von Belang, ebenso wie die subjektiven Präferenzlisten der Nachfrager. Ihnen ist daher auch in etwa bekannt, was sie den Nachfragern zu bieten haben. Wie die Nachfrager um „gute" Ausbildungsplätze konkurrieren, so konkurrieren die Anbieter um „gute" Auszubildende. Fraglich ist lediglich, worin sich die Qualität des Auszubildenden erweist. Das Signaling-Modell operiert hier in Anlehnung an die Human-Kapital-Theorie zumeist mit der Vermutung der geringsten Ausbildungskosten. Dies ist jedoch vor allem dort relevant, wo – wie häufig in den USA – Ausbildung direkt für den Arbeitsplatz praktiziert wird und dabei Ausbildungskosten variabel sind. Treffender ist wohl, daß die Vermutung des *langfristig größten Ertrages* zentral ist. In diese Richtungen weisen auch andere Überlegungen von Vertretern des Filter-Modells, die mit Argumenten der Grenznutzentheorie operieren.

Die Beurteilung des wahrscheinlichen langfristigen Ertrags kann sich selbst lediglich auf die Vermutung hinsichtlich der *Qualität des Arbeitsvermögens* stützen. Es handelt sich also um eine Entscheidung unter unvollständiger Information, die sich weitgehend auf Vermutungen stützt, welche aber aus früheren Erfahrungen einigermaßen bestätigt sind. Kriterien sind auch hier eine kaum zu klärende Kombination von verschiedenen (fachlichen, extrafunktionalen und sozialen) Qualifikationselementen. Die Arbeitsplatzanbieter greifen bei der Konstitution ihrer Präferenzliste auf *Signale* zurück, welche vermutlich das Vorliegen der Voraussetzungen für eine gute Entwicklung des Arbeitsvermögens andeuten. Dies sind bei uns in der Regel *Zertifikate,* auf der hier besprochenen Ebene Schulzertifikate, die die *Ebene der Schulausbildung* anzeigen und den *Erfolg auf* dieser Ebene. Diese Signale können jederzeit durch andere ersetzt werden.[5]

Andere Aspekte, wie z. B. vermutliche Einkommenserwartungen usw. spielen auf dieser Ebene keine Rolle, wohl aber auf der späteren, bei der konkreten Zuweisung von Arbeitsplätzen. Es bildet sich also eine *zweite Hierarchie,* eine Hierarchie der vermuteten Qualität des Ausbildungsplatzsuchenden, signalisiert in der Regel durch eine Hierarchie der Schulzertifikate.

Dies ist zunächst ebenfalls eine *Idealvorstellung.* D. h. in der Regel wird jeder Arbeitsplatzanbieter einen Abiturienten dem Mittelschüler vorziehen usw., wenn dies im realen Marktgeschehen auch kaum wirksam wird, weil die *Realvorstellungen* auch hier antizipatorisch den Möglichkeiten angepaßt werden. Es kommt auch vor, daß die einzelnen Zertifikate hinsichtlich spezieller Qualifikationsvermutungen unterschiedlich gereiht werden (z. B. hinsichtlich handwerklicher Tätigkeiten Hauptschulabschluß vor Mittlerer Reife), aber dies ist zumeist für den Entscheidungsprozeß nicht wesentlich.

Abbildung 3: Vereinfachtes Modell der Arbeitskräfteschlange nach schulischen Zertifikaten (Idealvorstellung)

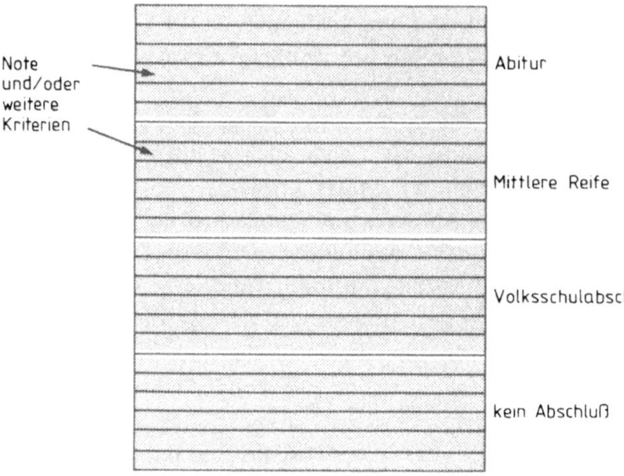

Wenn etwa darüber geklagt wird, Abiturienten wollten ja doch keine handwerkliche Arbeit machen und man nehme deshalb lieber Hauptschüler, so handelt es sich hier nicht um eine positive Gewichtung des Zertifikats Hauptschulabschluß gegenüber demjenigen Abitur im Hinblick auf handwerkliche Talente oder auch auf soziale Qualifikationen, sondern die Antizipation der Tatsache, daß ein bestimmter Ausbildungsberuf auf der Präferenzliste relativ niedrig steht, die Abiturienten auf der Präferenzliste der Ausbildungsplatzanbieter an der Spitze, sowie der Tatsache, daß dies den Abiturienten bewußt ist, so daß real kaum Chancen bestehen, Abiturienten an einen Beruf dieser Hierarchiestufe zu binden. Beiden Seiten ist also sowohl die *Berufs-* als auch die *Zertifikatshierarchie* bekannt. Beide richten ihre Realvorstellungen daran aus. Die Realvorstellungen des Anbieters *eines* speziellen Ausbildungsplatzes werden demnach nur einen Ausschnitt des Spektrums der Idealvorstellungen umfassen, je nachdem eher nach oben oder nach unten abgegrenzt.

Die Realvorstellungen gehen nach beiden Seiten so weit, daß sie nach oben diejenigen erfassen, die man *langfristig* günstigsten Falles noch erreichen könnte und nach unten jene, die man *langfristig* ungünstigsten Falles noch in Kauf nehmen würde. Ebenso sind weitere Faktoren, wie die regionale Schulstruktur und Konkurrenzsituation wesentlich. So bildet sich eine Präferenzliste real infragekommender Kandidaten heraus.

Abbildung 4: Vereinfachtes Modell der Arbeitskräfteschlage nach schulischen Zertifikaten (Realvorstellung)

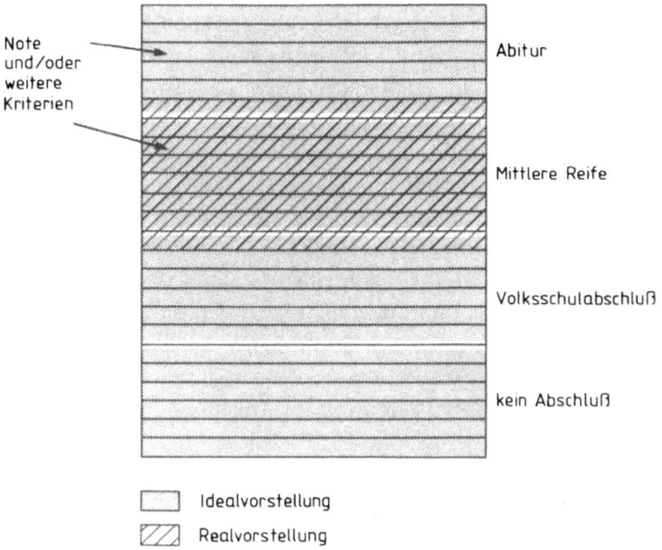

2.1.4. *Besetzung von Ausbildungsstellen als Kombination von Arbeitskräfteschlange und Berufshierarchie*

Die Besetzung der Ausbildungsstellen erfolgt durch Kombination der *Arbeitskräfteschlangen* (als regional differenzierte Präferenzliste der Ausbildungsplatzanbieter in den Realvorstellungen) und *Berufshierarchie* (als regional differenzierte Präferenzliste der Berufe in den Realvorstellungen der Nachfrager). Jede Seite wird dabei versuchen, zunächst die höchste Präferenz zu verwirklichen. Ist dies nicht möglich, wird das Aspirationsniveau gesenkt. Modellhaft etwa würden die begehrtesten Ausbildungsanwärter (Abiturienten mit guter Note) die begehrtesten Ausbildungsplätze erlangen (Medizin), bis der Vorrat auf der einen oder anderen Seite erschöpft ist. Entweder steht nicht für jeden Abiturienten ein Medizinstudienplatz zur Verfügung oder nicht für jeden Medizinstudienplatz ein Abiturient. Im zweiten Fall könnte u. U. aus rechtlichen, nicht aber Marktgründen eine Auffüllung nicht vorgenommen werden. Dies kann u. U. aus Marktgründen auch in den am wenigsten begehrten Berufen der Fall sein. In unserem Beispiel ist real allerdings das Umgekehrte gegeben. Die Zahl der begehrten Ausbildungsplätze ist geringer als die der Anwärter. Unter diesen kann daher nach weiteren Kriterien (Note) differenziert werden. Die Überschüssigen müssen sich mit der zweiten oder einer noch späteren Präferenz begnügen. Die Regulierung kann auf zwei grundsätzlich verschiedene Arten erfolgen. Entweder man reguliert bereits den Zugang zum Ausbildungsplatz, wie das mit dem Numerus clausus etwa in der Medizin geschieht, oder man reguliert den Zugang zum Arbeitsplatz, wie dies etwa bei den Lehrern im Augenblick praktiziert wird.

Nehmen wir das einfache Beispiel zweier Arbeitsplatzsuchenden, eines Abiturienten und eines Abgängers mit Mittlerer Reife. (Vgl. Abb. 5) Beide haben dieselbe Präferenzhierarchie, würden am liebsten Bankkaufmann, dann Außenhandelskaufmann werden usw. Begehrte akademische Fächer seien dem Abiturienten aufgrund des Numerus clausus nicht zugänglich. Die Präferenzhierarchie der Anbieter hinsichtlich der Zertifikate sei gleich. Der Abiturient würde in jedem Falle von allen Anbietern vorgezogen, wird aber das Angebot mit höchster Präferenz, vermutlich Bankkaufmann realisieren. Der Absolvent mit Mittlerer Reife würde in diesem Beruf u. U. auf nicht zu überwindende Hindernisse stoßen, bei schlechten Noten evtl. auch bei Anbietern von Ausbildungsstellen für Außenhandelskaufmann. Alle anderen würden ihn akzeptieren. Er würde dann dort seine höchste Präferenz (evtl. Fernsehtechniker) realisieren, die allerdings nur an 3. Stelle seiner „realen" Präferenzliste steht. In der „idealen Präferenzliste" steht sie noch an späterer Stelle. Ebenso natürlich die erste Präferenz in den Realvorstellungen des Abiturienten.

Abbildung 5: Vereinfachtes Beispiel für die Beziehung von Arbeitskräfteschlange und Präferenzliste der Ausbildungsstellen bei den Arbeitskraftanbietern

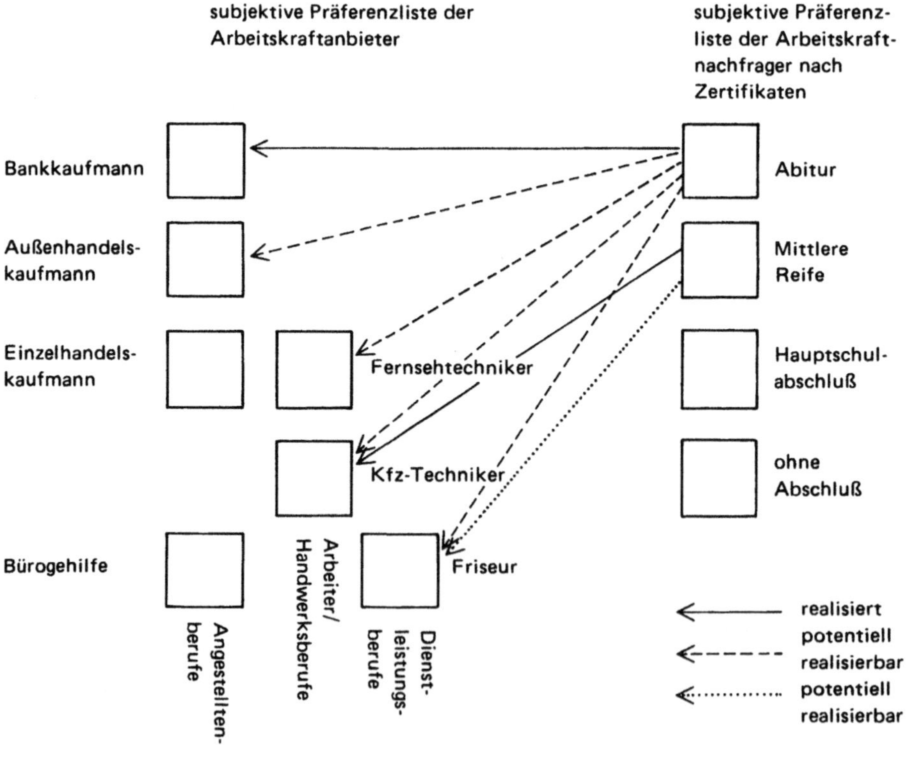

2.1.5. *Einige Implikationen: Zur Verteilung von Krisenlasten und zu den Folgen von Bildungsanstrengungen*

Die Darlegungen haben eine Reihe von Implikationen, von denen zwei wesentliche hier erötert werden sollen. Zunächst geht es um die Auswirkungen von *Konjunkturschwankungen, Strukturveränderungen* und *demographischen Verschiebungen* auf den dargestellten Verteilungsmechanismus. Diese können am besten als jeweilige Verschiebung einer der Präferenzreihen gegenüber der anderen oder beider zueinander verstanden werden. Ist z. B. die Konjunktur stürmisch und die Zahl der Nachfrager nach Ausbildungsplätzen knapp, so verschiebt sich die Präferenzreihe der Ausbildungsplatzanbieter im Verhältnis zu derjenigen der Ausbildungsplatzsuchenden nach unten. D. h. ein bestimmter konstanter Platz in der Rangreihe der Ausbildungsplatznachfrager korrespondiert jetzt mit einem höheren Platz in derjenigen der Ausbildungsplätze als vorher. Eine konkrete Person kann also u. U. einen günstigeren Ausbildungsplatz erlangen als zu anderen Zeiten.

Umgekehrt: Je schlechter die Konjunktur und je größer die Zahl der Ausbildungsplatznachfrage, desto niedriger ist der Rang des letztlich erlangbaren Ausbildungsberufs bei gleicher Position in der Rangreihe der Bewerber. Daraus erhellt sich, daß sich die Situation der Nachfrager im umgekehrten Verhältnis zu derjenigen der Anbieter nach Konjunkturverlauf, demographischen Schwankungen usw. verändert. Rein modelltheoretisch wären Extremsituationen denkbar, in denen die eine oder andere Seite monopolähnlich die Bedingungen diktieren könnte. Real ist der Schwankungsbereich aber so eingegrenzt und die Berufshierarchie so differenziert, daß in jedem Falle immer privilegierte und benachteiligte Gruppen unter den Nachfragern nach Ausbildungsplätzen wie auch bei den Anbietern existieren. Selbst unter günstigsten Bedingungen verschiebt sich nämlich etwa die Situation der Ausbildungsnachfrager nur als Ganzes nach oben. D. h.: Im Rahmen der Konkurrenz um Ausbildungsplätze existieren nach wie vor solche, die die privilegierten, andere, welche wenig begehrte Plätze erhalten. Niemals erlangen alle begehrte Plätze, da diese immer knapp bleiben. Zumeist besteht der Vorteil für die letzten in der Arbeitskräfteschlange am ehesten darin, daß ihnen überhaupt ein Ausbildungsplatz verfügbar ist. Umgekehrt werden in schlechten Zeiten diejenigen an der Spitze der Arbeitskräfteschlange nach wie vor begehrte Plätze erlangen. Jene am unteren Ende werden dagegen ihr Interesse an einem Ausbildungsplatz gar nicht realisieren können. Schlechte Konjunktur verschiebt das Niveau der Ansprüche bei der Einordnung an bestimmte Positionen der Schlange und verknappt die begehrten Plätze.

Das Ganze kann auch umgekehrt für die Anbieter von Arbeitsplätzen durchgespielt werden. Entscheidend ist jedoch lediglich die Tatsache, daß sich durch Konjunkturschwankungen u. a. die Privilegienhierarchie verschiebt, nicht aber ihre Existenz in Frage gestellt wird.

Daraus ergibt sich der zweite Punkt. Da in der Regel Nachfrager mit hochgeschätzten Zertifikaten keine Probleme haben, Ausbildungsplätze zu erlangen, liegt es nahe, Friktionsprobleme mit *Bildungsaufrufen* zu begegnen. Dasselbe gilt übrigens auch für die Ebene des Arbeitsplatzes selbst. Dies ist auch eine adäquate Strategie der individuellen Existenzsicherung. Kollektiv ist sie jedoch – abgesehen von einigen Flexibilitäts- und persönlichen Bildungsvorteilen – nicht erfolgversprechend, weil dadurch lediglich das Zertifikat sich verschiebt, das für eine relative Position in der Arbeitskräfteschlange bestimmend ist. Wenn – wie es derzeit der Fall ist – etwa die Hauptschule den Regelschulcharakter gegenüber der Mittelschule verliert, so werden danach Mittelschüler dieselbe relative Position in der Arbeitskräfteschlange einnehmen wie früher Hauptschüler. Wenn dies nicht schon innerhalb des Wettbewerbs um Ausbildungsplätze zum Tragen kommt, wirkt es sich bei der Zuweisung von Arbeitsplätzen aus. Das wird aktuell besonders bei der in den letzten Jahren stark gestiegenen Zahl der Akademiker deutlich. Was individuell eine richtige Verhaltensstrategie ist, kann also kollektiv sogar zu einer Wettbewerbsverschärfung führen.[6]

2.2. Die Verteilung von Arbeitsplätzen

2.2.1. Die beruflich strukturierte Verteilung von Arbeitsplätzen

Die Verteilung von Arbeitsplätzen folgt im Prinzip demselben Mechanismus, wie er für die Ausbildungsplätze dargestellt wurde. Die Reihung der Arbeitsplatzsuchenden geschieht hier nach Zertifikaten für die Berufsausbildung selbst. Gegenüber den *Idealvorstellungen* beziehen sich jedoch die *Realvorstellungen* auf ein wesentlich eingeschränkteres Spektrum der potentiellen Möglichkeiten, als dies bei der Ausbildungplatzverteilung der Fall ist. Die Nachfrager ziehen in der Regel nur ein sehr enges, an dem konkreten Ausbildungsabschluß angelegtes Spektrum von Arbeitsplätzen ins Kalkül. Für die Anbieter von Arbeitsplätzen kommen in der Regel nur Personen mit sehr wenigen, den Merkmalen des Arbeitsplatzes naheliegenden Ausbildungsabschlüssen in Betracht. Für eine leitende technische Arbeit z. B. würden nur Zertifikate der Ebenen Hochschule, Fachhochschule und Fachschule berücksichtigt. Dort wird man in der Regel nur an realtechnisch orientierten Zertifikaten interessiert sein. Innerhalb der Ebenen wird nach Noten o. ä. weiteren Kriterien klassifiziert. Auch hier sind Signale entscheidend, die ertragsrelevante Merkmale anzeigen. Im Gegensatz zur Zuweisung von Ausbildungsstellen, sind dabei die Ausbildungs-/Anpassungskosten ein wesentliches Element.

Da auch hier die Entscheidungen aufgrund unvollständiger Information erfolgen, werden viele objektiv mögliche Zuordnungen gar nicht erst in Erwägung gezogen. Unmittelbar auf den Arbeitsplatz zugeschnittene Ausbildung wird immer den Vorzug erhalten, wenn die Verhältnisse nicht zu einer Abweichung von diesem Schema zwingen. Selbst im letzteren Falle erfolgt eine Anpassung nur zögernd.

Häufiger als bei der Ausbildungsstellenzuweisung wird die Reihung für spezielle Arbeitsplätze anders, denn nach Zertifikatsebene erfolgen. So kann es etwa Arbeitsplätze geben, für die tatsächlich graduierte Ingenieure aufgrund spezieller Qualifikationsmerkmale diplomierten vorgezogen werden. In der Regel aber handelt es sich auch in solchen Fällen um Antizipation der Präferenzlisten der möglichen Nachfra-

Abbildung 6: **Vereinfachtes Modell der Arbeitskräfteschlange nach Zertifikaten berufsausbildender Institutionen (Ideal- und Realvorstellung)**

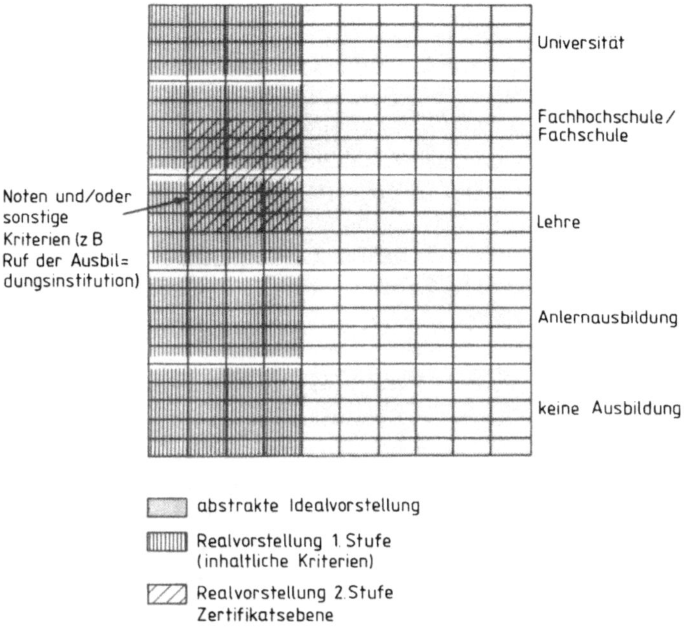

ger und der eigenen Position darin. Da man bei eigener geringer Stellung in der Berufshierarchie in der Präferenzliste hochstehende Arbeitskräfte allenfalls mit Hilfe hoher Gratifikationen werben könnte, wird man in der Regel auch aus diesen Gründen davon absehen.

2.2.2. Arbeitsplatzverteilung und Berufstypen

Die bisherige Darstellung ist von der Annahme ausgegangen, daß im Prinzip Ausbildungsplätze und Arbeitsplätze beliebig zu vergeben seien. Dies wird in der Regel auch im Marktmodell vorausgesetzt. Die politisch-ökonomisch-technisch bedingte berufliche Strukturierung setzt dem aber faktisch Grenzen. So ist es im Prinzip zwar möglich, eine Lehrstelle mit dem Besitzer eines beliebigen Zertifikats zu besetzten, nicht aber einen Studienplatz. Letzterer ist rechtlich für Besitzer des Abiturs als Zertifikat monopolisiert. Innerhalb der Studienplatzhierarchie gilt zwischen den Besitzern des Zertifikats Abitur wieder der beschriebene Mechanismus. Der Numerus clausus etwa ist nichts anderes als ein Regulator zur Reihung der Studienplatzanwärter für den Fall, daß ihre Nachfrage das Angebot an begehrten Studienplätzen überschreitet. Es existieren also unterschiedliche Typen von Ausbildungsplätzen, regulierte und flexible. Dasselbe gilt für Arbeitsplätze. Man kann hier zwischen drei

Grundtypen unterscheiden. *Regulierte Arbeitsplätze,* deren Besetzung an eine ganz spezielle Ausbildung gebunden ist. Dies gilt z. B. für Ärzte. Es sei angemerkt, daß es sich dabei um eine historisch-politische Monopolisierung, nicht aber um eine funktionale Notwendigkeit handelt. *Spezialisierte Arbeitsplätze* sind solche, die eine längere, hochspezialisierte Ausbildung erfordern (etwa in den Naturwissenschaften). Auch dies ist zumindest zum Teil Resultat historisch-politisch bestimmter Berufsschneidungen. *Flexible Arbeitsplätze* sind nicht an eine spezielle Ausbildung gebunden, u. U. aber an ein gewisses Niveau der Basisbildung. Für diese Typen unterscheidet sich die Funktionsweise des Mechanismus der Arbeitsplätzeverteilung. Im ersten Falle ist der Anbieter an das Zertifikat gebunden. Nur innerhalb der Besitzer solcher Zertifikate kann eine Reihung nach weiteren Kriterien (Note) stattfinden. Im zweiten Falle besteht keine Bindung an ein Zertifikat. Praktisch werden aber zweckmäßigerweise die Besitzer eines geeigneten Zertifikats vorgezogen. Innerhalb dieser Gruppe findet eine Reihung nach weiteren Kriterien statt. Lediglich, falls diese Gruppe nicht ausreicht, um alle Plätze zu besetzen, wird über sie hinausgegriffen. Häufig funktioniert diese Bereichsausweitung jedoch nicht. Man muß aber bedenken, daß der Bereich der spezialisierten Arbeitsplätze sehr weit gefaßt wird und in der Realität ein sehr unterschiedliches Maß an Spezialisierung und Ausbildungsaufwand besteht, so daß der Übergang zu den flexiblen Arbeitsplätzen fließend ist. Dort können im Prinzip beliebige Personen eingesetzt werden, jedoch wird man auch hier geeigneter erscheinende vorziehen, so daß in diesem Falle der Mechanismus der Arbeitskräfteschlange am deutlichsten zum Tragen kommt. Nimmt man hinzu, daß auch verschiedene Ausbildungsgänge eher auf *regulierte, spezialisierte* und *flexible* Qualifikationen ausgerichtet sind, so können daraus auch einige Erscheinungen der Arbeitsmarktsegmentierung erklärt werden.

Personen mit Ausbildung für regulierte Arbeitsplätze (Ärzte und Lehrer) sind konkurrenzlos innerhalb ihres Bereiches. So lange sie auch den Zugang zu der Berufsausbildung regulieren (wie weitgehend die Ärzte), kann kein Arbeitsmarktproblem auftreten. Wird dagegen die Nachfrage nach Arbeitsplätzen größer als das Angebot (Lehrer), findet eine Reihung nach weiteren Kriterien statt. Die überschüssigen Anbieter sind auf den Markt für flexible und Randbereiche spezialisierter Qualifikation verwiesen.

Für Besitzer spezialisierter Qualifikation ist der Konkurrenzkreis etwas größer. In welchem Umfange, hängt im wesentlichen davon ab, wie ausgeprägt die Spezialisierung und der Ausbildungsaufwand sind. Ist dies sehr ausgeprägt, wird die Situation derjenigen der regulierten Qualifikationen ähnlich, ist es weniger ausgeprägt, nähert sie sich derjenigen flexibler Qualifikation. In der Regel besteht wenig Außenkonkurrenz. Ist jedoch die Nachfrage nach Arbeitsplätzen größer als das Angebot, so sind sie ebenfalls auf den Markt für flexible Qualifikation und Randbereiche spezialisierter Qualifikation angewiesen. Etwa sind Ingenieure eines speziellen Fachgebietes schwer zu ersetzen, haben also wenig externe Konkurrenz. Bei einem Überangebot können sie in Randbereiche spezialisierter Qualifikation (etwa Verkauf) oder in Bereiche flexibler Qualifikation ausweichen. Gibt es andererseits eine zu geringe Nachfrage, so werden die Stellen offen bleiben. Dies produziert das von der klassischen Arbeitsmarkttheorie nicht erklärbare Phänomen der Arbeitslosigkeit bei gleichzeitig offenen Stellen. Natürlich gilt dies erst recht für regulierte Arbeitsplätze.

Verkaufskenntnisse dagegen sind leichter zu erwerben, so daß hier zwar qualifizierte und spezialisierte Kräfte an erster Stelle der Rangreihe stehen, im Falle einer Unternachfrage aber auch andere Qualifikationen ins Kalkül gezogen werden.

Personen mit flexibler Qualifikation, die zumeist auch auf keinen spezifischen Arbeitsbereich zugeschnitten ist, befinden sich in der Lage, mit allen anderen Gruppen um die flexiblen Arbeitsplätze und Randbereiche der spezialisierten Arbeitsplätze zu konkurrieren. Dies sei am Beispiel der Soziologen verdeutlicht. Sie werden in der Regel nur in Rangreihen für flexible Arbeitsplätze erscheinen (etwa in Medien, Erwachsenenbildung u. ä.) und dort mit vielen anderen Qualifikationen konkurrieren. Im Prinzip sind sie auch in der Lage, Funktionen in Randbereichen spezialisierter Arbeitsplätze auszuüben, z. B. in der Personalführung tätig zu werden. Voraussetzung ist, daß ihr Zertifikat hinreichend Signalcharakter für den Arbeitsplatzanbieter besitzt, so daß sie Soziologen mit ins Kalkül ziehen. In der Regel wird aber ein Signal mit gut bekannten Signalcharakter, das schon längere Zeit erfolgreich genutzt wurde (hier kaufmännische Ausbildung), die ersten Präferenzstellen garantieren. Spezialisierte Qualifikation wird damit fast immer flexibler vorgezogen. Die Folge ist, daß Besitzer flexibler Qualifikationen (hier Soziologen) nur in Zeiten großer Arbeitskräfteknappheit eine reale Chance besitzen, in Randbereiche spezialisierter Qualifikation einzudringen.

2.2.3. *Arbeitsplatzverteilung in Aufstiegsketten*

Letztlich ist die Verteilung in der Hierarchie unterschiedlich hoch plazierter Arbeitspositionen zu betrachten. Auch hier ist das Modell der Arbeitskräfteschlange anwendbar. Die in Frage kommenden Personen werden in einer Präferenzreihe geordnet, wie sie umgekehrt selbst eine Präferenzreihe der Arbeitsplätze besitzen. Je nach Angebots-Nachfragesituation wird die gleiche Position der Präferenzreihe zur Erlangung einer günstigeren oder einer ungünstigeren Position ausreichen. Allerdings sind die Realvorstellungen auf ein sehr eingeschränktes Spektrum begrenzt, da die Positionen der Arbeitsplatzhierarchie in verschiedenen K e t t e n weitgehend vorstrukturiert sind. Zwischen den Ketten bestehen nur selten und dann dünne Übergangsglieder. Die Ketten starten auf unterschiedlichen Ebenen und enden ebenfalls nicht auf gleicher Ebene. Ebenso sind sie horizontal getrennt.

Es werden also in der Regel z. B. lediglich Besitzer eines berufsspezifischen Zertifikats um die Aufstiegspositionen in einer speziellen Kette konkurrieren, u. U. – bei betrieblichen Arbeitsstellenmärkten – lediglich diejenigen innerhalb des Betriebes. Die Reihung erfolgt zwar ebenfalls aufgrund von Signalen, die ihre Eignung anzeigen, jedoch handelt es sich in den meisten Fällen nicht mehr um formale Bildungszertifikate, sondern Eignungshinweise, die durch die Erfahrung mit der Berufstätigkeit des Betroffenen selbst gewonnen wurden. Diese sind zwar nicht derselben allgemeinen und formalen Art, wie bei der Vergabe von Ausbildungspositionen und Arbeitsplätzen generell, jedoch ebenfalls Signale, die lediglich eine begründete Vermutung über die Eignung erlauben, da aufgrund der Diskontinuität der Arbeitsplatzstruktur die Kriterien für den Erfolg und die Eignung in verschiedenen Gliedern einer Aufstiegskette sehr unterschiedlich sein können. Durch diesen Kriterienwechsel ist es auch möglich, daß an und für sich streng getrennte Aufstiegsketten oft auf höherer Ebene eine Verknüpfung aufweisen. Etwa existiert eine – verzweigte – professionelle Aufstiegskette für technisch ausgebildetes Personal, in die von der Ausbildung her niemals kaufmännisches oder Verwaltungspersonal eindringen könnte. Umgekehrt ist die Trennung nicht ebenso strikt, aber doch ebenfalls recht deutlich. Auf höherer Leitungsebene dagegen können diese Ketten zusammenlaufen, so daß etwa ein und dieselbe Vorstandsposition ebenso durch einen technisch wie durch einen kaufmännisch Gebildeten ausgefüllt werden kann. Dies gilt ebenfalls für manche Funktionsbereiche. Etwa werden Verkaufs- und Vertriebspositionen häufig sowohl mit technisch als auch mit kaufmännisch Ausgebildeten besetzt.

3. Einige ergänzende Bemerkungen

3.1. Zu einigen Randannahmen des Modells der Arbeitskräfteschlange

Das Modell der Arbeitskräfteschlange, an das wir, allerdings mit sehr weitgehenden Differenzierungen und Veränderungen, anknüpfen, beinhaltet einige problematische Randannahmen, die zwar zur Aufrechterhaltung der Kerngedanken nicht entscheidend sind, auf die aber ergänzend kurz eingegangen werden soll.

Zunächst handelt es sich um ein Modell der Konkurrenz um Arbeitsplätze, das einen Lohnwettbewerb ausschließt. Löhne werden als feste Größe angenommen. Dies ist eine Vereinfachung der Verhältnisse, die modelltheoretisch zwar legitim sein mag, die Realität aber nicht trifft. Dort wirken Elemente des Arbeitsplatz- und Lohnwettbewerbes nebeneinander, nicht nur, weil über Arbeitsplatzwettbewerb zugleich auch ein Lohnwettbewerb ausgetragen wird, sondern auch, weil längerfristig innerhalb einer Arbeitsplatzebene und zwischen ihnen eine begrenzte Lohnsteuerung stattfindet. So wird etwa das Angebot an Lehrern nicht unmittelbar über Lohn gesteuert, dient aber als Vehikel, längerfristig das Lohnniveau zu senken.

Auch die rein ökonomische Interpretation des Entscheidungsprozesses im Sinne der Humankapital-Theorie erscheint zumindest für die Seite der Ausbildungs-/Arbeitsplatznachfrager problematisch. Dieser zur Folge würden bei der Entscheidung Kosten für den Erwerb und Erträge im Falle des Erwerbs von Arbeitsplätzen gegeneinander abgewogen. Demnach bliebe es zunächst unerklärlich, warum nicht alle denselben Arbeitsplatz wählen, denn das Ergebnis der Kalkulation müßte für alle gleich ausfallen. Die Lösung kann in zweierlei Richtung gehen. Beides kann auch kombiniert werden. Entweder der Kostenbegriff geht über den ökonomischen auf verschiedene „soziale Kosten“ hinaus,[7] oder aber gar nicht die Kosten, sondern die Ressourcen unterscheiden sich, bzw. unterschiedliche Ressourcen bedingen unterschiedliche Kosten. Durch eine solche soziologische Ausweitung des Kostenbegriffs wäre die Modellvorstellung aufrechtzuerhalten. Jedoch erscheint es sinnvoller, ausschließlich auf den Begriff der Ressourcen zu rekurrieren. Dies liegt zum einen daran, daß es wenig aussichtsreich erscheint, verschiedene Arten sozialer Kosten auf ein Äquivalenzmaß zu reduzieren, das es erst erlauben würde, einwandrei Entscheidungen aus Kosten abzuleiten. Zum anderen gelangt der Kostenbegriff in einigen wesentlichen Fällen an seine Grenzen.

Man könnte etwa die Tatsache, daß der Erwerb einer bestimmten Arbeitspositon am Fehlen von Informationen über ihre Existenz scheitert so interpretieren, daß die sozialen Kosten für den Erwerb einer solchen Information eben zu hoch gewesen seien. Allerdings wäre es sinnlos, diese Kosten mit einem bestimmten Betrag anzusetzen und mit anderen Kosten zu kombinieren. Der Betrag wäre vielmehr häufig unendlich. Es exitieren nämlich oft keinerlei Möglichkeiten, mit welchen Kosten immer, diese Position zu erwerben, weil einfach keinerlei *Ressourcen* exitieren. Und dies ist ein eher häufiger als seltener Fall.

Umgekehrt kommt es vor, daß scheinbar hohe soziale Kosten sich fast nebenbei zu Null reduzieren, wenn etwa ganz zufällig eine unentbehrliche Information erlangt wird. So liegen die Kostenwerte unendlich und Null häufig so dicht beieinander, daß die sinnvolle Verwertung in einer Kostenrechnung ausgeschlossen erscheint. Wohl kann man aber feststellen, ob bestimmte Ressourcen gegeben sind oder nicht.

3.2. Einige Konsequenzen des Mischcharakters der real existierenden Gesellschaftsform

Das dargestellte Modell bildet den Kern des heute existierenden Verteilungsmechanismus ab. Bedingt durch den Mischcharakter der Gesellschaftsstruktur, ist dies jedoch nicht der einzige Mechanismus. Besonders im Hinblick auf privilegierte Lebenssituationen sind auch andere, alleine oder in Kombination mit dem beschriebenen wirksam. So ist in wenigen Fällen, z. B. bei ausschließlicher Nutzung des Ertrags von Produktionsmitteln, der Erwerb von Existenzmitteln von konkreter Arbeit völlig unabhängig. Die Verteilung von Ressourcen ist in diesem Falle ausschließlich Effekt der Vererbung von Produktionsmitteln verschiedenster Art (etwa bei Personen, die ausschließlich von Aktienkapital, von Bodenrente usw. leben). Dies dürfte zwar sehr selten ausschließlich der Fall sein, häufiger aber in Kombination mit Erwerbsarbeit.

In wesentlich mehr Fällen ist die Verteilung von Arbeitsplätzen selbst ganz oder teilweise an Mechanismen der Vererbung geknüpft. Am häufigsten und deutlichsten tritt dies beim Erwerb der – allerdings heute, im Gegensatz zu früheren Zeiten nicht sehr begehrten – Position des Landwirts in Erscheinung. Aber dies gilt auch für viele Industrielle, Handwerker, freiberuflich Tätige. Das Spektrum der Kombination verschiedener Mechanismen ist hier breit gestreut. So ist in einigen Fällen die Vererbung von Ressourcen absolute Voraussetzung, der Erwerb geeigneter Qualifikationen und Zertifikate dagegen nützlich, aber nicht unabdingbar. Vor allem stehen häufig verschiedene Wege des Erwerbs offen. So können Erben größerer

Industrieunternehmen, wenn sie sich selbst an deren Leitung beteiligen, auf verschiedenen Wegen und verschiedenen Ebenen Qualifikationen erwerben. In anderen Fällen ist die Vererbung von Ressourcen nützlich, der Erwerb eines spezifischen Zertifikats aber auf jeden Fall unabdingbar. So etwa bei der Übernahme einer elterlichen Arztpraxis. Hier ist der Erwerb des entsprechenden Zertifikats zentral. Jedoch gibt das Erbe die besten Voraussetzungen, das Zertifikat umzusetzen. Wie im ersten, wird auch im letzteren Falle der Mechanismus der Arbeitskräfteschlange als Qualifikationsvermutung nicht voll wirksam. Einerseits sind in beiden Fällen günstige Sozialmileus zum Erwerb von Qualifikationen (bzw. Zertifikaten) gegeben. Andererseits wirken auch Herkunftssignale als Zeichen, welche die Eignungsvermutungen positiv bestimmen. Beides wäre mit dem Modell der Arbeitskräfteschlange noch abzudecken. Es werden aber auch Mechanismen wirksam, die eine Verbesserung der Position in der Arbeitskräfteschlange jenseits von Qualifikationsvermutungen erlauben, etwa wenn es gelingt, alleine aufgrund von persönlichen Kontakten Ausbildungsmöglichkeiten zu eröffnen, die an sich aufgrund der formellen Zertifikate nicht zugänglich wären und welche faktisch eher den Ertrag negativ beeinflussen.

Anmerkungen

1 Beck, U., Brater, M. und H. Daheim: Soziologie der Arbeit und der Berufe – Grundlagen, Problemfelder, Forschungsergebnisse, Reinbek bei Hamburg 1980.
2 Eine gute Darstellung findet sich bei Thurow, L.G.: Die Arbeitskräfteschlange und das Modell des Arbeitsplatzwettbewerbs, in: Sengenberger, W. (Hg.): Der gespaltene Arbeitsmarkt. Probleme der Arbeitsmarktsegmentation, Frankfurt a.M. 1978. S. 117 ff.
3 Hinweise dafür geben zahlreiche Berufsprestigestudien sowie Befunde über Berufszufriedenheit. Zu letzterem siehe Laatz, W.: Berufswahl und Berufszufriedenheit der Lehrlinge, Band 3 der „Hamburger Lehrlingsstudie der Hochschule für Wirtschaft und Politik Hamburg", München 1974, S. 115 ff.
4 Siehe dazu Offe, C.: Leistungsprinzip und industrielle Arbeit, Frankfurt a.M. 1970.
5 Falls das Vertauen in die Selektionsfähigkeit einzelner Schulen verloren geht, kann nach vermuteter Wertigkeit der verschiedenen Schulen klassifiziert werden, verliert das ganze Schulsystem oder ein Teilbereich daraus diese Funktion, treten u. a. Tests der Ausbildungsplatzanbieter an dessen Stelle usw. usf.
6 Ich lasse hier andere Aspekte der Bildungsexpansion, wie die insgesamt angestiegenen Anforderungen an die Basisbildung oder den arbeitsmarktunabhängigen Nebeneffekt allgemeiner Persönlichkeitsbildung außer Betracht.
7 Wie etwa von Homans, G.C.: Elementarformen menschlichen Verhaltens, Köln und Opladen 1968, vorgeschlagen.

Manfred Wetzel

Kritik des ökonomisch bestimmten Individualismus*

1. *Absoluter Individualismus: F. A. v. Hayek*

1.1 Die schlechte Deduktion der Notwendigkeit von Markt und Konkurrenz und der Unmöglichkeit von Planung

Hayeks Ausgangspunkt ist ein wissenssoziologisches Argument: Das Wissen *jedes* einzelnen Subjekts und *folglich* auch die *Summe* des Wissens *aller* einzelnen Subjekte sind *prinzipiell beschränkt.* Wollten die Subjekte nun versuchen, *vor Beginn* ihres gesellschaftlichen Handelns, nämlich als *Vorbedingung* desselben, diese Beschränktheit des Wissens *zuerst* zu beseitigen, so wäre dies ein Holzweg; und dieser Holzweg bestünde des näheren genau in einer gesamtgesellschaftlichen Planung, die auf dem utopischen Vorsatz beruhte, die gesellschaftlich handelnden Subjekte müßten über ihr gesamtes Handlungsfeld vollständig informiert sein, bevor sich ihre Intentionen

* Der vorliegende Beitrag wurde an der Hochschule für Wirtschaft und Politik im Rahmen eines interdisziplinären Kurses über Theorie der Wirtschaftspolitik im SS 1975 verfaßt und jetzt zum Zwecke der Publikation noch überarbeitet. – Das Interesse an der Thematik dieses Beitrages war freilich damals und die Zeit hindurch gering – vor allem da, wo man sich im Schoße einer als allumfassend und allein selig machend verstandenen Gewerkschaftlichkeit der Auseinandersetzung mit den rechten Gesellschaftstheoretikern enthoben zu sein glaubt. Inzwischen haben sich die Verhältnisse freilich weltpolitisch geändert: In England seit der Regierungsübernahme durch Frau Thatcher und vor allem in den USA seit dem Amtsantritt von Reagan wird eine Politik gemacht und auch öffentlich verkündet, die gerade den Vorstellungen von Hayek nicht nur ohne moralische Skrupel folgt, sondern sie auch – mit messianischer Heilsgewißheit – für moralisch gerechtfertigt hält. Ob es die Blindheit für die sozialen Probleme im je eigenen Land ist oder die hartnäckige Weigerung, die wahren Ursachen für die militärischen Auseinandersetzungen in der sogen. Dritten Welt zu erkennen, – in jedem Falle folgen die neokonservativen Regierungen genau dem Hayekschen Gesellschaftsprogramm, nach welchem den einzelnen Individuen, die sich durchsetzen können, nicht nur nichts in den Weg gestellt werden darf, sondern nach welchem auch die einzige Aufgabe des Staates darin gesteht, dafür zu sorgen, daß ihnen nichts in den Weg gestellt wird. Wie das konkret aussieht, läßt sich insbesondere seit dem Amtsantritt von Reagan tagtäglich in der Presse verfolgen: Die rechten Militärdiktaturen in Lateinamerika werden mit Geldern und Waffen unterstützt, im Land werden die vielfältigen Umweltschutzbestimmungen schlagartig beseitigt, etc. etc. (vgl. etwa die Berichterstattung in der Frankfurter Rundschau). – Nicht zuletzt aber ist es Hayek selbst, der zu den aktuellen politischen Auseinandersetzungen öffentlich Stellung nimmt: So hält er die Empfehlungen der Brandt-Kommission zur Einebnung des Nord-Süd-Gefälles für „dummes Geschwätz" und „Entwicklungshilfe" soll es nur als gewinnträchtige Investition für Kapitalisten geben (FR, 6.3.81, S. 1.); und Frau Thatcher erhält von Hayek einen aufmunternden Brief, ja durchzuhalten, einerlei wie groß die Anzahl der Arbeitslosen wird (DER SPIEGEL, 31.8.81, S. 113).

verwirklichen ließen. Im Gegensatz dazu sind nach Hayek die Unvollständigkeit und Beschränktheit des Wissens vielmehr Voraussetzung für gesellschaftliches Handeln. Hayek hält es nun für erwiesen, daß die Menschen gerade auf Grund des Umstandes, daß sie unter der Bedingung beschrfänkten Wissens und in Zusammenhang damit unter der Bedingung freier Konkurrenz handeln, Einrichtungen und überhaupt Ergebnisse hervorbringen, die über ihre jeweiligen Intentionen und Entwürfe hinausgehen. Im Anschluß an die schottischen Moralphilosophen behauptet er, daß „Völker sich unerwartet im Besitz von Eirichtungen befinden, die wohl das Ergebnis menschlichen Handelns sind, aber nicht das Ergebnis menschlicher Absicht', und daß die spontane Zusammenarbeit freier Menschen Dinge hervorbringt, die größer sind, als der einzelne Verstand je ganz erfassen kann". (F. A. v. Hayek, Individualismus und wirtschaftliche Ordnung (dt. Erlenbach-Zürich 1952). S. 16 f. (abgek.: IuwO)). Dies trifft nun aber nach Hayek nicht nur im Falle besonders nützlicher Handlungsergebnisse zu; vielmehr ist das, was gesellschaftlich vorliegt, d. i. als gesellschaftliche Realität verwirklicht wurde, generell „Ergebnis menschlichen Handelns, aber nicht menschlichen Entwurfs" – freilich mit einer ebenso merkwürdigen wie wesentlichen Ausnahme: Zwang, Unfreiheit, Terror und Knechtschaft sollen eine direkte Folge menschlichen Entwurfs sein (vgl. hz. Hayek, Freiburger Studien (Tübingen 1969), S. 97 ff., ferner: Der Weg zur Knechtschaft (dt. München 1971). Gegen diese „Philosophie" sind folgende Einwände zu erheben:

1. Hayek macht den Begriff ‚Planung' von vorneherein so, daß es in der gesellschaftlichen Realität nicht gut etwas geben kann, was diesem Begriff entspricht – es sei denn um den Preis der „Knechtschaft". Planung hat nun aber keineswegs die Vollständigkeit des Wissens zur Voraussetzung, die Hayek unterstellt, und zwar weder bezüglich der Zeit, in der geplant wird, noch bezüglich der Zeit, für die geplant wird. – Sicher gibt es Planungstheorien und Planungsabsichten, denen das „Vollständigkeitsaxiom" zu Grunde liegt, aber daraus darf nicht auf die Beschaffenheit von Planung insgesamt geschlossen werden.
2. Die Konfrontation und Koordination des Wissens der einzelnen Subjekte im Zuge der Planung kann sehr wohl dazu beitragen, daß die Entwürfe und Intentionen der einzelnen Subjekte wie auch von Kollektiven von Subjekten sich verbessern und *folglich* auch die Ergebnisse des Handelns besser sind als es ohne Planung der Fall gewesen wäre.
3. Es ist schlicht eine Geschichtsfälschung, daß dann und nur dann, wenn freier Markt mit freier Konkurrenz herrschten, die Menschen wertvolle Einrichtungen und überhaupt Ergebnisse gesellschaftlich/ökonomischen Handelns hervorgebracht hätten.[1]
4. Hayek möchte aus der prinzipiellen Beschränktheit des Wissens die Notwendigkeit von Markt und Konkurrenz herleiten mit dem Argument, daß allein die freie Entfaltung auf dem Markt Ergebnisse hervorbrächten, die einem „Mehr" an Wissen entsprechen als faktisch vorhanden ist. Selbst wenn dies „empirisch-geschichtlich" richtig wäre, beruhte Hayeks Argument auf der zusätzlichen Annahme, daß nur die einzelnen Subjekte/Individuen als jeweils voneinander unabhängige und eigenständige Individuen handeln; diese Annahme ist gleichwertig damit, daß ge-

gesellschaftliches Handeln als eine eigenständige, in objektiv-realen gesellschaftlichen Verhältnissen selbst wurzelnde Qualität nicht existiert. M. a. W.: Hayeks Deduktion der Notwendigkeit von Markt und Konkurrenz aus der unhintergehbaren Beschränktheit des Wissens beruht auf einer individualistischen Gesellschaftstheorie; dann und nur dann, wenn allein die eigenständigen Individuen gesellschaftlich real sind, wären Markt und Konkurrenz unausweichlich. – Dieser Individualismus hat bei Hayek freilich eine ideologische Funktion: er soll eine besondere Klasse von Individuen legitimieren, die Klasse nämlich der freien Unternehmer, also der Privateigentümer an Produktionsmitteln.

5. Die Realität der Gesellschaftssysteme, in denen zumindest auf der Ebene des gesellschaftlichen Bewußtseins freier Markt und freie Konkurrenz festgehalten werden, spottet angesichts der planenden und verfügenden Macht gerade der multinationalen Konzerne dem Hayekschen Bild vom System der „freien Konkurrenz".

1.2 Die zynische Dialektik von Freiheit und Zwang im Hayekschen Individualismus

Die prinzipielle Begrenztheit des Wissens der einzelnen Subjekte hat für Hayek jedoch noch sehr viel weiterreichende Konsequenzen:

„Aus dem Bewußtsein der Begrenztheit des individuellen Wissens und aus der Tatsache, daß keine Einzelperson oder keine kleine Gruppe von Personen alles wissen kann, was irgendjemand weiß, zieht der Individualismus auch seine wichtigste praktische Schlußfolgerung, nämlich die Forderung nach einer strengen Begrenzung jedweder Zwangs- und Ausschließungsgewalt." (IuwO, S. 28)

„Begrenzung jedweder Zwangs- und Ausschließungsgewalt" heißt nun aber generell nicht Reduktion auf Null und bedeutet insbesondere gesellschaftlich konkret, daß es für den Einzelnen Zwang geben kann, den er nicht einsieht und dem er sich dennoch unterwerfen muß; ja in gewissem Sinne ist die Anerkennung von Verhältnissen, die wegen des begrenzten Wissens nicht zu durchschauen sind, selbst schon von Zwang begleitet. Hayek plädiert denn auch nachdrücklich für die daraus resultierende Moral der Unterwerfung unter den aus der Begrenztheit des Wissens resultierenden Zwang (IuwO, S. 36 f.).

Diese Hayeksche Argumentation wird nun aber insofern brüchig, als diese Gleichheit aller Individuen, die in der prinzipiellen Begrenzung des Wissens und in dem aus der Unterwerfung unter diese Begrenztheit resultierenden Zwang liegt, ihre Funktion und ihre Rechtfertigung allein in der faktischen Ungleichheit der Menschen haben soll:

„Hier soll ich vielleicht auch erwähnen, daß wir die Menschen nur deswegen gleich behandeln können, weil sie tatsächlich ungleich sind. Wenn die Menschen in ihren Begabungen und Neigungen alle gleich wären, dann müßten wir sie ungleich behandeln, damit irgendeine soziale Organisation zustande kommt. Glücklicherweise sind sie nicht gleich; und nur dadurch braucht die Differenzierung der Funktionen nicht durch eine willkürliche Entscheidung eines organisierenden Willens bestimmt zu werden, sondern können wir es nach der Schaffung der formalen Gleichheit der Gesetze, die auf alle in der gleichen Weise angewendet werden, jedem Individuum überlassen, seinen Platz in der Gesellschaft zu finden." (IuwO, S. 27 f.)

Sehen wir nun näher zu, wozu es nach Hayek führt, daß es „jedem Individuum überlassen" bleibt, „seinen Platz in der Gesellschaft zu finden":

„Das Bestreben, den Beitrag der einzelnen Menschen, die ihre eigenen Interessen verfolgen, zur Bedürfnisbefriedigung der anderen möglichst groß werden zu lassen, führt nicht bloß zum allgemeinen Prinzip des ‚Privateigentums'; es hilft uns auch bei der Bestimmung des Inhalts des Eigentumsrechts in Hinblick auf verschiedene Artzen von Dingen. Damit der Einzelne bei seinen Entscheidungen alle physischen Wirkungen, die diese Entscheidungen zur Folge haben, in Rechnung zieht, ist es notwendig, daß der ‚Verantwortlichkeitsbereich' . . . alle unmittelbaren Wirkungen möglichst vollständig einschließt, die seine Handlungen auf die Befriedigung haben, die andere aus den Dingen seines Wirkungsbereichs ziehen." (InwO, S. 33)

Hayeks Folgerungen bestehen ganz zu Recht: Daß es jedem Individuum selbst überlassen bleibt, seinen Platz in der Gesellschaft zu finden, führt zum Privateigentum; und daß es einem mit Privateigentum versehenem Individuum möglich sein muß, seinen „Verantwortlichkeitsbereich" bis hin zu *den* Individuen zu erstrecken, die aus den „Dingen des Wirkungsbereichs" des Privateigentümers" Befriedigung haben", bedeutet Einfluß des Privateigentümers – an Produktionsmitteln – bis zu den Wünschen der Konsumenten.

Daß nun aber nicht alle Menschen Privateigentümer der ja wohl auch nach Hayek entscheidenden Produktionsmittel sind, bereitet für den „echten Individualismus" keine Schwierigkeiten:

„Wenn wir zur Frage der Gleichheit übergehen, muß sofort gesagt werden, daß der echte Individualismus nicht egalitär im modernen Sinne ist. Er sieht keinen Grund zu versuchen, den Menschen gleich zu machen, in einem anderen Sinne, als sie gleich zu behandeln. Der Individualismus ist gegen verbriefte Vorrechte un lehnt jeden Schutz von Rechten, ob durch Gesetz oder Gewalt, entschieden ab, die nicht auf Gesetzen beruhen, die auf alle Personen gleichermaßen anwendbar sind, und erspricht der Regierung das Recht ab, den Möglichkeiten des Fähigen oder vom Glück Begünstigten Schranken zu setzen ((!)). Er ist ebenso gegen jede Begrenzung dessen, was Einzelne erreichen können, gleichgültig, ob diese Macht der Einschränkung dazu verwendet wird, die Ungleichheit fortbestehen zu lassen oder Gleichheit zu schaffen. Sein Hauptprinzip ist, daß kein Mensch und kein Gruppe die Macht haben soll, zu entscheiden, welches die Stellung eines anderen Menschen sein soll, und er betrachtet das als eine so wesentliche Bedingung für die Freiheit, daß sie auch nicht geopfert werden darf, um unserem Gerechigkeitssinn oder unserem Neid Genüge zu tun. – Vom Standpunkt des Individualismus scheint nicht einmal eine Rechtfertigung dafür zu bestehen, daß alle Individuen vom gleichen Niveau beginnen müssen, indem verhindert wird, daß einige vn Vorteilen Gewinn ziehen, die sie nicht selbst erworben haben, wie die Herkunft von Eltern, die gescheiter oder gewissenhafter sind als derDurchschnitt." (IuwO, S. 45 f.)

Damit kann aber jeder Zwang und jede Unfreiheit für die Vielen, die aus dem Mangel an Zwang und der Freiheit der Wenigen resultieren, gerechtfertigt werden. Insbesondere ist die Hayeksche Argumentation jedoch inkonsequent in sich selbst: Wenn ein Zwang zu einer bestimmten Zeit t_2 abgelehnt und dadurch eine Freiheit ermöglicht wird, die Umstände zu einer früheren Zeit t_1 zur Voraussetzung hat, dann müßten konsequenterweise die Umstände zur Zeit t_1 dann abgelehnt werden, wenn sie ihrerrseits von Zwang begleitet waren, z. B. vom Zwang zur Lohnarbeit, die dem Privateigentümer an Produktionsmitteln allein die Verwertung seines Kapitals ermöglichte. Nun bezüglich des Zeitpunktes t_2 zu sagen, dem Privateigentümer an Produktionsmitteln sein Privateigentum wegzunehmen, wäre gleichwertig damit, auf ihn einen Zwang auszuüben, was folglich nicht sein darf, impliziert im dialektischen Gegenschlag, eben den Zwang zu akzeptieren, den der Privateigentümer bereits zur Zeit t_1 auf diejenigen ausgeübt hat, denen überhaupt nichts anders übrig blieb, als ihre Arbeitskraft im widersinnigen Tausch par excellence gegen den vom Privateigentümer abgelassenen Tauschwert ‚Lohn' einzutauschen. – Oder ganz allgemein: Wenn das schwächere und unterprivilegierte Subjekt S_1 *nicht* die Macht haben soll, über die Stellung des stärkeren Subjekts S_2 auch nur mitzuentscheiden, dann hat per se dieses stärkere und privilegierte Subjekt S_2 die Macht, über das schwächere Subjekt S_1 zu entscheiden – im schlechten Widerspruch zur Ausgangsthese.

1.3 Die unfreiwillige Argumentation für die Existenz überindividueller = gesamtgesellschaftlicher Verhältnisse

Dieser Widerspruch ist nun aber insofern merkwürdig, als dem je einzelnen Subjekt, wenn es eine ihm auferlegte Begrenzung dessen, was es erreichen könnte, nicht hinnehmen will, gar nichts anderes übrig bleibt, als den Freiraum anderer Subjekte einzuschränken und zwar auch und gerade unter den von Hayek genannten Bedingungen: Wenn S_2 sich nicht von S_1 einschränken lassen will, muß es stärker werden als S_1; dies wird aber S_1 nicht hinnehmen wollen, da es sich ebensowenig seinen Freiraum durch S_2 einschränken lassen will – beide befinden sich also im Zustand der Konkurrenz und nur im Ausnahmefall werden sie sich auf ein Gleichgewicht einigen können, welches aber sicher von Dritten wiederum nicht hingenommen werden wird, die ihrerseits ihren Freiraum durch S_1 und S_2 eingeschränkt sehen. Damit steht aber das Verbot der Freiheitsbeschränkung im ureigensten Widerspruch zum Prinzip der Konkurrenz, welches natürlich gerade nach Hayek Voraussetzung dafür ist, daß das menschliche Handeln Dinge hervorbringt, die größer sind als das, was der planerische Entwurf einzelner oder auch vieler Menschen zustandebringt. Kann Hayek einen so elementaren schlechten Wiederspruch übersehen haben?

Nun gibt es bei Hayek noch ein anderes Theorem, welches vermutlich gerade diesen Widerspruch beseitigen soll: Hayek macht einen scharfen Unterschied zwischen „Daten als objektiv realen Tatsachen, die als dem beobachtenden Nationalökonom bekannt angenommen werden", und den Daten „im subjektiven Sinne, als Dinge, die der Person, deren Verhalten wir zu erklären suchen, bekannt sind" (IuwO, S. 57) und konfrontiert dann diese subjektiven Daten, die er als streng individuell begreift, mit sogen. kollektiven Gebilden, welche gemeinhin als die eigentlich gesellschaftliche Realität gelten:

„Ich halte die Ansicht, daß soziale Kollektive wie ‚die Geselschaft' oder ‚der Staat' oder irgendeine spezielle soziale Institution oder Erscheinung in irgendeinem Sinn objektiver sind als das verstehbare Handeln der Individuen, für eine reine Illusion. Ich werde die Ansicht vertreten, daß das, was wir ‚sozuiale Tatsachen' nennen, in keinem höheren Maße ‚Tatsachen' im naturwissenschaftlichen Sinne sind als die Handlungen einzelner Personen oder deren Objekte; daß diese sogenannten ‚Tatsachen' vielmehr genau solche gedanklichen Konstruktionen und Modelle aus den Elementen sind, die wir in unsrem Denken finden, wie wir sie in den theoretsichen Sozialwissenschaften bauen . . ." (IuwO, S. 94)[2]

Es ist anzunehmen, daß Hayek mit solcher Argumentation, die freilich aller gesellschaftlichen und gesellschaftswissenschaftlichen Erfahrung widerstreitet, dem oben aufgerollten Widerspruch entgehen will: Wenn überindividuelle Intersubjektivitäten, wenn allein intersubjektiv begreifbare Macvhtkämpfe und Konkurrenzverhältnisse und wenn a fortiori Konkurrenz als ein *gesamtgesellschaftliches Verhältnis* reine Fiktion sind, dann läßt sich freilich dies, daß die Befolgung der Hayekschen Moral stets zugleich den Verstoß gegen dieselbe impliziert – und zwar bereits durch ein-und-dasselbe Subjekt –, als nicht zur Sache gehörig abtun. – Gleichwohl aber erweist Hayek damit seiner eigenen Position einen schlechten Dienst: Das freie Zusammenspiel der in ihrem Wissen begrenzten Subjekte in der Konkurrenz soll grössere Dinge hervorbringen als je auch nur in der Planung einzelner Subjekte oder ganzer Kollektive entwickelt werden; was ist aber dieses überindividuelle, gleichsam hinter dem Rücken der vielen einzelnen Subjekte zustandekommende Resultat anderes als ein überindividuelles gesamtgesellschaftliches Verhältnis?

2. *Entscheidungslogisch verkleideter Individualismus: Gäfgen*

2.1 Entscheidungslogisch maskierter homo oeconomicus

Gérard Gäfgen hat in einer umfassenden Arbeit unter dem Titel „Theorie der wissenschaftlichen Entscheidung" (Tübingen 1968.2) den Versuch unternommen, die „Wahlrationalität" S. 24, 26) als Grundprinzip des Handelns des „wirtschaftenden Menschen" (S. 19) darzustellen. Diese *Wahlrationalität* ist einesteils *enger als die Rationalität überhaupt,* anderenteils jedoch *weiter als die bloß technologische Rationalität:* Gegenüber der Rationalität überhaupt ist die Wahlrationalität insofern eine Spezifizierung, als sie sich auf die Maximen beschränkt, „die auf Grund eines Wertungssystems des Aktors bestimmen, welche Handlung aus der Vielzahl der möglichen Handlungen gewählt wird" (S. 24); gegenüber der technologischen Rationalität ist die Wahlrationalität jedoch umfassender, da sie in Wahl- oder Entscheidungsakten im Rahmen eines Ziel-oder Wertesystems besteht, das Alternativen zuläßt (S. 26).

„Unter Entscheidungstheorie soll daher im folgenden eine Gruppe von Modellen verstanden werden, bei denen eine Situation, bestehend aus (1) einem Aktor und (2) der Umgebung des Aktors (soweit diese für das jeweilige Entscheidungsproblem relevant ist), durch Anwendung (3) einer rationalen Entscheidungsmaxime und (4) des Wertsystems des Aktors (das sich in einem Bewertungsmaßstab für mögliche Akte niederschlägt) zu einer bestimmten Handlung des Aktors führt, die ihrerseits eine neue Situation erzeugt." (S. 26)

Gäfgen erhebt nun mit der so verstandenen Entscheidungstheorie den Anspruch, den alten homo oeconomicus über Bord geworfen zu haben (S. 28, 30); wir wollen im folgenden kritisch prüfen, mit welchen Argumenten Gäfgen diese Tat unter Beweis zu stellen gedenkt:

1. Die Spezifizierung der Rationalität zur Wahlrationalität impliziert eine Einschränkung auf die sogen. „formale Rationalität" im Unterschied zur „substantiellen Rationalität" (S. 26 ff.): Während nämlich die *„substantielle Rationalität"* insofern Ausdruck umfassender Rationalität ist, als sie auch die Rationalität des *Ziel- oder Wertesystems des Aktors selbst mitbetrifft,* beschäftigt sich die *„formale Rationalität"* lediglich mit der *Rationalität der Wahl relativ zu dem vorgegebenen oder akzeptierten Wertesystem.* „Das *Ergebnis* der Entscheidung", das auf der Basis eines solchen nicht weiter diskutierten Wertesystems zustandekommt, „muß daher keineswegs in einem alltäglichen Sinne ‚vernünftig' erscheinen, da der Aktor ein Wertsystem haben kann, das zwar in sich kohärent ist, aber im Vergleich zu dem anderer Aktoren absurd erscheint." (S. 26) Da nun der homo oeconomicus, d. i. der in „utilitaristischem Geiste" befangene individuelle Nutzensoptimierer, Ausdruck einer bestimmten „substantiellen Rationalität" ist, hat die sich auf die formale Rationalität = Wahlrationalität beschränkende Entscheidungstheorie – so Gäfgen – den homo oeconomicus über Bord geworfen. (S. 28–30).

2. Sodann hat die Entscheidungstheorie die Wahlrationalität nur als „subjektive" und nicht als „objektive Rationalität" (S. 32 f.) zu ihrem Gegenstand: Während nämlich die *„subjektive Rationalität"* nur die Rationalität des Wahlverhaltens des Aktors *relativ zu seinem Informationsstand* beinhaltet, erfordert die *„objektive Rationalität"* praktisch den externen und bezüglich seines Handlungsfeldes *vollständig informierten Beobachter.* So kann eine Wahlhandlung als „subjektiv" rational beurteilt werden, die es in einem „objektiven" Sinne nicht ist. Daß diese vollständige Information nur für den externen Beobachter/ für den aus externer Position Handelnden möglich ist, ist richtig; die Frage bleibt allerdings, ob mit dem Prinzip der „subjektiven", nämlich zum Handelnden relativen Information das Prinzip des faktisch irrealen externen Beobachters/Aktors auch wirklich aufgegeben wird.

3. Weiterhin beschränken sich die „Theorie der wirtschaftlichen Entscheidung" und folglich die ihr gemäß erfolgenden Entscheidungen auf einen *bestimmten" Aspekt menschlichen Verhaltens",* nämlich auf das Wahlverhalten im Sinne der nur formalen und sodann der nur subjektiven Rationalität (Punkt 1 u. 2). Die in dieser Beschränkung zum Ausdruck kommende Auffassung vom Gegenstand bezeichnet Gäfgen nun als die *„analytische Auffassung"* (S. 45) im Gegensatz zur *„ontologischen Auffassung",* die den Anspruch erhebt, aus der Sphäre der gesellschaftlichen Realität *die ökonomische Sphäre insgesamt* ausgrenzen zu können (S. 43 f.). Mit dieser Unterscheidung und der darauffolgenden Entscheidung zugunsten der „analytischen Auffassung" soll nund *die Entscheidungstheorie gegen ein Wiederauftauchen des homo oeconomicus abgesichert werden.* Dem steht sogleich entgegen, daß diese Unterscheidung nicht so vollständig ist, wie sie sein soll: Denn einesteils geht die „ontologische Auffassung" ja auch nur auf einen bestimmten Aspekt der Realität ‚Handeln', nämlich auf den ökonomischen Aspekt des selben, und anderenteils betrifft die „analytisch" als „Wahlverhalten" verstandene „formale Rationalität" sehr wohl

einen bestimmten Aspekt und zwar sogar alles menschlichen Handelns, nämlich das Auswählen der geeignetsten Alternative relativ zu einem bestimmten Wertsystem bei unvollständiger Information. Es stellt sich also die Frage, ob *die dann noch verbleibende Differenz* zwischen einem Handeln, das sich im Sinne der „formalen Rationalität" auf die Wahl zwischen verschiedenen Alternativen im Rahmen eines fest vorgegebenen, also *nicht* kritisch hinterfragten Wertesystems beschränkt, und einem Handeln, das auch schon „ökonomisch" sein soll, aber – als „substantielle Rationalität" – auch noch nach einer Begründung für sein Wertesystem fragt, – ob diese Differenz hinricht, die Beseitigung des homo oeconomicus unter Beweis zu stellen.

4. Nun scheint Gäfgen bei dieser Differenz selbst nicht ganz wohl zu sein: Die Beschränkung auf die Wahlrationalität im Sinne der Punkte 1 bis 3 führte nämlich zu einer „reinen Ökonomik" als „einer allgemeinen Theorie der Entscheidung *ohne* Begrenzung auf Entscheidungen des Wirtschaftslebens, der „ökonomischen Sphäre" (S. 47), welches nun doch zu weit ist, da damit alle Lebensbereiche betroffen werden (S. 47); „treibt man" so „allgemeine Entscheidungstheorie, so wählt man einen Handlungsaspekt, der sich keineswegs mit dem üblichen ((!)) Gegenstandsbereich der Nationalökonomie deckt. . . . Es fragt sich daher „ob nicht ein anderer Aspekt" die erforderliche Deckung mit dem Gegenstansbereich der Nationalökonomie „besser . . . vollzieht. Geht man davon aus, daß die Nationalökonomie sich im wesentlichen mit der Preisbildung und den zwischen den Wirtschaftssubjekten zirkulierenden Güterströmen befaßt, so würde der Aspekt der Tauschbeziehungen ((!)) diesen Bereich recht gut decken. Da ein Preis Ausdruck einer Tauschbeziehung ist ((!)), begibt man sich dabei allerdings unmittelbar auf das Gebiet der intersubjektiven „sozialen" Beziehungen, d. h. man wält einen Aspekt der Gesellschaft, nämlich den der Tauschgesellschaft, als Gegenstand der Erkenntnis." (S. 48). – Diese Tauschgesellschaft, also die *Waren*(!)tauschgesellschaft, eignet sich nun nach Gäfgen auch hervorragend zur *näheren* Spezifizierung und Konkretisierung der Entscheidungstheorie:

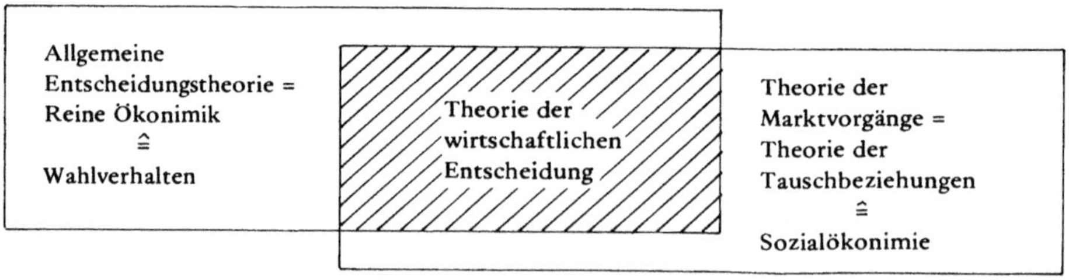

Diese Spezifizierung der Wahlrationalität auf das gesellschaftliche Handlungsfeld, das klassischerweise Gegenstand der Nationalökonomie ist, besagt nun aber doch, daß das Handeln der zu betrachtenden Subjekte genau darin besteht, im Tausch im weitesten Sinne den jeweils günstigsten Preis zu erzielen — was ist das aber anderes als die Handlungsweise des homo oeconomicus! Und das ist auch gar nicht verwunderlich, denn Gäfgens Vorgabe, den homo oeconomicus über die „substantielle Rationalität" zu bestimmen, würde ja definitionsgemäß darauf hinauslaufen, daß der homo oeconomicus gleichsam der utilitaristische *Philosoph* wäre, also derjenige, der versucht, das Wertesystem des Nutzensoptimierers im Tauschgeschäft zu *rechtfertigen*! Das widerspricht nun aber nicht nur allem Sprach- und Begriffsgebrauch, — das ist insofern fast absurd, als die theoretische Begründung für eine Handlungsweise bekanntermaßen noch nicht zu ihrer Befolgung in der Praxis befähigt und umgekehrt die Effizienz und der Erfolg einer ökonomischen Handlungsweise in der Praxis nicht zuletzt auf dem *Verzicht* auf theoretische Reflexion beruhen sollen. — Zu solchen Verdrehungen bringt es die instrumentelle Wissenschaft, die sich die Verabschiedung der Philosophie zugute hält.

2.2 Die unfreiwillige Zweck-Mittel-Dialektik

Gäfgens wahrhafter und klassischer homo oeconomicus, also das im Sinne der Wahlrationalität auf dem Markt handelnde Subjekt, ist nun näher im Hinblick auf seine Umgebungsbeziehungen zu betrachten. Gäfgen führt hier folgende Aspekte an:

1. Der Aktor gehört nicht selbst zu seiner Umwelt (S. 96). Dies hat für Gäfgen aber offensichtlich nicht den trivialen Sinn, daß die Umwelt eines Aktors ncht selbst zugleich der Aktor ist, sondern besagt, daß der Aktor zu den für sein wahlrationales Handeln ralevanten Realitätsstücken im Verhältnis des externen Beobachters steht (S. 96 ff.).

2. In dieser Beziehung auf seine Umgebung verfährt nun der Aktor nach dem „ökonomischen Prinzip", das besagt „Verwende gegebene Mittel, so, daß du damit den höschten Ertrag erzieltst!" (S. 102). Das ist eigentlich nichts anderes als ein kategorischer *ökonomischer* Imperativ, der, wie Gäfgen ganz richtig sagt, zur Folge hat, daß „der Zweck die Mittel heiligt" (S. 103). Der konsequenten Befolgung dieses Imperativs steht aber, wie Gäfgen wieder zu Recht bemerkt, dreierlei entgegen, was zu Modifikationen bzw. Einschränkungen der Gültigkeit des ökonomischen Prinzips führt:

a. Die strenge Begründung des ökonomischen Handelns aus dem kategorischen ökonomischen Imperativ fordert ein Maß an Deduktivität, das in der Praxis nicht zu leisten ist; deshalb ist es erforderlich, sich auf das Präferenz-Prinzip und d. h. auf die Wahlrationalität zu beschränken (S. 104).

b. Die gemäß der Wahlrationalität getroffenen Entscheidungen müssen bereits von ihrer eigenen Logik her durch Planung ergänzt werden, da sich erst in der Möglichkeit der Planung und d. h. in der Durchführung die Richtigkeit der getroffenen Wahlentscheidung zeigt (S. ff.).

c. Der so handelnde Aktor bezieht sich jedoch im allgemeinen nicht allein auf diese seine Umgebung, sondern steht in Konkurrenz- und/oder Kooperationsbeziehungen zu anderen Aktoren. Daraus ergeben sich wichtige Teildisziplinen der Entscheidungstheorie (S. 63–78, 176–199).

Diese Konsequenzen führen jedoch zusammen mit der Umgebungsexternität des Aktors zu einer mehrfachen Dialektik, die bei Gäfgen nicht vorgesehen ist:

3. Wenn mehrere Akteure A_1, A_2, . . ., A_n bezüglich derselben Umgebung handeln, von jeder Umgebung eines Akteurs aber nur jeweils er selbst ausgeschlossen ist, dann hat jeder Akteur in seiner Umwelt auch alle anderen Akteure. Insofern nun jeder dem Verhalten der übrigen Rechnung tragen muß, jeder aber alle anderen in seiner Umgebung hat, so ist jeder Akteur auch durch seine Umwelt bestimmt, steht also zu seiner Umwelt gerade nicht im Verhältnis des externen Aktors, der auf die Umwelt, bezüglich der er extern ist, nur einwirkt und nicht auch Rückwirkungen empfängt. Das Prinzip der Umweltexternität (Punkt 1) ist also mit den Interaktionsprinzip (sei's Konkurrenz sei's Kooperation) unverträglich — es sei denn die Akteure A_1, . . ., A_n entpuppen sich als Privateigentürmer an Produktionsmitteln und sind insofern Gegenstand der Entscheidungstheorie, als sie alle lediglich in Bezug auf die Produktionsstätte, in welcher sie die Produktion veranlassen, und in Bezug auf den Markt, „für den" sie produzieren lassen, betrachtet werden. Dann aber wird die „Theorie der wirtschaftlichen Entscheidung", sofern sie sich zu einer „Theorie der marktwirtschaftlichen Entscheidung" (/--2.1) besondert, notwendig zu einer „Unternehmerwissenschaft".[3]

4. Wenn die Akteure — und zwar einerlei ob unter kapitalistischen oder unter sozialistischen Bedingungen — gemäß dem kategorischen ökonomischen Imperativ und nach den Wahlhandlungsmaximen auf ihre Umwelt einwirken, dann werden sie auch im rein „betriebswirtschaftlichen Fall", d. i. als marktexterne Akteure, Rückwirkungen vom „gesellschaftlichen Sein„ her empfangen, auf das sie gemäß ihren Maximen einwirken: Wenn immer bestimmte Mittel zur Realisierung bestimmter Zwecke angewandt werden, dann wird die gesellschaftliche Realität durch diese Mittel selbst mitbestimmt; und wenn weiter die Zielsetzung und erst recht die Mittelwahl durch die schon existierende Realität bestimmt sind, dann sind die Zielsetzung und die Mittelwahl der angeblich „umweltexternen" akteure mehr und mehr durch die Umwelt bestimmt, auf die die Akteure längst schon eingewirkt haben. Gäfgens einseitige Ziel-Mittel-Umweltbestimmungsrelation kehrt sich so in einer Weise um, die bei ihm nicht vorgesehen ist. Und wenn schließlich die Entscheidungstheorie in dem einseitigen Gäfgenschen Sinne auf normativem Wege das „gesellschaftliche Bewußtsein" bereits bestimmt *noch bevor* gemäß ihr auf das „gesellschaftliche Sein" eingewirkt wurde, dann ist das „gesellschaftliche Sein" gemäß der Entscheidungstheorie eingerichtet noch bevor mit ihrer Anwendung/Befolgung begonnen wurde; denn stets ist das „gesellschaftliche Bewußtsein" ausgezeichneter Teil des „gesellschaftlichen Seins" und folglich schlägt sich in dem Ganzen des gesellschaftlichen Seins nieder, was druchs gesellschaftliche Bewußtsein Eingang gefunden hat. Die „erfolgreiche" Anwendung der Entscheidungstheorie beruht somit nicht zuletzt darauf, daß viele Subjekte an ihre Richtigkeit glauben und sich ihren Maximen gemäß verhalten, mithin daruaf, daß das gesellschaftliche Sein selbst schon nach den Erfordernissen der Entscheidungstheorie eingerichtet wurde.

3. Individualismus als „rationales" kollektives Handeln: M. Olson jr.

3.1. „Rationales" Handeln von Individuen in kleinen Gruppen

Der Urtyp des „individualistisch" verstandenen gesellschaftlich handelnden Subjekts, der homo oeconomicus, soll nun gemäß der Weltanschauung des „methodologischen Individualismus" auch die Kriterien für rationales Handeln in Kollektiven oder Gruppen hergeben. Ein Versuch zur Begründung dieser Behauptung wurde von Mancur Olson Jr. in einer Schrift unter dem Titel „Die Logik des kollektiven Handelns" (dt. Tübingen 1968) unternommen.[4]

Olson legt den profitoptimierenden Unternehmer und Kaufmann als Muster von gesellschaftlichem Handeln, welches selbstredend stets individuelles Handeln ist, zu Grunde und stellt nun die Frage, was ein Individuum – sprich: einen Unternehmer oder Kaufmann – veranlassen könnte, in oder über eine Gruppe zu handeln, d. h. praktisch im Verband einer Gruppe zu investieren. Das Problem ist dabei nicht, ob er im Verband einer Gruppe etwas realisieren kann, wozu er allein auf keinen Fall imstande wäre, sondern, unter welchen Bedingungen er sinnvollerweise bereit sein könnte und sollte, das Risiko des Handelns in einer Gruppe, also das Risiko des „kollektiven Handelns", einzugehen. Olson führt nun zur Lösung dieses Problems auf der Basis der Grenznutzenslehre folgende Überlegungen durch (S. 21 ff.):

M sei die Menge des Kollektivgutes, das von der Gruppe u. U. in „kollektivem Handeln" beschafft werden soll und für das Kosten K entstehen, welche von M abhängig sind: $K = f(M)$. Während nun der Gruppengewinn oder Kollektivgewinn W_g in die Gewinne der einzelnen Individuen W_i differenziert wird, findet eine derartige Aufteilung für die Kosten K und die Menge M *nicht* statt; in dieser scheinbar so schlichten Definitionsangelegenheit steckt aber in Wahrheit der Kern der Olsonschen Theorie bezüglich der Beschaffenheit von gesellschaftlichem Handeln: Es wird raktikal der Standpunkt des freien, unabhängiggen, allein- und eigenverantwortlich wirtschaftenden Unternehmers und Kaufmanns eingenommen, für den sich lediglich die Frage stellt, ob er über „kollektives Handeln" auch im ungünstigsten Falle noch mindestens den Gewinn macht, wie bei „klassisch" individueller Handlungsweise; wir nennen diesen Fall „minimaximal". – Befindet sich dieser homo oeconomicus nun in einer Gruppe bzw. erwägt er in einer Gruppe Kosten zu tragen, so stellt sich für ihn die Frage, wie sich sein Vorteil $V_i = W_i - K$ mit der Menge des Kollektivgutes M ändert; denn erst ab einem gewissen Betrag von M wird das Investieren im Kollektiv „interessant" sein. Nun hat der homo oeconomicus wie folgt zu deduzieren:

Sein Vorteil V_i ist minimaximal,

wenn $\frac{dV_i}{dM} = \frac{d}{dM}(W_i - K) = \frac{dW_i}{dM} - \frac{dK}{dM} = 0$

und $\frac{d^2V_i}{dM^2} < 0.$

Damit erhält der homo oeconomicus

$$\frac{dK}{dM} = \frac{dW_i}{dM} = B_i \frac{dW_g}{dM},$$ wobei B_i der Gewinnanteil W_i aus dem Gesamtgewinn W_g, also

$B_i = \frac{W_i}{W_g}$. Im minimaximalen Falle ist mithin $B_i = \frac{K}{W_g}$.

Folglich schließt der homo oeconomicus, daß er bei vermehrter Gewinnaussicht dann dem Kollektiv beitreten kann, wenn sein Anteil

$$B_i = \frac{W_i}{W_g} > \frac{K}{W_g}, \text{ also } W_i > K,$$

d. i., wenn er auch im ungünstigsten Falle, in dem er allein K tragen muß, noch Gewinn/Prifit macht.[5] Statt nun aber diese Überlegung konsequent für alle Gruppenmitglieder durchzuführen (was partielle Differentiation erforderlich machte, da die Gewinne bzw. Vorteile der einzelnen Gruppenmitglieder ja nicht unabhängig voneinander sind), schließt Olson nun das profitorientierte Raisonnieren aller Gruppenmitglieder durz und kommt zu folgendem Ergebnis:

„Wenn bei irgendeinem Versorgungsniveau mit dem Kollektivgut der Gruppennutzen die Gesamtkosten um einen größeren Betrag übersteigt als den Nutzen irgendeines Einzelnen, dann ist zu vermuten, daß das Kollektivgut beschafft wird, denn dann übersteigt der Nutzen des Einzelnen die Gesamtkosten der Bereitstellung des Kollektivgutes für die ganze Gruppe." (S. 31)

Denn wenn $\frac{W_i}{W_g} > \frac{K}{W_g}$, dann übersteigt W_g K um einen größeren Betrag als es gegenüber W_i der Fall ist. So denken nun offensichtlich alle Gruppenmitglieder im Falle des kollektiven Handelns, denn jeder macht ja selbst für den Fall, daß er die gesamten Kosten für die Gruppe alleine zu tragen hätte, noch mindestens den Gewinn, den er im Falle des konsequent eigenständig unternehmerischen Handelns ohnehin gemacht hätte:

„Das kommt daher, daß in einigen kleinen Gruppen jedes Mitglied oder wenigstens eines von ihnen feststellen wird, daß sein persönlicher Gewinn aus dem Kollektivgut die Gesamtkosten der Bereitstellung einer gewissen Menge dieses Kollektivgutes übersteigt; es gibt Mitglieder, die sogar dann, wenn sie den vollen Preis für die Bereitstellung selbst zu tragen hätten, besser daran wären, wenn das Kollektivgut beschafft wird, als wenn es nicht beschafft würde. In einer solchen Situation kann man annehmen, daß das Kollektivgut beschafft wird." (S. 32)

Olson überlegt sodann, daß die Wahrscheinlichkeit für die Bereitstellung eines Kollektivgutes umso größer ist, je ungleicher die Gruppenmitglieder sind (S. 33), und daß, je weniger diese Voraussetzung erfüllt ist, umso mehr die Notwendigkeit für institutionelle Vorkehrungen zur Bereitstellung des Kollektivgutes besteht.

3.2 „Rationales" Handeln von Individuen in großen Gruppen

Insbesondere nimmt nun nach Olson die Wahrscheinlichkeit für das Gruppenhandeln mit der Größe der Gruppe ab, – natürlich deshalb, weil es mit zunehmender

Gruppengröße immer unwahrscheinlicher wird, daß einerdann noch Nutzen zieht, wenn er allein für alle Kosten aufkommen muß, ja daß einer allein überhaupt alle Kosten bestreiten kann (z. B. alle Gewerkschaftsbeiträge zahlt). Für diese seine Theorie findet Olson eine erstaunliche Bestätigung: „das Ausbleiben des von Marx erwarteten Klassenkampfes" (S. 104).

„Denn wenn die Einzelnen, die eine Klasse bilden, rational handeln, wird es nicht zu klassenorientiertem Handeln kommen!" (S. 104)

Nun ist es nicht – so Olson – zu klassenorientiertem Handeln gekommen – also haben die Arbeiter rational gehandelt . . .! Und weil – so wiederum Olson – „meine Theorie" für diesen Fall sagt, daß es nicht zu klassenorientiertem Handeln kommt, ist diese Theorie auch empirisch richtig.

Hier sieht sich Olson nun vier möglichen Einwänden ausgesetzt, mit denen er auf folgende Weise fertig wird:

1. Es könnte eingewandt werden, daß mit den Ausbleiben des klassenorientierten Handelns noch nicht die Existenz von Klassen widerlegt sei, im Falle der Existenz von Klassen aber doch zumindest mit der Möglichkeit von klassenorientiertem Handeln zu rechnen seil Diesem Einwand soll ein Marxscher Definitionstrick zu Grunde liegen:

„Hätte Marx die Klassen nach der sozialen Stellung oder dem Ansehen ihrer Mitglieder definiert, so hätter er *nicht* mit Recht von ihren jeweils gemeinsamen Interessen sprechen können, denn Leute mit verschiedenen Einkommensquellen (d. h. Einkommen aus Arbeit oder aus Kapital) könnten dennoch gleiches Ansehen genießen. Stattdessen definierte Marx eine Klasse auf Grund des Eigentums an Produktionsmitteln." (S. 102)

Hier liegt nicht nur eine schlichte Vermengung von Schichten und Klassen, ja eine Unfähigkeit zur Unterscheidung derselben vor; wir finden hier die ganze Borniertheit und Einfältigkeit des reduktionistischen kritischen Rationalismus oder methodologischen Individualismus: Von vorneherein werden gesellschaftliche Verhältnisse durch die Bestimmtheit von Individuen definiert („hätte Marx die Klassen nach der sozialen Stellung oder dem Ansehen ihrer Mitglieder ((!)) *definiert* (+)"), so daß die Frage „Schichten und/oder Klassen" nicht einmal gestellt werden kann; folglich wird selbst das Klassenverhältnis, sofern der Begriff desselben auch nur problematisch erwogen wird, reduziert auf Eigenschaften von Individuen, nämlich auf die Eigenschaft „Eigentum/Nicht-Eigentum an Produktionsmitteln". Objektiv-reale gesamtgesellschaftliche = überindividuelle Verhätnisse werden bereits auf der obersten kategorialen Ebene definitorisch in individuelle Bestimmtheiten aufgelöst; Olson kann mithin nicht einmal eine Theorie gesamtgesellschaftlicher Verhältnisse, die er ja ablehnen mag, angemessen *formulieren.*

2. „Ist das Ausbleiben des von Marx vorhergesagten Klassenkampfes nicht einfach darauf zurückzuführen, daß er die Macht rationalen Verhaltens überschätzte?" fragt Olson, – daß es also bislang einfach am nötigen Maß an Einsicht/Rationalität fehlte, den Klasseninteressen im Klassenkampf Rechnung zu tragen? „Nein – im Gegenteil,

Marx überschätzte *nicht* die Macht rationalen Handelns, denn da Klassenhandeln ja nicht rational ist, Marx aber von sinem Einsetzen überzeugt war, mußte er eine sehr niedrige Meinung von der Rationalität der Arbeiterklasse haben: Er hielt sie für so irrationale, daß er ihres Klassenkampfes sicher war!" So Olson. – Man muß wohl kein eingeschworener Marxist sein, um diese Argumentation als scheinheilig zu durchschauen: Marx wie auch der nicht Marx folgenden Arbeiterklasse wird ncoh Konsequenz und Rationalität bescheinigt, – Marx, indem seine Klassenkampfprognose mit einer abschätzigen Meinung über das Rationalitätsmaß der Arbeiterklasse in Verbindung gebracht wird, und der Arbeiterklasse, indem ihre klassenkämpferische Abstinenz als „rationales Verhalten" gekennzeichnet wird. (S. 104)

3. „Gibt es aber nicht doch zumindest nachweisbare Ansätze von Klassenhandeln?" Dazu Olson:

„Man kann nicht leugnen, daß eine Theorie des *irrationalen* Verhaltens, das zu Klassen-Handeln führt, in manchen Fällen relevant sein könnte. Soziologisch bedingte Klassenunterschiede könnten die Individuen dazu bringen, aus irrationalen und emotionalen Gründen ((!)) klassenorientiert zu handeln. Eine Theorie des Klassenhandelns, die gegenüber der von Marx betonten kalten und egoistischen Berechnung eher Emotion und Irrationalität betonen würde, wäre wenigstens folgerichtig. Leider war Marx nicht sehr präzise, und man ist daher im Ungewissen darüber, was er tatsächlich meinte; deshalb ist es durchaus denkbar, daß er eher eine solche irrationale, emotionale und psychologische Theorie des Klassen-Handelns im Sinne hatte als die rationale, ökonomische, und utilitaristische Theorie des Klassen-Handelns, die ihm üblicherweise zugeschrieben wird." (S. 107)

4. „Wie sind nun abgeschwächte Stufen des Klassen-Handelns, insbesondere gewerkschaftliches Handeln zu erklären?" Auch hier ist Olson um eine Antwort nicht verlegen. Als Modell zur Erklärung dienen ihm einemal die „closed shops", darin eine Gewerkschaft einen Arbeitgeber zwingen kann, die Mitgliedschaft in ihr zur Einstellungsbedingung zu machen (S. 83). Den Arbeitern bleibt dann ja nichts anderes übrig ? sie unterliegen dem von Hayek perhorreszierten Organisationszwang (/--1.2). Zum anderen prangert Oson wie auch Hayek den „Übelstand der viel zu mächtigen Gewerkschaften" an, der dazu führe, daß die Gewerkschaften über ein Maß von Einfluß und Macht verfügen, das in keinem Verhältnis zur Aktivität ihrer Mitglieder steht. Und diesen Mitgliedern bescheinigt dann Olson wiederum „rationales Verhalten", als sie zu den Gewerkschaftsversammlungen meistens gar nicht kommen; denn die Arbeiter haben diese Kosten ja gar nicht nötig, da die Gewerkschaften durch Mitgliedszwang über genügend Mitglieder und Gelder verfügen und/oder ohnehin so mächtig sind, daß die Arbeitgeber ihren Forderungen nicht widerstehen können . . . (S. 84 f.).

Anmerkungen

1 Die vielen und z. T. ungeheuerlichen Übelstände, die kapitalistische Gesellschaftssysteme in der Vergangenheit hervorgebracht haben und in der Gegenwart hervorbringen, scheint Hayek zu ignorieren; und er scheint vor allem zu ignorieren, daß gegenwärtig in kapitalistischen Sysdtemen dann die größten Übel entstehen, wenn Regierungen entweder untätig bleiben oder aber im Sinne der Übelverursacher Politik machen – so in Sachen Umwelt.

2 Es ist immerhin festzuhalten, daß Hayek mit dieser seiner Betonung der Subjektivität und Intentionalität des Handelns, wenngleich individualistisch verkürzt, immer noch ein Stück weiter ist als die neueren „individualistischen" Strategien des sogen. methodologischen Individualismus, welche in ihrer Wut auf das Nichtverfügbare nichts gelten lassen, was sich der empiristischen Datenerhebungsverarbeitungsprozedur entzieht. Konsequenterweise wird Hayek von den theoretisierenden Apologeten dieser Einstellung ein Mißverständis bescheinigt (s. z. B. Viktor Vanberg, Zwei Soziologien. Individualismus und Kollektivismus in der Sozialtheorie (Tübingen 1975), S. 252).

3 Dies trifft allerdings nicht für die Entscheidungstheorie generell zu: Denn zum einen beschränken sich ihre Anwendungen keineswegs auf den Warentausch und auf eine unter dem Primat des Marktes verlaufende Planung und zum anderen ist auch für jedes sozialistische System das Verhältnis der einzelnen Betriebe zum Gesamtsystem ein schwieriges Problem, für das stets von neuem Lösungen gesucht werden müssen.

4 Die Übersetzung dieser Schrift ins Deutsche wurde von F. A. v. Hayek veranlaßt, der eigens ein ganzes Seminar zur Ausführung dieses Unternehmens ansetzte. Sehr konsequent begründet Hayek die Übersetzung damit, daß es „kaum einen Zweig der Sozialwissenschaften gibt, auf den das vorliegende Buch nicht neues Licht wirft".

5 Nämlich mindestens den Gewinn/Profit, den er ohne die Gruppe ohnehin hätte.

Udo Mayer

Betriebliche Verteilung von Arbeitsplätzen – Die personalpolitische Bedeutung und Problematik von Flexibilisierungsstragien am Beispiel der Leiharbeit

I. Betriebliche Verteilung von Arbeitsplätzen

1. Segmentierung und Flexibilisierung der Beschäftigten als Personalstrategie

Im Rahmen betrieblicher Personalpolitik kommt neben den personellen Auswirkungen technischer und arbeitsorganisatorischer Rationalisierungsmaßnahmen in den letzten Jahren eine zunehmende Bedeutung den sogenannten Flexibilisierungsstrategien zu.[1] Dazu gehört einmal eine verstärkte Diskussion um Arbeitszeitflexibilisierung,[2] die etwa im Einzelhandel in Form der kapazitätsorientierten variablen Arbeitszeit bereits ihren praktischen Niederschlag gefunden hat.[3] Dazu gehört auf der anderen Seite aber auch eine zunehmende Flexibilisierung des Personals durch eine Segmentierung der Beschäftigten in eine feste Stamm- und eine flexible Randbelegschaft. Dabei bilden den Kern der Stammbelegschaft die Facharbeiter und auf einem vergleichbaren Niveau qualifizierte Arbeitskräfte, während sich die sogenannte Randbelegschaft aus un- und angelernten Arbeitskräften rekrutiert, die einfache, häufig repetitive und schnell erlernbare Arbeitsvorgänge verrichten. Verschiedene Untersuchungen haben einen Trend festgestellt, die sogenannte Stammbelegschaft möglichst konstant zu halten, sie innerbetrieblich weiterzuqualifizieren und durch innerbetriebliche Bildungsmaßnahmen veränderten Anforderungen des Produktionsprozesses anzupassen.[4] Dies ergibt natürlich auch Teilen der Randbelegschaft innerbetriebliche Aufstiegsmöglichkeiten und ermöglicht ihnen das Vordringen „zur Stammbelegschaft". Die zur Randbelegschaft gerechneten Arbeitskräfte werden in der Regel über den externen Arbeitsmarkt eingeworben. Zur Flexibilisierung dieser Beschäftigtengruppe stehen den Unternehmen neben dem Instrument der Entlassung bzw. weniger geräuschvoller Mittel wie Aufhebungsverträge die Befristung von Arbeitsverhältnissen zur Verfügung.[5] Die befristeten Arbeitsverhältnisse im engeren Sinne, die also nur für einen festen Zeitraum abgeschlossen werden, sind jedoch nur in einem bestimmten Rahmen praktikabel, etwa bei konjunkturellen Spitzenzeiten, Saisontätigkeiten oder Urlaubsvertretungen.

Für die Unternehmen bestehen dabei nicht unerhebliche Rekrutierungsprobleme auf dem allgemeinen Arbeitsmarkt, die sich sowohl in Beschaffungskosten wie in Findungsschwierigkeiten niederschlagen, da eine von vornherein befristete Tätigkeit

nur einen kleinen Personenkreis anspricht. Diese Rekrutierungsprobleme der Unternehmen bei der Findung von Personal, daß sich in ein Konzept flexibler Personalhaltung eingliedern läßt, hat in den vergangenen Jahren ein stetiges Anwachsen des sogenannten Arbeitsnehmerüberlassungs-Gewerbes nach sich gezogen. Diese Verleihfirmen beschaffen den Unternehmern zeitgenau und umfanggerecht den Personenkreis, den sie für bestimmte Spitzenzeiten oder unerwartete Produktionsausweitungen benötigen. Die Existenz dieser Verleihfirmen erleichtert den Unternehmern damit eine Personalstrategie der kontinuierlichen personellen Unterdeckung der Stammbelegschaft und einer variablen Personalhaltung im Randbereich. Vor dem Hintergrund der wachsenden Arbeitsmarktprobleme mit einem kontinuierlichen Anwachsen der Arbeitslosigkeit und angesichts bestimmter Praktiken im Verleihgewerbe wird über das Pro und Contra Leiharbeit in den letzten Jahren besonders heftig gestritten. Während etwa die Gewerkschaften die Leiharbeit als modernen Sklavenhandel verurteilen, wird sie von Unternehmerseite als Möglichkeit kurzfristiger Personaldeckung für unabdingbar gehalten, was angesichts der dargestellten Personalstrategie kaum verwunderlich ist.[6]

Im folgenden soll dem Pro und Contra von Leiharbeit anhand eines von der Bundesregierung im Herbst 1980 vorgelegten Erfahrungsberichtes nachgegangen werden,[7] dem 4. Erfahrungsbericht seit Inkrafttreten des sogenannten AÜG, das seit 1972 die gewerbsmäßige Arbeitnehmerüberlassung oder Leiharbeit auf eine gesetzliche Grundlage gestellt hat. Daraus ergeben sich zwangsläufig Überlegungen zur künftigen rechtspolitischen Behandlung von Leiharbeit, wobei das im Windschatten der „Sparoperation 82" eingeführte Teil-Verbot von Leiharbeit für die Bauwirtschaft bereits eine erste Konkretisierung darstellt (§ 12a AFG).

2. Leiharbeit als personalpolitisches Flexibilisierungsinstrument – Entwicklung

Das Gewerbe privater Arbeitsnehmerüberlassung in der Bundesrepublik ist noch relativ jung. Die in den 60er Jahren vor allem durch das Schweizer Zeitarbeitunternehmen adia-interim in die Bundesprepublik exportierte Arbeitnehmerüberlassung war nach dem alten AVAG (dem Vorläufer des AFG) als private Arbeitsvermittlung qualifiziert worden, die als Verstoß gegen das Vermittlungsmonopol der Bundesanstalt für Arbeit verboten war (§ 37 Abs. 3 AVAVG). Das Bundesverfassungsgericht beurteilte dies im Jahre 1967 anders.[8] Zwar hielt es das Arbeitsvermittlungsmonopol der BA grundsätzlich für mit dem Grundgesetz vereinbar, da es in einer industriellen Massengesellschaft aus Effizienz- und Schutzgesichtspunkten unabdingbar sei und überragenden Gemeinschaftsinteressen diene.[9] Die Arbeitnehmerüberlassung sah es jedoch nicht als Vermittlungstätigkeit an, obwohl ihre wirtschaftliche Funktion einer Vermittlungstätigkeit ähnle. Denn beim Arbeitnehmerüberlassungsvertrag bleibt eine Rechtsbeziehung zwischen dem Überlassenden und überlassenen Arbeitnehmer auch während der Zeit bestehen, in der der Arbeitnehmer in dem fremden Betrieb tätig wird.[10] Somit würden Arbeitsnehmerüberlassungsverträge weder eine

Statistik noch die Beobachtung und Kontrolle des Arbeitsmarktes in höherem Umfang erschweren als bei anderen Arbeitsverträgen. Zudem komme die Arbeitnehmerüberlassung einem besonderen wirtschaftlichen Beürfnis entgegen, indem nämlich zusätzliche Arbeitskräfte, die aus verschiedenen Gründen keine Dauerstellung annehmen wollen bzw. können, für den Arbeitsmarkt mobilisiert würden.

In der Folgezeit erwies sich die Prognose des Bundesverfassungsgerichts hinsichtlich der Möglichkeiten, die Arbeitsnehmerüberlassung auf dem Arbeitsmarkt zu kontrollieren und zu beobachten, als kurzschlüssig: Nicht nur das sprunghafte Ansteigen von Verleihern erschwerte den Arbeitsämtern den Überblick, sondern auch eine erhebliche Zunahme illegaler Praktiken wie insbesondere die Einbehaltung von Sozialversicherungsbeiträgen, die Verletzung von Meldepflichten usw.[11] Im Jahre 1972 sollte mit dem AÜG solchen Mißständen ein Riegel vorgeschoben werden. Die Ausübung der Verleihtätigkeit wurde konzessioniert und die Erlaubniserteilung von Arbeitsämtern zugewiesen.[12] Für die Abführung der Sozialversicherungsbeiträge wurde eine Mithaftung des Entleihers eingeführt.[13] Schließlich wurde als Abgrenzung zu reiner Vermittlungstätigkeit die maximale Verleihdauer an ein und denselben Entleiher auf drei Monate begrenzt.[14] Inwieweit es mit Hilfe des AÜG tatsächlich gelungen ist, den Arbeitsnehmerüberlassungsmarkt besser zu kontrollieren und insoweit die früheren Mißstände auszuschalten, sollte alle zwei Jahre dem Bundestag berichtet werden. Eine solche Berichtspflicht findet sich bei keinem anderen arbeits- und sozialrechtlichen Schutzgesetz, was bereits eine gewisse Unsicherheit des Gesetzgebers bei der Regelung dieses Bereichs widerspiegelt.[15]

II. Daten zum gegenwärtigen Umfang der Leiharbeit

1. Umfang der legalen Arbeitnehmerüberlassung

Nach einem Boom auf dem Leiharbeitsmarkt zu Anfang der 70er Jahre mit einem Höchststand von 34.000 Leiharbeitnehmern im Juni 1973 nahm die Zahl der Leiharbeitnehmer im Gefolge der Wirtschaftskrise von 1973/76 stark ab. Der „negative" Trend kehrte sich parallel zum neuansetzenden Aufschwung in der ersten Hälfte des Jahres 1976 wieder um. Dabei sind durchweg starke saisonale Schwankungen zu beobachten mit einem Tief im Januar/Dezember und einem Hoch in den Sommermonaten.

Im Juli 1979 wurde der bisherige Höchststand des Jahres 1973 mit 41.000 Leiharbeitnehmern um ca. 20 % überschritten. Betrachtet man die Zusammensetzung der Leiharbeitnehmer, so fällt einmal der hohe Anteil männlicher Arbeitnehmer auf sowie zum andern ein hoher Anteil ausländischer Arbeitnehmer. Im Jahre 1979 waren 73,6 % männliche und lediglich 26,4 % weibliche Leiharbeitnehmer beschäftigt. Für beide Gruppen lassen sich eindeutige Schwerpunkte nach Tätigkeitsbereichen feststellen. So waren bei den Männern 22,2 % in Bau- und 21,8 % in metallverarbeitenden Berufen tätig, wobei diese Anteile noch höher sein dürften, da hier auch viele Hilfsarbeiter – dren Anteil 18,5 % betrug, eingesetzt wurden. Die Frauen waren zu 74,6 % in Organisations-, Verwaltungs und Büroberufen tätig; während 8,2 % von ihnen Hilfsarbeitertätigkeiten ausübten.

Der Ausländeranteil betrug bei den männlichen Arbeitnehmern 36,6 %. Gegenüber 1976-77 ist hier ein Ansteig von über 50 % zu verzeichnen. Fast die Hälfte hiervon sind Franzosen (3.423), danach folgen Briten, Irländer (1.887) und Italiener (825). Überproportional sind die Ausländer im Baubereich tätig. Hier übersteigt ihr Anteil den der deutschen Leiharbeitnehmer; den zweiten Schwerpunkt bildet ebenfalls der metallverarbeitende Bereich. Der Anteil der weiblichen ausländischen Leiharbeitnehmer beträgt lediglich 6,5 %. Sie werden schwerpunktmäßig ebenfalls im Organisations-, Verwaltungs- und Bürobereich eingesetzt.

Regionale Schwerpunkte der Leiharbeit sind die industriellen Ballungsgebiete und die Küstenstädte mit Werft- und Hafenbetrieben.

Die durchschnittliche Dauer der Leiharbeitsverhältnisse war wie in den vergangenen Jahren äußerst kurz. Die Hälfte aller Arbeitsverhältnisse belief sich maximal auf einen Monat, Leiharbeitsverhältnisse von einem Jahr und länger wurden bei 1,6 % der Männer und 3,4 % der Frauen festgestellt, mit anderen Worten: 97 % aller Leiharbeitsverhältnisse sind Kurzarbeitsverhältnisse. Die durchschnittliche Überlassungsdauer männlicher Leiharbeiter sank von 20,9 Arbeitstagen im Jahr 1973 auf 16,9 Arbeitstage im Jahre 1978.[16]

2. Umfang der Verleiher

Die Anzahl der Verleiher hat im Jahre 1979 einen Höchststand mit 1.205 erreicht, womit gegenüber 1977 eine Steigerung von über 50 % zu verzeichnen ist. Eine noch stärkere Steigerung ist bei ausländischen Verleihern mit Geschäftssitz im Ausland zu verzeichnen. Ihr Anteil an der Gesamtzahl der Verleiher betrug 1979 mit 149 Betrieben 12,4 %, wovon 120 ihren Sitz in Frankreich und 28 in Großbritannien hatten. Insgesamt ist im Bereich der Verleiher ein weniger starker Anstieg als im Leiharbeitnehmerbereich zu verzeichnen, was Ausdruck eines Konzentrationsprozesses in der Branche ist. So stieg der Anteil der größeren Betriebe mit 50 und mehr Leiharbeitnehmern im Jahre 1979 auf 20 %, während er Mitte 1975 nur 7 % betragen hatte.

3. Illegale Arbeitnehmerüberlassung

Illegale Arbeitnehmerüberlassung tritt in zwei unterschiedlichen Formen auf: Einmal handelt es sich um Arbeitnehmerüberlassung durch nichtkonzessionierte Verleiher, wobei in der Regel keine Sozialversicherungsbeiträge abgeführt und keine Steuern entrichtet werden. Dies stellt nach Aussage des Berichts jedoch nur den geringsten Teil des illegalen Verleihs dar. Der eindeutige Schwerpunkt illegaler Verleihtätigkeit hat sich in den letzten Jahren auf den Bereich der Scheinwerkverträge verlagert.[17] „Hier wird unter dem Deckmantel eines Werkvertrages in Wahrheit Arbeitnehmerüberlassung betrieben, wobei vor allem die Form des Sub-Unternehmervertrags gewählt wird. In diesen Fällen verpflichtet der Hauptunternehmer (Entleiher) im Rahmen von Scheinwerkverträgen Subunternehmer. Um die Arbeitnehmerüberlassung, die hinter dem Scheinwerkvertrag steht, zu verschleiern, wird die an sich nach Zeiteinheiten (Arbeitsstunden des überlassenen Leiharbeitnehmers) berechnete Vergütung des illegalen Verleihers in Aufmaßeinheiten (z. B. Quadratmeter) umgewandelt." (S. 13)

Das Bundesarbeitsministerium hatte zur Vorbereitung des Berichts zwei unabhängige Forschungsinstitute mit der Durchführung von Untersuchungen zur tatsächlichen Lage der gewerbsmäßigen Arbeitnehmerüberlassung beauftragt. Sie haben übereinstimmend festgestellt – wie übrigens auch die Bundesanstalt für Arbeit in ihrem Erfahrungsbericht –, daß illegale Arbeitnehmerüberlassung den legalen Verleih in erheblicher Weise übersteigt. In einigen der untersuchten Betriebe war das Verhältnis von illegalem zu legalem Entleih 6:1, in machen sogar 10:1. Rechnet man diese Zahlen hoch, so ist von einem illegalen Bestand zwischen 200.000 und 300.000 Arbeitnehmern auszugehen.

Der Schwerpunkt des illegalen Verleihs liegt eindeutig im Baugewerbe. Von den Forschungsinstituten wurden dabei Baubetriebe ermittelt, bei denen etwa die Hälfte der Beschäftigten illegal entliehene Arbeitnehmer waren. Weitere Schwerpunkte des illegalen Verleihs bilden Ladearbeiter in Häfen. „So hat z. B. in Hamburg der illegale Verleih von Lagerarbeiten im Hafen einen Umfang angenommen, der zur Schaffung einer besonderen Direktion der Kriminalpolizei führte, um die Ermittlungen in diesem Bereich in ausreichendem Umfang durchführen zu können." (S. 11)

Die Praktiken im illegalen Verleihgeschäft sind dadurch gekennzeichnet, daß gegen sozialversicherungsrechtliche und arbeitsrechtliche Bestimmungen oft in gröbster Weise verstoßen wird. Niedrige Stundenlöhne, fristlose Kündigungen bei Krankheit und zur Einsparung von Zeiten, in denen der Leiharbeiter nicht verliehen werden kann, sind an der Tagesordnung. „Bei bandenmäßig organisiertem Verleih werden Leiharbeitnehmer sogar durch Einschüchterungen und Drohungen davon abgehalten, ihren vollen Lohnanspruch geltend zu machen."(S. 15) Verstöße gegen das Verbot der Befristung des Leiharbeitsverhältnisses gehören geradezu zum Wesen des illegalen Verleihs. Sehr oft wird illegaler Verleih gerade auch zum Zwecke der Überschreitung der vom AÜG gezogenen Dreimonatsfrist beim Verleih vorgenommen.

Nach den Berichten der Forschungsinstitute ist die Gefahr einer Entdeckung des illegalen Verleihs sehr gering. Dies liegt zum einen an der unzureichenden personellen Kontrollkapazität der BA. Zum anderen wird dies dadurch begünstigt, daß die BA nicht befugt ist, ständige und wiederkehrende Prüfungen im Entleihbetrieb vorzunehmen.[18] Ein Durchsuchungsrecht besteht nach dem AÜG nur im Verleihbetrieb. Hat die BA einen entsprechenden Verdacht, so muß sie eine richterliche Durchsuchungsanordnung für den Entleihbetrieb erwirken, die aber zum Teil verwehrt werden, etwa mit der Begründung, ein erheblicher Eingriff sei unverhältnismäßig.[19]

Ein besonderes Problem stellt der illegale Verleih ausländischer Arbeitnehmer dar;[20] die Einschleusung und Beschäftigung der illegal überlassenen ausländischen Leiharbeitnehmer ist gut organisiert und verdeckt, so daß sie kaum zu kontrollieren

und zu unterbinden ist. „Die im Ausland befindlichen Verleiher teilen den von ihnen entsandten Leiharbeitnehmern Anschriften der Entleiher oder des künftigen Arbeitsplatzes nicht mit. Erst auf dem Zielbahnhof der Bundesrepublik Deutschland werden die illegal entsandten Leiarbeitnehmer von ihnen Unbekannten angesprochen und erhalten nähere Weisungen über ihren Arbeitseinsatz. Am Arbeitsort werden sie in den Arbeitsablauf beim Entleiher eingegliedert. Beauftragte des Verleihers, deren Namen den Arbeitnehmern ebenfalls unbekannt sind, zahlen ihnen den Lohn an bestimmten oft wechselnden Treffpunkten aus. Zur verstärkten Tarnung arbeiten die illegalen Verleiher und ihre Beauftragte, aber auch die ausländischen Leiharbeitnehmer, häufig mit fingierten Namen oder mit falschen Personalpapieren."(S. 25)

„Ausländische illigale Verleiher gründen vielfach auch unmittelbar in der Bundesrepublik Deutschland Gesellschaften mit beschränkter Haftung mit deutschen Strohmännern als Geschäftsführer, um nicht gleich zu Beginn ihrer Tätigkeit Verdacht zu erregen. Die Häufigkeit derartiger Vorkommnisse beweist ein Merkblatt mit dem Titel „Wie gründet man eine GmbH", in dessen Besitz die Bundesanstalt für Arbeit im Großraum München gelangt ist und das gezielt illegale Verleiher anspricht."(S. 26)

4. Auswirkungen auf den Arbeitsmarkt

Angesichts dieser Entwicklung der Arbeitnehmerüberlassung sind die 1967 vom Bundesverfassungsgericht angestellten Prognosen hinsichtlich der Auswirkungen der Arbeitnehmerüberlassung auf den Arbeitsmarkt in den entscheidenden Punkten nicht eingetreten:

- Arbeitnehmerüberlassung läßt sich zwar in dem vergleichsweise kleinen legalen Bereich von der Arbeitsverwaltung ähnlich kontrollieren wie normale Arbeitsverhältnisse. Die im Windschatten legaler Arbeitnehmerüberlassung um ein Vielfaches darüber hinausgehende illegale Arbeitnehmerüberlassung entzieht sich jedoch im hohen Maße der Kontrolle durch die Arbeitämter.
- Die Erwartung einer auf Dauer angelegten Grundbeziehung zwischen Leiharbeitnehmer und Verleiher, die über die Dauer eines einmaligen Verleihs hinaus reicht, hat sich in der Praxis auch im legalen Bereich eher als die Ausnahme herausgestellt. Leiharbeitsverhältnisse sind durch eine durchschnittlich extrem kurze Dauer gekennzeichnet, deckungsgleich mit dem Ersteinsatz, weshalb sich auch der zutreffendere (wenn auch beschönigende) Begriff der Zeitarbeit herausgebildet hat.
- Die Annahme einer Mobilisierungsmöglichkeit zusätzlicher Arbeitskräfte für den Arbeitsmarkt hat sich nicht erfüllt. Die legale Arbeitnehmerüberlassung hat ihrem Umfang nach kaum einen unmittelbaren Einfluß auf den allgemeinen Arbeitsmarkt erlangt. Mit 0,18 % ist der Leiharbeitnehmeranteil an den sozialversicherungsrechtlichen Beschäftigten gering.[21] Die mittelbaren Auswirkungen der gewerbsmäßigen Arbeitnehmerüberlassung auf den Arbeitsmarkt sind allerdings erheblich größer. Die Möglichkeit, Leiharbeitnehmer einstellen zu können, begünstigt die eingangs geschilderte Personalpolitik der personellen Unterdeckung.[22]

Aufgrund der jederzeitigen Rückgriffsmöglichkeit auf Leiharbeitnehmer, die bei den Verleihfirmen abrufbereit stehen, kann die Stammbelegschaft relativ klein gehalten werden.[23] Das Beschäftigungsrisiko wird so in einem hohen Maße auf den Verleiher verlagert.[24] Die Leiharbeit hat damit eine vorrangige Bedeutung als Pufferfunktion erlangt, die zu Lasten des kontinuierlichen Ausbaus der Stammbelegschaft führt.[25] Dies kommt auch in der Stellungnahme der Arbeitgeberverbände im Rahmen des Erfahrungsberichts klar zum Ausdruck. Leiharbeitsverhätnisse werden hier vor allem deshalb begrüßt, weil sie den Betrieben flexible Reaktionsmöglichkeiten auf dem Personalsektor ermöglichen. Eine kontinuierliche Personalauslastung sei in vielen Branchen nicht möglich. Den Unternehmen könnte hier jedoch nicht zugemutet werden, einen Personalstamm vorzuhalten, der alle eventuellen Arbeitsspitzen abdeckt.

5. Betriebsverfassungsrechtliche Kontrollmöglichkeiten

Durch diese Einbettung von Leiharbeit in eine Personalstrategie der „straffen Hand“ sind naturgeämß die Betriebsräte der Entleihbetriebe in besonderem Maße herausgefordert. Das AÜG hat ursprünglich zum betriebsverfassungsrechtlichen Schutz der Leiharbeitnehmer im Entleihbetrieb keine Feststellung getroffen,[26] eine entsprechende Klarstellung im Referentenentwurf für eine Novellierung des AÜG lag seit Jahren auf Eis[27], bis im Rahmen der „Sparoperation 82“ seit 1.1.82 nun die Leiharbeitnehmer auch dem Schutz des Betriebsrats im Entleihbetrieb in gewissem Umfang unterstellt wurden (Einzelheiten unter III.1). Das BAG hatte jedoch aufgrund der faktischen Unterwerfung des Leiharbeitnehmers unter die Weisungsbefugnis des Entleihers einen solchen Schutz bereits vorher bejaht und insbesondere die Rechte des Betriebsrates bei Einstellungen nach § 99 BetrVG auch auf den Eingliederungsvorgang bei Leiharbeitnehmern ausgedehnt.[28] Die Betriebsräte haben im Rahmen ihrer Informationsansprüche nach § 99 Abs. 1 damit die Möglichkeit, den innerbetrieblichen Anteil an Leiharbeit zu überwachen und zu kontrollieren, was durch ein vom BAG bejahtes Einblicksrecht des Betriebsrats in die Arbeitnehmerüberlassungsverträge zwischen Entleiher und Verleiher noch weiter erleichtert wurde.[29] Grundsätzlich steht dem Betriebsrat damit auch das Widerspruchsrecht gegenüber Einstellungen nach § 99 Abs. 2 zu, wobei im Falle der Leiharbeit die Widerspruchsgründe nach Ziffer 3 und 4 in Betracht kämen. Mit der Einstellung von Leiharbeitnehmern werden die Stammarbeitnehmer durch die Notwendigkeit, den Leiharbeitnehmer bei der betrieblichen Eingliederung zu unterstützen, in besonderer Weise belastet, vor allem wenn dies einhergeht mit erheblicher Fluktuation. Der Leiharbeitnehmer selbst wird aufgrund seines punktuellen und zeitlich limitierten Einsatzes von innerbetrieblichen Qualifikationsmöglichkeiten weitgehend abgeschnitten. Diese Möglichkeit einer Einstellungsverweigerung von Leiharbeitnehmern durch die Betriebsräte der Entleihbetriebe ist bislang rein theoretischer Natur; nach dem Erfahrungsbericht scheint ein solcher Fall bislang noch nicht vorgekommen zu sein.

Dies deutet auf ein gewisses Defizit bei der Wahrnehmung der betriebsverfassungsrechtlichen Schutzmöglichkeiten durch die Betriebsräte der Entleihbetriebe hin. Dies wird zumindest bei der Kontrolle des illegalen Arbeitnehmerüberlassungsbereich im Erfahrungsbericht zum Ausdruck gebracht. Zwar haben die Betriebsräte vor allem bei Scheinwerkverträgen nicht die personellen Mitbestimmungsrechte nach § 99 BetrVG, da die Entsendung von Erfüllungsgehilfen (des Subunternehmers) in den Betrieb des Bestellers bzw. Hauptunternehmers nicht mitbestimmungspflichtig ist. Nach dem Bericht wird jedoch in der Praxis immer wieder darüber geklagt, daß die Betriebsräte beim Verdacht von Scheinwerkverträgen nicht intensiv genug dem Arbeitgeber gegenüber auf Aufklärung drängen und die Dienststellen der BA nicht benachrichtigen.[30] Auch ihre Kenntnisse von den betrieblichen Gegebenheiten werden zuwenig genutzt, um bei der Aufdeckung von Scheinwerkverträgen mitzuwirken.

III. Rechtspolitische Folgerungen

1. Vorstellungen der Bundesregierung

Dem Bericht der Bundesregierung kann sicherlich nicht vorgehalten werden – wie das gegenüber früheren Berichten der Fall war –, daß er die gegenwärtige Praxis der Leiharbeit beschönigen und die Bedeutung des illegalen Verleihs herunterspielen würde. Angesichts des düsteren Bildes, das bereits in den Medien, von der Bundesanstalt und den Gewerkschaften gezeichnet worden war und sich nun auch in dem Bericht wiederfindet, durfte man gespannt sein, welche Maßnahmen zur Abänderung der jetzigen Situation vorgeschlagen wurden. Die Gewerkschaften fordern seit Jahren ein Wiederverbot der für sozialpolitisch schädlich gehaltenen Leiharbeit. Nur dadurch sei der Arbeitsmarkt von den Arbeitsämtern zu kontrollieren und auch die illegale Praxis der Scheinwerkverträge zu unterbinden. Arbeitsmarktpolitisch sei dies insofern auch besonders dringlich, um den Abbau von Arbeitsplätzen und ihre punktuelle Auffüllung mit Leiharbeitnehmern zu unterbinden[31].

Dem gegenüber wird noch in dem Bericht trotz aller Kritik die Auffassung vertreten, die Arbeitnehmerüberlassung sei für die Wirtschaft von großer Bedeutung und liege auch im Interesse einer besonders strukturierten Arbeitnehmergruppe. Das vorliegende Zahlenmaterial habe insoweit die Feststellung des Bundesverfassungsgerichts aus dem Jahre 1967 nicht entkräften können. Angesichts der rapide gestiegenen Arbeitslosenzahlen seit 1981 hat sich diese Auffassung zumindest teilweise geändert.

Angesichts des dargelegten Faktenmaterials kann diese Bewertung auch nur euphemistisch bezeichnet werden. Sie führt im Bericht zu der Schlußfolgerung, das Grundrecht der freien Berufsausübung des Verleihers müsse gewährleistet bleiben (S. 21). Von einem Verbot wird auch deshalb nichts gehalten, weil sich dadurch die illegale Verleihtätigkeit nicht eindämmen lasse, sondern „aller Voraussicht nach ausweiten" würde (S. 21). Denn der illegale Verleih würde auch weiterhin Mittel und

Wege finden, um seinem unerlaubten Gewerbe nachgehen zu können. Diese Argumentation stellt den Wert arbeitsschutzrechtlicher Verbote insgesamt in Frage. Schließlich ist es Aufgabe des Gesetzgebers, diejenigen administrativen Mittel zur Verfügung zu stellen, die eine Einhaltung der von ihm aufgestellten Verbote gewährleisten. Auch die Eindämmung von Scheinwerkverträgen etwa durch die Einführung gesetzlicher Vermutungstatbestände wird wegen zu großer Abgrenzungsschwierigkeiten zum „echten" Werkvertrag abgelehnt. Stattdessen wird für eine „elastischere Handhabung der Verleihfrist" (jetzt 3 Monate) plädiert, um den Anreiz zur Umgehung des AÜG zu beseitigen (S. 22). Dies bedeutet nichts anderes, als eine Lockerung von Schutzbestimmungen (hier des Arbeitsvermittlungsmonopols) vorzuschlagen in der Hoffnung, daß sich dadurch ein gesetzestreueres Verhalten schon von selbst einstelle.

Diese im Herbst 1980 formulierte Auffassung ist bereits ein halbes Jahr später von der Bundesregierung revidiert worden. Das Auftauchen immer neuer Haushaltslücken bei den Etat-Beratungen hat Ende 1981 zu Gesetzes-Änderungen geführt, die auf eine verschärfte Kontrolle bzw. Eindämmung des illegalen Verleihgeschäfts abzielen, die Leiharbeit insgesamt aber unangetastet lassen.

Am einschneidensten ist dabei die Einführung eines Verbots der gewerbsmäßigen Arbeitnehmerüberlassung in Betrieben der Bauwirtschaft durch einen neuen § 12 a des AFG[32], wie es seit langem von der Gewerkschaft IG-Bau-Steine-Erden gefordert wird. Zur Begründung wird auf die extremen Überwachungsschwierigkeiten wegen der Besonderheiten des Baugewerbes verwiesen; ferner auf die soziale Schlechterstellung der Leiharbeitnehmer wegen Wegfalls tariflicher Leistungen; sowie auf die Gefahr von Wettbewerbsverzerrungen durch die mit „billigeren" Leiharbeitern arbeitenden Verleihfirmen gegenüber den mit „teuren" Stammarbeitern arbeitenden Bauunternehmen[32a]. Verstöße gegen dieses sektorale Teil-Verbot von Leiharbeit sollen durch ein Bußgeld bis zu 30.000,- DM geahndet werden können. Auf Veränderungen des AÜG zielt das sogenannte „Gesetz zur Bekämpfung der illegalen Beschäftigung" ab[33]. Es erweitert im wesentlichen den Strafrahmen bei illegalem Verleih und führt neue Kontrollkompetenzen ein. Der Bußgeldrahmen für Verleiher ohne Erlaubnis wird auf 50.000,;- DM und für Entleiher ausländischer Leiharbeiter ohne erforderliche Arbeitserlaubnis auf 100.000,- DM erhöht. Künftig soll nun auch der Entleiher mit einem Bußgeld bis 50.000,- DM belegt werden können, der einen Leiharbeiter von einem ohne Erlaubnis tätigen Verleiher ausleiht, was bedeutet, daß er sich die Konzession des Verleihers vorzeigen lassen muß.

Eine empfindliche Lücke bei der Überwachung des Verleihgewerbes durch die BA soll nun dadurch geschlossen werden, daß auch im Entleihbetrieb Kontrollen durchgeführt werden können.

Schließlich wird eine Klarstellung eingeführt, daß die Betriebsräte des Entleihbetriebs auch für Leiharbeiter zuständig sind. Allerdings wird diese Zuständigkeit allein auf das Mitwirkungsrecht bei Einstellungen (§ 99 BetrVG) sowie auf das allgemeine Informationsrecht nach §§ 81,82 BetrVG sowie das individuelle Beschwerderecht des Leiharbeitnehmers nach §§ 84f BetrVG beschränkt. Eine solche Beschränkung der materiellen Mitwirkungsrechte erscheint jedoch wenig sinnvoll und provoziert mit Sicherheit neue Streitfragen[34].

2. Zum Gestaltungsspielraum des Gesetzgebers bei der Arbeitnehmerüberlassung

Die Einführung eines sektoralen Teil-Verbots von Leiharbeit dürfte die rechtspolitische Diskussion um das Pro und Contra einer solchen Maßnahme wie auch eines generellen Verbots der Leiharbeit neu entfachen. Zum Teil-Verbot in der Bauwirtschaft hat sich bereits Becker zu Wort gemeldet[34 a]. Er sieht hier einen Verstoß gegen Art. 3 GG, da es angeblich sachlich nicht gerechtfertigt sei, in einer bestimmten Branche Leiharbeit zu verbieten. Außerdem verstoße ein Verbot gegen den Grundsatz der Verhältnismäßigkeit, da eventuellen Mißständen zunächst mit weniger einschneidenden Mitteln begegnet werden müßte. Dem ist Knopp entgegengetreten, der als Bonner Ministerialbeamter wohl die „offizielle" Rechtsauffassung wiedergeben dürfte. Danach rechtfertigen Gemeinwohlaspekte – entsprechend der Stufentheorie des BVerfG zur Berufsfreiheit – eine „Verkürzung" des Tätigkeitsfeldes von berufsmäßigen Verleihern, da anders dem illegalen Wildwuchs im Baubereich nicht zu begegnen sei[34 b]. Hier drängt sich förmlich die Frage auf, ob damit nicht auch ein generelles Verbot der Leiharbeit zu rechtfertigen wäre[35]. Auf letzteres konzentriert sich angesichts der im Raum stehenden Bundesverfassungsgerichtsentscheidung naturgemäß das besondere Interesse.

Grundlage der Verbotsentscheidung des Bundesverfassungsgericht im Jahre 1967 war zum einen seine bekanntlich weitgefaßte Auffassung der Berufsfreiheit, soweit es um den freien Zugang zu Berufen bzw. nach dem Verständnis des Bundesverfassungsgerichts zu jedem beliebigen Gewerbe geht.[36]. Hier läßt das Bundesverfassungsgericht Begrenzungen nur zu, soweit übergeordnete Gesichtspunkte des Gemeinwohls dies unabdingbar erscheinen lassen[37]. Das Vorhandensein solcher übergeordneter Gesichtspunkte hat es bei der Frage der Zulassung gewerblicher Arbeitnehmerüberlassung verneint. Dem Arbeitsvermittlungsmonopol der BA wird zwar grundsätzlich der Stellenwert eines überragenden Gemeinschaftsguts mit Sperrwirkung für eine freie berufliche Betätigkung auf diesem Gebiet zugebilligt, für den Bereich der Arbeitnehmerüberlassung unter den eingangs genannten Vorbedingungen jedoch eine Ausnahme zugelassen. Das Bundesverfassungsgericht stützt sich bei der Zulassung dieser Ausnahme im wesentlichen auf Prognosen hinsichtlich der künftigen Entwicklung dieses Gewerbes, die beim damaligen Entwicklungs- und Erkenntnisstand durchaus vertretbar waren, im weiteren Verlauf jedoch nicht eingetreten sind. Dies gibt Anlass zu der Frage, ob die Entscheidung des Bundesverfassungsgerichts nun an den gleichen Maßstäben zu messen ist, die das Bundesverfassungsgericht dem Gesetzgeber bei Fehlprognosen hinsichtlich der Entwicklung wirtschafts- bzw. berufslenkender Gesetze gezogen hat[38].

Das Bundesverfassungsgericht räumt dem Gesetzgeber im Rahmen der Berufszulassung auch jenseits der Gefahrenabwehr einen gewissen Gestaltungsspielraum ein, wenn er wirtschafts- und gesellschaftspolitische Zielsetzungen verfolgen will, und gesteht ihm auch einen gewissen Prognosenspielraum hinsichtlich der künftigen wirtschaftlichen Entwicklung zu[39]. Allerdings hat es im Mitbestimmungsurteil unmißverständlich klargemacht, daß der Gesetzgeber zu Korrekturen verpflichtet sei, wenn eine Entwicklung eintrete, die von der ursprünglichen Prognose des Gesetzgebers erheblich abweiche[40].

Dies muß vice versa auch für Entscheidungen des Bundesverfassungsgerichts mit quasi-legislatorischer Wirkung gelten. Die Entwicklung der Arbeitnehmerüberlassung hat eine andere Richtung eingeschlagen als im Jahre 1967 prognostiziert und es sind genau die Gefahren eingetreten, die das Bundesverfassungsgericht seinerzeit für gering erachtet hatte – insbesondere die mögliche Kontrolle des Arbeitnehmerüberlassungs-Gewerbes –, wobei das metatasenhafte Anwachsen illegaler Arbeitnehmerüberlassung mit seinen besonderen Kontrollproblemen damals noch gar nicht in Betracht gezogen werden konnte. Damit ist heute eine andere Entscheidungsgrundlage gegeben als im Jahre 1967, was bei der Abwägung des individuellen Freiheitsrechts privaten Verleihs von Arbeitskräften (Art. 12 GG) mit dem begrenzenden Arbeitsvermittlungsmonopols (Art. 20 GG) durchaus zu einem anderen Ergebnis führen könnte. Das Bundesverfassungsgericht hat ja selbst dem Arbeitsvermittlungsmonopol einen im Sozialstaatsprinzip begründeten so hohen Rang eingeräumt, daß dahinter der Freiheitsanspruch des Einzelnen, den Beruf des selbständigen Arbeitsvermittlers wählen zu wollen, zurückstehen müsse[41]. Da sich die Tätigkeit eines Arbeinehmerüberlassers in der Praxis der eines Arbeitsvermittlers immer mehr genähert hat[42], wie die kurzen und in der Regel auf den Ersteinsatz beschränkten Leiharbeitsverträge zeigen, ließe sich auch gegen das Arbeitnehmerüberlassungsgewerbe eine sozialstaatlich legitimierte Zulassungsperre erneut errichten.

Das Bundesverfassungsgericht hat ferner ein Monopol bei der Arbeitsvermittlung mit zugangsversperrender Wirkung für private Verleiher für unerläßlich gehalten, weil die differenzierten Anforderungen des Arbeitsmarktes umfassende arbeitsmarktpolitische Maßnahmen erforderten, wie die Beobachtung des Arbeitsmarktes, die Allokation der Arbeitskräfte und ihre berufliche Anpassung an Veränderungen im Qualifikationsbedarf der Unternehmer[43]. Einer solchen Einflußnahme entzieht sich sowohl private Arbeitsvermittlungs- wie auch Arbeitsnehmerüberlassungs-Tätigkeit. Die BA hat in der Zwischenzeit durch die JOB-Zeitpersonal-Vermittlung auch die spezifischen Bedürfnisse einer bestimmten Arbeitnehmergruppe und eine entsprechende Nachfrage von Arbeitgeberseite berücksichtigt, wenn ihr Vermittlungs; anteil an diesem Teilarbeitsmarkt auch nur ein Drittel gegenüber Zwei Drittel der Verleihfirmen beträgt[44]. Diese Ausweitung des Vermittlungsservice auf verändertes Nachfrageverhalten ist eingebettet in die Gesamtaufgaben der Arbeitsvermittlung und kann damit auch mit den anderen Zweigen der Vermittlung (insbesonder von Dauerarbeitsplätzen) abgestimmt werden, was im Arbeitnehmerüberlassungsgewerbe gerade nicht der Fall ist.

Schließlich wäre noch folgender, vom Bundesverfassungsgericht übersehener Rechtsaspekt zu bedenken: Die Bundesrepublik hat bereits im Jahre 1954 ein ILO-Übereinkommen ratifiziert, das den Unterzeichnerstaaten alternativ die Möglichkeit bot, entgeltliche Arbeitsvermittlungsbüros entweder zu verbieten oder ihre Tätigkeit rechtlich zu regeln[45]. Während etwa Belgien, Frankreich und die Niederlande den zweiten Weg wählten, entschloß sich die Bundesrepublik u. a. neben Italien für die erste Alternative, das Verbot[46]. In Italien ist entgeltliche Arbeitsvermittlung bzw.

Arbeitnehmerüberlassung bis heute verboten[47]. Dieses ILO-Übereinkommen hat in der Bundesrepublik durch den Ratifikationsakt den Rang eines innerstaatlichen Gesetzes und ist damit eine zwar einfach-gesetzliche Verstärkung des Arbeitsvermittlungsmonopols, was aber bei der Abwägung mit dem Begehren auf Berufszulassung entgeltlicher Arbeitnehmerüberlassung durchaus ins Gewicht fallen kann[48].

Anmerkungen

1 vgl. dazu Lutz/Sengenberger, Arbeitsmarktstrukturen und öffentliche Arbeitsmarkpolitik, 1974, S. 6 f.; Freiburghaus/Schmidt, Theorie der Segmentierung von Arbeitskräften, Leviathan 1975, S. 417 f. Dombois/Osterland, Flexibilisierung des Arbeitseinsatzes statt Arbeitszeitverkürzung, GewMH 1982, S. 116; Bäcker/Seifert, Arbeitszeitverkürzung durch ind. Flexibilität oder tarifvertragliche Regelung? WSi-Mitteilungen 1982, S. 123.

2 Vgl. nur Terriet, Freiheit zurückgeben, BArbBl 1981, S. 20f.; ders. WSi-Mitteilungen 1980, S. 713f. Zur besonders aktuellen Form des Job-Sharings vgl. Schwarz u. a. Job-Sharing – ein Modell „neuer Arbeitsmarktpolitik?" GewMH 1982, S. 106.

3 Vgl. dazu Rudolph u. a., Chancen und Risiken neuer Arbeitszeitsysteme, WSi-Mitteilungen 1981, S. 205 f.; Glaubitz u. a., Rationalisierung im Einzelhandel, WSi-Mitteilungen 1980, S. 440 f.

4 Buttler/Biehler/Brandes, Beschäftigungspolitik und betriebliche Reaktionen, in: Ehreiser/Nick, Betrieb und Arbeitsmarkt, 1978, S. 25 f.

5 Zu diesem Problemkreis vgl. Mayer/Ralfs, Rationalisierung und Rationalisierungsschutz 1981, S. 105 f.

6 Vgl. Etwa Möller-Lücking, Gewerbsmäßige Arbeitnehmerüberlassung – Neuordnung oder Verbot?, in: Das Arbeitsrecht der Gegenwart, Bd. 11, 1974, S. 55; für weitgehende Liberalisierung des ANÜ-Gewerbes dagegen C. Küchenhoff, SGb 1971, S. 453 f., Schubel-Engelbrecht, Komm. zum AUG, 1973, § 3 Anm. 4; Becker, BlStSozArbR 1972, S. 113 f.

7 BtDS 8/4479; die folgenden Ausführungen lehnen sich an meine Darstellung in BB 1981, S. 1839 f an.

8 BVerfGE Bd. 21, S. 261 f.

9 So in dem am gleichen Tag ergangenen Urteil zur privaten Arbeitsvermittlung von Führungskräften, BVerfGE Bd. 21, S. 253 f.

10 Diese Anforderung wurde später vom BSG weiter konkretisiert, BB 1970, S. 1398

11 Zur Situation vor dem AÜG vgl. etwa Kindereit, RdA 1971, S. 207, Leve SozArb. 1972, S. 384; Duda SozSich. 1973, S. 71; OVG Münster, NJW 1972, S. 1635

12 §§ 1–5 AÜG

13 § 393 Abs. 3 RVO, eingefügt durch Art. 3 § 1 AÜG

14 § 3 Abs. 1 Ziff. 6 AÜG

15 So zu Recht auch Becker AuR 1980, S. 12

16 Nach Berechnungen von Steinbach, WSi-Mitteilungen 1980, S. 268

17 Der Werkvertrag stellte von Anfang an das wichtigste Umgehungsinstrument des AÜG dar – wurde bereits in den Gesetzesberatungen problematisiert. Der Ausschuß für Arbeits- und Sozialordnung hielt es jedoch für ausreichend, wenn Abgrenzungsfragen von der BA per Dienstanweisung geregelt würden, vgl. den Bericht zu BTDS VI/3505 S. 2; ferner Krüger/Wahsner, Illegaler Arbeitskräfteverleih u. Scheinwerkverträge, in: Mitteilungsblatt der ZWE Arbeit + Betrieb (Bremen) 2/1981, S. 60f.

18 Dieses Manko wurde bereits früh kritisiert, vgl. Göbel BlStSozArbR 1973, S. 309 f. Nach dem Bericht sind immerhin 2473 Entleih-Unternehmen überprüft worden, doppelt soviel wie im vorangegangenen Berichtszeitraum

19 Vgl. Erfahrungsbericht der BA vom 1.4.1980 unter Hinweis etwa auf AG Gütersloh AZ 8 Gs 541/78; AG Bergisch-Gladbach AZ 2 Gs 164/77

20 Dies betrifft vor allem ausländische Arbeitnehmer, die für die Arbeit als Leih-Arbeitnehmer nach § 6 Abs. 1 AEVO keine Arbeitserlaubnis bekommen

21 Erfahrungsbericht S. 16

22 Erfahrungsbericht S. 17

23 Zu dieser Personalpolitik vgl. etwa Bahl GewMH 1979, S. 443. Oltmanns, Personaleinsatz, Personalbedarfs- und Personalstrukturplanung unter bes. Berücksichtigung des Personalleasing, 1977
24 Erfahrungsbericht S. 17
25 Stellungnahme der BA (Anm. 19)
26 Zum Diskussionsstand nach Inkrafttreten des AÜG vgl. Franßen/Haesen, Kommentar zum AÜG, 1974, Einl. Anm. 36 f.; Mayer, AuR 1974, S. 353 f.
27 Vgl. dazu im einzelnen Becker BlStSozArbR 1976, S. 228 f.
28 BAG AP Nr. 2 zu § 99 BetrVG
29 BAG AP Nr. 6 zu BetrVG
30 Vgl. zu dieser Möglichkeit auch Möller-Lücking, Quelle 1980, S. 351 f.
31 Wiedergegeben im Erfahrungsbericht S. 18 f.
32 AFG-Konsolidierungsgesetz vom 22.12.1981, BGBl I S. 1497.
32a Begründung zu § 12 a, BR-Dr. 369/81, S. 35
33 vom 15.12.1981, BGBl I S. 1390.
34 Kritisch auch Becker ZRP 1981, S. 262 f; zur bisherigen Mitbestimmungspraxis der Betriebsräte vgl. auch instruktiv Frerichs/Möller/Ulber, Leiharbeit und betriebliche Interessenvertretung, 1981, S. 63 f
34a Becker, ebda
34b Knopp, Probleme des Arbeitsmarktes und die gesetzliche Neuregelung, DB 1982, S. 111 f.
35 Dazu auch Becker AuR 1980, S. 12 f.
36 Vgl. die Zusammenstellung bei N. Reich, Markt und Recht, 1977, S. 96 f.; ferner die Kritik dieser RSpr bei Ridder, Die soziale Ordnung des GG, 1975, S. 100 f., 122 f.
37 Grundlegend BVerfGE Bd. 7, S. 377; Bd. 11, S. 168
38 Zum Prognosespielraum etwa BVerGE Bd. 17, 269 f. (ArzneimittelG); BVerfGE Bd. 25, S. 1 f. (Mühlengesetz); BVerfGE Bd. 37, S. 1 (Stabilisierungsfonds)
39 Wie weit die damit zugestandene wirtschaftspolitische Entscheidungsfreiheit reicht, ist durchaus umstritten, vgl. U. Scheuner (Hrsg.), Die staatliche Einwirkung auf die Wirtschaft, 1971, insbes. S. 37 f.; Rittstieg, in Klönne u. a. Lebendige Verfassung – Das GG in Perspektive, 1981, S. 37 f.
40 BVerfG AP Nr. 1 zu § 1 MitbG; Zu den bei der Mitbestimmung dabei auftauchenden Problemen vgl. einerseits Pernthaler, Ist Mitbestimmung verfassungsrechtlich meßbar? 1980, S. 122; andererseits M. Kittner, GewMH 1979, S. 332
41 BVerfG, Bd. 21, S. 245 f.
42 Wirtschaftlich lag der Schwerpunkt schon immer bei Arbeitsvermittlung, so bereits Monjau, AuR 1968, S. 257 und Hessel BB 1970, S. 307
43 BVerfGE Bd. 21, S. 245 f.
44 Angaben nach Becker (Anm. 35), S. 19
45 BGBl II (1954) S. 457
46 Vgl. den Überblick bei Becker, Kommentar zum AÜG, 2. Aufl. 1981, Einführung
47 Erfahrungsbericht, S. 44
48 Vgl. Im einzelnen Mayer/Raasch, Internationales Recht der Arbeit und Wirtschaft, 1980, S. 210 f.; für rechtl. Irrelevanz Engelbrecht, Die Abgrenzung der Arbeitnehmerüberlassung von der Arbeitsvermittlung, Diss. Hamburg 1979, S. 31 f.

Rainer Volkmann

Zur Wohnungslage in beiden deutschen Staaten

1. Zur Wohnungssituation in der BRD

Wohnungsprobleme stehen in der BRD gegenwärtig im Vordergrund aktueller Diskussionen; allerdings entzieht sich eine nähere Präzisierung dieses Sachverhaltes immer dann, wenn globale Betrachtungen angestellt werden. Danach gibt es keine Wohnungsprobleme: 1978 waren in der BRD incl. Westberlin 24,2 Mio Privathaushalte erfaßt, denen 24,7 Mio Wohnungen zur Verfügung standen.[1]

Allein schon die Einbeziehung des Bestandes an Zweit- und Ferienwohnungen sowie der Wohnungen, die aus sonstigen Gründen (Modernisierung, Umwandlung, etc.) der Wohnungsnachfrage nicht zur Verfügung stehen – etwa 1 Mio Wohnungen – weist bereits auf ein global bestehendes Wohnungsdefizit hin.[2]

Hierbei sind Strukturdifferenzen zwischen Nachfrage und Angebot nicht einmal berücksichtigt: Statistisch ist die Nachfrage eines 4-Personen-Haushaltes mit dem Angebot einer 1-Zimmer-Wohnung befriedigt; von unterschiedlichen Preisvorstellungen zwischen Mieter und Vermieter einmal abgesehen.

Das Wohnungsproblem verlangt – in Kürze – differenzierte Charakterisierungen:

1. In Ballungsräumen werden „Schlangen vor Wohnungsämtern" registriert, z.B. 100.000 registrierte Wohnungssuchende 1980 allein in Hamburg und Westberlin.[3]
2. Es fehlt an preiswerten Wohnungen: Je einkommensschwächer Haushalte sind, um so höhere Anteile an den Haushaltsausgaben beansprucht der Mietzins.[4]
3. Etwa 50% aller 24,2 Mio Haushalte in der BRD haben Anspruch auf eine öffentlich geförderte Mietwohnung.[5] Selbst Empfänger von Wohngeld zahlten 1978 durchschnittlich 24% ihre Nettohaushaltseinkommens als Mietzins.[6] Allein in Hamburg gab es Ende 1980 rund 62.500 Wohngeldempfänger.[7]
4. Im sozialen Wohnungsbau ist – vor allem in Ballungsräumen – eine Anpassung der Kostenmieten an das Mietniveau im freifinanzierten Wohnungsbau durch erhebliche Steigerungen der Bau- und Baulandpreise erreicht. Darüber hinaus sinkt das Förderungsvolumen für Neubau und Ersatzwohnungsbau.[8]
5. Die Zahl der jährlich fertiggestellten Wohnungen hat sinkende Tendenz – damit ist selbst die kurz- und mittelfristige Kompensation des abrißbedürftigen Altbaubestandes von ca. 3,5 Mio Wohnungseinheiten nicht erreichbar.[9] Andererseits hält der Trend zu steigender durchschnittlicher Bruttowohnfläche im Wohnungsbau an, d.h. daß Wohnflächenneuerstellung heute immer weniger Wohneinheiten bedeutet.[10]

Baugenehmigung im sozialen Wohnungsbau – Wohnungen

Jahr	Anzahl	je 10.000 der Bevölkerung
1960	635 777	115
1965	622 772	106
1970	608 356	100
1975	368 718	60
1976	380 352	62
1977	352 055	57
1978	425 751	69

Wohnungsbau und Wohnfläche in der BRD

Jahr	Anzahl der Wohnungen	Durchschnittl. Wohnfläche
1973:	618 439	87,6
1975:	384 527	92,9
1977:	324 669	103,6
1978:	393 606 (vorläufig)	103,0

6. Noch immer wohnen knapp 80% der Familien mit 4 und mehr Kindern in Wohnungsverhältnissen, die menschenwürdigen Ausststattungsmindestnormen (etwa eigenes WC, Duschbad, Mindestgröße für Kinderzimmer etc.) nicht entsprechen: In ihnen wohnen etwa 45% aller Kinder unter 18 Jahren:[11]
7. Von 1965 bis 1980 sind die durchschnittlichen Wohnungsbaukosten von rd. 51.700 DM auf rd. 243.200 DM gestiegen.[12] Die Baulandpreise mittlerer Lage stiegen von 1971 bis 1979 etwa in Hamburg um 328,6%, in Essen um 400%, in Westberlin um 282,4%.[13] Allein zwischen 1978 und 1980 sind die Preise für einzelne Baumaterialien (Fensterglas, Ziegelmauerwerk, Außenwandputz, Schalungen für Fundamente etc.) um zwischen 20% und 30% gestiegen.[14] Diese Zahlen

Anteil der Haushalte, die die Mindestnorm an Wohnraum (sog. Kölner Empfehlungen von 1971) nicht erreichen nach der Stellung des Haushaltsvorstandes im Beruf und der Zahl der Kinder nur unter 18 Jahren 1969

Stellung im Beruf des Haushaltsvorstandes	insgesamt	davon mit . . . Kindern				
		0	1	2	3	4 u.m.
Arbeiterhaushalte	57	41	62	63	66	84
Beamt./Ang.Haushalte	36	30	41	43	39	72
Selbst. Haushalte	32	20	41	33	39	72
Insgesamt	47	31	52	52	55	79

entscheiden dabei weniger darüber, ob gebaut wird, als vielmehr, wer baut: Die jeweils sozial Schwächeren scheiden aus. Insofern tragen wohnungspolitisch begründete Förderungen des privaten Wohnungsbaus eher zur (weiteren) Vermögensbildung besser situierter Schichten bei, als daß sie ihre investitionspolitische Zielsetzung (Wohnungsbau insbesondere auch in Ballungsräumen) erfüllen: Das in jüngster Zeit dominierende Bauherrenmodel zur Wohnungsbaufinanzierung in Ballungsräumen belegt dies.[15] Läßt sich aus der Vielzahl einzelner Charakteristika des Wohnungsproblems insbesondere ein quantitativ unzureichender, vor allem aber sinkender Trend in den jährlich fertiggestellten Wohnungen feststellen, so gilt – bei etwa gleichen Phänomenen in der Bevölkerungsentwicklung in der DDR (Trend zu frühen Ein-Personen-Haushalten der jüngeren Jahrgänge, stagnierende bis leicht rückläufige Bevölkerungsentwicklung, zumindest bis 1979 sinkende Geburtenrate) eine kontinuierliche Steigerung der jährlich fertiggestellten Wohnungen: von durchschnittlich etwa 70.000 in den 60er Jahren auf etwa 160.000 Wohnungen in den 70er Jahren.[16]

Fertiggestellte Wohnungen – insgesamt

1970	76 088
1974	138 301
1975	140 793
1976	150 617
1977	162 745
1978	167 799
1979	162 743

1980 erreichte die DDR-Bauwirtschaft das bisher höchste Nachkriegsergebnis in der Zahl neu erstellter Wohnungen (ohne Modernisierungen).[17]

Diese Entwicklung – bei noch näher darzustellendem Niedrigmietenniveau – allein regelmäßig „politisch“ zu erklären, enthält den impliziten Vorwurf, daß ökonomische Kriterien und Überlegungen im DDR-Wohnungsbau gänzlich außer acht gelassen werden; mithin unökonomisch vorgegangen werde. In der Tat sind sehr viele Entscheidungen in diesem Bereich politisch bestimmt, so etwa auch die Zielsetzung, bis 1990 das Wohnungsproblem in der DDR gelöst zu haben.[18]

Wegen dieser „Politisierung“ der Wohnungsfrage bleibt oft im Unklaren, wie konkret – auch ökonomisch – sich die Wohnungsverhältnisse darstellen und welche Bedeutung wirtschaftlichen Überlegungen in der DDR-Wohnungswirtschaft zukommt. Diesem Anliegen sollen die folgenden Ausführungen dienen.

2. Zur Lage des Wohnungsbaus in der DDR

a. Wohnungsbau, Privateigentum und Mietenniveau

1949 betrug der Stand der Wohnbevölkerung in der DDR 18,79 Mio; diese Zahl ist stetig bis 1979 auf 16,7 Mio zurückgegangen. Dieser Bevölkerungsentwicklung stand eine ansteigende Wohnungsbestandsentwicklung gegenüber, von rd. 5,0 Mio Wohnungseinheiten (1950) auf rd. 6,5 Mio (1979).[19] Demgegenüber war die Bevölkerungsentwicklung in der BRD von Anfang an ansteigend; von 49,2 Mio (1949) auf 62,1 Mio (1974), um gegenwärtig bei knapp über 61 Mio zu stagnieren (1978: 61,2 Mio); der Wohnungsbestand ist in dieser Zeit ebenfalls gestiegen: von 10,6 Mio Wohnungen 1950 auf gegenwärtig 24,7 (1978).[20]

Beiden deutschen Staaten ist also gelungen, in etwa quantitativ vergleichbare Relationen in der Wohnraumversorgung ihrer Bevölkerung herzustellen (etwa 2,5 Personen pro Wohnungseinheit), wobei in der Ausgangslage 1950 in der BRD mit ihrem 2,8 x höheren Bevölkerungsstand nur ein doppelter Wohnungsbestand zur Verfügung stand; Ergebnis einerseits erheblicher Wandergewinne durch die Flüchtlingsbewegungen der Nachkriegszeit, andererseits aufgrund höherer kriegsbedingter Wohnraumzerstörungen auf dem Gebiet der späteren westlichen Besatzungszonen.[21]

Andererseits ist der Altersaufbau des Wohnungsbestandes in der DDR wegen geringerer Kriegszerstörungen wesentlich ungünstiger – noch heute binden erhebliche Sanierungs- und Modernisierungsmaßnahmen mit vergleichsweise höherer Dringlichkeit als in der BRD in der DDR Baukapazitäten, die damit netto keinen Bestandszuwachs im Wohnungsbestand ermöglichen.[22]

Der Altersaufbau des Wohnungsbestandes in der DDR und BRD

Baujahr	1958			
	DDR	BRD	DDR	BRD
	Anzahl in Millionen		Anteile in vH	
Vor 1918	3,16	6,25	66	45
1918–1945	1,22	3,03	25	21
Nach 1945	0,45	4,63	9	34

Diese m.E. ähnliche Ausgangslage nach Ende des II. Weltkrieges galt für beide Staaten auch bezüglich des Vorherrschens von Privateigentum am Wohnungsbestand. Während in der BRD diese Besitzverhältnisse allgemein Gültigkeit behielten, erfolgte in der DDR bereits unmittelbar nach dem Krieg mit der Bodenreform, Enteignungen von privatem Industriebesitz etc., der Übergang zum heute dominierenden volkseigenen und genossenschaftlichen Eigentum – die Eigentumsverhältnisse im Wohnungsbestand sind davon unberührt geblieben: In der DDR waren am 1.1.1971

62,2% des Wohnungsbestandes in Privateigentum.[23] Allerdings darf der Gebrauch dieses Eigentums nicht den Interessen der Gesellschaft zuwiderlaufen, damit nicht Einnahmequellen erschlossen werden, die nicht auf persönlicher Arbeit beruhen.[24]

Dieses Privateigentum am Wohnungsbestand gilt insbesondere für Wohnungen in Ein- und Zweifamilienhäusern, so daß etwa jede dritte Familie in der DDR gegenwärtig ein Ein- oder Zweifamilienhaus besitzt.[25]

Auf dem 8. SED-Parteitag wurde 1971 erneut die Förderung des privaten Wohnungsbaus gefordert; langfristig ist sogar eine Erhöhung des Anteils des privaten Wohnungsbaus am Gesamtwohnungsbau vorgesehen.[26]

Die finanzielle Förderung des Eigenheimbaus – insbesondere über Zinssubventionen für Bauherren – berührt prinzipiell keine politisch-ideologischen Gesichtspunkte, da in diesem Fall lediglich Eigentumsbeziehungen zu Konsumtionsmitteln entstehen.

Freilich dürfen Eigenheime nur durch den Besitzer bzw. durch dessen Familienangehörige genutzt werden, also nicht vermietet werden.

Die Entwicklung des Eigenheimbaus hat in den letzten Jahren expandiert: von einem etwa 5%-Anteil am Wohnungsneubau ist dieser Anteilswert ab Mitte der 70er Jahre kontinuierlich auf 10% gestiegen.[27] Die weiteren Planungen bis 1985 sehen ein weiteres Festhalten an diesen Relationen vor, sicherlich nicht zuletzt wegen der damit verbundenen privaten Leistungs- und Materialmobilisierung.

Die private Wohnungsvermietung – „nur" 22,9% der privaten Eigentümer leben in der eigenen Wohnung – spielt also in der DDR eine erhebliche Rolle: In dieser quantitativen Dimension gibt es eine gewisse Übereinstimmung mit der BRD. Ein erster Unterschied liegt in der Verfahrensweise des Vermietungsprozesses: Für die Organisation der Vermietung sind lokale Organe der Städte und Gemeinden zuständig, die regelmäßig Übersichten über die Belegung/Freiwerdung von Wohnraum in ihrem Zuständigkeitsbereich führen. Für diese Informationen haben die Wohnungsbesitzer zu sorgen. Wohnungssuchende wenden sich an diese örtlichen Stellen und erhalten entsprechende offizielle Zuweisungen, die Voraussetzung für die Unterzeichnung eines rechtsgültigen Mietvertrages zwischen Vermieter und Mieter sind. Dieser Zuweisungsprozeß kann öffentlich sein; in regelmäßigen Sitzungen sog. Wohnraumkommissionen, zusammengesetzt aus gewählten Mitgliedern von Parteien, Gewerkschaften etc., können Wünsche von Wohnungssuchenden vorgebracht und erörtert werden, die dann zu Empfehlungen dieser Wohnraumkommissionen an die – allein entscheidenden – wohnraumlenkenden örtlichen Stellen werden.

Vermieter und Mieter sind an den Abschluß des DDR einheitlichen Mustermietvertrages, der Gesetzesrang hat, gehalten. Er regelt Rechte und Pflichten beider Seiten, sieht aber weder Kündigungsmöglichkeiten noch Mietänderungsmöglichkeiten durch den Vermieter vor. Der Vermieter erhält die staatlich festgelegte Miete – zwischen 0,60 und 1,20 Mark pro qm.

Nach Kriegsende erließ die sowjetische Militäradministration (SMAD) eine Mietstoppverordnung auf Basis der Preisstoppverordnung vom 26.11.1936; die mit Stichtag 31.12.1944 gültigen Mieten wurden danach zu Höchstmieten erklärt.[28]

Nachdem die DDR 1949 gegründet wurde, wurde diese SMAD-Anordnung übernommen und schließlich formal ersetzt durch eine Preisanordnung vom 6.5.1955, die die weitere Fixierung der Mietpreise vorsah: Somit gelten in der DDR weiterhin Mieten von 1936 bzw. 1944. Sämtliche bisher stattgefundenen Industriepreisreformen haben diese Mietpreise unberührt gelassen. Die gegenwärtige Mietpreisspanne umfaßt 0,60–1,20 Mark pro qm, wobei die niedrigeren Werte sich eher auf ländliche Regionen und Kleinstädte beziehen.

Diese Mieten gelten ebenso für Neubauten; für sie werden Vergleichsmieten auf der Basis des Stichtages 31.12.1944 errechnet zuzüglich Aufschläge aufgrund nunmehr höherer Qualitätsstandards.[29] Zu diesen Mietpreisen („Kaltmiete") kommen regelmäßig – von den örtlichen Staatsorganen festgesetzte – Zuschläge für Zentralheizung, Warmwasser etc. hinzu, die allerdings nicht kostendeckend gestaltet sind, sondern von den örtlichen Haushalten überwiegend getragen werden. Unberücksichtigt bleiben in den Mietpreisen Erwerbs- und Erschließungskosten der Grundstücke – erstere spielen praktisch keine Rolle; letztere werden von den örtlichen Staatshaushalten getragen.[30]

So mag nicht überraschen, daß der durchschnittliche Anteil der Ausgaben für Miete am „verbrauchswirksamen Realeinkommen der Arbeiter- und Angestelltenhaushalte" von 4,1% (1960) auf 2,4% (1979) gesunken ist.[31] Hier spielt die erhebliche Subventionierung der Mieten eine Rolle, die in den staatlichen Ausgabepositionen „Wohnungswirtschaft und Subventionierung der Mieten" enthalten ist, aber nicht isoliert ausgewiesen wird: 1980 belief sich dieser Betrag auf 7,2 Mrd. Mark bei einem Staatshaushaltsvolumen von 160,3 Mrd. Mark.[32]

b. Zu einigen Determinanten des Wohnungsbaupreises

Der Wohnungsbaupreis ist in den letzten 10 Jahren nur unwesentlich gestiegen.[33]

Wohnungsbaupreise je Wohnung in Mark

1955	30 455
1960	21 692
1962	20 424
1965	20 478
1970	31 210
1975	29 923
1977	31 415
1979	32 349

In der gebotenen Kürze kann nur verkürzt auf relevante Sachverhalte eingegangen werden. Vereinfacht lassen sich Einflußfaktoren des Wohnungsbaupreises wie folgt übersichtsartig darstellen:

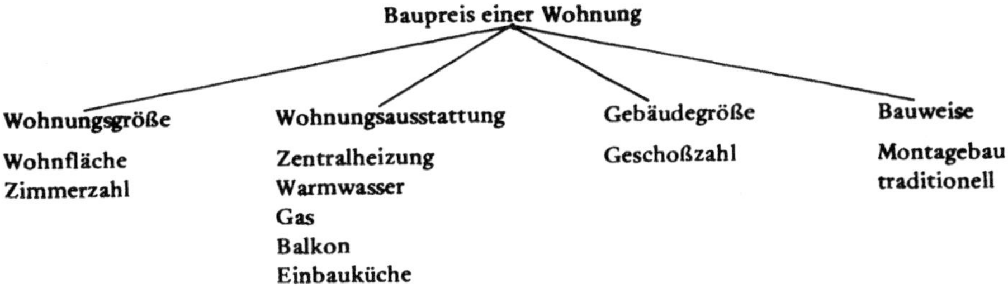

Im folgenden soll kurz auf diese Einflußfaktoren eingegangen werden: Wohnungsgröße, Geschoßzahl von Wohngebäuden, Ausstattung und Bauweise. Im einzelnen scheinen diese Beziehungen in der DDR selbst vergleichsweise ungenau erfaßt zu sein.[34] Sicher ist, daß mit wachsender Zimmerzahl und Wohnungsgröße die Wohnungsbaupreise (-kosten) ansteigen, wobei in der DDR die Zimmerzahl linear mit der Wohnungsfläche wächst, also „große" Wohnungen regelmäßig „mehr" Zimmer haben: Die Grundfläche eines Zimmers weist also im DDR-Durchschnitt sehr geringe Streuung auf.

Nach allerdings älteren Untersuchungen variieren die Wohnungsbaupreise zwischen 46% und 152%, wenn die Wohnfläche zwischen 25 bis 85 qm verändert wird; das gleiche Ergebnis wird durch Variation der Zimmerzahl zwischen 1 und 4 Zimmer erreicht.[35] Normwohnung ist dabei eine 2 1/2-Zimmerwohnung mit 58 qm Wohnfläche und einem Wohnungsbaupreis von 22 147 Mark.

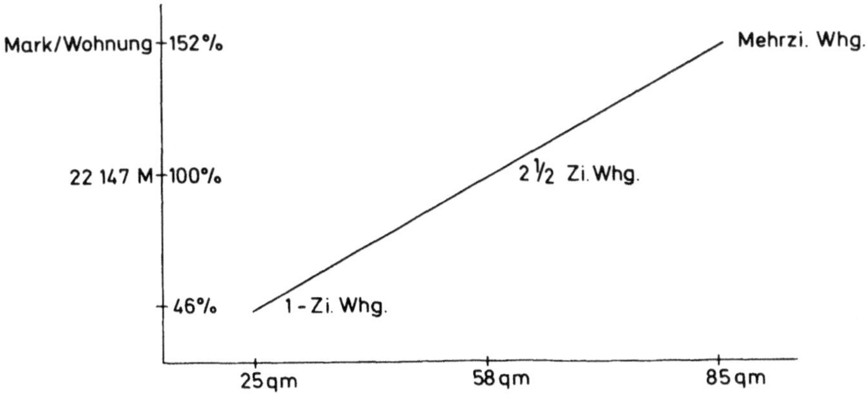

Die Wohnfläche ist damit der bedeutendste Einflußfaktor für den Wohnungsbaupreis. Eine flexibel gehandhabte Variation der durchschnittlichen Wohnungsfläche kann somit regelmäßig eine Pufferfunktion erhalten, um Kostensteigerungen im Material- und Arbeitskräfteeinsatz tendenziell auffangen zu können.

Offenbar wird diese Kostensenkungsmöglichkeit genutzt: Die durchschnittliche Wohnfläche (und Zimmerzahl) ist kontinuierlich gesunken:[36]

Durchschnittliche Wohnfläche in qm

1960:	55,2 qm	1976:	45,6 qm
1965	51,7 qm	1977:	43,6 qm
1970:	55,9 qm	1978:	·43,6 qm
1975:	46,3 qm	1979:	43,8 qm

Diese Entwicklung korrespondiert mit ähnlichen Bevölkerungsentwicklungen wie in der BRD, dem Vordringen des Ein-Personenhaushaltes, leicht sinkender Bevölkerungsentwicklung und – zumindest bis 1979 – sinkender Geburtenrate.[37] Dagegen ist der Wohnungsbau in der BRD durch ein Wachsen der durchschnittlichen Wohnungsfläche gekennzeichnet; angesichts der oben näher beschriebenen Wohnungsprobleme – des Defizites an Wohnungen, nicht an Wohnungsfläche – ein überdenkenswerter Gesichtspunkt.

Daneben spielt die Gebäudegröße, genauer: die Geschoßzahl der Wohngebäude eine wichtige Rolle. Unterschiedliche Wohnungsbaupreise für vergleichbare Wohnungen ergeben sich durch Variation der Geschoßzahl wie folgt:[38]

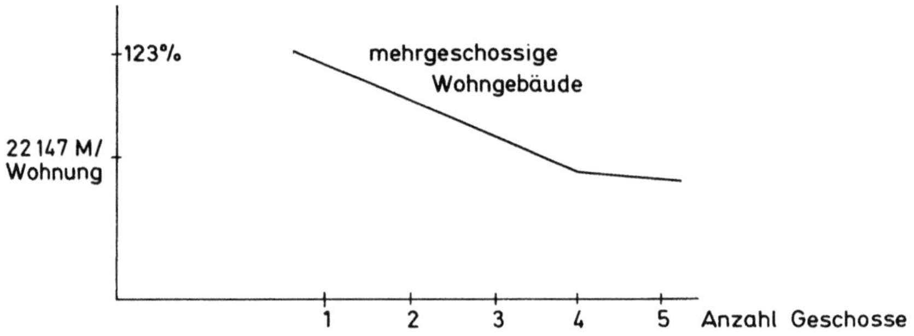

Zunächst sinken die Wohnungsbaupreise mit steigender Geschoßzahl, weil fixe Bestandteile des Wohnungsbaus (Keller, Sanitäranschließungen, Dachabdeckungen, etc.) sich auf wachsende Wohnungseinheiten verteilen. Mit Erreichen etwa des 5. Geschosses sind diese „economies" ausgeschöpft, von da an schlagen zusätzliche statische Konstruktionserfordernisse (z.B. Stahlversteifungen, Fahrstuhlschachtbau, etc.) überproportional zu Buche. Der Wohnungsbaupreis steigt zunächst wieder an, um sukzessive abzunehmen, ohne aber das Kostenniveau des Wohnungsbaus bei fünfgeschossiger Bauweise zu erreichen: Wohnungsbau in Wohngebäuden mit fünf Geschossen ist somit die wirtschaftlichste Form des Wohnungsbaus. Dabei muß aber berücksichtigt werden, daß Kosten für den Grundstückserwerb in der DDR praktisch keine Rolle spielen.

Die hiermit erreichten Kostensenkungen stellen den zweitwichtigsten Bestimmungsgrund für die relative Konstanz der Wohnungsbaukosten dar, obwohl gleichzeitig – quasi unökonomisch – der Bau von Einfamilienhäusern aufrechterhalten wird.[39]

Ein kostensenkender Einfluß geht im Rahmen der Ausstattungsmerkmale von – im Neubau obligatorischer – Zentralheizungsinstallation sowie der Installation von Gasküchen (als billige Alternative zu Ofen- und Elektroherden) aus; verteuernd wirken Zusatzausstattungen wie Warmwasser (im Neubau obligatorisch), Balkon und Einbauküche. Bei Zentralheizungseinbau können Aufwandsteile der Wärmeumwandlung und Wärmeverteilung aus den Wohngebäuden herausgelagert (z.B. durch Blockheizkraftwerke) und zentralisiert werden; dadurch erübrigen sich Einzelbrennherdinstallationen inclusive vielzähliger Schadstoffabführungen: Entsprechende Tendenzen im DDR-Wohnungsbau werden relativ stringent vorangetrieben. Von daher erklärt sich die relative Einheitlichkeit der Wohnungsausstattungen als ein Kostensenkungsverfahren. Nach Schätzungen verändern sich die Wohnungsbaupreise bei verschiedenen Ausstattungsvarianten um durchschnittlich folgende Mehr- bzw. Minderpreise:[40]

Ausstattung der Wohnungen und Mehr-/Minderpreise DDR 1966

	Mehrpreise in M/Wohnungseinheit
Zentralheizung	– 535
Warmwasser	+ 300
Gas	– 400
Balkon	+ 600
Einbauküche	+ 600

Für die Bauweise (Montagebau oder traditionelle Bauweise) sind deutliche Auswirkungen auf den Wohnungsbaupreis nicht zu erkennen; offensichtlich liegen die wesentlichen Vorteile des Montagebaus in der früheren Bezugsmöglichkeit und in kürzerer Bauzeit, weniger in einer besonders identifizierbaren Kostensenkung. So wurden für einen Untersuchungsjahrgang 1963 – zu Beginn der 60er Jahre wurde der Montagebau in der DDR erst eingeführt – maximale Preisschwankungen von Wohnungseinheiten in Abhängigkeit von der Bauweise (Montagebau versus traditionelle Bauweise) von nur 4,5% festgestellt.[41]

Insofern können unsere Anhaltspunkte zusammengefaßt werden: In der DDR wird – neben der hier nicht näher behandelten Subventionspolitik, die politisch entschieden wird – der Wohnungsbaupreis durch insbesondere drei Kostensenkungsverfahren annähernd stabil gehalten: durch die tendenziell sinkende durchschnittliche Wohnungsfläche, durch die Hinwendung zum fünfgeschossigen Wohnungsbau und dem Streben nach einheitlicher Grundausstattung der fertiggestellten Wohnungen.

c. Zur Finanzierung des Wohnungsbaus

Die Finanzierung des volkseigenen Wohnungsbaus erfolgt überwiegend aus dem Staatshaushalt. Frühere Versuche, durch Ausgabe von Wohnungsbauobligationen – wohl auch zwecks Abschöpfung überschüssiger Kaufkraft – unmittelbar auf Finanzpotentiale aus dem verfügbaren Realeinkommen der DDR-Bevölkerung zurückzugreifen, erbrachten mangels ausreichenden Absatzes nicht das gewünschte Finanzaufkommen; Ende der 60er Jahre wurde auf diese Finanzierungsquelle verzichtet.[42]

Nunmehr liegt – mit stärkerer Einbeziehung örtlicher Haushalte – die Finanzierung des Wohnungsbau in den Händen der örtlichen Haushalte.

Entscheidungen über globale Finanzpläne werden sukzessive vom Staatshaushalt ausgehend, wo freilich nur grobe Finanzrahmen festgelegt werden für die Bezirke der DDR, über Bezirke und Kreise weiter spezifiziert und aufgegliedert bis zu den Städten und Gemeinden hin, die nunmehr ihre Wohnungsbauvorhaben mit sehr detaillierten Einnahme- und Ausgabeplänen absichern müssen. Zu den Einnahmen gehören die von jeweils vorgelagerten Haushalten überwiesenen, für den Wohnungsbau zweckgebundenen Finanzmittel, die auf der lokalen Ebene regelmäßig ergänzt werden müssen durch eigene lokale Einnahmen (Kredite, Finanzfonds örtlicher Betriebe und sonstiger Organisationen).

Die eigentliche, unmittelbare Aufgabe der lokalen Staatsorgane ist dann insbesondere der Erwerb, Vor- und Aufbereitung/Erschließung der Grundstücke, für die ein Teil der Einnahmen verwendet wird. Der eigentliche Bauherr ist dann der VEB kommunale Wohnungsverwaltung, der mit den staatlichen Wohnungsbaukombinaten zusammenarbeitet und die Abwicklung des Wohnungsbaus besorgt. Zur Finanzierung werden regelmäßige Kredite bei der Staatsbank aufgenommen, für deren Zins- und Tilgungszahlungen die lokalen Staatshaushalte dem VEB kommunale Wohnungsverwaltung regelmäßige Zahlungen aus ihrem jährlichen Haushalten überweisen.

Eine Ausnahme bilden die Bauvorhaben von überlokaler Bedeutung, z.B. der Wohnungsbau im Zusammenhang mit großen Industrieagglomerationen, insofern sie zu „Zentren der Strukturpolitik und des gesellschaftlichen Lebens" erklärt wurden.[43] In diesem Fall muß die Mittelverwendung und Planungsausführung jeweils mit den übergeordneten Staatsorganen rückgekoppelt werden; hier erfolgt die Planung in enger Anlehnung mit übergeordneten Regierungsstellen.

3. Schlußbetrachtung

Ein vergleichendes Fazit ist kaum vollziehbar, dazu sind die politischen und ökonomischen Bedingungen des Wohnungsbaus in beiden deutschen Staaten zu unterschiedlich; auf Vergleichbarkeit war dieser Beitrag mangels statistischer Informationen über die DDR nicht angelegt. Daher soll abschließend noch einmal auf zwei bereits behandelte Gesichtspunkte verwiesen werden: Die tendenzielle Reduzierung der durchschnittlichen Wohnungsfläche und die Bevorzugung des fünfgeschossigen

Wohnungsbaus als Kostensenkungsverfahren. Vor diesen Aspekten muß etwa das Wohnungsproblemgebiet Hamburg gesehen werden, wo sich die durchschnittliche Wohnungsfläche von 69,1 qm (1971) auf 93,6 qm (1979) erhöht hat: ein sicherlich nur schwer zu quantifizierender, vermutlich nicht unbedeutender Beitrag zur Erhöhung des durchschnittlichen Wohnungsbaupreises.[44]

Gleichzeitig wird vergleichsweise unökonomisch der Wohnungsbau in Ein- und Zweifamilienhäusern in der BRD bevorzugt: Der Anteil der Wohnungen in Ein- und Zweifamilienhäusern am Wohnungsneubau hat sich von 44,1% (1970) auf 68,6% (1980) erhöht.[45]

Also ließe sich fragen: Reduzierung der Wohnungsflächen im Wohnungsneubau und fünfgeschossiger Mietwohnungsbau als bescheidener Beitrag zur Lösung des Wohnungsproblems in Ballungsräumen?

Anmerkungen

1 Statistisches Jahrbuch der Bundesrepublik 1979, S. 222 und 64
2 Michael Müller; Verknappung des preiswerten Wohnungsbestandes als Hauptproblem der Wohnungspolitik, in: WSI-Mitteilungen 9/1980, S. 526
3 Hamburger Abendblatt vom 23.6.1981, S. 9
4 Statistisches Jahrbuch der Bundesrepublik 1979, S. 438/439
5 Dietmar Cremer, Hartmut Tofaute; Grundsatzfragen zur Wohnungs- und Städtebaupolitik aus gewerkschaftlicher Sicht, in: WSI-Mitteilungen 9/1980, S. 535
6 ebenda S. 537
7 Statistisches Taschenbuch Hamburg 1981, S. 131
8 Wirtschaft und Statistik 9/1979, S. 682 ff.
9 Vgl. Antrag 121 zum 11. ordentlichen DGB-Bundeskongreß
10 Jahresbericht der Wohnungsbaukreditanstalt des Landes Schleswig-Holstein 1980, statistischer Teil, Übersicht 7 und 14 sowie Darstellung 6;
Statistisches Jahrbuch der Bundesrepublik 1979, S. 213 und 214, eigene Berechnungen
11 „Familie und Wohnen"; Schriftenreihe des Bundesministers für Jugend, Familie und Gesundheit. Bd. 20, 1975, S. 58 ff.
12 Jahresbericht der Wohnungsbaukreditanstalt . . ., Übersicht 14. Zahlenangaben beziehen sich auf gesamten Wohnungsbau in Schleswig-Holstein; in Hamburg betrug der durchschnittliche Wohnungsbaupreis bereits 1978 rd. 235.000 DM. Vgl. dazu Statistisches Jahrbuch der Bundesrepublik 1979, S. 214
13 Dietmar Cremer, Hartmut Tofaute; Grundsatzfragen . . ., S. 536, Tab. 3
14 Capital 11/1980, S. 262 f.
15 Sachverständigenrat zur Begutachtung der gesamtwirtschaftlichen Entwicklung, Jahresgutachten 80/81, S. 157 ff.
16 Statistisches Jahrbuch der DDR 1980, S. 31
17 Peter Plötz; Zum Übergang vom V. zum VI. Fünfjahrplan; in: Wirtschaftsdienst 6/1981, S. 291
18 Wolfgang Junker; Die Aufgaben des Bauwesens bei der konsequenten Verwirklichung der Beschlüsse des IX. Parteitages der SED und in Vorbereitung des Fünfjahrplan 1981 bis 1985. Referat anläßlich der 7. Baukonferenz des ZK der SED und des Ministerrates der DDR am 19./20.6.1980. Veröffentlichtes Protokoll Berlin (DDR) 1980
19 Statistisches Jahrbuch der DDR 1980, lfde. Jahrgänge. Vgl. zu historischen Daten auch Klaus Dieter Arndt; Wohnverhältnisse und Wohnungsbedarf in der sowjetischen Besatzungszone. Berlin 1960, S. 6 ff.
20 Statistisches Jahrbuch der Bundesrepublik 1979, S. 222 sowie Klaus Dieter Arndt; Wohnverhältnisse . . ., S. 6 ff.

21 Ebenda, S. 6 ff., auch Helmut Jenkis; Wohnungswirtschaft und Wohnungspolitik in beiden deutschen Staaten. Hamburg 1976, S. 13
22 Klaus Dieter Arndt; Wohnverhältnisse . . ., S. 15
In der DDR ist allerdings erst Ende der 50er, Anfang der 60er Jahre mit Modernisierung der Altbausubstanz begonnen worden
23 Helmut Jenkis; Wohnungswirtschaft . . ., S. 30
24 Zur Bedeutung und Funktion des Privateigentums in der DDR vgl. Verfassung der DDR
25 Helmut Jenkis; Wohnungswirtschaft . . ., S. 30
26 Wolfgang Junker; Das Wohnungsbauprogramm der DDR für die Jahre 1976 bis 1990. Referat auf der 10. Tagung des ZK der SED am 2.10.1973. Veröffentlichtes Protokoll Berlin (DDR), S. 19: „So wird sich . . . der Anteil des individuellen Wohnungsbaus von 5 Prozent auf 10 Prozent erhöhen". 1979 belief sich der „individuelle Anteil" an den fertiggestellten Wohnungen (allerdings inclusive der Modernisierungen) auf 11%. Statistisches Jahrbuch der DDR 1980, S. 31
27 Ebenda S. 31
28 Vgl. Verordnung über das Verbot von Preiserhöhungen vom 26.11.1936; Reichsgesetzblatt Teil 1, Nr. 110 vom 1.12.1936
29 Manfred Hoffmann; Wohnungspolitik der DDR. Düsseldorf 1972, S. 199
30 Helmut Jenkis; Wohnungswirtschaft . . ., S. 150
31 Statistisches Jahrbuch der DDR 1980, S. 273. Siehe dort nähere Bestimmung des „verbrauchswirksamen Realeinkommens", welches etwa 80% des Bruttoeinkommens der Arbeiter- und Angestelltenhaushalte entspricht. In absoluten Beträgen hat sich dieses „verbrauchswirksame Realeinkommen" wie folgt entwickelt: 1960: 810 Mark, 1970: 1198 Mark, 1975: 1563 Mark, 1979: 1839 Mark. Statistisches Jahrbuch der DDR 1980, S. 272
32 Deutsches Institut für Wirtschaftsforschung; DIW-Wochenbericht 33/1981, S. 382
33 Statistisches Jahrbuch der DDR 1980, S. 260
34 Günther Engelhardt, Wolfgang Sperling; Der Wohnungsbaupreis und seine Einflußfaktoren. Berlin (DDR) 1968, S. 15
35 Ebenda S. 10 ff.
36 Statistisches Jahrbuch der DDR 1980, S. 31 und 260
37 So stellten 1960 noch 15% aller lebendgeborenen Kinder verheirateter Mütter das jeweils 3. Kind in der ehelichen Geborenenfolge dar; 1978 hat sich diese Zahl auf 5,9% reduziert. Statistisches Jahrbuch der DDR 1980, S. 369
38 Günther Engelhardt, Wolfgang Sperling; Der Wohnungsbaupreis . . ., S. 11
39 Ein Musterbeispiel stellt der Wohnungsbau der Stadt Rostock dar, wo für die Hälfte der Bevölkerung von rd. 235.000 in den 60er und 70er Jahren Neubausiedlungen in fünfgeschossiger Bauweise erstellt wurden
40 Günther Engelhardt, Wolfgang Sperling; Der Wohnungsbaupreis . . ., S. 42
41 Ebenda S. 39
42 Vgl. Gesetzblatt I der DDR, S. 69 vom 9.1.1958
43 Angela Rüger; Die Bedeutung „strukturbestimmender Aufgaben" für die Wirtschaftsplanung und -organisation der DDR; Sonderheft Nr. 85 des Deutschen Instituts für Wirtschaftsforschung, Berlin 1969
44 Statistisches Taschenbuch Hamburg 1981, S. 97
45 IFO – Institut für Wirtschaftsforschung: Wirtschaftskonjunktur 8/1981, A 8

STUDIUM
VOLKSWIRTSCHAFTSLEHRE

Wolfgang Bärtschi/Hanns-Dieter Jacobsen
Kritische Einführung in die Außenhandelstheorie
1976. 173 S. (Bd. 83). Folieneinband

Bernd Biervert/Wolf F. Fischer-Winkelmann/Reinhard Rock
Grundlagen der Verbraucherpolitik
1977. 311 S. (Bd. 113). Folieneinband

Bernd Biervert/Wolf F. Fischer-Winkelmann/Reinhard Rock (Hrsg.)
Verbraucherpolitik in der Marktwirtschaft
1978. 341 S. (Bd. 114). Folieneinband

Friedrich Buttler/Knut Gerlach/Peter Liepmann
Grundlagen der Regionalökonomie
1977. 190 S. (Bd. 102). Folieneinband

Jürgen Frank
Kritische Ökonomie
Einführung in Grundsätze und Kontroversen wirtschaftlicher Theoriebildung. 1976. 222 S. (Bd. 95). Folieneinband

Hanns-Dieter Jacobsen
Die wirtschaftlichen Beziehungen zwischen West und Ost
Strukturen – Formen – Interessen – Auswirkungen. 1975. 176 S. (Bd. 79). Folieneinband

Hajo Riese
Wohlfahrt und Wirtschaftspolitik
1976. 186 S. (Bd. 78). Folieneinband
Einführender Grundriß und kritische Analyse der modernen wirtschaftspolitischen Theorien.

Ekkehart Schlicht
Einführung in die Verteilungstheorie
Mit Beiträgen von Karl Polanyi, Helen Codere, Robert Heilbroner, David Ricardo, Nicholas Kaldor, Amartya K. Sen, E. Schlicht, Pietro Garegnani, Charles Kennedy, E. S. Phelps, L. L. Pasinetti, James E. Meade, J. E. Stiglitz. 1977. 287 S. (Bd. 88). Folieneinband

Ekkehart Schlicht
Grundlagen der ökonomischen Analyse
1977. 168 S. (Bd. 112). Folieneinband
Einführung in die theoretischen und methodischen Grundsätze ökonomischer Analyse mit einem Anhang über die Makroökonomik von J. M. Keynes.

Hans Peter Widmaier
Sozialpolitik im Wohlfahrtsstaat
Zur Theorie politischer Güter. 1976. 184 S. (Bd. 100). Folieneinband

Walter Wittmann
Öffentliche Finanzen
Einführung in die Finanzwissenschaft. 1978. 268 S. (Bd. 120). Folieneinband

WESTDEUTSCHER VERLAG

Jahrbuch für Sozialökonomie und Gesellschaftstheorie

herausgegeben von der
Hochschule für Wirtschaft und Politik Hamburg

Arbeitsmarktpolitik
1978. 215 S. Folieneinband

Die Hochschule für Wirtschaft und Politik in Hamburg stellt mit diesem Jahrbuch ihr Periodikum vor. Es befaßt sich mit der in Anbetracht eines Millionenarbeitslosensockels besonders aktuellen Arbeitsmarktpolitik. Unter verschiedenen fachdisziplinären Gesichtspunkten werden Ursachen, Folgen und Erklärungsversuche der Arbeitslosigkeit analysiert. Gemeinsames Anliegen der Beiträge ist daneben die Entwicklung von Alternativen zur gegenwärtigen Krisenverwaltung auf dem Arbeitsmarkt. Autoren sind Wissenschaftler und Studenten der HWP sowie Praktiker.

Wissenschaft und Arbeitnehmerinteressen
1980. 205 S. Folieneinband

Dieser Band des Jahrbuchs für Sozialökonomie und Gesellschaftstheorie enthält Aufsätze zu einigen der vielen Berührungspunkte zwischen Hochschule und Arbeitswelt, die exemplarisch für die Verflechtung zweier scheinbar so entfernt liegender Teilbereiche unserer Gesellschaft sind. Vier Beiträgen geht es um Darstellung und Analyse der Kooperationsbeziehungen zwischen Wissenschaft und Gewerkschaften. Andere Aufsätze fragen nach dem arbeitsweltorientierten Praxisertrag einzelner Wissenschaftsdisziplinen (Industriesoziologie, Psychologie). Weiterhin wird das Verhältnis zwischen Gesellschaft und Gesellschaftswissenschaft auf theoretischer Ebene dargestellt. Schließlich wenden sich zwei Beiträge gewerkschaftsgeschichtlichen Themen zu.

Studium und Beruf
Zur Studienreform in den Wirtschafts- und Sozialwissenschaften
1981. 269 S. Folieneinband

Die Beiträge behandeln allgemeine Probleme der Studienreform-Konzeption in den Wirtschafts- und Sozialwissenschaften und untersuchen empirisch einige zentrale Fragen der Umsetzung in der Bundesrepublik, in Frankreich und den USA.

Westdeutscher Verlag

GPSR Compliance

The European Union's (EU) General Product Safety Regulation (GPSR) is a set of rules that requires consumer products to be safe and our obligations to ensure this.

If you have any concerns about our products, you can contact us on ProductSafety@springernature.com

In case Publisher is established outside the EU, the EU authorized representative is:

Springer Nature Customer Service Center GmbH
Europaplatz 3
69115 Heidelberg, Germany

Batch number: 10809636

Printed by Printforce, the Netherlands